圖1　二〇一八年陸軍戰車兩項賽事總決賽遊戲；前景中的T-72B3戰車顯示了製造商烏拉爾機車車廠的廠徽（馬克・加萊奧蒂／攝影）。

圖2　蘇聯A-90「鷹式」新型的海上加油型運輸機（馬克・加萊奧蒂／攝影）。

圖3　米爾米-24「雌鹿」非制導式火箭齊射（俄羅斯國防部資料照片）

圖4　米爾米-24「雌鹿」武裝直升機裝備火箭吊艙和側裝雙管GSh-202K自動加農砲（俄羅斯國防部資料照片）。

圖5　一名身穿全套拆彈工具包的戰鬥工兵（俄羅斯國防部資料照片）。

圖6　西伯利亞BMP-2戰車拖曳的滑雪部隊（俄羅斯國防部資料照片）。

圖7　發射架位置上的S-300V地對空導彈系統（俄羅斯國防部資料照片）。

圖8　「小綠人」──或者，對俄羅斯人來說是「有禮貌的人」──在辛菲羅波爾機場，與支持者一起穿著勇士單兵作戰系統套裝（伊立亞．瓦爾拉莫夫／攝影）。

圖9　二〇二二年敘利亞赫梅米姆空軍基地的國防部長謝爾蓋．蕭依古（俄羅斯國防部資料照片）。

圖10　一架蘇愷-34在敘利亞上空投下KAB-500S炸彈（俄羅斯國防部資料照片）。

圖11　駐紮在敘利亞的蘇霍伊型蘇愷-25飛行員，準備起飛返回俄羅斯（塔斯社／阿拉米圖片社）。

圖12　二〇一九年莫斯科閱兵式上的T-14阿瑪塔主力戰車（馬克．加萊奧蒂／攝影）。

圖13　海鷹-10無人機準備發射，而一名士兵在前景緊握REX-1反無人機步槍，以控制干擾訊號（塔斯社／阿拉米圖片社）。

圖14　152公釐2S19MSTA-S自走砲（馬克．加萊奧蒂／攝影）

圖15　來自西部軍區的兩架米爾米-28武裝直升機（俄羅斯國防部資料照片）。

圖16　渴望更多簽約型的合同兵，軍方正在逐漸增加召募女性。例如這位來自第三十八期的空中突擊部隊中尉，在GAZ猛虎吉普車中建立通信系統（塔斯社／阿拉米圖片社）。

圖17　在試航中的庫圖佐夫海軍上將號航空母艦（俄羅斯國防部資料照片）。

圖18　斯拉瓦級烏斯季諾夫元帥號飛彈巡洋艦，採用P-500「玄武岩」飛彈（SS-N-12）的大型發射管反艦導彈，清晰可見（皇家海軍）。

圖19　風暴海燕第四級護衛艦埃森海軍上將號巡邏艦，以及格里戈洛維奇海軍上將級巡邏艦，二〇一七年在地中海發射口徑巡弋飛彈，攻擊敘利亞伊斯蘭國（塔斯社／阿拉米圖片社）。

圖20　黑海艦隊旗艦導彈巡洋艦莫斯科號，離開塞瓦斯托波爾。這艘船後來在二〇二二年四月遭到烏克蘭的導彈擊沉（塔斯社／阿拉米圖片社）。

圖21　猛禽級巡邏艇高速行駛（塔斯社／阿拉米圖片社）。

圖22　RS-24路基洲際彈道飛彈，第五十四近衛導彈師派遣洲際彈道導彈途中（塔斯社／阿拉米圖片社）。

圖23　第一〇六近衛空降師的新兵正在宣誓就職（俄羅斯國防部資料照片）。

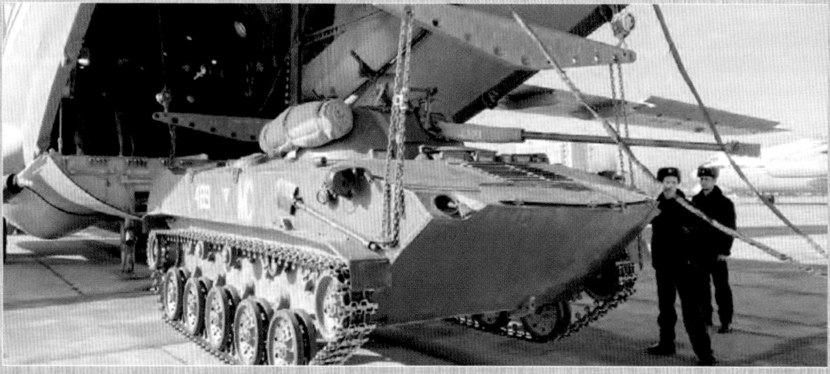

圖24　二〇二二年BMD-2傘兵步兵戰車被吊入伊留申-76大型運輸機之前，正在前往哈薩克的途中（俄羅斯國防部資料照片）。

圖25　海軍陸戰隊採用莫爾多瓦級氣墊船搶灘海岸（俄羅斯國防部資料照片）。

圖26　帶有消音狙擊步槍的特種部隊（俄羅斯國防部資料照片）。

圖27　赫梅米姆憲兵，展示新的俄羅斯沙漠制服（克里姆林宮）。

圖28　一列新的T-72B3戰車抵達塔吉克二〇一基地（俄羅斯國防部資料照片）。

圖29　這些戰車駛出馬里烏波爾慷慨激昂地漆上字母Z，字母Z成為俄羅斯人侵略烏克蘭的象徵（塔斯社／阿拉米圖片社）。

圖30　近衛第一工兵旅在市區的士兵作戰訓練（俄羅斯國防部資料照片）。

圖31　精神武裝力量遇上核武裝力量：一位牧師在伊凡諾沃州泰科沃，祝福亞爾斯洲際彈道導彈（塔斯社／阿拉米圖片社）。

圖32　總參謀部欄杆上的武裝部隊紋章，位於莫斯科茲納姆揚卡街的總參謀部大樓，在一九九七年刻意向一八〇〇年的沙皇致敬（馬克·加萊奧蒂／攝影）。

最權威的一本～

普丁戰爭

從車臣到烏克蘭

「俄烏戰爭」爲什麼重要？

馬克·加萊奧蒂
(Mark Galeotti) 著

方偉達 譯

Putin's Wars:

From Chechnya to Ukraine

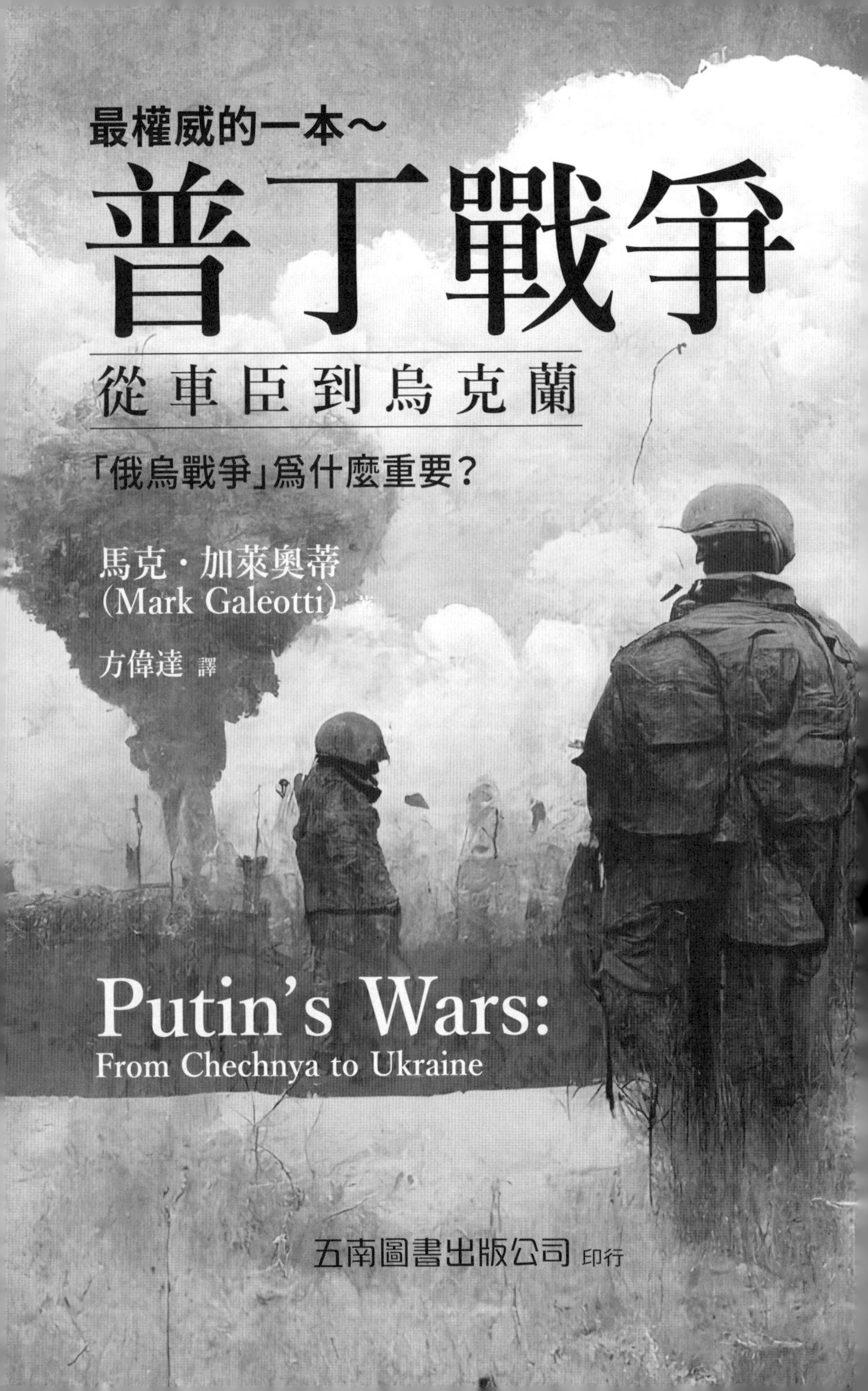

五南圖書出版公司 印行

佳評如潮、各方讚賞

多產軍事編年史作家和分析專家，馬克・加萊奧蒂在最正確的時間，出版的最正確權威書籍。

——《時代雜誌》

對於任何想要了解烏克蘭時事的讀者來說，加萊奧蒂的著作都是必不可或缺的權威書籍。

——英國《金融時報》美國編輯委員會主席／吉蓮・邰蒂

《普丁戰爭》，對於任何俄羅斯軍隊感到興趣的人來說，都是必不可或缺的讀本。

——《文學評論》

迄今爲止，關於這個主題最權威性的書籍。

——《戰爭史》

馬克・加萊奧蒂是對於俄羅斯過去、現在，以及未來，最具敏銳洞察力的國際分析師之一。俄羅斯在二〇二二年二月，擴大了對於烏克蘭的侵略，悲劇性地突顯我們需要了解政治與戰爭關聯之重要性。加萊奧蒂生動記錄了俄羅斯如何發動戰爭，以及戰爭如何塑造了該國的政治，政治又如何塑造了莫斯科的軍事行動。

——邁克羅傑斯情報和全球事務中心主任／約書亞・胡明斯基

本書生動地描述了普丁在執政期間如何使用武力，最終導致了烏克蘭的致命戰爭。

——英國倫敦國王學院戰爭研究名譽教授／勞倫斯・弗里德曼爵士

對普丁主義的核心軍事架構的內部操作、邏輯，以及基本原理，進行了通俗易懂、清晰生動的當代戰爭全面描述。我毫無保留地推薦這一本珍貴書籍。

——喬治・馬歇爾歐洲安全研究中心研究員／格雷姆・赫德博士

《普丁戰爭》是加萊奧蒂最好的作品：作品像是間諜小說一樣迷人，爲了學生和專業讀者，提供足夠的資訊……對於經驗豐富的俄羅斯觀察家，以及有興趣想要廣泛了解戰爭始末的朋友來說，這是相關領域最傑出而輕鬆易讀的傑作。

——美國海軍陸戰隊大學俄羅斯軍事和政治戰略中心主任／尤瓦爾・韋伯博士

普丁對烏克蘭發動戰爭，對臺灣生存戰略來說是一大教訓，這對臺灣發展主權國家的決心來說是最嚴厲的考驗。中國大陸目前在伊朗和沙烏地阿拉伯之間的和平解決方案，扮演的先驅角色，僅是爲了經濟利益，因爲海灣地區石油，對於中國的永續發展具有戰略意義，並能遏制美國及其西方盟友的霸權。然而，中國大陸對於臺灣問題的處理已經證明，兩岸時事遭受描繪成一種虛僞的炒作，不允許主權國家在全球範圍內，決定兩者之間的關係，而不是將其逼到牆角。臺灣應該武裝起來，以應對任何入侵，因爲一九九〇年代初期，烏克蘭的無核化，使普丁敢於入侵……即使臺灣不一定是個核武大國，但是威懾政策，應該是未來最重要的臺灣生存模式。

——南非國立大學研究員、中華民國外交部臺灣獎學金得主／托比．紐瓦楚古博士

俄烏戰爭是俄羅斯與美國及歐盟間，因烏克蘭問題長期尖銳鬥爭，所引發的一場代理人戰爭。從普丁個人的角度切入，可以了解俄羅斯爲何最終選擇戰爭，從而探索烏克蘭及其人民在強權夾縫中是否曾有躲過此場浩劫的機會。

——中華民國資深外交官、前駐紐西蘭代表／介文汲

普丁的獨斷及俄烏戰爭的演進，造成烏克蘭浩劫，不禁會讓人聯想到未來中國大陸和

臺灣的關係，是否也有可以借鏡之處。方偉達教授在本書的跋中，語重心長地思考著：「歷史會重演，人類的文明不會重演。」雖說：「全球安危，繫之於一、二人之手」，但是你我在此歷史洪流與文明演進的過程中，終究是逃不掉的。國家興亡、匹夫有責，以史爲鑑，或可趨吉避凶。

——環境工程技師、九碁工程技術顧問有限公司總經理／方偉光

《普丁戰爭》一書，以普丁軍事戰略爲經、當代戰事爲緯，爲世界揭開普丁對蘇聯與俄羅斯千絲萬縷的神祕情懷，值得向普羅大眾眞心推薦，一窺影響國際世局的未來。

——東華公共事務研究學會榮譽理事長、資深媒體人／田俊雄

杭亭頓（Samuel P. Huntington）曾以文明衝突解釋冷戰與後冷戰世界秩序的重建，並以文明斷層線戰爭預言包括烏克蘭在內的潛在衝突。歷史的進程告訴我們，二〇二二年的俄烏戰爭其實是盤根錯節的冷戰遺緒。方偉達教授翻譯馬克・加萊奧蒂（Mark Galeotti）這位熟稔俄羅斯的英國學者的《普丁戰爭》，提供了華文世界的讀者理解國際地緣政治的現實，以及思考這場戰爭背後的成因及其深遠影響。

——國立臺灣師範大學國際與社會科學學院院長／江柏煒

關心臺海情勢的讀者，一定要閱讀加萊奧蒂鉅作《普丁戰爭》，從方偉達副院長精鍊的文字中，了解普丁發動烏克蘭戰爭的動機，來研究如何避免戰爭發生在臺灣。

——聯華電子公司副總經理／吳宗賢

了解戰爭，是爲追求和平；以史爲鑑，才能看清未來。方偉達教授以其淵博學識、如椽大筆譯出此專著，使我們對這影響世界格局的戰事有深入理解，亦可對臺海情勢的發展具多方省思。

——國立臺灣師範大學翻譯研究所教授兼副教務長／廖柏森

《普丁戰爭》一書非常值得我們深入研讀、借鏡參考，除了了解俄烏戰爭脈絡外，更能從國際格局中，反思東亞的戰略安全。

——國立臺灣師範大學圖書館館長／廖學誠

（臺灣推薦者依姓氏筆畫順序排列）

推薦序

俄羅斯於二〇二二年二月二十二日出兵烏克蘭，引起了二戰後歐洲規模最大之國際戰爭。事實上這是一場代理人戰爭（Proxy War）眞實的由美國對上俄羅斯，一時之間也引起人民的注意，因爲終究我們對俄烏兩國有陌生感。如今五南圖書出版社出版了《俄羅斯簡史》和《普丁戰爭》，這是大家所企盼之專書，從而在此時對俄羅斯有所認識。這是兩本最經典之指南，値得一讀。

譯者方偉達教授成功地以最簡易之文筆，將讀者帶進一個嶄新的領域。《俄羅斯簡史》從早期之俄羅斯文化變遷，到《普丁戰爭》今日之政局及社會概況，讀罷此書，當令對俄羅斯之人文趨勢有所認識。

由此二書憶及摯友研究俄羅斯有成之明驥教授，在其出版的多冊與俄有關之書冊中，以《瑷琿史話》最令人感佩。明教授出版此書之心意在於喚起人們記取當年俄國政府以暴力強壓清廷，訂定此約之一段歷史（按此書於二〇一一年由黎明文化出版）。

方偉達教授譯筆流暢，允爲方家，爲讀者引進一個重要的課題。他成功地將原作者馬克・加萊奧蒂（Mark Galeotti）之大作《俄羅斯簡史》和《普丁戰爭》譯成易讀也易懂之範本，也予讀者一個對俄羅斯的描繪有所認識。這就是譯者之貢獻，從而也給予讀者們一個研讀區域研究之良機。

在繼續推介方教授所譯之本書《普丁戰爭》之後，也衷心企盼俄烏戰爭能盡速結束。因爲烏克蘭經此一役，舉國均遭破壞，國土復興不易；人們更是死傷慘重、苦難當頭。

《俄羅斯簡史》和《普丁戰爭》有兩個特點值得一提：

其一、《俄羅斯簡史》在每一章之始闢有專欄，定名爲「時間軸」，其功用爲讀者可輕易尋找到某一事件發生時日。《普丁戰爭》在附錄，也有「時間軸」這樣易讀易懂的特徵。

其二、《俄羅斯簡史》每一章之末頁列有專欄，名爲「延伸閱讀」，這設計在於讀者可根據此專欄提報之書名，尋得更詳盡之解說。《普丁戰爭》透過五南圖書出版社繪製重要人物的圖像，讓讀者易讀易懂。

中華戰略學會理事長

作者序

一年一度的勝利日遊行部隊通過了紅場，說明了克里姆林宮和俄羅斯民眾如何看待戰爭和軍隊。對於大約二千七百萬在第二次世界大戰所謂的「偉大衛國戰爭」死去的蘇聯人民，其中一千四百萬俄羅斯人民死亡。雖然擁有莊嚴肅穆和自我反思的總體紀念空間，但是遊行本身就是一場毫無歉疚的慶祝勝利，只是展現軍事武裝力量的行動。數以千計的士兵以傳統行列高呼萬歲、以嶄新的軍事武器展現，步伐壓在鵝卵石上隆隆作響。會場懸掛「勝利旗幟」的紅旗，至少會忠實展現第一五〇步兵師在柏林懸掛的紅旗。莫斯科榮譽指揮官團儀仗隊，以踢正步越過紅場，這時響起了「神聖戰爭」的曲調：

起來，偉大的祖國，為聖戰崛起。粉碎邪惡的法西斯大軍，團結起來將他們趕回去。

外國政要和使節受邀觀禮，從戰時盟國到現在的地緣政治盟邦都接受邀請。儘管如此，政要和使節來此不是為了參與，而是為了見證。見證什麼呢？——弗拉基米爾·普丁二十年來最好的一場表演。普丁在大學只接受了基礎的預備軍官軍事訓練，然後加入蘇聯安全部隊和情報部門的國家安全委員會，俗稱「國家安全委員會（KGB）」，藉以免除了義務兵役。但是儘管如此，他還是竭盡全力展現國家和自我的軍事榮耀。普丁坐在噴射飛機的駕駛艙中，舉起新式槍枝或是駕駛戰車，已經成爲一種浮濫的合影紀錄，這也許也是許多驚悚又媚俗的日曆主題。同樣的，他主持「勝利日」也是不容錯過的日子。這不但是有機會將自我勝利，以及俄羅斯的勝利，一氣呵成。

俄羅斯偉大衛國戰爭從一九四一年開始，到一九四五年結束。這是從納粹入侵蘇聯起算，而不是一九三九年入侵波蘭，甚至也不包括占領法國的時間起算。畢竟，史達林也曾經派軍侵略波蘭這宿敵的國土。俄羅斯偉大衛國戰爭「勝利日」慶祝在五月九日，而不是其他國家的五月八日。正如結論所示，這些都不是血腥的獨立聲明，這只是不同時區下的產物。當最後的和平條約締結時，已經是莫斯科翌日的早晨。

但是還有一些關於「勝利日」的具體事蹟，而且仍然是眞正的全國歡慶的日子。這一天，天空幾乎總是蔚藍色的，這要感謝俄羅斯空軍施放乾冰，讓潛在的雨雲消失得無蹤無影。整個城市的擴音器，都在播放著嘹亮的愛國曲調。小青年穿著情侶裝式的飛行員外套走在街上，戴著與眾不同的紅軍卡其色邊帽。孩子們給老兵送花，他們的胸膛，因爲掛著舊動章而嘎嘎作響，並且閃閃發光。當然，克里姆林宮也盡其所能地進行煽情活動，並且鼓勵這種表達懷舊的愛國主義；從歌頌過往將領的巨幅壁畫，並且重新啓動不朽的軍團運動；人們拿著陣亡家庭成員的黑白照片遊行。這不太像是一種空洞的國家規定的象徵儀式。民眾在汽車後視鏡上繫著黑色和橙色的聖喬治絲帶，象徵著俄羅斯的軍事成功。這不是因爲普丁要求他們要繫上去，是因爲他們想要這麼做。

如果你想去高檔市場昂貴的陸軍商品專賣店去買，甚至在城市中的售貨亭也有賣，都有販售軍國主義和愛國的T恤。或者，如果你想去找一家最貴，但是卻是我無法負擔的商店，例如說，我懷疑是一種哄抬價格行爲的零售商店——就在諾文斯基大道美國大使館前的商店。那兒有我最喜歡的一張海報，海報上是外交部長謝爾蓋・拉夫羅夫的畫像，印在前面；國防部長謝爾蓋・蕭依古的畫像，印在背面。標題是：「如果你不想和拉夫羅夫說話……你必須和蕭依古打交道」。這正是一種憤世嫉俗的國家宣傳，以及眞正的民眾熱情，凝聚在驚人獨特的國家軍隊，以及好戰的一種表達方式。有時候，這實在令人相當不安。

軍隊遊戲

就像許多人一樣，我從未眞正失去內心深處的那一位九歲孩子，看到武裝士兵步履整齊，以金屬板塊恰恰聲響向前邁進的欣羨。他們是現代戰爭機器。在很大程度上，可能是因爲我們從來都沒有好好面對過一場戰爭。偷窺武裝士兵的最好方式之一，是沿著莫斯科最寬廣的中軸線特維爾大街，觀看實際遊行前一週的彩排。全新的T-14阿瑪塔戰車，配備無人砲塔；終結者戰車支援戰車，滿載導彈吊艙和自動砲；淺灰色的烏拉爾颱風系列運兵卡車，擁有國民警衛隊；展示的重型裝備綽綽有餘。然而，同樣展示的是人群中的平等機會。年輕女人在小鎮中打扮了一晚，在前往酒吧之前，先在自走火砲前玩自拍；養老金領取者，倚靠在警察在路邊設置的金屬路障觀看BMP-2步兵戰車依序排列；邁向青春期的女孩身穿粉紅色夾克，和男性友人一樣，焦躁地擠來擠去，搶著看重型裝備。如此一來，全家人都開心嗎？

我也有類似的提醒，讓戰爭和戰士之間的距離更近了。這是讓俄羅斯人民心中感念的時候，這一種禮遇不亞於美國的付費有線電視臺播放的運動賽事。我參加了二〇一八年國際陸軍運動會的兩項戰車總決賽，俗稱爲「軍事奧運會」。這是俄羅斯在二〇一五年建立的遊戲，已經發展爲包括三十多種空中、陸地，以及海上競賽的活動；從無人機飛行到馴狗競賽都有。正如我當時所記載的：「俄羅斯的體育、戰爭、軟實力，神奇成功的融合強大的公共娛樂形式。」冬季兩項總決賽，來自於俄羅斯、中國、白俄羅斯，以及哈薩克的團隊。這些團隊採用T-72B3戰車進行競速比賽；當然中國人例外，因爲他們帶來了同型的九六型戰車繞著跑道，他們採用一二五公釐火砲炸毀水中障礙目標。在場評論員興奮的的叫喊，以高畫質影音大螢幕播放，人群遠遠的就可以面對看臺，看到特寫放大的畫面。賽車比賽歡迎贊助商，俄羅斯戰車印有「烏拉爾車輛廠製造商」的標誌。

從國家的角度來看，這是一次軍事軟實力的演習武裝力量的展現，將過去和潛在的未來盟友，包括印度到以色列的國家，都聚集在一起；這也是一種嚴肅的軍火交易展示，以一場軍事外交關係的龐大演習進行。從戰車發動機震耳欲聾的轟鳴聲，到阿拉比諾試驗場。活動期間轉場，進入軍事主題公園。這裡不但是有戰車，可以爬上去觀看；孩子們排隊爭取射擊AK-74突擊步槍的機會，父母幫忙拍照，發給爺爺。在這裡提供紀念品，在軍品商服務亭販售，然後全家人可以到一處橄欖色的大帳篷中，享用俄羅斯軍隊燉煮的蕎麥粥，這是需要付一筆費用的特權。

俄羅斯與戰爭

畢竟，所有國家都在某種程度中曾受到戰爭的影響，不僅需要戰鬥，還要建立稅收制度，進行徵稅。但是俄羅斯是一個沒有自然邊界的國家，位於歐洲和亞洲的十字路口。公元九世紀的征服者維京人最早入侵俄羅斯。無論是十三世紀的蒙古人、條頓騎士團、波蘭人，或是在十三世紀、十七世紀，或是十八世紀的瑞典人、十九世紀的拿破崙，或是二十世紀的希特勒；從這些時代開始，俄羅斯的民眾，已經成爲時代崛起的軍事武力覬覦的目標。俄羅斯人並不只在防禦。雖然，國家的疆界經常變動，化身爲不同的國名，包括莫斯科、沙皇俄國、蘇聯，以及現在的俄羅斯聯邦，很大程度都受到戰爭的影響。俄羅斯的國家能力和擴張願望，形成和鄰國抵抗的武裝力量、展露意志的平衡產物。

戰爭同時塑造了俄羅斯的神話，這是一種有關於自己崛起的故事。一三八〇年莫斯科大公迪米崔在庫利科沃擊潰了韃靼——蒙古欽察汗國。這是令人印象深刻的率兵壯舉，但是絕不是後來歷史聲明的一場轉折點。畢竟多年之後，一支欽察汗國軍隊，占領並且洗劫莫斯科，並強迫迪米崔發誓重新效忠蒙古大汗。這是俄國人擺脫所謂的「蒙古枷鎖」之前的一個世紀。然而，迪米崔能夠將其宣稱爲勝利，隨後民眾會接受弗拉基米爾・普丁神話的證據：「當俄羅斯人分裂時，他們是獵物；但是當他們團結起來時，他們是無敵的。」

一六一二年，在莫斯科保衛戰，俄羅斯民間發難，解放波蘭侵略，波蘭和立陶宛軍隊撤出俄羅斯。羅曼諾夫王朝即使再怎麼愛國，也只能和侵略國進行合作。俄國宣稱的「衛國戰爭」，在一八一二年擊敗法國拿破崙，這不但是抵禦外侮的案例，具有研究的深度和價值，但是也成爲未來五十年內避免國內改革的藉口。克里米亞戰爭戰敗之後，迫使政權改革，但是隨後在一九〇四和一九〇五年發生日俄戰爭，改變了沙皇制度，俄羅斯帝國被認爲是一種落後和無能的象徵。第一次世界大戰的災難，摧毀俄羅斯在三個世紀以來歷久不衰的王朝。這是一場堅忍奮鬥的史詩般故事，所謂的「大衛國戰爭」的勝利，鞏固了蘇聯超級大國的國際地位，並且傳達了殘酷的史達林主義的警察國家，在國內的合法地位。

這一條路，迄今無法逃脫，只能往下走。事後看來，這正是蘇聯必經的軌跡。但是可以肯定的是，各國在嶄新帝國領地中紛紛表達和平的抗議。例如一九五三年的東德、一九五六年的匈牙利，以及一九六八年的捷克。在冷戰的正面交鋒中顯得很可怕。直到一九七九年的歐洲，那是紅軍最接近戰鬥的一場戰爭，也是和中國長達七個月未曾宣戰的邊界衝突。一九六九年，其中大部分的衝突實際上是在邊防部隊爆發。到了一九七九年，蘇聯已經被證明衰落到日薄西山，卻仍尾隨了亞歷山大大帝，以及大英帝國的腳步，企圖征服阿富汗。正如美國後來證明，這決定十分失策，但是對於帝國來說，這是一種不可抗拒的誘惑。這也證明是一場奪取首都喀布爾的標準突擊行動，並且罷免反覆無常的阿富汗獨裁者哈菲佐拉・阿明，這場痛苦而艱難的戰爭開始了。蘇聯人在戰場上從未輸過，但是他們無法戰勝叛軍。十年之後，新的蘇聯領導人米哈伊爾・戈巴契夫承認在阿富汗戰敗，並且將士兵帶回家。

相對來說，這屬於一場有限戰爭，儘管過程非常殘暴。在十年內失去了大約一萬五千名蘇聯人的生命。但是相較於該國在道路車禍中的死亡人數，雖然相形見絀，但是這本身似乎不是蘇聯垮臺的原因，幾乎是日薄西山的一種隱喻。俄羅斯正由與世界脫節的老人統治，經濟越來越落後西方國家，更不用說置身於邊境事務之外，受到掏空、腐敗、憤世嫉俗、酗酒，以及冷漠所包圍。我記得有一次和烏克蘭的退伍戰士交談，他才回來不到一年。他講述了軍官的故事。他們襲擊阿富汗村莊，純粹是爲了搶劫；士兵販賣槍枝、抽起大麻；政治官員白天講課，士兵在那裡協助合法政府對抗美國支援的傭兵，並在夜間集體傳遞酒瓶喝酒，並且詛咒克里姆林宮的領導階層，和受難者一樣痛苦。那麼，當在阿富汗作戰的退伍戰士回到家，爲了購買糧餉還要排隊，還面對無房可住的空洞承諾。蘇聯的勝利，卻被快樂的阿富汗人民在電視上歌頌。難怪他對於民族主義幻滅了，捲入反蘇運動，很快地烏克蘭在人民協助下終於獨立了。

然後，在一九九一年底，經過礦工罷工和種族歧視；經歷了動亂、失敗的強硬政變，以及各國的獨立宣言之後，來自蘇維埃社會主義聯盟的組成共和國齊聚一堂，戈巴契夫總統簽署了最後一項法令，解散共和國聯盟。俄羅斯是聯盟的主人，但是在搖搖欲墜的房子中四面楚歌。正如將在第一部中討論，一九九〇年代在很大程度上處於混亂和危機的時期。其後蘇聯在歐亞大陸，面臨著邊界糾紛、社區暴力，以及經濟解體。俄羅斯軍隊漫無紀律，受到犯罪和士氣低落困擾，甚至無法平息在車臣的北高加索地區的叛亂，而這裡的人口只占俄羅斯聯邦全國的百分之一左右。在國際上，曾經雄霸的大國被視爲無關緊要，但是問題重重；除非討論議題，涉及到危急的核武庫，或是第一位民選總統鮑里斯・葉爾欽不穩定的外交政策。

普丁

當葉爾欽被普丁取代時，也許並不奇怪。當普丁下定決心要爲這一切做些什麼。在第二部中，他迅速開始重建軍隊，進入第二次車臣戰爭，透過昂貴的火力和忠誠的車臣人民部署結合，最終戰勝了叛軍。普丁希望和西方國家建立務實的積極關係，他甚至提出了俄羅斯加入北大西洋公約組織的想法，不過這很快就變了味（見第三部）。普丁越來越將俄羅斯的軍事實力視爲安全的保證，而且讓俄羅斯再次成爲國際泱泱大國。他強化競選活動，借助豐沛的石油和天然氣，重振俄羅斯的軍事能力（見第四部）。

儘管如此，克里姆林宮很清楚，即使重新武裝起來，俄羅斯的軍事實力還不是北大西洋公約組織的對手。無論如何，任何公開的衝突都將是災難性的自我毀滅。因此，在第五部討論了新型態的戰爭起源，通常是隱蔽和間接的，包括網路攻擊、虛假消息、暗殺，以及傭兵。這些部署，從五日戰爭以來都已經開始在做。俄羅斯捲入的衝突，包括二〇〇八年侵略喬治亞；二〇一四年吞併克里米亞；對敘利亞等地區干涉，最終導致了二〇二二年侵略烏克蘭。儘管如此，普丁領導下的俄羅斯——以及他的繼任者，無論是誰在做，無論什麼時候要做——仍然面臨著嚴峻的挑戰。正如第二十七章中談到，這些新的國土衝突幾乎不可避免。在北高加索地區與其國家內部日益激烈的競爭中，俄羅斯認爲是「近鄰國」，位於其影響範圍內。最重要的是，崛起的中國，迄今爲止仍被民眾譽爲「偉大的盟友」，會成爲俄羅斯的威脅嗎？或許眞正的問題是中國何時會這麼做？無論如何，普丁——清楚想到了他在歷史上的定位——像是歷史出現的大公，或是沙皇，將軍事武裝力量和戰事視爲關鍵，這不但是有助於重新確立俄羅斯在世界上的地位，而且也重建了驕傲、榮耀，以及成功的民族神話。普丁積極重現俄羅斯幾個世紀以來的演變，強調符合他有興趣的課題：世界是個危險的地方，俄羅斯人需要保持團結和紀律，如果像沙皇亞歷山大三世看起來軟弱，就會招致攻擊。普丁斷言過：「俄羅斯只有兩個盟友：陸軍和海軍。」

然而，據民意調查顯示，俄羅斯人似乎很不服氣。他們慶祝克里米亞的回歸。

在俄羅斯控制之後，發生二〇二二年侵略烏克蘭頓巴斯「特別軍事行動」。只是因爲他們對於敘利亞的軍事部署顯得冷漠；無論多麼官方媒體大肆宣傳這是一場成功的「現代技術戰爭」，民眾根本不認爲俄羅斯受到軍事威脅。即使在克里姆林宮的宣傳機器中發出各種遭到迫害的論調，包括西方國家險峻的軍情，以及迫在眉睫的危險。儘管如此，武裝部隊是一種民族自豪感和權力的象徵，雖然並非所有普丁的戰爭都被視爲是一種勝利，但是在普丁的領導下，似乎沒有任何和平主義轉變的可能性——或者，很有可能是在他最終繼任者的領導下，無論是誰繼任，那也許還有可能。

二〇二二年二月，普丁下令全面入侵烏克蘭。在二月，本書的書稿其實已經完成，但是我無法忽視這一場逞兇鬥狠和大膽冒進的行爲，本書已經根據這一點進行了增修編輯，並於二〇二二年六月截稿爲止，添加了新的章節。

作者誌

翻譯斯拉夫語言中的西里爾文是一種挑戰。我選擇了音譯的名稱，因爲在原有發音中，經常被忽略「輕音」或「重音」的變音符號，唯一例外，是已經在英語中採用常用名稱的形式。例如我使用拼寫戈巴契夫（Gorbachev），而不是採用戈巴契夫（Gorbachov）。我也採用當地的做法，所以使用當地近名基輔（Kyiv），而非基輔（Kiev）。但是對於俄裔烏克蘭人來說，叛軍所在的頓巴斯地名賦予了俄羅斯語風格。此外，地圖顯示，克里米亞是俄羅斯的一部分，純粹是爲了說明俄羅斯的軍事部署，絕不是一種暗示承認莫斯科對於這個地區的主張。

馬克・加萊奧蒂

譯者序 鳶飛戾天：論國家資本戰爭

一九八四年，我接觸到一本雜誌《中華大道》的創刊號。當年我只是一位沒沒無聞的師大附中高中生，我的成績很差，正在準備大學聯考。當年我翻閱了這一本雜誌，這是鄧文儀創刊的刊物。鄧文儀是誰？他是研究道教權威，獲選臺灣中國道教總會理事長。在國共內戰時期，鄧文儀曾經擔任中華民國國防部新聞局局長、國防部政工局局長兼國防部新聞發言人，同時也曾經當選爲國民黨中央委員、中央常委。當年，我看到一篇文章：〈太一翁洩露天機〉，這是一篇太一翁口述，天誤子筆錄並箋述的文章，談到了「二〇二〇年之後的世界情勢」。

當年，沒有龍婆、也沒有印度神童，對於這個世界預言的指指點點。在一九八四年，海峽兩岸還沒有開放，政府也還沒有解嚴。

然而許多年之後，到了二〇二〇年之後的世界情勢，已經形成了這篇奇文所說的「諸強錯峙」，相當詭譎多變；我感覺到「人生如夢，如露亦如電」，我想也是這一篇文章該對外揭露的時候了。在〈太一翁洩露天機〉這一篇對於二〇二〇年預言當中，命中率可以達到百分之八十。記住，當年只是一九八四年。是的，正是英國左翼作家歐威爾（George Orwell, 1903-1950），曾經在一九四八年，預言《一九八四》——「老大哥看著你」——的這一年。

但是《一九八四》始終沒發生，我感到遺憾。歐威爾描繪了極權主義達到極致的險惡社會，在一九八四年並未發生。然而，在二〇二〇年的俄羅斯，卻像極了小說中的《一九八四》，隨時可以因爲反戰被扔到監牢；這些集權主義，讓俄羅斯才萌芽的獨立思考的民主價值，喪失殆盡。弗拉基米爾・普丁總統追逐國際霸權的權力，讓俄羅斯人民對於權力頂禮膜拜。像極了小說中的《一九八四》。

我在這三十年當中經常回顧一九八四年，每年都會對照著世界情勢來看一下，對於世界情勢憂心忡忡。這一篇刊物，先從俄國，一稱蘇聯說起。我想，「太一翁」、「天悟子」現在都已經仙去，我將這一段形容二〇二〇年之後的世界情勢文字，忠實地一字一字披露出來，以爲《普丁戰爭》這一本書揭幕的序曲。

二十一世紀二〇年代，世界霸權，大致劃定，其分爲：

一、蘇俄仍據歐亞之間，惟若干新興國家，已脫離羈絆。西伯利亞則十分之三已告開發。其海空力量則能控制太平洋五分之一，北冰洋與黑海之全部。而在大西洋與地中海之勢力，則在某種協定下，逐漸退出或減輕其力量。

二、歐洲聯邦——包括英、法、德、義、比、荷諸國，控制西歐及大西洋。東南歐則以南斯拉夫爲首，結合捷克、匈牙利、波蘭、東德等國家，形成另一社會主義集團（東德將返回與西德復合）。

三、美國仍保持強大，控制太平洋五分之二以上，大西洋五分之一以上，而放棄其他地區之防衛與負擔。其國內經濟組織，有一變化。

四、加拿大隆盛，國力幾追上美國。

五、巴西興起，南美洲另成一集團，而以巴西爲盟主。

六、中國居時力能控制太平洋五分之一。（包括北方之黃海，南方之南中國海）北抗蘇俄，南和印、澳，成爲亞東強大國家。

七、印度與澳洲，控制西南太平洋及印度洋。

八、日本與印尼及東南亞若干國家，結成海上同盟，控制東南太平洋。

九、非洲有若干國家興起，結成聯盟。南非之英人將悉數退出。

十、亞西（近東）歐非之間，將有一包括以色列人、阿拉伯人、突厥人、非洲人之聯盟，控制裏海、黑海之一部，紅海、阿拉伯海，及非洲海岸外，印度洋之一部分。

我抄錄到這裡。當然這一篇預言又談到了兩百年之後的世界，甚至是三百年後的「混壹世界」，這是道家預言的思惟。在此，我不討論其未來的眞實性，而是我在翻譯這一本《普丁戰爭》的時候，經常出現腦海中的一九八四年，我初閱這個世界的場景，夢想有一天在二〇二〇年，能夠將這些世界場景揭露。現在，我在凌晨從盈箱累篋中翻出這一本泛黃的舊雜誌，悉心抄錄在《普丁戰爭》這一本書的導讀中。

這不是要證明這篇預言有多厲害，我不是在宣揚迷信，而是要以一種哀矜勿喜的心情緬懷蘇聯的崩潰；從一九八〇年「美蘇雙極」的世界，演變成在二十一世紀多極化「諸強並峙」的世界。當然，「新世界」尚未來到，《中華大道》雜誌中談的全球暖化是自然現象。這世界依然在走。也就是「社會歷史發展，不以個人的意志為轉移」，那麼，以蘇聯解體之後，俄羅斯在普丁總統的統治下，普丁發動戰爭，究竟為這個世界帶來了什麼？

現在來談談我翻譯的《普丁戰爭》這一本書。中文長達二十三萬字，厚達四百多頁。揭露了從一九七九年蘇聯入侵阿富汗之後，持續發生九年阿富汗戰爭之後的故事，像是一場戰鬥民族「不斷戰爭論」的夢幻場景。

蘇聯入侵阿富汗，是前蘇聯外交政策的重大失敗，讓蘇聯由盛轉衰，以致立國六十九年的蘇聯在一九九一年解體。也就是蘇聯入侵阿富汗戰爭，造成了蘇聯崩解，這是我成長過程中經歷過的世界大事。

如果說，過去蘇聯以「史達林主義」進行政治、經濟、文化體制高度集權，藉以集中一切人力、財力、物力，在二次世界大戰之後，蘇聯在一九五〇年代成為世界強國。但是隨著緊縮政策，導致人民積怨。經歷了阿富汗戰爭之後，美國和蘇聯同時推出「星際大戰」計畫，蘇聯的國防軍事開銷增加。此外，中國在一九五〇年代末和蘇聯交惡，一九七〇年代後與美國結盟；蘇聯與西方為敵，在遠東、新疆與阿富汗的邊境又和中國為敵。左支右絀的結果，在一九八九年之後，因為民主的浪潮迭起，東歐共產黨國家的共產黨政權紛紛倒臺；此外，蘇聯加盟共和國政府也想脫離蘇聯而獨立，形成了「蘇東波」風潮，蘇聯、東歐、波蘭的共產黨主導的政權逐步裂解，形成了「諸強並峙」的現象。

在蘇聯最後一位總書記、蘇聯總統戈巴契夫改革失敗之後，經歷了集權國家在國家資本失散，流入到寡頭手中，經濟和社會問題加速了蘇聯的分崩離析，後來蘇聯裂解為十五個共和國，其中以俄羅斯為首。俄羅斯總統葉爾欽宣布蘇聯共產黨為非法組織，在俄羅斯經歷了經濟的動盪不安下，弗拉基米爾．普丁以祕密情報國安人員的身分，逐漸受到總統葉爾欽的青睞，平步青雲。在二〇〇〇年，葉爾欽突然宣布辭去總統職務，時任總理的普丁接受命令成為代理總統；後來普丁贏得總統大選，在俄羅斯呼風喚雨掌權長達二十年以上。

普丁曾經當過派駐東德的間諜，歷任聖彼得堡市長辦公室外事委員會主任、聖彼得堡市副市長、俄羅斯總統辦公廳資產管理局副局長、局長、總統辦公廳副主任、俄羅斯聯邦安全會議祕書、俄羅斯聯邦安全局局長；俄羅斯副總理、總理，以及總統。普丁掌權後，曾經發動的戰爭，包括第一次發動車臣戰爭、兩次入侵喬治亞、二〇一四年吞併克里米亞，對敘利亞等地區干涉戰爭，最終導致二〇二二年侵略烏克蘭。這就是《普丁戰爭》產生的背景。

普丁憎恨恐怖份子，在一九九九年，俄羅斯總統葉爾欽辭掉總統之後，普丁以堅持法律與秩序的公眾形象贏得二〇〇〇年俄羅斯總統選舉，也掀起了普丁二十年勵精圖治，從「十年生聚，十年教訓」的孤臣孽子心情，以情治人員遭到軍系瞧不起的情報頭子，一躍成為俄羅斯的統治者。在從「王者表象」的榮耀中，我們可以探討，從俄羅斯在經歷「國家資本」累積後的輝煌，之後窮兵黷武，幻想「恢復」類似歷史課本所說的「古羅馬帝國的輝煌」，也就是前蘇聯帝國的光榮。普丁生活在虛幻的「資訊真空」，以及完全隔絕在「病毒之外的純淨空間」中，過著類似金庸武俠小說東方不敗所居住的「黑木崖」，那是金庸武俠小說《笑傲江湖》中一處地名，小說中日月神教的總壇所在地。普丁對於掌握世界發展的情況脫節，接下來幻想輸出戰爭，來到了「千夫所指」、「亢龍有悔」境界，最後黯淡到面臨「八國聯軍」國際經濟圍堵的一幕悽慘場景。

自二〇二〇年加萊奧蒂出版英文版的《俄羅斯簡史》，我已經翻譯，由五南圖書出版社出版。後來出版的《普丁戰爭》，是他在二〇二二年十一月出版，原書厚達三六四頁。加萊奧蒂曾經榮獲美國塔夫茨大學弗萊契學院美俄關係倡議圖書獎。在其《普丁戰爭》出版之後，佳評如潮，《時代雜誌》譽爲：「《普丁戰爭》是在最正確的時間點出版的最正確的書。」

這一本書以宏觀和微觀的觀點進行普丁主義的核心軍事決策、內部重要成員關係，以通俗易懂、清晰生動的筆法，談到普丁如何冷靜、無情地重塑俄羅斯的新歷史，包括對烏克蘭發動毀滅性侵略戰爭的初衷。

《普丁戰爭》一書，是目前探討烏克蘭戰爭最權威的著作，內文生動活潑，像是間諜小說般高潮迭起，爲大學及高中以上的學生或是專業讀者，提供了相當寶貴的資訊。

本書深入探討弗拉基米爾．普丁，成爲俄羅斯總理和俄羅斯總統以後，俄羅斯捲入各國之間的衝突。本書以「國家經濟實力，探討美、俄、中之間的國際角力，同時審視了普丁對俄羅斯窮兵黷武下軍事力量的再造，以及擴張領土的野心。在本書中討論了新型武器、志願役軍人制度，以及西方國家列強和俄羅斯進行政治作戰的特務故事。劇情高潮迭起，展現了戰場上的殘酷、衝突。加萊奧蒂曾經親赴俄羅斯，蒐集了現役和退役俄羅斯軍官大量第一手訪談資料。

此外，書中談到了烏克蘭戰爭的悲劇，突顯了政治與戰爭之間的關聯性。普丁發動的戰爭，以「國家資本為主體，透過『戰爭經濟』攫取『政治利益』」。加萊奧蒂從政治角度切入。在政治角力之後，普丁繼續塑造莫斯科的軍事行動中，以一己之力與世界各國對抗的假象——事實上已經歷經了窮兵黷武的階段。這是一場「鳶飛戾天」的行動，以「普丁主義」國家資本對抗「全世界資本的戰爭」，除了高科技的晶片之外，甚至涉及到未來機器人和無人機的非對稱性戰略模式。

這是前蘇聯共產國家，以誘人的無產階級專政，吸引工農兵致力推翻資產政權；然後，西方民主國家的「聯合資產化」，又是如何透過「經濟投資整合」，以「金融」養戰，運用金融吞併俄國富豪資產，並日消耗俄羅斯一國經濟的故事。

南北朝吳均的《與朱元思書》曾經說：「鳶飛戾天者，望峰息心；經綸世務者，窺谷忘反。」普丁總統崇尚「鳶飛戾天」，是一位一心追求飛黃騰達的人，一生富貴，甚至沒有經歷過戰爭的苦難。從《普丁戰爭》中，也隱約看出了俄羅斯國內經濟體制改革中出現的資本集中「寡頭化」問題。甚至巨商富團，除了控制俄羅斯的整體經濟之外，還可以進行募兵，以支援普丁征戰國外的狼子野心。此外，普丁掌權之後，國家掌握了集權的機器，以優秀的俄羅斯民族雕塑了民族神話，但是又沒有昔日共產主義或是社會主義誘人美麗的口號。普丁主義強調了個人崇拜，但是缺乏「王道世界」道德化的魅力，形成了俄羅斯的霸權思想。以上這些都是和西方國家價值觀相抵觸的觀念。

如果說，俄羅斯征戰烏克蘭的新聞，繼續吸引一般大眾的眼球。俄羅斯在二〇二二年揮軍入侵烏克蘭後，至今已發動四波攻擊，包括三波軍事戰，以及一場經濟戰。諾貝爾經濟學獎得主保羅・克魯曼認為，俄羅斯閃電攻下基輔的計策失敗，轉攻烏克蘭東部，卻遭到西方國家以精密武器回攻，等到二〇二二年冬季攻擊頓巴斯，落入戰略失敗。最後，俄羅斯以天然氣爲武器要脅歐洲諸國的經濟戰，各國政府則祭出價格管制和財務補助。

在氣候暖化下的冬天，以美國液化天然氣、燃煤，以及再生能源進行紓困，宣告了俄羅斯以一國之力對抗西方諸國「經濟戰爭」的挫敗。現代經濟戰爭，具備了彈性和應變能力；俄烏戰爭，也見證了歐洲國家的能源轉型。

《普丁戰爭》述說了一部老舊國家機器，以自身有限的「軍工資本」，傾家蕩產的戰爭始末故事。

筆者在二〇二二年七月七日取得英文版原書，夙夜即起，不眠不休，經歷了長達十個月的翻譯時間，終於迻譯完成。《普丁戰爭》是一本了解普丁總統，如何勵精圖治，讓俄羅斯的軍隊捲入二十多年來各國衝突，包括深入了解烏克蘭戰爭。有關英譯名詞，參考中華民國國防部二〇二一年十一月八版《新編國軍簡明美華軍語辭典》，以及中英辭彙對照，並進行校對勘誤。敬請各家不吝斧正。

中華戰略學會資深研究員
國立臺灣師範大學理學院副院長
永續管理與環境教育研究所所長／優聘教授

關鍵人物表

Gerasimov, Gen. Valery	Dudayev, Dzhokar	Bortnikov, Alexander
瓦列里・格拉西莫夫將軍	焦哈爾・杜達耶夫	亞歷山大・波特尼科夫
二〇一二年起擔任總參謀長，是自蘇聯時代以來擔任該職務時間最長的現任總參謀長。是位堅強的戰車軍官，以及國防部長蕭依古的強大右臂膀。	杜達耶夫是蘇聯空軍將軍、車臣宣布獨立時首任總統（一九八一年至一九八六年）。主持虛擬黑幫，接管共和國，與莫斯科進行血腥戰爭，最後被俄羅斯發射的導彈炸死。	自二〇〇八年起擔任聯邦安全局局長，是普丁的忠實支持者，也擔任帕特魯舍夫的助手。

Grachyov, Gen. Pavel	Gorbachev, Mikhail	Girkin, Igor
帕維爾・格拉喬夫將軍	米哈伊爾・戈巴契夫	伊戈爾・基爾金
阿富汗戰爭傘兵指揮官，葉爾欽的第一任國防部長（一九九二年至一九九六年）。因其對於第一次車臣戰爭處理的無能，遭致特別批評。	蘇聯共產黨最後一任總書記（一九八五年至一九九一年）、第一位也是最後一位當選的蘇聯總統（一九八八年至一九九一年）。他是位希望改革蘇聯的前領袖，最後造成蘇聯解體。	以匿名「步槍手」、「射手」而聞名國。是民族主義者、前聯邦安全局軍官和參與歷史事件者。其在二〇一四年引發頓巴斯衝突。

Kryuchkov, Viktor	Kadyrov, Ramzan	Ivanov, Sergei
維克托・克留奇科夫	拉姆贊・卡德羅夫	謝爾蓋・伊凡諾夫
邪惡慧黠的國家安全委員會KGB主席，曾背叛戈巴契夫的改革，企圖保留蘇聯和共產黨一黨專制國家，但是之後卻發動政變失敗。	統治車臣共和國執拗、專制的軍閥，發誓忠於普丁，萬世不朽。	文雅但是鷹派的俄羅斯聯邦安全會議祕書、普丁總統的國防部長及副總理，也是熱門且明確的繼承人。直到他的大兒子在二〇一四年去世，這似乎讓他重新評估了自己的榮華富貴、孰重孰輕（伊凡諾夫現為總統生態環保和交通問題特別代表。根據報導，他的所有成就中，最自豪的是拯救了西伯利亞瀕臨滅絕的老虎）。

Makarov, Gen. Nikolai	Lebed, Gen. Alexander	Lavrov, Sergei
尼古拉・馬卡羅夫將軍	亞歷山大・列貝德	謝爾蓋・拉夫羅夫
二〇〇七年起擔任總參謀長——很精明幹練，後來引入軍事改革，並提拔蕭依古和格拉西莫夫。	聲音闇啞的傘兵指揮官，後來成為葉爾欽的KGB主管，但是他很快就和葉爾欽鬧翻，因為他從來不知道什麼時候應該保持靜默。	長期任職（二〇〇四年起）俄羅斯外交部長，曾是外交圈內的傳奇人物。但是從二〇一四年開始，越來越被邊緣化，遭到貶斥。無法為外交辯護，並且難以處理俄羅斯混亂的外交事件。

Mishustin, Mikhail	Medvedev, Dmitry	Maskhadov, Aslan
米哈伊爾・米舒斯京	德米特里・梅德韋傑夫	阿斯蘭・馬斯哈多夫
梅德韋傑夫的繼任總理、技術官僚。相信集中化、自動化，以及大數據，可以最後精準管理俄羅斯。	聖彼得堡團隊成員、普丁帶進政壇的索布恰克市長團隊成員。梅德韋傑夫是普丁的祕書長，然後在二〇〇八年至二〇一二年擔任總統，普丁擔任總理，但是仍維持普丁的統治地位。隨後兩人對調，由他擔任總理、普丁擔任總統，直到二〇二〇年。在普丁的領導下，他擔任俄羅斯聯邦安全會議副主席等虛銜。一般咸認為他位高權輕。	傑出的車臣叛軍指揮官、失敗的文職領袖、正派的領導人。馬斯哈多夫處於復仇主義的俄羅斯，以及國內聖戰組織的夾縫中。

Rutskoi, Alexander	Putin, Vladimir	Pugo, Boriss	Patrushev, Nikolai
亞歷山大・魯茲柯伊	弗拉基米爾・普丁	鮑里斯・普戈	尼古拉・帕特魯舍夫
俄羅斯飛行員和阿富汗戰爭英雄。曾擔任葉爾欽執政時期的副總統，於一九九三年下臺。	總統府暱稱的「大體」（The Body）、俄羅斯決策最終定奪者。在總統競選活動期間，樂於讓下屬建言，博採眾議，最終進行准駁裁決之最高領導人。理論上他可以留任到二〇三六年，以利俄羅斯再度成為強權大國。	拉脫維亞出生的強硬派內政部長。一九九一年八月政變中擔任關鍵角色，並在政變失敗之後拔槍自殺。	國家安全委員會老幹部，在普丁的核心圈子中屬鷹派人士。自二〇〇八年起擔任國家安全會議祕書，實質為國家安全顧問，在二〇一四年之前，發揮了關鍵的外交決策作用。

Shoigu, Sergei	Sergeyev, Marshal Igor	Serdyukov, Anatoly
謝爾蓋・蕭依古	伊戈爾・謝爾蓋耶夫元帥	阿納托利・謝爾久科夫
俄羅斯最受歡迎和最有影響力的政治人物之一。前緊急情況部部長、莫斯科州州長。二〇一二年出任國防部長，陸續主持軍事現代化。隨著二〇二二年侵略烏克蘭，其強力崛起之勢會因此殞落。	戰略火箭的前指揮官，曾經於一九九七年至二〇〇一年擔任國防部長，任職時間無太大建樹。	暱稱「家具推銷員」、稅務官員。二〇〇七年至二〇一二年擔任國防部長。與總參謀部等最保守的機構，強制下級部隊進行必要、艱困的改革。

Zolotov, Gen. Viktor	Yeltsin, Boris	Yazov, Marshal Dmitry
維克托・佐洛托夫將軍	鮑里斯・葉爾欽	德米特里・亞佐夫元帥
「普丁的杜賓犬」、普丁KGB安全保鑣、總統府安全局局長（二〇〇〇年至二〇一三年）、禁衛軍總司令（二〇一六年迄今）。他受普丁重用，視為忠誠者，注重安全的細微末節，絲毫不苟。	曾為共產黨官員，後來變成了反黨激進份子。在許多方面迫使戈巴契夫解散蘇聯。葉爾欽身為政治反叛者，比身為國家建設者更為幹練。他長期籠罩在酒精的陰霾中，主持了十年近乎無政府狀態的俄羅斯；一九九九年，交由普丁掌權。	蘇聯國防部長（一九八七年至一九九一年），主持從阿富汗和中歐撤軍會議，但是對蘇聯的改革猶豫不決，並加入了一九九一年「八月政變」，最後遭到判刑入獄。

目錄

第三部　新冷戰時期

第四部　重新武裝俄羅斯

獻給所有嘲笑克里姆林宮的宣傳、蔑視克里姆林宮的鎮壓，

以及抗議侵略烏克蘭的成千上萬俄羅斯人民。

第一部

普丁崛起之前

第一章 生於憂患

我坐在中尉的小廚房裡，擁擠不堪。這是位於莫斯科貧困南區切爾塔諾沃街上的高樓小公寓。那是一九九〇年，在那場阿富汗令人厭惡的戰爭結束，單位撤出塔吉克之後，他剛回俄羅斯，度過了一年。他的身體不好，顯然他仍然做噩夢、重播場景。當一輛燃燒的BTR裝甲運兵車撞到地雷爆炸的時候，他脫逃了。他痴迷地摸弄著一枚紅色的星帽徽章，喝了老辣的伏特加酒。他很生氣，也很困擾，但是肯定不是說著笨話，他確信一場艱辛的時刻即將到來。「一切都會分崩離析，你知道的，當情況發生的時候，每個國家都會吃掉我們，他們總是這樣做。當我們虛弱時，他們來了，他們總是這樣做。」他從瓶子裡又喝了一口酒。「在你知道之前，我們需要另外換老闆。」

他談到這一種假設，並不容質疑。考慮到俄羅斯人對於自身安全根深柢固的歷史恐懼，這就很容易理解，爲什麼一九八〇年代末，以及一九九〇年代初的事件，造成了莫斯科如此憂懼，並促成了在莫斯科的共識。社會菁英咸認國家需要一位強人來取代鮑里斯·葉爾欽。當民族之間的紛爭、競爭、歷史恩怨，以及外來干涉，需要在四分五裂的歐亞大陸邊境問題中重申區域霸權。

蘇維埃分裂

畢竟，蘇聯的解體在血腥和秩序中，在某些方面是非比尋常的。與許多其他多民族國家解體之後相比，例如奧匈帝國，或是一九九〇年代的南斯拉夫。波羅的海三小國——愛沙尼亞、拉脫維亞，以及立陶宛——在一九四〇年遭到蘇聯吞併，以及在一九九〇年，同樣是第一個宣布獨立，雖然在第二年才眞正的實現。然而，反對蘇聯共產主義的民族主義運動日益壯大，成立了蘇聯以外十二個加盟共和國，是否眞的希望蘇聯迅速瓦解，値得懷疑。相反的，一九八〇年代我們已經看到國家陷入停頓：經濟混亂、商店空虛，米哈伊爾・戈巴契夫試圖改革，但是實際上似乎讓事情變得更糟。

「改革開放」的政治活動喊得震天價響，發掘了過去的黑暗內幕，從史達林的殺戮，到一九八六年車諾比爾核災難背後的無能，當時烏克蘭一座發電廠的事故，輻射溢散，橫跨俄羅斯和歐洲大陸。隨著戈巴契夫看到共產黨，以及鐵箍般政治體制成爲了阻礙改革的關鍵問題，他開始進行系統性的有限民主化。這鼓勵新一代政治領袖產生了政治賦權，他們既不支持戈巴契夫，也不支持共產黨，反而更主張共和國的自由——最後是想要獨立。在某些情況下也發生了一場醜陋的轉變。土耳其裔的亞塞拜然人和基督教的亞美尼亞，長期以來一直存在相互競爭，以及互不容忍的仇恨歷史，並且在當地亞美尼亞人居住的亞塞拜然城市，一月遭到襲擊、驅逐，甚至有人遭到處以私刑。然而，一九九〇年後來是暴力事件發生的前兆，亞塞拜然的首都巴庫，經歷了爲期七天的暴力衝突，造成五十名亞美尼亞人死亡，數千人被驅逐出境。在莫斯科宣布戒嚴之後，血腥派兵鎮壓，控制秩序，大約一百五十人在衝突中喪生，付出生命的代價。

戈巴契夫在絕望下尋找解決方案，來遏制迫在眉睫的混亂。一九九〇年到一九九一年的冬天，他甚至開始傾向於需要重申政治立場，以強硬派的姿態下令——必要時使用武力——進行經濟改革。在一九九一年一月，他試圖以此打破莫斯科和波羅的海國家民族主義領導人之間的對峙。在立陶宛和拉脫維亞，國家安全委員會，俗稱KGB的特種部隊，以及第七十六近衛空中突擊師的傘兵，奪取了中央電視塔臺，數十萬人聚集在首都里加，誓圖要保衛國土。

事實上，戈巴契夫已經開始後悔自己的輕率反應了，他開始意識到這只會造成更多的共和國分裂。在一九九一年三月，政府舉行全民公投，認爲「維護蘇維埃社會主義聯盟是必要的，共和國自由加盟，產生新型平等主權的共和國聯邦」。蘇聯公民以百分之七七・八五的比數，投下亮眼的贊成票，但是更激化了共和國人民——亞美尼亞、愛沙尼亞、喬治亞、拉脫維亞、立陶宛，以及摩爾多瓦——進行反制。大多數蘇聯公民仍然想要採用某種聯盟型態進行保留，但是可以說，爲時已經晚了。戈巴契夫以此爲契機，與各國領導人展開談判，組成共和國；到了夏天，敲定了協議，將蘇聯從帝國型態脫胎換骨成爲眞正的聯邦。如果願意的話，共和國都可以自由加入或離開這個新型的「蘇維埃主權共和國聯盟」。大多數國家權力將下放給共和國，中央政府只負責外交、國防，以及通訊傳播等關鍵角色。共產黨執政的時代結束了，龐大的紅軍瘦身了。令人恐懼的國家安全委員會KGB，負責國內安全和外國情報統一的政治控制系統，解散成爲更容易管理的單位。國防部長德米特里・亞佐夫元帥、內政部長鮑里斯・普戈，以及國家安全委員會KGB主席維克托・克留奇科夫，都是強硬派，他們必須退休。

對戈巴契夫來說，最不幸的是，因爲他已經退出了和上述人物的結盟。克留奇科夫一直在觀察他，他的一舉一動都被監視著，每一次談話都被記錄下來。的確，這是極其荒謬的。監視日誌紀錄著：「18:30，III躺在浴缸中。」戈巴契夫是「代號II0」，他的妻子賴莎是III。難怪克留奇科夫和其他黨羽知道這爲他們準備了什麼，並且決定先採取行動。

八月政變

到了八月初，新聯盟條約的最終草案，已經在莫斯科郊外的政府莊園新奧加廖沃官邸，經過漫長的談判終於敲定了。由戈巴契夫簽署，共和國的首腦們在八月二十日之後簽署生效，選擇留在這個改革之後的國家。這個過程非常艱苦。八月四日，筋疲力盡的戈巴契夫前往克里米亞福羅斯的避暑別墅，在返回莫斯科進行正式簽約之前休息了兩週。

強硬派意識到這是一次否決的機會，因爲幾乎是一場叛變。克留奇科夫悄悄開始準備政變。這一位忠誠的國家安全委員會及KGB官員，取消了暑假，額外訂購了二十五萬副手銬，甚至起草了文件，想以心理健康的理由解除戈巴契夫的職責。八月十七日，他召集了在特奧普洛斯坦斯基通道的國家安全委員會KGB「安全屋」中，志同道合的鷹派份子集結在莫斯科的西南郊區。在那裡，鷹派份子做出了最終行動的決定。代表團飛往克里米亞，向戈巴契夫進行最後通牒，擱置新的聯盟條約，並且宣布緊急情況，以鷹派的方式「恢復秩序」，否則他就應該下臺，讓副總統根納季・亞納耶夫接任代理總統。他們似乎眞的相信，戈巴契夫一定會因爲避險而下臺一鞠躬。當戈巴契夫怒罵、詛咒他們，將他們全部轟了出去時，這些人的立場明顯地動搖了。但是骰子已經都丟下去了。KGB官員控制著所有進出福羅斯大廈的通訊，並且立即將訊號切除。戈巴契夫的個人安全團隊也被KGB官員策反，但是他們仍然效忠於戈巴契夫；武裝人員封鎖了這座豪宅。

八月十九日早上，蘇聯人起床醒來之後得知消息，戈巴契夫「因爲健康原因暫時下臺」，並且由「國家緊急狀態委員會」負責。由於例行的電視和廣播節目被芭蕾舞劇《天鵝湖》取代。來自第一〇六近衛空降師的傘兵、來自塔曼斯卡亞第二近衛摩托步槍師，以及來自坎捷米羅夫斯卡亞第四近衛戰車師——精銳的「宮廷守衛部隊」，總共大約四千名士兵進入了莫斯科。這是一場非常無能的政變。國務委員會八人——包括克留奇科夫、亞佐夫、普戈，還有亞納耶夫，其實只是無足輕重的傀儡——似乎都沒有意識到戈巴契夫的改革，如何點燃了新的反抗精神；並且這些傢伙，還眞正相信以嚴厲的新聞發布，以及運用街頭戰車充斥的場景，就足以嚇唬人，並且讓時間倒退到一九八〇年代初期。

他們都錯了！出於過度自信，或是計畫不足，他們未能逮捕俄羅斯共和國新當選的總統鮑里斯・葉爾欽。從葉爾欽所在的莫斯科河岸俄羅斯議會白宮大廈的演講，都宣稱反對政變，並且呼籲進行總罷工。人群開始聚集在莫斯科的政府大廈白宮，但是在第一天，每個人都在等著看什麼事情會發生。如果所謂的「八人幫」願意，並且極力迅速而無情地鎭壓，那麼可能會贏得勝利。例如說，在八人幫政變期間，警察的曠職率創了歷史新高；官員請病假，以避免左右爲難，或是動輒得咎。

不過，謀反者缺乏眞正的策略。在電視上，亞納耶夫猶豫、顫抖，像是喝醉了。莫斯科的士兵開始公開站在人群一邊，包括來自坎特米爾師十輛戰車的戰車員，儘管戰車中沒有配發彈藥。

鮑里斯・葉爾欽在那一刻定義了未來數年之後的形象。他爬上白宮大廈前的裝甲車，向他的支持者講話。雖然蘇聯電視臺和廣播電臺都沒有報導，但是國際媒體強力放送。在蘇聯境內，人們都聚集在收音機旁收聽。

第二天，緊張局勢加劇。莫斯科軍區的負責指揮官尼古拉・加里寧上將，當晚宣布宵禁。KGB阿爾法小組反恐突擊隊的負責人，還有空降部隊的副指揮官亞歷山大・萊貝德將軍，他是一位精悍的阿富汗老兵。這些維權者考慮要如何占領議會大樓。他們的結論是，這將是一場血腥的事件，因爲人群匯聚越來越多、越來越堅定。儘管如此，「八人幫」還是決定繼續進行格羅姆「雷霆」行動。這場軍事任務包括阿爾法小組、協同信號旗小組突擊隊。此外，還包括三個戰車連、傘兵、特別任命警察部隊鎮暴警察，以及內政部安全內務部隊。預估至少會造成五百名平民死亡，也許會更多。雖然數字如此，對於克留奇科夫來說他感到滿意，但是更多人則不滿意。萊貝德將軍，以及空中突擊部隊長帕維爾・格拉喬夫將軍，向國防部長亞佐夫元帥提出抗議；甚至阿爾法小組和信號旗小組都明確表示，他們拒絕攻擊白宮大廈。

八月二十一日午夜剛過，俄羅斯第二近衛塔曼摩托化步兵師的一個排，與正在推倒公共汽車和垃圾車路障的抗議者，發生衝突。部隊開火，在驚慌失措下，造成了三名平民喪生。這似乎震驚了亞佐夫元帥，他拒絕執行軍事制裁行動，儘管這可能只是他不想冒險下達可能會遭到下級軍官違背的軍令。無論採取了哪種方式，軍隊開始撤退，政變開始瓦解。

謀反策劃者代表團飛往福羅斯，顯然是爲了重建與戈巴契夫關係的橋樑；但是他拒絕接見他們。他飛回了莫斯科，但是勝利不是屬於戈巴契夫的，而是屬於葉爾欽的。俄羅斯總統對他的蘇聯總統懷有深深的怨恨。葉爾欽在一九八五年首先晉升爲莫斯科市黨委第一書記；但是在一九八七年，當葉爾欽樹敵太多時，戈巴契夫卻拋棄了他。葉爾欽曾經同意新的聯盟條約，主要是因爲擔心強硬派會幹一些蠢事。強硬派採取了行動，但是失敗了，所以葉爾欽沒有理由繼續支持戈巴契夫。

象徵性的布爾什維克祕密警察創始者費利克斯·捷爾任斯基的雕像，在國家安全委員會KGB總部面前遭到推倒拆除。舊的國家權力和控制組織現在坐落在廢墟中。葉爾欽無情地擴張權力、公開羞辱戈巴契夫、暫停俄羅斯共產黨黨權，並且不再願意簽署聯盟條約。經過幾個月毫無結果的爭執，戈巴契夫心不甘情不願向情勢低頭，特別是在白俄羅斯和烏克蘭領導人加入葉爾欽陣營之後。一九九一年十二月二十五日，戈巴契夫擔任蘇聯總統的最後一日，他簽署了一項法令，並且辭去職務，解散蘇聯。蘇聯解體，對俄羅斯和後蘇聯歐亞其他地區未來安全局勢的影響，具有重大深遠的意義。蘇聯解體，促成了和平，但是出乎意料的國家分裂，留下了各種挑戰，有待解決。曾經獨一無二的軍事結構支離破碎，殘留下的部隊、軍火庫，以及核子武器，散布在這個地區。國防工業供應鏈斷裂。少數民族社群留在自己的國家之外，成爲未來衝突的基本原因。這還讓鮑里斯·葉爾欽一砲而紅，但是在此之前，他一直被視爲國內政治的反對派。在奪取政權之後，需要重新審視這一座危機四伏、核武超級大國的殘餘武力，其中舊有的臆測和權力關係都存在其中。

鮑里斯・葉爾欽：沒有計畫的人

諷刺的是，後蘇聯時代俄羅斯第一任總統鮑里斯・葉爾欽，當他面對一位敵人需要擊倒的時候，他是無情和專注的；但是當他贏了之後，對於他想要建立的國家幾乎沒有眞正的願景。在政治上，他相信民主——但是只有當民主適合他的時候他才需要。到了一九九三年，他與最高蘇維埃，也就是國家「最高會議」或「最高代表大會」陷入僵局。他在一九九〇年當選時繼承的議會，那裡擠滿了共產黨人和民族主義者。在一九九三年，因爲總統和議會衝突，他派出同樣的部隊去砲擊，並且占領白宮大廈。這是違反憲法的，但是他只辦了一場公投，追溯修改議會派憲法，並予以刪除。同樣的，當俄羅斯共產黨看起來，很可能在公眾支持下贏得一九九六年總統選舉。葉爾欽面對貧困和大規模失業民眾的不滿情緒，與所謂的一群寡頭「七大銀行家」的金融家和媒體大亨，達成了協議。他們採用金錢賄賂、恐嚇，以及徹頭徹尾選票活動的幕後黑手，進行了運作，動搖了葉爾欽的連任。畢竟，銀行家是親自投資，並且維持地位和現狀。俄羅斯經濟處於可怕的狀態——一九九二年至一九九六年因爲私有化運動，處於崩潰邊緣。政府允許資源從國家手中轉移出去，讓低效率的行業倒閉，但是集中大量的財富落入少數人手中。銀行家、腐敗官員，以及人脈廣泛的企業家，以便宜的低價豪取強奪，獲得國家資源。

在很大程度上，西方國家視而不見。他們也不想看到俄羅斯落入共產主義者，或是極端民族主義者的手中。畢竟，在一九九三年的選舉，新的議會，也就是俄羅斯聯邦會議「國家杜馬」中，俄羅斯自由民主黨——從過去到現在，既不是自由的，也不是民主的，但是狂熱的民族主義者——獲得最多的選票。這也是西方國家最大擔憂。後蘇聯時代如何維持穩定，尤其是前蘇聯累積大約四萬五千枚核子武器。這一個國家，甚至以依附在國家領土內的「非國家行爲體」（non-state actors），就可以運用材料及專業知識，發展大規模殺傷性武器。

這些累積問題產生的原因，不僅是因爲俄羅斯軍隊，而是指揮中樞。許多蘇聯總參謀部同情八月政變。國防部長亞佐夫曾是國務委員會成員之一，精明幹練的國防部副部長兼司令員陸軍上將瓦連京・瓦連尼科夫是他的主要盟友之一。前總參謀長謝爾蓋・阿赫羅梅耶夫元帥，是那一個時代的巨人之一，在八月政變失敗之後自殺，留下遺書，上面寫著：「當我的祖國正在滅亡中，而我一直認爲我的一切生命的意義，都被摧毀了。」葉爾欽相當無感——公平地說，出於某種原因——他可以信任總參謀部。起初葉爾欽自稱俄羅斯國防部長，最重要的原因是因爲，他不知道自己覺得可以把這份工作託付給誰。但是在一九九二年五月，他選擇了傘兵空降師帕維爾・格拉喬夫。格拉喬夫是一位拒絕支持八月政變的指揮官，他一直擔任葉爾欽的副手。

正如將在第二章中討論，從政治角度講，這個決定對軍隊來說是一場災難。格拉喬夫這一位勇敢而精力充沛的軍官，曾在阿富汗服役兩次，並被授予蘇聯英雄——蘇聯的最高獎項。因爲他在那裡的表現，被任命爲部長時，還晉升爲陸軍上將——使他在四十四歲時，成爲全國最年輕的上將。但是他很快就痛苦地發現自己缺乏內涵，已經宣判出局了。尤其是在危機和縮減時期，他缺乏同儕之間的權威；此外，對於戰略需求，也沒時間認識。我記得在他升遷時，我和一些空降師傘兵出去喝酒。當他指揮在阿富汗的近衛空降師的時候，其中一些人曾在第一〇三團服役。我問他們對於他成爲國防部長有何看法。突然一陣尷尬的靜默，然後一個人幾乎帶著歉意說他是「模羅戴特」，在俄羅斯文中的意思是「好你個小伙子」。這就是你可能描述一位有前途的新兵的方式，而不是一位國防部長。當他自己所屬的軍事組織「藍色貝雷帽」，也對他升官有疑慮時，這可不是什麼好兆頭。

事實上，這在政治上絕對必要。但是從帝國瓦解中的俄羅斯遙遠的軍事基地撤退返國之後，帶來後勤任務的噩夢始終不斷。這場噩夢早於蘇聯解體之前，但是隨著新國家的出現，變得更加複雜。這不僅要著重於自身的安全利益，還要轉向清理紅軍需要解決新舊派系之間的糾紛，並且在國內進行清算。這需要擺脫在蘇維埃統治下的壓迫，以及膚淺兄弟情誼之間的束縛。不管你喜不喜歡，地緣政治將回歸昔日復仇的蘇聯，俄羅斯——這是最大的繼承國，也實際上打破了蘇聯的疆界——也不得不發現，身陷泥濘。

這也可以理解是說，政府很少考慮到後蘇聯時期的軍隊，直到擠壓到最後的幾個月，很少有人認眞地預見了蘇聯的解體；諷刺的是，唯一考量到這一點的是蘇聯總參謀部。自一九九〇年以來，一直在悄悄地從其他的共和國轉移戰術、核子武器撤回到俄羅斯，以及包括部分戰略基礎設施撤回俄羅斯。然而，除此之外，根據一九九一年俄羅斯、烏克蘭，以及白俄羅斯領導人之間的《別洛韋日協議》，也就是以《關於設立獨立國家國協的相關協議》形成一個鬆散的新型獨立國家聯合體。成立之初，最初包括亞美尼亞、白俄羅斯、哈薩克、吉爾吉斯、俄羅斯，以及烏茲別克。獨立國家國協擁有自己至高無上的軍隊指揮官——航空元帥葉夫根尼・沙波什尼科夫，一位不願意支持蘇聯八月政變的高階蘇聯指揮官——以及對聯合部隊的臨時控制權。然而，在蘇聯解體後不久，國協的部隊和資源的控制權，實際上移交給新創造的共和國。

戈巴契夫將「切蓋特」，也就是「核子公事包」交給葉爾欽。這是為核子導彈發射提供的指揮路徑和密碼。但是俄羅斯國家最初沒有擁有專屬部隊。起初，葉爾欽宣布俄羅斯將擁有自己的十萬名國民警衛隊，安全取決於獨立國家國協，任命沙波什尼科夫為總司令。一九九二年三月，舊蘇聯國防部改名為俄羅斯聯邦國防部，由沙波什尼科夫指揮。畢竟，這只是權宜之計。實際上誰擁有聯合部隊，將取決於自身的角色和規模，需要達成一致，誰將為軍隊買單，軍隊就來為誰服務。這些棘手的問題從來都沒有達成一致的共識，甚至於沒有國協成員，真的嘗試過；但是當他們看到失敗的原因時，就開始體認到了。很快的，即使是一種偽裝，這一種偽裝，也被很快遭到拋棄了。在一九九三年九月，獨立國家國協的國家元首，取消了沙波什尼科夫的職務。此後，獨立國家國協唯一真正的安全角色，反而是支援彼此之間合作的成員；相反的，大多數舊蘇聯軍隊中擁有超過兩百萬的士兵，最終落入莫斯科的控制下。在某種意義上，莫斯科擁有一支軍隊，但是這是資源，還是一種負債？

第二章 危機中的軍隊

一九九四年，調查記者德米特里．霍洛多夫寫道：「我們的俄羅斯軍隊，正在落入一種有組織犯罪的世界中。」其中的故事，來自於他正在挖掘聲稱來自菁英十六團俄羅斯特種部隊的突擊隊員，爲黑手黨效命的殺手，甚至是黑手黨的槍手進行培訓計畫。不過，這主要是他在追查國防部長格拉喬夫參與大量挪用軍隊經費，他在文章中撰寫的講法。不久之後，有一位聲稱擁有格拉喬夫機密的人和他連繫，指示他到莫斯科火車站的寄物行李箱中找一個公事包。當他看到其中裝滿了文件的箱子，急忙將箱子帶回到《莫斯科共青團員》報社辦公室中，當他打開公事包時，炸彈爆炸，瞬間將他炸死。

《莫斯科共青團員》報社，公開指責格拉喬夫是謀殺的幕後黑手，但是他否認有任何連帶責任。多年之後，當六個人——其中四名仍在服役的軍官——因爲謀殺而受審。格拉喬夫承認他曾稱呼霍洛多夫爲「內敵」，並責成空降部隊情報負責人帕維爾．波波夫斯基赫上校，好好地「照顧」他一下。格拉喬夫不誠實地補充說，他的意思是只要「打斷他的狗腿」，「但是我的一些下屬眞的誤解了我所說的話」。這是一種時代的烙印，事件本身不會造成要起訴格拉喬夫本人的理由。無論如何，面對龐大的輿論壓力，以及檢察總長的盛怒下，這六個人在兩次單獨的審判中還是被無罪開釋，直到今天，案件仍然懸而未決。

敗壞的軍隊

在一九九〇年代，人們不會將俄羅斯軍隊看成安全來源，而認爲是一種威脅。士兵們饑腸轆轆、訓練不足、缺乏紀律，大部分原因是因爲歷史因素造成的。蘇聯共和國的軍隊，受到制度霸凌文化的折磨，以及嚴酷的要求，沒有軍隊能免於欺凌和刑罰濫用。由於缺乏任何專業士官，在春季和秋季徵召士兵，徵召入伍者在服役的兩年期間分爲四期，每六個月一期的同梯隊伍。入伍者通過一系列非正式，但是普遍認可的階段性軍人生活。年輕的「菜鳥」（稱爲「沒有落隊的小傢伙」），被服役超過一半役期的部隊「中鳥」，也就是所謂的「老爹」，或是俄語發音的「戴德心納」（Dedovshchina），「好好的照顧」一下。這暗指，「老兵欺負新兵」的意思。其中，包括最後一百天的「老鳥」（所謂的「登貝利」）的共同管訓。這可能意味著，菜鳥被迫從家中偷東西，強迫要交出糧食的惡作劇；或是需要幹一些服侍老兵才可以過得很爽的活。大多數阿兵哥最終交給「老鳥」，並且必須通過老兵「破百」的儀式：每天晚上在老兵的枕頭下放一支菸，直到老兵榮退爲止。

如果要挑戰上述「戴德心納」式、「老兵欺負新兵」的霸凌，就是招來殘酷的報應。每年有數百名徵召入伍的年輕人因爲部隊霸凌而死亡，無論是遭到毆打，還是受到其他懲罰的影響。例如被迫在冬天戶外不穿外套。這一種管理系統持續存在，儘管官方嚴厲禁止，實際上公認爲是一種粗暴，卻是精實的管理方式。但是因爲缺乏經驗豐富的士官，進行執行紀律——這個是俄羅斯軍隊最關鍵的弱點。一位中士，甚至是一位相當於西方國家制度的士官長，接受過高級培訓之後，成為很有前途的志願役士官兵。雖然一九七一年海軍準尉軍銜，係針對已經在國家服役過的志願役士兵重新徵召入伍，但是人數太少，而且素質參差不齊，難以產生眞正的影響力。

一位新上任的中尉，比他麾下許多應徵者年紀還要輕，如何施展權威呢？對於大多數的人來說，實際上的答案，針對「老兵欺負新兵」，只好睜一隻眼，閉一隻眼；或是放縱欺凌者，以換取加入霸凌的共犯陣營。在承平時期，「老兵欺負新兵」經過包裝之後，以一種殘忍的方式進行運作。但是在戰場中，部隊需要團結合作的時候，經常證明這是一個嚴重的問題。事實上，蘇聯阿富汗戰爭的退伍軍人經常評論，「老兵欺負新兵」往往會在戰場上施展不開，至少欺凌者難以輕易地得逞。在戰場上，枯燥乏味的當兵生涯，將導致大規模的逃兵。有一句俄羅斯的諺語是這麼說的：「生活是一本書，但是當兵之後，你就脫了兩層書皮。」因此，有能力的人使用賄賂和蘇維埃交易，逃離部隊、不用當兵；沒有錢賄賂的人，就需要強迫入伍當兵。

隨著蘇聯解體，長期困擾俄國軍隊的問題層出不窮：拖欠工資、住宿條件惡劣、食物口糧差勁。在一九九〇年代，這些沉痾成為了危機。軍官眷屬被迫住在沒有暖氣的木屋中，士兵吃著腐爛的糧餉，薪水拖欠通常超過五個月。難怪官兵們經常違法犯罪，從兼職當計程車司機到職業殺手，或者乾脆偷走能夠摸到的任何東西。當然，其中有一些人還是混水摸魚的機會主義者。例如阿兵哥從軍營中偷走汽車燈泡和零件，到黑市去賣，這些都是家常便飯。這也往往造成致命的影響。在車臣，饑餓的士兵會交換武器和糧餉，即使他們知道這些槍枝武器落入敵營之後，會讓部隊遭到反噬。觀察其他案例，整個犯罪商業帝國已經形成了。軍官無法無天，從非法僱用傭兵、私人行程乘坐軍用航班飛機和軍車車隊，或是想辦法夾帶免稅商品、豁免警察臨檢和海關的檢查。軍官用上述的方式從中亞走私海洛因，以及從歐洲偷來的汽車來賣，這都已經不是新聞。

徵兵制度的國家兵役變得越來越難。雖然葉爾欽試圖在一九九三年通過縮短徵兵役期，從兩年縮到一年半，廣受歡迎，但是對葉爾欽形象塑造幫助不大，卻減少了士兵的戰力。軍中單位不得不將訓練基地變成田地，來種植自己的莊稼；或是到當地樹林中尋找蘑菇和漿果，以補充不足的軍糧；甚至以便宜的價格，或是招募傭兵，到地方議會和企業中販賣廉價的勞力。這一部分的收益，官員中飽私囊；其餘的收入，供應部隊二十四小時的照明和暖氣費用。一九九四年，格拉喬夫警告俄羅斯國會說：「全世界上沒有一支軍隊，像俄羅斯的處境那樣的悲慘。」這是他的觀點。當然，也有相當意外的原因是，二〇二二年俄羅斯軍隊在烏克蘭的表現乏善可陳，這證明了二十八年之後，變化實在太少了。

出售核子武器？

這當然一切已經夠糟糕了，但是戰略火箭軍的狀態仍然值得關心。他們偵查和應對核子武器攻擊的能力值得懷疑；但是幸運的是，似乎沒有在國外有迫在眉睫的威脅。真正的危險來自內部，擔心四萬多枚核子武器，以及大約一五〇萬公斤鈽和高濃縮鈾，保存在前蘇聯破舊不堪和保護欠佳的庫存基地中。目前，在俄羅斯境內擁有核武，但是烏克蘭、白俄羅斯，以及哈薩克，特別同意遞交，並且拆撤核子武器、承諾不得使用。這些擔憂並非無的放矢。一九九三年，發生了一件小偷盜竊事件。當時，兩名心懷不滿的海軍軍官，從摩爾曼斯克郊區的賽萬普特造船廠，偷走了海軍潛艇核反應爐中使用的三枚鈾燃料棒。他們瞞過門口的兩位哨兵，側身擠過圍牆裂縫，並且鋸開掩體暗堡上生鏽的掛鎖。諷刺的是，他們不知道燃料棒的使用方法，六個月之後，他們試圖找尋買家。

當然，眞正的噩夢是黑幫、流氓國家，或是恐怖份子，或許能夠竊取或購買核子彈頭。一九九三年，當時因爲會計作業計算數字錯誤，導致俄羅斯遠東地區的庫存核子彈頭數字竟然宣告消失，這讓世人感到恐懼不安。但是恐懼確實鼓勵了西方國家爲了保護核子彈頭場地，提供資源、加速核子彈頭退役；並且計畫提供核子科學家和技術人員經濟支援，否則他們失業之後，這些科學家和家眷將無法獲得溫飽。

西方國家情報安全部門，到了一九九〇年代後期，在很大程度上面對所謂神話式「手提箱核子武器」的威脅，繼續無比的擔憂。一九九七年，葉爾欽的前國家安全委員會KGB主管亞歷山大・列貝德，聲稱建造了八十四枚手提箱大小的核子彈頭，是蘇聯人當作對付西方國家的末日武器，偷偷埋藏起來，卻宣告失蹤了。葉爾欽叫他走路，並且叫他閉嘴。然後，當年九月，他宣稱蘇聯武器庫擁有的二五〇種此類裝置中，有一百枚核子彈頭也不見了。這當然引起了軒然大波，尤其是在美國。有鑑於列貝德聲稱這些彈頭在每個國家都可以殺死超過十萬人的核子武器。莫斯科首先聲稱，這種武器從來都沒有存在過。研究過一系列此類武器的專家挺身而出，強化了這聲明的可信度。尤其是從核子地雷，到即使只有二十五公斤重的RYa-6核背包，就可以產生一千公噸黃色炸藥的威力。國防管理中心戰鬥管理組叛逃者斯坦尼斯拉夫・隆夫，還聲稱RA-115核子地雷現在還藏在美國。儘管在任何地點都沒有發現他所說的任何跡象。無論如何，在一九九八年間，莫斯科承認曾經擁有這樣一項計畫，但是特別委員會已經清點了所有剩下的案子，發現並沒有一枚核子彈頭遺失。西方國家專家的共識是對的——列貝德應該是弄錯了。

幸運的是，事實上沒有遺失任何武器，但是這至少同樣表示，因爲這些都是可怕的武器，甚至任何交易的暗示，都可能引起冷眼的關注。世界情報組織——例如以色列情報及特殊使命局，俗稱摩薩德，一直警告人們核子彈頭對於以色列的潛在威脅。

帶男孩回家

甚至在蘇聯解體之前，遭到壓垮的共產黨強而有力的右手臂，駐紮在全球的蘇聯紅軍，就已經逐漸朝向俄羅斯境內撤退了。一九五三年東柏林抗暴和一九五六年匈牙利抗暴、一九六八年捷克抗暴胎死腹中。對於「人性化社會主義」的希望，並且在一九八一年至一九八三年，支持華沙公約的衛星國家波蘭，推動戒嚴法。這個公約，只是爲了位於中歐的蘇維埃帝國蒙上了一層薄薄的合法面紗而已。但是這是莫斯科爲了自身的生存，所需提供軍事和政治帝國經濟基礎而已。在戈巴契夫任期內，決定向歷史宿命低頭。蘇聯再也負擔不起日益動盪的國家，在其掌控下。一九八八年十二月七日，戈巴契夫在聯合國的重要演講中宣布，紅軍將裁軍撤出。蘇聯的經濟補貼和軍事支援斷炊之後，傀儡政權遭到民眾抗議、唾棄，甚至在一九八九年到一九九一年之間，發生鉅變、崩潰。一九九一年二月二十五日，《華沙條約》國家正式解散。

約有六十萬名軍官，以及超過十五萬名家屬，何去何從？過去附庸的國家都希望蘇聯軍隊離開，但是莫斯科希望逐步撤軍，以便利用時間建造所需的新基地、營房，以及公寓。即使如此，支付這些費用的款項從何而來？西方國家像過去一樣，德國資助經費，讓蘇聯人離開德國領土，但是這仍然拖到了一九九四年。其他新興國家缺乏資助資源，或者通常傾向於國內經濟優先。中歐國家新政府的經濟陷入了混亂，還有著重於其他的優先事項。根據報導，截至一九九〇年中葉，有二十八萬個軍人家庭，沒有分配到眷舍。

空洞的夢

一九九三年十一月，俄羅斯通過了新的《教戰總則》。在蘇聯時期和俄羅斯時期，這是非常重要的基礎文件，描述俄羅斯何時可以武裝保護；開戰時如何進行戰爭，以及如何完成戰爭任務。《教戰總則》涵蓋所有後勤採購到行軍作戰的規模。然而，這證明是一種幻想計畫中的備戰練習。《教戰總則》承認俄羅斯應該考慮自身是區域國家，而非全球大國。因此，設想軍隊現代化和專業化。這些構想很好，但是想要勵精圖治的時候，面臨到國庫空虛、政治意願和行動同樣低落的事實。

軍隊具體改革化停滯不前。葉爾欽的軍隊在很大程度上，相較於蘇聯軍隊，在組織、文化，以及角色扮演中，編制縮減且經費不足。截至一九九六年爲止，擁有六十七萬名軍官和編制人員，共區分爲八個軍區，以及獨立的空中突擊部隊。部隊共有八十五個師，由於部隊缺乏士兵，多數爲軍官——超過三分之一的人，即二十九萬人被委任爲軍官——但是多數只是紙上作業授職。充其量，在國家總體動員的情況下接受預備役軍官，最壞的情況下，他們編列的是幽靈單位，只是想找職業士兵來做預官的工作。

有人談論創建快速部署部隊，創建一支規模較小的完全專業軍隊，但是這些夢想畢竟都落空了。在一九九〇年代，十年的社會和經濟動盪期間，軍隊絕望的在經濟危機和政治動盪中爲了生存而奮鬥。一九九五年，國防部發言人警告說：「如果短期內沒有做出激進的決定，俄羅斯軍隊很可能處於饑餓的邊緣。」上述報告中顯示，在西伯利亞的部分軍區，新兵正在吃動物飼料，甚至駐紮於莫斯科軍區的士兵，也不得不乞求生存。一九九六年，媒體報導來自雅羅斯拉夫爾的徵召入伍者米莎・庫巴爾斯基的故事。他服兵役三個月之後餓死。當他抱怨服役過度疲勞，稱量體重之後，發現體重不到十二公斤，接著送往軍醫院，是在路途中宣告了死亡。醫療委員會隨後針對軍事單位進行了抽查，發現足足有一半軍人體重不足——但是這些不足爲奇。有鑑於軍人缺乏能夠找到的適當糧餉。的確，過去一週，部隊採買找不到任何可以補給軍人的口糧，只好讓他們吃爛白菜。

當然，還是有一些少數專業具有能力的單位，尤其是在精銳部隊中，例如傘兵、海軍陸戰隊，以及俄羅斯特種部隊。然而，數量太少，無法與俄羅斯明顯的國防需求相匹配。特別是國防部長格拉喬夫出身於核心傘兵，他抱著美夢，希望生成一支精實的十萬名核心派遣部隊，從外國軍事任務到國防安全，以快速部署編隊儲備就緒。這種夢想立意遠大，又遙不可及。國防部爲了實現這計畫，浪費了時間和精力。士兵駐紮在沒有暖氣的軍營中，因爲部隊無法支付暖氣電費。這說明了軍事領導階層老邁的程度，不能——也不會——與時俱進。

「帕夏賓士」

格拉喬夫的悲劇在於他是典型的戰鬥將軍。在他身處的那個時代——他個人相當勇敢，在進攻方面是一位最揮灑自如的軍官。但是國防部長的工作，實際上是在管理一支越來越衰退的軍隊；對於部長資格的要求，不但是需要精明，而且精通政治技巧、個人誠實、面面俱到，而且需要注重細節。但是可悲的是，他沒有以上這些特徵。一九四八年，他出生於偏省的農村，離開學校參軍。身體強壯、工作努力。身爲一名軍官，在職業生涯的大部分時間中，認識他的人，形容他是：「聰明有餘，但是智慧不足。」他被政府納爲前途似錦的空中突擊部隊主管候選人。當然不同的軍種有不同的優先等級。即使像傘兵，雖然不像戰略火箭軍的「蛋頭」，或是國家安全委員會KGB部隊的政治狂熱份子，那樣級別高尚，但是在普通的「地面部隊」挑選出來——並且被派往在梁贊的高級空降軍事指揮學校受訓。他在兩種不同的項目中獲得了專業金牌，升遷爲「空降部隊排長」和「德語助理翻譯」。「德語助理翻譯」讓他走上了正軌。對於空中突擊部隊的偵搜中隊來說，這是公認的菁英中的菁英，但是通常被認爲是從特種部隊退居到第二線。後來他歷任第七近衛空降師的偵察連，然後是傘兵訓練營。像往常一樣領導部隊的軍官，然後他去伏龍芝軍事學院就讀，一九八一年畢業。此時，阿富汗戰爭正在如火如荼的進行中，而空中突擊部隊承擔了重責大任。他先是在一九八一年到一九八三年擔任空降團副指揮官，然後是第三四五近衛獨立降落傘團擔任指揮官，後來（一九八五年到一九八八年）擔任少將和第一〇三團近衛空降師指揮官；其間，他回到第七近衛空降師擔任參謀長。格拉喬夫打了一場好仗，一九八八年，授予蘇聯英雄稱號，並被派往總參軍事學院。一九九〇年畢業時，他成爲蘇聯空降軍第一副司令，然後任命爲總司令。在八月政變期間，格拉喬夫最初似乎忠於國家緊急狀態委員會，領導第一〇六空降師，分派駐防到莫斯科，並將其部隊部署到莫斯科關鍵的安全地點。然而，他很快就加入了沙波什尼科夫元帥軍官陣營，退出政變，反對任何以武力計畫占領白宮大廈。戈巴契夫對於他的獎勵是晉升爲大將，擔任國防部第一副部長。這部分原因是需要清除軍中高官——隨後他被葉爾欽挖走，因應國防問題，加入他新成立的國務委員會。後來他成爲獨立國家國協的聯合武裝部隊第一副總司令，然後繼任俄羅斯第一副總司令、葉爾欽的國防部副部長。不過，在短期內，根據格拉喬夫自己的說法，葉爾欽任命他爲部長。他在一次簡短的電話交談中了解此中環節。葉爾欽說：「我厭倦了當部長！因此，我簽署了一項你的任命法令。」

事實證明，他只是一個無足輕重的政治人物。他試圖反抗俄羅斯軍隊加速從國外撤回，但是無濟於事。一九九二年，他正式移交了儲存在車臣反叛境內的半數軍火。因爲他不知道如何防止危機，後來這些軍火被利用來對付俄國人的武器。他試圖避免軍隊政治化，但是當葉爾欽上臺時，他捲入了議會的激烈憲法爭執。一九九三年，他被迫表態。畢竟，葉爾欽宣布成立俄羅斯聯邦委員會，以取代最高蘇維埃的舊有角色，葉爾欽繼承了議會——也就是他想取代人民代表大會的俄羅斯最高蘇維埃。從蘇維埃時代，在共產主義者的保證下，是一種投票系統下的產物。不出所料，總統和俄羅斯國會越來越矛盾。一九九三年九月二十一日，葉爾辛宣布解散最高蘇維埃和俄羅斯國會，但是這明顯違反了《俄羅斯聯邦憲法》。

葉爾欽覺得社會輿論是站在他這邊的。他有莫斯科的安全部隊當後盾。俄議會主席團通過致《俄羅斯公民書》，以「最高蘇維埃」名義彈劾葉爾欽，宣布阿富汗戰爭英雄亞歷山大・魯茨科伊爲代理總統，並呼籲志願的民眾協助捍衛白宮大廈的議會席位。十月三日，親議會人群占領了莫斯科市長辦公室，並試圖占領電視塔。這絕對是一項巨大的政治錯誤，因爲這給了葉爾欽召集部隊鎮壓的藉口，並且允諾宣稱自己才是公共秩序的捍衛者。格拉喬夫正式表態支持葉爾欽，並且在第二天黎明時分，精銳第二近衛塔曼摩托步兵師的五輛戰車，位於新阿爾巴茨基大橋旁的白宮大廈前編伍，另外五輛戰車在廣場外側待命。他們開始砲轟議會，高爆反戰車砲彈，輕而易舉地穿過建築物的外牆，燒毀了建築物。

國家安全委員會KGB所屬的特種部隊阿爾法小組、俄羅斯聯邦的特種部隊信號旗小組等反恐部隊，隨後進入，並且到了下午，衝突結束了。總共有二十五名士兵和警察，以及一二二名平民，在致命的街頭衝突中喪生。這是自一九一七年革命以來，莫斯科最致命的街頭巷戰。至於俄羅斯憲法，葉爾欽重寫制定，以塑造合法的形象——但是這種行為在道德和法律上顯然是受非議的，但是已經證明了他有能力這麼做。

問題是，格拉喬夫不知道怎麼說、何時向葉爾欽說不——作為一位被過度提拔的暴發戶，他知道自己的上級重視他；因為沒有總統的全力支持，他絕不是一個舉足輕重的人物。在一九九四年證明，這是一場災難。當時，出於一種傲慢與取悅上級的願望，他輕率地向葉爾欽保證，車臣叛亂很容易平息，而且車臣首都格羅茲尼可以「被一個降落傘團，在兩個小時內輕易占領。」

隨後的血戰，只能解釋為俄羅斯的失敗（見第二章），實際上暗指他將辭職。他於一九九六年被解職，作為葉爾欽和格拉喬夫的前下屬之一亞歷山大・列別德，是雙方政治協議的一部分。儘管如此，他並沒有遭受太大的痛苦。據報導，他曾在風風雨雨中確保個人職位的受益。的確，由於這種方式，他獲得了「帕夏賓士」的綽號，只因他從德國撤軍之後，用專款購買了豪華的德國汽車。葉爾欽還確保格拉喬夫的忠誠得到回報。被解職之後，他當上俄羅斯國防產品出口公司的顧問，晚年過得舒適愜意。

毫無疑問，他是一個勇敢的人，也是一位鼓舞人心的戰術指揮官。在職業生涯中，完成了六四七次跳傘；在戰鬥中受傷，並且在前線勇敢領導。然而，他選錯了時代。伊戈爾・羅季奧諾夫，曾在一九九六到一九九七年短暫擔任國防部長，也曾經駐防阿富汗擔任第四〇集團軍司令，是一位絕對不能輕易忍受愚弄，或是擺爛的硬漢。他尖刻的判斷是：「我的第四〇集團軍中的格拉喬夫，是一名出色的空降指揮官。但是他從來沒有超過這指揮官的水準。還好他只當上了部長，因爲他及時叛逃到了葉爾欽的身邊。」這大概是最適合的墓誌銘。

第三章　第一次車臣戰爭

俄羅斯軍隊沒落的眞正深度——還有帕維爾．格拉喬夫作爲政治家和指揮官的失敗——在一九九四年到一九九六年的第一次車臣戰爭中慘敗中，血腥地證明了這一點。車臣共和國南部叛亂頻繁，政府對抗叛軍焦頭爛額。其人口約一二〇萬，面積只有莫斯科的七分之一，格拉喬夫傾部隊之力都可以做到基本上的安全和局。但是這是一場屈辱，不僅是爲了進一步削弱軍隊士氣，強化了反對俄羅斯國家衰落的覺醒，同時導致弗拉基米爾．普丁崛起。

反抗和怨恨

車臣人極度獨立，他們眾所周知地態度強硬——驕傲地將自身比成是一匹狼——早就已經讓俄羅斯芒刺在背。十九世紀，隨著帝國緊縮，並且控制了北高加索，尤其是爲了確保其南翼安全，擊敗了車臣人，但是從來沒有征服他們。作爲反叛者或土匪，車臣人和他們的印古什人表親繼續作戰，挑戰他們名義上的主人，因此在一九四四年，史達林發起了「扁豆」軍事任務，藉口他們計畫協助納粹，將車臣人和印古什人大規模驅逐到中亞。大約有五十萬男性、女性和孩子們在槍口下被迫離開家園，而且至少在早期，有四分之一人口死於流放的過程中。史達林死後，他們被允許返回之前的家園。即使如此，他們發現了俄羅斯移民占據了他們的舊家園，並移動祖先的墓碑，用來建造牆壁和人行道。難怪車臣人對於莫斯科有強烈不滿，悲憤仍繼續點燃在車臣人的心目中。

一九九〇年，鮑里斯．葉爾欽還在反對蘇維埃政權時，曾敦促地區領導人：「盡可能奪取主權，並且吞下去！」車臣人聽了他的話。在一九九一年八月發動政變之後，他們趕走了共產黨。前空軍少將焦哈爾．杜達耶夫宣布獨立。葉爾欽居然派出保安軍隊，前往車臣首都格羅茲尼逮捕杜達耶夫，但是當他們降落機場時遭到封鎖。杜達耶夫雖然看似從對抗中退縮，並且讓俄羅斯的軍隊降落。儘管如此，這不過是一種緩兵之計而已。葉爾欽在上任之初，很高興支持地方自治，但是他無意眞正允許車臣人像是脫離蘇聯一樣，以實際的手段脫離俄羅斯聯邦。

杜達耶夫的統治充滿了熱情、笨拙，以及經常看到犯罪情事的發生。軍閥和黑幫林立，貪官變得更加富有，但是他從來都沒有興建過一所新式學校，或是一座醫院。一九九二年三月，杜達耶夫的對手試圖推翻他，但是遭到強行鎭壓。第二年車臣議會準備進行信任投票，並且對他進行否決時，他解散了議會，並且保住總統之位，繼續統治。

不過，在很大的程度上，杜達耶夫的政權是否合法有效，並不重要。對於葉爾欽來說，不能讓自稱獨立的國家繼續生存下去而且愈發繁榮，以免其他地區決定是否也可以脫離俄羅斯。儘管葉爾欽在八月聲稱：「武力干涉是不被允許的，這是絕對不能做的……會有這樣的血腥發生，將沒有人會原諒我們。」儘管如此，他還是發起了今天可能被稱爲「混合戰爭」的軍事任務。莫斯科組織並且武裝了數百名反對杜達耶夫的車臣人和印古什人——或者只是願意爲了獲取報酬——而與杜達耶夫對抗。一九九四年十月，他們在俄羅斯戰車和飛機的支援下，對格羅茲尼發動了進攻，遭到杜達耶夫的支持者擊退了；第二次在十一月的攻擊，結果也是如此。更讓莫斯科尷尬的是，二十名俄羅斯士兵遭俘，很明顯他們不願服從軍事指揮系統。根據聯邦反情報局、前蘇聯國家安全委員會KGB的改制者宣稱，本來應該是快速、靜默，以及發動可以否認的代理人政變，卻形成了一場公開的羞辱。葉爾欽忠於形式，尷尬的下了猛藥，他命令車臣人投降。當他們拒絕時，他正式命令俄羅斯軍隊「恢復憲政秩序」。畢竟，格拉喬夫和大多數顧問都向他保證，這將可以輕鬆獲勝。根據報導，十一月二十八日，他在一次祕密會議上告訴國家安全會議，這將是一場「不流血的閃電戰」。同樣地，要是發動戰爭，民族事務部長尼古拉・葉戈羅夫確認，百分之七十的人都將歡迎俄羅斯軍隊；其餘的百分之三十的人，保持中立。

寄予厚望，迅速失敗

那天，俄羅斯空軍開始了戰役，轟炸車臣地面小型空軍（儘管有理由相信車臣少量訓練飛機無法飛行），並且轟炸卡利諾夫斯卡雅和汗卡拉的機場滑行跑道。十二月六日，杜達耶夫和格拉喬夫同意「避免進一步使用武裝力量」。當然，這是一句空洞的承諾，車臣人試圖讓莫斯科感到羞辱，俄羅斯人則試圖安撫叛軍。兩者都沒有成功。就在他們互相哈拉一些陳詞濫調時，車臣人在格羅茲尼城外挖掘戰壕，在北高加索軍區指揮官阿列克謝・米秋欣大將的指揮下，以一支入侵部隊連同其他部隊，致力於軍事任務。聯邦部隊聯合編隊約有二萬三千七百人，其中包括八十輛戰車，但是其實只是一支臨時成軍的部隊。直到入侵前夕，總參謀部正在尋找足夠接近的編制部隊進行部署，以了解輜重汽車是否準備妥當、後勤支援是否充足。參與襲擊的軍官後來回憶說：

「老實講，這是不充分的準備。我想知道我們輜重車輛是不是可以動，我們最終不得不拆下三分之一的卡車零件進行整補，以讓其餘的卡車可以上路。」

這反映了俄羅斯方面大規模的失敗，這些失敗來自於缺乏信心和訓練的初級軍官，帶領手下進行混亂、危險的近距離戰鬥。最高指揮中樞戰爭受制於戰爭型態，似乎無法適應另外一種戰爭型態。高級指揮官無法正確使用武力，例如空中武力顯然很單薄。國家航空系統科學研究所所長葉夫根尼・費多索夫，在回憶錄中回憶徵召到戰爭委員會，進行五人小組會議，包括副總理奧列格・索斯科維茨、國防部長格拉喬夫、聯邦反情報局局長謝爾蓋・斯捷帕申、內政部長維克多・葉林，以及邊境部隊指揮官安德烈・尼古拉耶夫，他們想知道如何針對杜達耶夫在格羅茲尼總統宮殿的掩體，進行精確攻擊。費多索夫解釋說，最新的蘇愷-24M型戰鬥轟炸機，以及蘇愷-25T型對地攻擊機，可以發動高精度打擊力，是有效炸穿地下掩體的武器。然而，事實證明，從部署進入戰爭，嚴重缺乏配備精靈炸彈的飛機；如果採用蘇愷-24M型戰鬥轟炸機，飛行員則沒有運用精靈炸彈的導引經驗。在這一點上，根據費多索夫的回憶錄，國防部長格拉喬夫顯然明顯缺乏理解：

他威風凜凜地靠在扶手椅上宣布：「讓我告訴你，我們的空軍是如何戰鬥的。在對汗卡拉機場進行空襲時，一架逆火-22M轟炸機完全摧毀了所有車臣航空，一枚炸彈摧毀了杜達耶夫的個人直升機。」

當費多索夫試圖解釋派出二十架轟炸機時，每架攜帶二十公噸彈藥，地毯式轟炸基本上沒有防禦的機場，實際上是浪費過度的殺傷力——其實一個中隊就已經足夠了——這是一種完全不同的任務，讓大家都滿懷不悅。最終，小組會議決議，成立一個特別的蘇愷-24M型戰鬥轟炸機隊，從全國徵召經驗豐富的飛行員。然而，當準備好之後，一架蘇愷-25型對地攻擊機，已經用傳統炸彈炸毀了總統府——無論如何，杜達耶夫本人並不在場。

計畫

對車臣的攻擊沿著三個軸線進行。人數最多的部隊，由弗拉基米爾・奇林丁中將指揮，從車臣西北部北奧塞梯的莫茲多克進攻。部隊包括六千五百名士官兵；包括來自第一三一獨立摩托步兵旅、九支獨立內政部所轄安全營，以及第二十二獨立特種部隊。第二支部隊，從位於格羅茲尼以西的弗拉季高加索進攻，由空降部隊副司令亞歷山大・欽達羅夫中將指揮的四千名士官兵組成，包括第七十六空中突擊師的傘兵團、來自第二十一獨立空中突擊旅的營部，其中包括第十九摩托步兵師，以及五個內政部的機械化步兵部隊營。第三支部隊，集結在車臣東北部達吉斯坦的基茲利亞爾。在列夫・羅赫林中將的領導下，他是前阿富汗戰爭擁有戰動的老將，他指揮車臣軍事任務，也是一位直言不諱的批評者。羅赫林中將指揮四千名士官兵的部隊，主要來自第二十摩托步兵師，還有六支內務部隊。

內務部隊是預備役部隊，反映了以占領格羅茲尼爲重點的作戰計畫。假設一旦首都被占領，車臣抵抗很快就會消失。羅赫林和其他俄羅斯參加戰爭的前蘇聯士兵，私下抱怨在一九七九年入侵阿富汗曾經嘗試過類似的策略，但是結果並不太好；但是格拉喬夫堅持認爲，這必須是一場快速的勝利。畢竟，他向葉爾欽承諾，這次軍事任務不會持續超過十二月二十日。三支隊伍陸續進城，沿著六個軸線圍攻。當內務部隊封鎖車臣，並且阻止任何增援部隊到達格羅茲尼，軍隊將包圍格羅茲尼；然後，如果有需要，立即占領城市。這個計畫從一開始就注定失敗，但是包括考慮徵召內政部的內務部隊，證明這是一支臨時拼湊的部隊。他們確實非常優秀，尤其是莫斯科的菁英「捷爾任斯基師」（正式名稱爲第一獨立營運任命師）。然而，大多數士官兵是由被納爲徵兵的單位組成的。他們願意執行克里姆林宮分派的骯髒工作，許多人捲入對車臣平民的殘酷虐待。有時候出自於一種錯位的感覺，就是迫使叛軍屈服的唯一方法；但是更多時候，是因爲對於軍事訓練不足的部隊，所經歷對於守衛設施和護送囚犯車隊的單純恐懼，而不是針對強悍堅韌的敵人進行叛亂行動的鎮壓。

原來計畫是訂在十二月七日入侵，但是部隊還沒有準備好。直到十二月十一日，他們才越過邊界，前往格羅茲尼，一切都比預期來得慢。雖然車臣北部平原相對平坦，儘管南方綿延山脈，但是經常會面臨惡劣的天氣。謹慎的指揮官希望在惡劣天氣下直升機停飛，能夠依靠偵察和近距離空中支援。但是車輛經常抛錨，令人尷尬；而且一小群車臣戰士以狙擊先遣巡邏隊方式進行伏擊，拖累了俄羅斯相對緩慢的龜速步伐。

直到十二月二十六日，俄羅斯軍隊才包圍格羅茲尼，形成所謂的「銅牆鐵壁之圍」，讓叛軍有足夠的時間撤離平民，但是最重要的是從南方帶來增援和補給，加緊準備迎接俄羅斯人。他們經歷了兩百年的壓迫，和幾近種族滅絕的痛苦，畢竟要全數奉還。

征服格羅茲尼……

所以車臣人準備好了。杜達耶夫統治的國家，在很多方面都變成了一個強盜王國，他以三千人的「武裝力量」——包括軍隊、國民警衛隊，以及內政部單位——當然沒有在文書上出現的那麼多的軍種。軍隊唯一的獨立摩托化步兵旅，實際上不過是一支兩百多人的連，擁有十五輛戰車，和夏里戰車團規模相同，主要是T-72戰車。輕型派遣突擊旅稍大一些，雖然主要裝備有卡車和吉普車，還有砲兵團，但是只有三十門輕型和中型火砲，以及BM-21多管火箭發射器。內政部兵團，擁有派遣部隊兩百人是另一盞明燈。國民警衛隊占了車臣軍隊多數，包括五花八門的派遣單位，從領導人的個人隨扈到當地的部族民兵。雖然他們擁有景致壯麗的部隊番號，例如阿布哈茲營和穆斯林獵人團——兩者都只是擁有連隊的實力——可能表示素質低落。不過，這是有原因的。在俄羅斯文學和歷史中，車臣人長期以來，一直是一種生命攸關的威脅。

車臣通常期望年輕人從青少年開始學習射擊，傳說中的堅韌特質的年輕車臣人，最終在蘇聯特種部隊和傘兵部隊服役。確實，車臣是個內陸國家，但是車臣人最終加入海軍陸戰隊的可能性是一般情形的兩倍。比起其他的軍種，大多數車臣官兵選擇海軍陸戰隊。他們非常有經驗，例如知道蘇聯，並且了解一九九〇年代的俄羅斯軍隊是如何作戰的。此外，他們知道如何保衛自己的家園，並且將自身的武裝力量集中在格羅茲尼——與志願兵、捍衛者共同待命，總計約有九千名戰士——集結在作戰指揮官阿斯蘭・馬斯哈多夫參謀長指揮下。馬斯哈多夫天賦異稟、精明幹練。他一九五一年出生於哈薩克，自從父母遭到強制搬遷到哈薩克，重新安置。他像許多車臣人一樣，他入伍參軍，擔任砲兵軍官，並且以上校軍銜退休。一九九二年回國，加入「獨立」車臣部隊，他很快被任命爲參謀長。對於叛軍來說，馬斯哈多夫將證明是一項意想不到的資源。他是一位一絲不苟的規劃者，他也有直覺，現在是大膽博弈的時候了。城市環境對於攻擊者來說相當無情。在最好的情況下，六千名先遣俄羅斯突擊部隊，遭到九千名備戰挖掘壕溝的抵抗軍隊擊潰。儘管如此，莫斯科正在努力規劃政治時間表。總參謀部不願意接受一支雜牌反叛軍的集結，形成了武力抗衡，需要進行計畫的改變。這些計畫需要以傳統的預備性空中轟炸和大砲轟炸，進行鉗形攻勢。俄軍無視平民生命面臨風險，射擊一二二公釐和一五二公釐榴彈砲，並且以蘇愷-24型和逆火-22M轟炸機，從空中轟炸了這座城市。

然後，在除夕夜，攻擊開始了。康斯坦丁·普利科夫斯基少將從北方率領一支來自第八一和第二七六摩托步兵團，以及第一三一獨立摩托步兵旅的獨立營進攻。瓦萊里·彼得魯克少將從西方領導第十九摩托步兵師，由鐵路沿線降下兩團和兩營的空降傘兵部隊，占領中央車站的軌道，然後朝向總統府前進。尼古拉·斯塔斯科夫中將指揮的第九八空降師，以及第一〇四空降師從東方進攻，包括第一二九摩托步兵團和一個營，沿著通往列寧的鐵路線，將兵力推向位於市中心的廣場，從那裡穿過孫扎河的橋樑。羅赫林從東北部領導第二五五摩托步槍團、第三三摩托步槍團，以及第二〇摩托師第六六團偵察營的士官兵，包圍中央醫院院區，第七六空降師和第一〇六空降師，將保護列寧和謝里波夫石油加工廠和化工廠，以防止叛軍摧毀這些重要的經濟資源。

在紙上作業時，這看起來像是一個清晰而果斷的紅軍傳統計畫。不過，馬斯哈多夫有其他想法。他在城市周圍組織了三個同心的防禦環，而這個中心已經成爲臨時防禦工事的巢穴。建築物以沙袋和加固的工事抵禦，以提供射擊位置，狙擊手躲在屋頂上的巢穴。車臣部隊的戰車和大砲，守衛孫扎河大橋旁的道路，這些道路寬闊足以讓裝甲車進行突擊。佩特魯克的前進，很快陷入了困境。斯塔斯科夫第一次穿越孫扎河大橋，遭到襲擊，然後繞道進入迷宮般的雷區和據點，恐慌和混亂中，導致友軍相互開火。這和車臣人的攻擊一樣致命。儘管戰車在自己造成的交通擁堵中呼嘯，結果是這些臨時拼湊的軍隊沒有機會共同訓練。普利科夫斯基的部隊確實設法行軍到了總統府，然而，在那裡，發現自己處於機槍和火箭彈交火中的危險孤立狀態。第一三一摩托步兵旅獨立營，在失去了彼得魯克少將僵化的指揮下，已經抵達主要火車站，但是遭到伏擊。車臣部隊在廣場周圍的建築物中部署得當。他們的BMP-1和BTR-80型裝甲運兵車，裝載重型機槍火力，以及RPG-7火箭砲；當俄羅斯的倖存者企圖逃進車站大樓，受到車臣部隊縱火焚燒。當他們試圖撤退，發現自己已經被困在狹窄的街道中，沒有迴旋的餘地，因爲車臣人從高樓上朝他們丟下了手榴彈和汽油彈。正如羅赫林所說：「首先，裝甲輜重汽車隊的隊伍，從隊伍頭和隊伍尾，都遭到焚燒……然後砲擊落在裝甲車車隊的中間。裝甲車根本都沒有機會啓動，就像蠟燭一樣地著火燃燒。」

第一三一摩托步兵旅獨立營，失去了一半以上的人員，幾乎所有的車輛都被焚毀；實際上，該營已不再存在，全軍覆沒。第六十六偵察營，在試圖解救第一三一團時，目睹了重創的獨立摩托旅，只有羅赫林指揮的主力部隊，基本上處於良好狀態。部分原因是他缺少雄心勃勃的使命，或是他夠精明，意識到攻擊格羅茲尼將是難以破解的難題。他的部隊採取了攻擊中央醫院，並且進駐。即使如此，到了元月三日，俄羅斯的襲擊仍被車臣部隊徹底地擊退。

這次襲擊還奪走了另外的受害者：T-80B戰車和T-80BV戰車。T-80型戰車於一九七六年首次投入戰場，只在車臣受到砲火洗禮。T-80型戰車的燃氣輪機相當靈活，但是很吃油，對於沒有經驗的駕駛來說，會習慣性讓戰車發動機空轉耗油，會因此耗盡油箱的油。起初，似乎並沒有辜負「致命戰車獵人」的稱號——T-80型戰車，至少摧毀了六輛叛軍戰車，從一二五公釐戰車砲擊中之後，仍在繼續戰鬥，可以說是一輛戰車足以抵擋三輛戰車。但是第三和一三三戰車營駕駛T-80型戰車，駛入到格羅茲尼。在集結過程中，戰車爲在戰爭環境中脆弱的犧牲品。戰車擁有一種特定的設計缺陷，很容易受到來自雲端的攻擊，而且缺乏適當的準備。特別是在反應裝甲中，透過爆炸來破壞來襲的砲彈，以降低火箭榴彈的攻擊力。當插入物射中之後，在即將爆炸的情況下，保護其不要受到火箭榴彈的傷害。此外，爲戰車提供掩護的步兵，經常需要在裝甲車中保持冷靜；甚至當步兵在街上巡查時，車臣人知道俄羅斯敵人的弱點，會運用大樓上的狙擊手和機槍火力驅散戒護步兵。車臣人躲在下面的地窖，採用無後座力步槍射擊；或是躲在大廈的屋頂投擲手榴彈，擊中T-80型戰車。結果是一場浴血戰。原本部署八十輛T-80型戰車，損失了十八輛。而戰車的捍衛者指出，T-80型戰車和舊有的T-72型戰車的損耗類似，但是T-80型戰車，永遠不會擺脫在格羅茲尼戰敗的污名。

不過，莫斯科不會拒絕敗戰，會以空中和砲兵戰役，加倍奉還。阿列克謝·米秋欣上將，以及總參謀部放棄了速戰速決的態勢，反而採取更謹慎的態度行動。增援部隊趕到格羅茲尼，俄羅斯軍隊有條不紊地穿越城市，途中幾乎遭到摧毀。元月十九日，俄羅斯部隊終於占領了總統府——或者被俄羅斯的五百公斤，也就是重達半公噸的炸彈炸毀之後，所剩下的空膛。俄羅斯國旗，再次飄揚在格羅茲尼市中心上空，但是這座城市已經成為一片廢墟。運送殘瓦碎礫工作持續了好幾個星期，主要由預備部隊進行；雖然搬運和處理陷入戰火的平民屍體，要花費好幾個月的時間，可能多達三萬五千人死於戰火。歐洲安全與合作組織描述這一場戰爭為「難以想像的災難」。然而，這並不是這座命運多舛城市的最後一戰。

……再次失去格羅茲尼

當俄羅斯聯邦部隊繼續向其他地區發起戰鬥時，面對持續不斷的武裝抗爭，葉爾欽任命內務部隊指揮官阿納托利·庫利科夫上將為車臣聯邦聯合部隊總指揮官。庫利科夫上將本應立即成為被譴責的對象，但是他試圖將軍事任務推諉成一切都是警務人員的錯。好像就是這樣吧！取而代之的是在絕望之餘，募集更多、更好的部隊投入戰爭。聯邦軍隊聯合編隊，到了一九九五年三月，擴大到五萬五千名士兵，其中包括更多的特種部隊和反恐突擊隊（這些經常被納入到榮譽輕步兵的服役士兵），還有陸軍精銳的第五〇六摩托步槍團，甚至於徵召海軍陸戰隊。三月，古德梅斯和阿爾貢市陷落，但是即使到了五月，格羅茲尼仍處於宵禁狀態，並且擔任代理聯邦軍隊聯合編隊戰地指揮官米哈伊爾·葉戈羅夫上將承認，至少該國五分之一的領土仍盤據在叛軍手中。光陰似箭，莫斯科似乎正等待獲勝，但是這場快速而輕鬆的閃電戰，令人沮喪地遲滯不前。特別是，當俄羅斯人犯了和在阿富汗戰爭同樣的錯誤；對於阿富汗戰爭的認知非常令人困擾，誤解了假設控制城鎮，會帶來對於農村的主導權。如果真的有的話，情況剛好相反。在白天時，陸軍、內務軍隊在平原巡邏，以及米爾米-24「雌鹿」武裝直升機在上空巡弋，感覺到控制戰局的幻覺；但是在山區和夜晚，叛軍引起的戰火還是持續延燒。

戰爭正在轉向新的階段，也就是另外恐怖的階段。反叛軍指揮官沙米爾・巴薩耶夫，在一九五名戰士的陪同下，運用賄賂，並且虛張聲勢侵入俄羅斯邊境一一〇公里，首先奪取了布瓊諾夫斯克市長辦公室和警察局，然後是鎮上的當地醫院。他在那裡劫持了一千八百名人質，其中大部分是平民，以及大約一五〇名兒童。巴薩耶夫要求莫斯科退出車臣，最終巴薩耶夫直接與總理談判達成協議，維克托・切爾諾梅爾金部長保證他和他的手下安全返回。但是政府並沒有撤出車臣，而是輕率地聲稱即將獲勝的說法遭受到了打擊。

聯邦反情報局局長謝爾蓋・斯捷帕申局長，以及內政部長維克多・耶林，由於危機管理不當，被迫辭職，但是這成爲了新的戰爭模式。車臣人無法擊潰戰場上的聯邦部隊，但是可以確定地點、時間，以參與突擊行動。例如一九九五年十二月，六百名叛軍在薩爾曼・拉杜耶夫的領導下，占據車臣第二大城古德梅斯的大部分。他們在兩週內，大規模反擊聯邦部隊的攻擊，然後同意停火，同樣也受到允諾，叛軍不受阻撓地離開。然後，一九九六年元月九日，拉杜耶夫對鄰國達吉斯坦的基茲利亞爾空軍基地，發動了進攻。當聯邦部隊進行反擊，叛軍劫持了醫院和一千多名人質，他再次談判，希望安全離境（儘管這次俄羅斯人違反了他們的協議，不顧一五〇名人肉盾牌的安危，在叛軍離開時進行攻擊）。恐怖戰爭無法摧毀聯邦軍隊，但是俄羅斯人也無法找到叛軍，並且摧毀叛軍。

更諷刺的是，俄羅斯情報組織成功打破僵局。杜達耶夫可能是一位具有魅力的領導者，但是不是戰略家。政府企圖三次暗殺他，都失敗了。但是一九九六年四月二十一日，當俄羅斯電子戰軍官乘坐特別改裝的A-50型中流砥柱監視飛機，針對他所在的位置進行三角測量。兩架蘇愷-24轟炸機追蹤並且擊中了他的位置，杜達耶夫遭到炸死。他的副總統澤利姆汗·揚達爾比耶夫繼任，但是眞正的權力移交給了馬斯哈多夫。他知道戲劇性的事情會產生，迫使莫斯科認眞談判：不僅僅是操作恐怖份子，而是需要改變政治盤算結果，他需要奪回格羅茲尼。

游擊隊進攻的節奏陸續放緩，莫斯科相信自己贏了，杜達耶夫的死訊不知何故已經改變了遊戲規則。五月底，葉爾欽訪問格羅茲尼，並告訴集結的部隊：「戰爭結束了，你們贏了。」爲了反映這一點，徵召的部隊遣送回國，而聯邦軍隊聯合編隊，從極盛期五萬五千人的極大値，降低到剛剛好超過四萬一千人、一萬九千名正規軍隊，以及二萬二千名警察和內務部隊。作爲和亞歷山大·列貝德選舉前協議之一，葉爾欽還將格拉喬夫解職，因爲他的腐敗和無能的名聲，已經超過了他的政治效應。強硬的前傘兵和阿富汗戰爭老兵，他想要列貝德作爲自己的競選夥伴。格拉喬夫離職，對於國防部來說並沒有太大的損失，但是這暗指在關鍵時刻，首先由代理部長，也就是總參謀長米哈伊爾·科列斯尼科夫將軍兼任；然後由新任國防部長伊戈爾·羅季奧諾夫將軍擔任過渡時期的部長，導致人們對當地局勢缺乏積極關注。相反的，葉爾欽的撤軍政策，是以政治需要進行塑造；要告訴俄羅斯人民，戰爭已經結束。撤軍計畫拖到年底，只有內務部隊旅和第二〇五摩托步兵旅的軍隊留在車臣。留置軍力派遣到南方，這是剩餘叛軍負隅頑抗的最後據點。

不過，馬斯哈多夫有自己的計畫。在八月五日和六日晚上，葉爾欽操縱民意調查再次當選總統。即將就職典禮前一天，一千五百名叛軍，以二十五人一小隊的模式，悄悄潛入格羅茲尼，輕而易舉繞過俄羅斯的檢查站和警衛哨。軍隊很少在天黑之後冒險。清晨五時五十分，他們突然進攻；三個小時內，大部分城市都落入他們的手中。聯邦軍隊固守市中心和漢卡拉空軍基地陣地，但是七千名陸軍和內政部駐軍中的大部分軍人，逃跑或蜷縮在基地中，叛軍匆忙埋設地雷，並且開火。

接下來，六千名志願從軍者和增援部隊，壯大了馬斯哈多夫的部隊。儘管如此，這對俄羅斯人也是沉重的打擊。反叛軍不顧一切地奪回城市，即使普利科夫斯基派出零碎的縱隊進入城市，他們逐一遭到擊潰。八月十一日，第二七六摩托步兵團的營部設法突破防線，攻擊控制城市中心的防衛。但是無法改變既成的現實，叛軍嚴守格羅茲尼，封鎖了大約三千至四千名聯邦軍隊出入。八月十九日，普利科夫斯基憤怒地要求叛軍投降，甚至在最後通牒到期之前，空投炸彈，並發射砲彈進行轟炸。飽受摧殘的城市，進一步夷爲平地。到了八月二十一日，在戰前曾經有四十萬人居住的城市，估計有二十二萬人逃離了格羅茲尼，留下來不超過七萬名平民。

毫無疑問的，聯邦軍隊最後在軍事上獲勝；但是馬斯哈多夫證實了下列的事實，也就是所有戰爭，歸根結底來說都是政治行動。俄羅斯軍隊的奇觀，是將一座城市徹底輸給了曾經低估的叛軍。叛軍也有能力竊取葉爾欽的榮耀之日，這一切都導致了大規模的政治反彈。亞歷山大・列別德，現任葉爾欽俄羅斯聯邦安全會議祕書，長期以來一直對於戰爭保持懷疑態度。他飛往車臣，並且命令普利科夫斯基停止部隊軍事任務。葉爾欽只是想要將問題解決，所以他授權列貝德與馬斯哈多夫進行直接會談。

八月三十日，兩位紅軍老將軍結束了哈薩武特協議。這幾乎不可能是一場持久和平的基礎，因爲擱置了車臣憲法地位的根本問題，而是承認車臣自治，同時留下各種棘手問題，也就是終極問題沒有解決。實際上，只要車臣假意成爲俄羅斯的一部分，莫斯科就不會試圖對其進行實際控制。事實證明，這只不過是暫時的停戰，而在一九九九年，戰爭將重返車臣。在一般情況下，出色的游擊隊指揮官，並不會像國家領導人那樣保證阻止第二次武裝衝突。對於現在，俄羅斯軍隊撤出，車臣人可以開始重建飽受蹂躪的國家，葉爾欽暫時在其待辦事項中擱置危機：第一次車臣戰爭結束了。

第四章 俄羅斯士張的戰爭

第一次車臣戰爭，對俄羅斯軍隊來說是一場災難。本來就是應該要以智取勝，但是俄羅斯笨拙而殘酷的軍隊，將城市輸給了散兵游勇的游擊隊。俄羅斯的低效、殘暴，以及腐敗的軍隊，遭到公開披露。大眾媒體撻伐失敗，引起社會大眾對於軍隊的強烈反彈，並進一步導致非法逃兵人數飆升。俄羅斯軍隊處於財富、信譽和士氣的谷底。羅赫林將軍，是少數在車臣表現眞正出類拔萃的指揮官，拒絕接受成爲俄羅斯英雄，他說：「車臣戰爭不是俄羅斯的榮耀，而是俄羅斯的不幸。」葉爾欽從來沒有放棄任何替罪羔羊，格拉喬夫已經被解職了，他還迫使聯邦反情報局局長謝爾蓋・斯捷帕申辭職和內政部長維克多・耶林辭職。格拉喬夫的繼任者，尖刻的羅迪奧諾夫，並沒有在這個位置上待了很長的時間。導火線起因是因爲他對於政府拒絕補給軍隊——他很感冒這個說法。他在一九九七年的一次記者招待會上，爆發了和軍事記者帕維爾・費爾根豪爾的口角：「你他媽的胡說什麼改革！我們都餓死了！」

軍事理事會祕書尤里・巴圖林認爲，軍隊服從於一種新的——短暫的改變。一九九七年五月，上任不到一年，羅迪奧諾夫遭到解職，並由戰略火箭軍伊戈爾・謝爾蓋耶夫將軍取代。謝爾蓋耶夫謹言愼行，比起在部隊中興風作浪，爲了升遷，他更保護自己的官位。一九九〇年代，俄羅斯的政治任命，軍事官員更關心自己的權位，並且試圖安撫葉爾欽，而不是試圖描繪國家武力

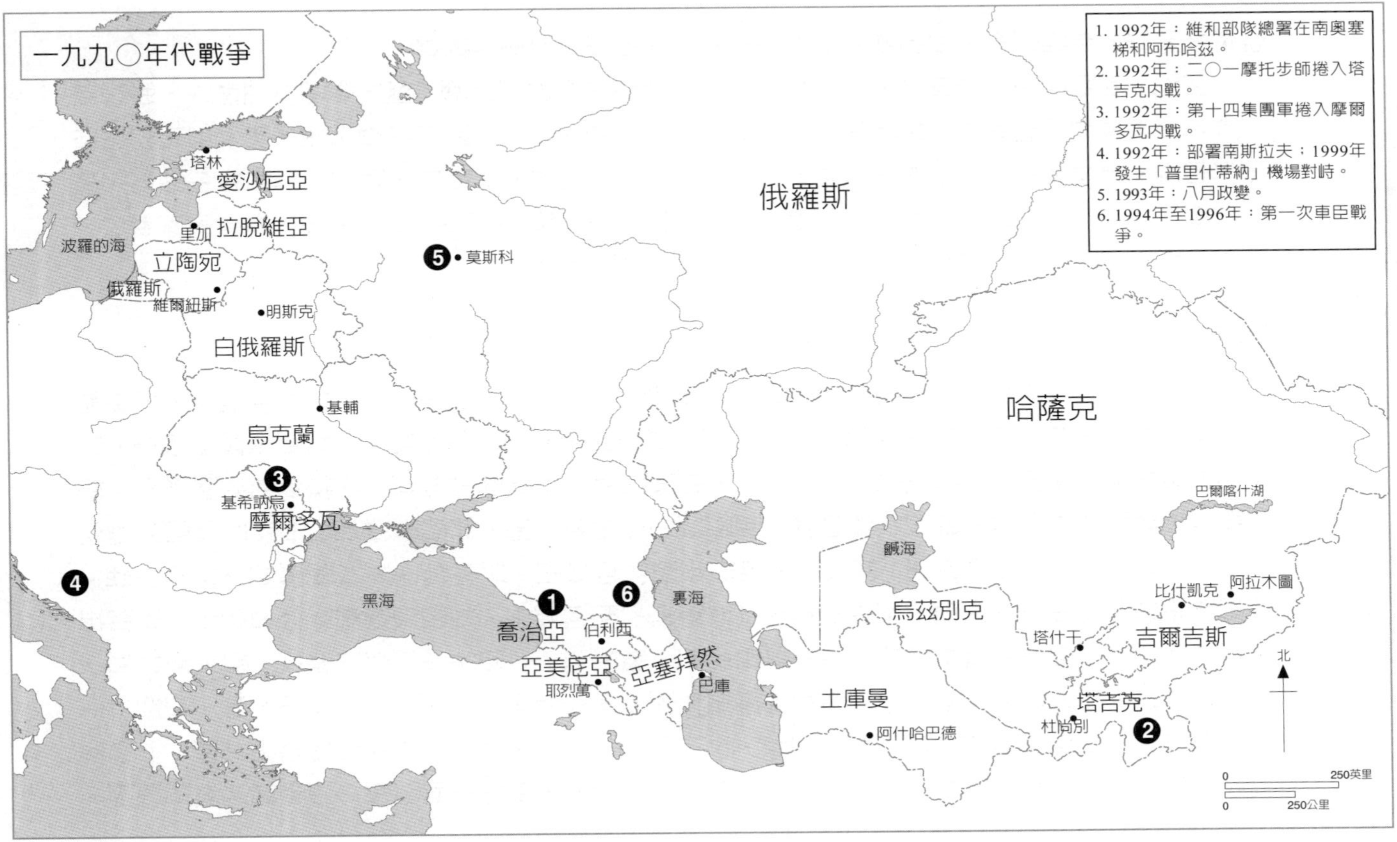
一九九〇年代戰爭
1. 1992年：維和部隊總署在南奧塞梯和阿布哈茲。
2. 1992年：二〇一摩托步師捲入塔吉克內戰。
3. 1992年：第十四集團軍捲入摩爾多瓦內戰。
4. 1992年：部署南斯拉夫；1999年發生「普里什蒂納」機場對峙。
5. 1993年：八月政變。
6. 1994年至1996年：第一次車臣戰爭。
俄羅斯
哈薩克
塔林
愛沙尼亞
里加
拉脫維亞
波羅的海
立陶宛
俄羅斯
維爾紐斯
明斯克
白俄羅斯
莫斯科
基輔
烏克蘭
基希訥烏
摩爾多瓦
黑海
喬治亞
伯利西
亞美尼亞
耶烈萬
亞塞拜然
巴庫
裏海
鹹海
烏茲別克
土庫曼
阿什哈巴德
塔什干
比什凱克
阿拉木圖
巴爾喀什湖
吉爾吉斯
塔吉克
杜尚別
北
0 250英里
0 250公里

的未來願景。他們幾乎不再憧憬十年軍事改革——而是更加小心翼翼。

同時，他們要求保護祖國，對於越來越多的政治舞臺感到興趣。除了發動車臣戰爭，俄羅斯部署在後蘇聯時期的鄰國，擔任維和人員和帝國執法者；甚至部署南斯拉夫捲入四分五裂的南斯拉夫內戰，並且與美軍進行軍事對峙。這是危險的十年歲月，莫斯科試圖周旋於世界中扮演大國的角色，或者至少是扮演區域性的強權。但是俄羅斯士兵薪水太低、糧餉不足、戰力遭到低估，而且訓練不足。但是令人震驚的是，他們還可以做得相當好。

摩爾多瓦在後蘇聯時代的爭議

摩爾多瓦的部分領土，在法律上仍然是共和國的一部分，其中俄語仍然是官方語言，列寧雕像仍然矗立在主要廣場。克里姆林宮仍然假設，俄羅斯是所謂的地區霸主，其他後蘇聯國家，只是環繞衛星的「鄰國」。我記得一九九五年，俄羅斯外交官認真告訴我：「對於擁有國家的主權和獨立，我們沒有疑義；但是這些國家，他們幾乎不屬於外國，我們覺得他們仍然是我們家庭的一份子。」他暗示，俄羅斯是一家之主，而這些國家的自由，只限於不可以挑戰莫斯科的主權。俄羅斯絕對會利用領土爭端、歷史恩怨，以及種族之間的競爭，以逼迫鄰國採取合意性，特別在爭端事件中，迫使當地政府通過立法，支持當地少數民族——通常是俄羅斯族人。過去沙皇首先採取的措施，是鼓勵或是徹底強迫俄羅斯殖民者遷徙到被征服者的領土。當蘇聯解體，超過二千萬俄羅斯人居住於俄羅斯聯邦的邊界之外，普丁稱這是：「本世紀的重大地緣政治災難。」儘管許多俄羅斯人適應了新國籍，其他俄羅斯人感到被邊緣化，或是受到歧視；這些種族歧視議題，變成莫斯科干涉盟國的藉口。這在較小的共和國之一的摩爾多瓦就非常明顯。摩爾多瓦夾在烏克蘭和羅馬尼亞之間，大約四分之三的人口，具有羅馬尼亞血統，並且會說一種語言，基本上是羅馬尼亞語。不到百分之十五人口，是俄羅斯人和其他斯拉夫人，不成比例地集中在德涅斯特河東岸一小撮土地上。隨著共產黨統治勢力的衰落，摩爾多瓦和其他地方一樣，民族主義隨之興起。一九八九年，地方當局規定摩爾多瓦語成為主要的國家語言，將俄語降級為次要地位，並且放棄使用西里爾字母。摩爾多瓦共和國境內的德涅斯特河沿岸共和國，英語世界中通稱德涅斯特里亞獨立之後，敲響了警鐘。許多俄羅斯人不希望蘇聯解體，認為這樣才能保護摩爾多瓦人。一九九〇年八月，坦率地說，莫斯科和基希訥烏的摩爾多瓦當局，非常重視德涅斯特里亞的獨立。

一九九一年到一九九二年冬季，德涅斯特河沿岸武裝份子，偶爾與摩爾多瓦警方發生了衝突。政府開始籌組國民警衛隊，建立了國防兵，以及武裝部隊進行鎮壓。這些是基於蘇聯第十四近衛駐紮在摩爾多瓦西部的集團軍，以及組織志願役、預備役，以及召募的士兵。

諷刺的是，蘇聯第十四集團軍總部，設在德涅斯特河以東的蒂拉斯波爾，也成為了德涅斯特河沿岸共和國的主要保護者。儘管莫斯科官方中立，但是許多軍隊的軍官來自該地區，更同情叛亂份子。事實上，蘇聯第十四集團軍指揮官根納季・雅科夫列夫中將，毫不掩飾其對於叛軍的支援，並在十二月還接受了德涅斯特河沿岸共和國主席指派的國防部長一職。克里姆林宮的立場曖昧。蘇聯國防部長沙波什尼科夫認為雅科夫列夫是俄羅斯駐在當地的指揮官，不能兼任德涅斯特河沿岸共和國國防部長，後來接替領導第十四集團軍指揮官其為更中立的尤里・內特卡喬夫中將。儘管如此，第十四集團軍武器繼續從軍械庫中源源不絕地支援叛軍。一九九二年四月十四日和十五日，副總統魯茨科伊訪問了蒂拉斯波爾，鼓勵德涅斯特人尋求獨立。

三月和四月在德涅斯特河岸東部地區，發生了零星的小型規模衝突；但是最激烈的戰鬥發生在戰略城市本德爾。本德爾主要語言爲俄語，但是本德爾實際上位於西岸，是從基希訥烏到蒂拉斯波爾的主要道路上。雖然名義上由摩爾多瓦政府控制，但是一直是不穩定的亂源。當警察逮捕了一名俄羅斯第十四集團軍少校，他涉嫌協助叛亂份子，這引發了激烈的對抗。雙方派兵進入本德爾，德涅斯特河沿岸共和國衛隊得到第十四集團軍T-64型戰車的支援。至少有兩輛戰車被摩爾多瓦T-12反戰車擊中，在街上拋錨；而莫斯科聲稱俄羅斯的部隊不參與這場兄弟紛爭。當摩爾多瓦軍隊向前推進，並準備採取攻占德奈斯特河上的橋樑，蒂拉斯波爾當局盡其所能集合到本德爾，包括來自武裝的哥薩克、俄羅斯和烏克蘭東部的志願參軍者。慢慢地，他們攻回本德爾，在慘烈的城市巷戰戰鬥中，第十四集團軍似乎在這場戰鬥中只當配角，但是基希訥烏當局確信，反叛部隊沒有撤退，是因爲俄羅斯軍方直接參與其中。摩爾多瓦認爲第十四集團軍準備入侵，派出兩架摩爾多瓦少數可以飛行的米格-29型戰鬥機（繼承前蘇聯第八十六近衛軍戰鬥機航空團），嘗試摧毀本德爾橋；投下六枚空投炸彈，帶有二五〇型高爆彈頭的炸彈，但是沒有擊中。儘管如此，這足以讓第十四集團軍發動防空系統。衝突不斷升級，但是在俄羅斯和摩爾多瓦之間，害怕內部鬥爭會演變成戰爭，葉爾欽出動了他的國家安全顧問，前傘兵亞歷山大・列貝德。葉爾欽的命令，是以任何必要的方式停止戰鬥。列貝德到達第十四集團軍總部之後，他採取了一種典型的極端做法，解除了指揮官內特卡喬夫中將的職務，並且親自指揮。七月三日清晨，陸軍第四砲兵團集結火力，包括自推式二二〇公釐多管火箭砲、一二二公釐三〇榴彈砲的砲彈、一五二公釐砲彈，以及牽引式二五二公釐野戰砲，摧毀了摩爾多瓦在本德爾的營區。

列貝德對任何一方都不偏袒。以下可能是杜撰的——他在事後說：「我告訴蒂拉斯波爾的流氓和基希訥烏的法西斯份子——你們停止互相殘殺，否則我會轟掉你們全部。」但是他到那裡是爲了和平，而且，爲了塑造和平，以強大的火力來做到這一點。十四集團軍在兵力上只比一個師大不了多少，約有一萬四千名精實兵力。儘管如此，他們全副武裝，而且俄羅斯的轟炸，有效地摧毀了摩爾多瓦政府在本德爾的軍隊；但是德涅斯特河沿岸共和國提出了俄羅斯必須承擔的要求，包括組成一支由德涅斯特河沿岸共和國民兵、志願兵，以及俄羅斯軍隊共同組成的聯合部隊，人數需要超過摩爾多瓦徵召的軍隊。與此同時，列貝德向德涅斯特河沿岸共和國領導階層明確表示，俄羅斯出兵保護的代價是簽署和平協議。七月二十一日，葉爾欽與摩爾多瓦總統米爾恰·斯內古爾簽署了停火協議。這將保障由摩爾多瓦三個營組成的維和部隊，其中兩個營爲德涅斯特河沿岸共和國士兵——還有五個營來自第十四集團軍。

此後，還會發生零星的衝突，但是在第十四集團軍保護下，和平一直維持至今。也許一千位平民和戰鬥人員都陣亡了，實際上是摩爾多瓦也失去了德涅斯特河的東岸。一九九五年開始，第十四集團軍成爲俄羅斯軍隊駐德涅斯特河沿岸共和國的境外軍事特遣部隊，截至二〇二二年，由兩個獨立維和部隊中大約一千五百名軍人組成的摩托步槍營，其存在象徵莫斯科繼續致力於維護德涅斯特河沿岸共和國的象徵，這個國家現在是前蘇聯受到國際刑事定罪的僞國家。克里姆林宮其實不是關心這個國家及其人民——更確切地說，這是一個象徵著俄羅斯願意捍衛俄羅斯族人在「近鄰國」政治的利益，並且容許該地區的胡搞瞎搞。列貝德動用武力的案例，也顯示俄羅斯軍方仍然是其外交政策的關鍵工具。莫斯科允諾叛亂份子在後蘇聯的鄰國站穩腳跟，並且反覆加以利用「凍結的衝突」，以製造混亂。

中亞：塔吉克特遣隊

同樣的，另一支軍事部隊在中亞成爲俄羅斯權力鬥爭的工具。一九七九年，曾經參與蘇聯入侵阿富汗，總部設在塔吉克首都杜尚別的師級部隊。原本在一九九二年九月預定要撤回到俄羅斯，但是塔吉克臨時爆發內戰，叛軍多次嘗試襲擊基地以獲取武器和彈藥。該部隊的許多士兵是徵召當地阿兵哥入伍，簡直在耍廢。儘管如此，俄羅斯軍官，還是將這支部隊團結在一起，並且特種部隊加入，以強化武力。莫斯科試圖維持其運行狀態，並用來對付蘇聯時代專制政府所反對，所有公認來自少數民族的叛亂份子和伊斯蘭極端份子，包括來自阿富汗的激進份子。

雖然只是俄羅斯獨立國家聯合體維和部隊的一部分，但是實際上第二〇一摩托步槍師成爲莫斯科在塔吉克的主要代理人。當杜尚別在一九九二年曾經短暫落入叛軍之手，第二〇一摩托步槍師在十二月奪回杜尚別，發揮了關鍵作用，爲親政府提供火力支援。來自庫洛布地區的安全部隊和民兵，從塔吉克領導人埃莫馬利拉赫蒙獲得主要的支援。到了一九九三年，第四十一獨立直升機中隊，加強了第二〇一摩托步槍師陣容，配備米爾米-24「雌鹿」武裝直升機、第二獨立火箭砲兵營、自行式二二〇公釐多管火箭發射器，以及以杜尚別機場爲基地的空官隊。這種配備反映了職權擴張，以及直接阻止了叛亂份子越過塔吉克—阿富汗邊界的企圖，因爲叛軍正在以車隊運送糧餉、彈藥等物資到偏遠的城市。第二〇一摩托步槍師的軍官，曾經服役於阿富汗，一九九二年曾經描述塔吉克情況怪異，像是阿富汗；只是到目前爲止，沒有叛軍。他的謹慎是有道理的，因爲第二〇一摩托步槍師屢次捲入戰鬥。一九九三年七月，多達二五〇名塔吉克和阿富汗戰士，試圖衝進派往塔吉克的邊境部隊第十二前哨站。邊防部隊擁有四十七人，還有一人是前哨站的平民，但是他們企圖抵擋武裝份子長達十一個小時。後來第二〇一摩托步槍師第一四九近衛部隊的成員抵達之後，結束了這次襲擊，二十五名俄羅斯人和超過七十名武裝份子喪生。

內戰一直持續到一九九七年，當時第二〇一摩托步槍師提升全師的戰力——儘管再度招募塔吉克人，在俄羅斯軍官手下服役——並且捲入了無數次襲擊和小型衝突。透過華盛頓和莫斯科雙方斡旋調解，和平終於露出曙光。但是當槍聲沉寂時，俄羅斯在當地仍然發揮著至關重要的作用。拉赫蒙的貪腐政權嚴厲治理塔吉克，在一系列可疑的選舉舞弊下繼續掌權。

二〇一摩托步槍師，雖然在一九九四年更名爲第二〇一軍事基地，但是師部繼續支持杜尚別政府，並透過軍事擴張，維護莫斯科在中亞的權威。二〇一二年，基地租約延長至二〇四二年，目前主要作戰主力爲第九十二和一四九近衛摩托步槍團、第二獨立火箭砲兵營、偵察營，以及杜尚別和庫爾干秋別的第一九一摩托步兵團。

杜尚別第二〇一軍事基地，現在由大約七千名職業士兵組成，擁有直升機中隊和空軍大隊，裝備越來越符合俄羅斯的標準；而塔吉克武裝部隊人數爲九千五百人中。所以莫斯科在地區安全方面發揮著相當大的作用。其次，在這種情況下，國外的軍事部署，轉化爲支援友好政權的當地影響程度——或者至少俄羅斯知道，塔吉克繼續站在俄羅斯的這一邊，這樣做是値得的。

巴爾幹衝突

南斯拉夫一直是莫斯科的眼中釘。在冷戰時期，南斯拉夫名義上是社會主義國家，但是面對蘇聯霸權卻拒絕低頭。這一個多民族國家，和蘇聯同時，基本上算是解體了。尤其是機會主義者共產黨官員斯洛波丹・米洛塞維奇將自己重塑爲塞爾維亞民族主義領袖。在抗議、罷工，以及種族之間衝突，民族主義者在全國範圍內崛起，一九九一年至一九九二年，全國爆發內戰。

在某種層面上來說，這不干莫斯科的事。對於信仰東正教的塞爾維亞人而言，俄羅斯和南斯拉夫有著深厚的歷史和文化淵源。但是儘管如此，莫斯科剛開始很少關注巴爾幹半島。畢竟，斯拉夫民族統治巴爾幹半島已經夠長的時間了。然而，到了一九九三年，這種情況發生了變化。極端民族主義政治家，例如自由民主黨領袖弗拉基米爾・日里諾夫斯基（如前所述，自由民主黨既不是自由派，也不民主派），正在利用這種情況來描繪葉爾欽政府的無能。身爲弱勢國家，背叛傳統盟友，討好西方國家。此外，克里姆林宮開始感到西方國家授意南斯拉夫背叛，這讓克里姆林宮有了藉口，大展其原有的雄風。

俄羅斯在聯合國維和部隊中發揮作用。一九九二年到一九九五年，聯合國維和部隊在波士尼亞、赫塞哥維那，以及克羅埃西亞，實現脆弱和平的武裝力量，試圖撫平種族清洗和鄰邦之間的衝突。剛開始，聯合國維和部隊九百名士兵在適當時間，擴增爲一千五百名傘兵旅，成立了空降執行部隊，並且在一九九六年成立波斯尼亞和黑塞哥維那維穩部隊。這些部隊中的非北大西洋公約組織特遣隊，以及俄羅斯的維和部隊，不僅駐紮在當地，而且證明發揮了維穩功能。儘管發生了種種麻煩，俄羅斯仍應被視爲國際重要角色。當空降執行部隊和維穩部隊成立時，一位俄羅斯將軍受邀成爲北大西洋公約組織盟軍司令部歐洲盟軍最高指揮官的特別代表，希望這能解決指揮權和控制權的問題——這也象徵著北大西洋公約組織和俄羅斯雙方更緊密的關係。

然而，在一九九〇年代，俄羅斯越來越不滿這一種頹勢，並開始擔心西方國家將自己視爲全球霸主、銀行家，以及警察三者合一的時代即將到來。北大西洋公約組織的擴張，基本上是否是一種反俄聯盟的集結，成爲特別爭論的焦點。當美國總統比爾・柯林頓在一九九五年五月到莫斯科訪問葉爾欽。葉爾欽說：「這不過是一場對俄羅斯的羞辱。」他斷然拒絕了北大西洋公約組織擴張的這種想法：「即使讓我同意北大西洋公約組織的邊界，朝向俄羅斯的邊界擴張，對我而言，這將是對俄羅斯人民的背叛。」然而，到了一九九九年，北大西洋公約組織仍在擴張，包括波蘭、匈牙利，以及捷克共和國，還有九個國家獲得了會員行動方案，詳細說明他們加入聯盟的途徑。然而，俄羅斯懷疑在一九九八年到一九九九年科索沃戰爭期間，北大西洋公約組織眞正脫穎而出。南斯拉夫剩下的阿爾巴尼亞地區——當時只有塞爾維亞和黑山的政府軍，負隅戰鬥；這在種族安全上越來越不安，科索沃解放軍的恐怖襲擊，促使塞爾維亞做出嚴厲回應，這也跨越了合法的鎮壓叛亂軍事任務，並且形成了徹底的種族清洗。

和談失敗之後，一九九九年三月和六月北大西洋公約組織發動大規模空襲，既定目標是「塞爾維亞人離開，維和人員進來，難民回來」。將近一千次飛機執行了超過三萬八千次戰鬥任務，以及發射了二一八次戰斧巡弋飛彈。首先，他們瞄準了南斯拉夫的防空和重要軍事目標，然後是瞄準軍事單位和指揮部。然而，不可避免地會誤傷平民，並且瞄準錯誤——尤其是轟炸了中國駐貝爾格勒大使館——但是最後米洛塞維奇不得不接受北大西洋公約組織的條款，其中包括他的部隊從科索沃撤出，並且接受多國維和部隊的部署。俄羅斯人在說服米洛塞維奇下臺發揮了重要作用，俄羅斯堅持要參與這股勢力中。他們假設俄羅斯部隊和其他主要參與部隊一樣，將被分配到維和駐地。但是北大西洋公約組織擔心，實際上還是會造成塞爾維亞人依然控制地區的假象，斷然拒絕，所以莫斯科決定在當地依舊形成統治假象。在和平簽署的第一天，一九九九年六月十一日，維克多．扎瓦爾津上將率領的二五〇名俄羅斯傘兵從波士尼亞的維穩部隊基地，飛向科索沃首都，占領普里什蒂納國際機場。北大西洋公約組織領導的科索沃部隊也抵達普里什蒂納。

但是俄羅斯人已經在機場駐兵了。隨後出現了緊張的對峙局面，當北大西洋公約組織駐科索沃特派團（駐科部隊）的指揮官，英國中將邁克．傑克遜和俄羅斯上將扎瓦爾津，站在機場航站大廈廢墟，兩人分享一瓶威士忌。傑克遜曾在伯明翰大學讀過俄羅斯研究，不接受歐洲盟軍最高指揮官韋斯利．克拉克將軍的想法，認定科索沃只是俄羅斯的橋頭堡，以及這是俄羅斯想要占領行動的開始。克拉克想要求傑克遜反抗俄羅斯人，占領並且封鎖機場跑道。根據報導，傑克遜最終反駁說：「我不會向你宣布，第三次世界大戰將要開始。」

傑克遜是對的，因爲還有其他俄羅斯軍隊處於戒備狀態下，沒有更進一步的入侵計畫，只有北大西洋公約組織試圖部署軍隊，用武力驅逐剩餘的三支俄羅斯空降軍；相反的，克拉克將軍的想法遭到否決。美國參謀長聯席會議主席休．謝爾頓企圖讓雙方都達成協議，挽回雙方的面子。俄羅斯維和人員在整個科索沃進行部署，在北大西洋公約組織的指揮中樞之外不會單獨設置部門。畢竟這是莫斯科利用軍隊，在國內外宣傳更有利的政治觀點。「普里什蒂納衝突」，鼓舞了俄羅斯大眾，以及一直缺乏好消息的軍隊。「普里什蒂納衝突」還預設了未來俄羅斯干涉鄰國的基調，充滿了熱情、驚喜，以及虛張聲勢的想法。這些正是一九九九年剛剛被任命爲總理的弗拉基米爾・普丁的那一種態勢。

第二部

進入普丁時代

第五章 普丁的優先事項

二〇〇〇年五月七日，一名灰白、略微彎腰的男子，從總統團儀仗隊接受了兩份檔案，他的禮儀制服，暗黑色西裝與明亮的藍色束腰外衣，以及紅色飾面，形成鮮明的對比。這是新總統弗拉基米爾・普丁的總統就職典禮。普丁在幾年前，俄羅斯人還不太熟悉。他以百分之五三・四的選票，贏得首輪選舉勝利，領先他最接近的對手，共產黨的根納季・久加諾夫的百分之二九・五。

他的演講似乎為世人提供了願景，慶祝俄羅斯歷史上第一次出現了通過投票，改變領導階層的和平演變。諷刺的是，他未來為了保有權力，否決選舉所做的各種努力；他答應保護並且擴大民主（這相當的諷刺）。同時，他警告俄羅斯聽眾：「我們不能忘記任何事情，我們需要知道我們的歷史，知道歷史是什麼，從中擷取教訓，並永遠記住是誰創造了俄羅斯國家，捍衛她的尊嚴，讓俄羅斯成為一個偉大的國家。」

在當時，這聽起來像是充斥太多的政治言論。即使二十二年之後，這些臺詞的全部涵義，也會被普丁認為這是烏克蘭挑戰了俄羅斯的「尊嚴」。畢竟沒有人知道普丁的真實身分，每個人都說了解他。他的家鄉聖彼得堡的自由派政治家宣布：對於「聖彼得堡土地上的男人」榮升到最高職位，感到滿意。其他人則指出，他過去在國家安全委員會KGB的職業生涯，並且認為普丁是一位國家主義者，其次是一位民主主義者。事實證明，後者才是對的。

弗拉基米爾・普丁是誰？

到一九九〇年代後期，鮑里斯・葉爾欽統治無方，越來越明顯。當他擁有敵人，他可以集中全力攻擊，但是很明顯地，他對俄羅斯幾乎沒有眞正的願景。他的反對者眾多：共產黨、戈巴契夫、蘇維埃國家。他從來沒有像現在這樣腦袋變得更清楚——除了他經常需要大量酒精，有時需要強灌處方藥。在一九九四年，他在華盛頓特區進行國事訪問，被特工發現喝得醉醺醺地穿著內衣，在賓夕法尼亞大道找披薩店。一九九七年訪問斯德哥爾摩，帶著明顯的訕笑，他突然宣布瑞典肉丸讓他想起了網球明星「瑞典冰人」比約恩・博格的臉。他多次心臟病發作——進行了緊急的五次心臟支架手術。一九九六年十一月，他自詡最親密的盟友和支持者——通稱爲「大家庭」——已經開始尋找安全和忠誠的繼任者。

他在弗拉基米爾・普丁身上找到，直到他就任總統職位——他似乎是每個人的忠實助手。普丁從很年輕的時候，就想加入蘇聯情報和安全組織的國家安全委員會KGB。眾所周知，即使年輕時曾經參觀過國家安全委員會在聖彼得堡的總部「大房子」——當時仍稱爲列寧格勒——也就是從舊史達林的祕密時代起，就臭名遠播一九三〇年代的警察總部。在那裡，他問一個困惑的軍官如何加入，之後他在大學畢業之後，一九七五年加入國家安全委員會，俗稱KGB。

他是來自貧困家庭的好勝小孩，他的童年曾經居住在戰後列寧格勒的廢墟之中。這座城市的居民，在一九四一到一九四四年的八七二天的圍攻中，居民不是遭到納粹毆打，就是餓死。無從得知他加入國家安全委員會，是否爲了「劍和共產黨的盾牌」，或是因爲國家安全委員會提供了一位在系統中崛起，並效仿蘇聯間諜電影和電視劇的英雄。他很熱情，但是絕對不是唱高調的人。他開始了職業生涯。在國家安全委員會第二總局，這是負責安全的反情報局。雖然他流利的德語讓他得以轉任第一總局，負責對外軍事任務和情報活動，提供培訓和管理祕密特務，以及作爲一位情報蒐集特務，在各國大使館進行臥底工作。相反的，他被派往德勒斯登，這是位於東德國家安全部和俄羅斯國家安全委員會，擔任對口的聯絡官。有人說他參與了邪惡的祕密行動，例如在西方國家唆使恐怖份子做壞事。但是這似乎完全毫無根據。其實他大部分時間都在向莫斯科提交報告，透過東德國家安全部的線民提供文件，並經管了祕密警察的官僚組織。

他看到最接近的國家軍事任務是公認最緊張的時刻。一九八九年東德政權垮臺時，他不得不面對一群抗議者，否則他們會圍攻俄羅斯國家安全委員會的辦公室，而他的同事在室內拼命想連繫當地的蘇聯駐軍。儘管如此，蘇聯國家安全委員會派駐官員，被迫離開德國返回蘇聯，他很快就離開了蘇聯國家安全委員會。

儘管目前尚不清楚他是否列冊爲後備人員。處在一個即將崩潰的國家，他四處尋找工作，首先在列寧格勒大學工作——這可能要歸功於蘇聯國家安全委員會之連繫——然後擔任新當選市長阿納托利・索布恰克的顧問。

他發現自己擅長擔任救火隊，並擁有天賦。他成了索布恰克的外事委員會主任，然後擔任副市長。他圓滑處理來自外國公司到黑手黨的外勤事務。成功處理也確保索布恰克對於自己的支持：當索布恰克未能贏得連任時，到了一九九六年，普丁搬到莫斯科。但是當調查人員在一九九七年調查索布恰克的財務，是普丁安排他在逮捕令追訴之前飛往法國。在莫斯科，他後來成爲俄羅斯總統辦公廳資產管理局副局長——這是總統府分支機構中，臭名昭彰的腐敗部門之一——然後擔任俄羅斯總統辦公廳副主任。他謹慎、高效、忠誠，以及警醒，保有深受「大家庭」上上下下喜愛的特質。那時，他一直是一位謙謙君子，謹慎站在老闆幕後的人物；但是在一九九八年，從幕後走到幕前，葉爾欽任命他爲俄羅斯聯邦安全局局長。對於急功近利的前國家安全委員會中階官員來說，這是職業生涯的里程碑，雖然沒有長期留在莫斯科市中心盧比揚卡大樓的辦公室工作。僅僅一年之後，他成爲三位第一副總理之一——接著，他擔任總理。到了這個階段，很明顯的，「大家庭」做出了選擇。

在俄羅斯體制中，總理更像是行政長官，而不是掌權者；眞正的行政權力掌握在總統手中。然而，憲法確實賦予了普丁特殊的角色；如果總統喪失權力或是下臺，他將成爲代理總統。一九九九年十二月三十一日，距離普丁擔任總理還不到五個月，葉爾欽正式辭職。新上任的代理總統簽下第一個總統令，明令給予葉爾欽及其親屬的豁免權，免於將來任何腐敗指控——普丁知道如何照顧高層老闆。葉爾欽意外辭職，引發了提早辦理的總統選舉，讓普丁的對手措手不及。在有效掌控的情況下，以及克里姆林宮幕後國家機器全力以赴，普丁輕鬆拿下三月時的民意調查。最後，他不再是任何人的替代品，或是救火隊長，而是老闆。現在他有了權力，他會用權力做些什麼？

普丁掌權

普丁很明顯想不計一切方式，打算恢復俄羅斯在國內和國際的榮耀。葉爾欽統治下的國內寡頭億萬富翁，被他逼上了絕路，尤其是其中最富有的富豪米哈伊爾·霍多爾科夫斯基。他似乎沒有意識到，富豪可以玩政治的好日子已經結束。普丁不會成爲任何人的爪牙或是利器。

他直接關注的焦點是車臣，這將成爲國家新秩序的某種測試焦點。一九九九年九月，在北高加索地區羅斯托夫州南部的達吉斯坦和伏爾加頓斯克一場爆炸案，撼動了莫斯科。布伊納克斯克的四棟公寓遭到炸毀，三百多名平民喪生，還有超過一千多人受傷。來自車臣的聖戰組織遭到譴責。一般大眾的反應是可以想見的，融合了恐懼和憤怒，這有助於形成國家所需要的集體共識，民眾需要強壯堅韌的防衛之手進行呵護。這些爆炸的問題持續存在爭議，有充分的理由懷疑，實際上都是有組織的行動。普丁在國家安全單位的支持者——不管是否了解——無論採取哪一種方式，一般社會大眾長期以來都在迴避在車臣興起任何新戰爭的想法，已經開始動搖了。

畢竟，一個月之前，車臣軍閥沙米爾·巴薩耶夫與出生於沙烏地阿拉伯的聖戰組織份子薩米爾·薩利赫·阿卜杜拉混在一起。他對達吉斯坦發動了軍事入侵，在一個月的零星戰鬥中遭到擊退，但是似乎有進一步的證據表示，馬斯哈多夫無法控制在車臣的極端份子。

到了十月，正如同下一章所要討論的，俄羅斯發動了第二次車臣戰爭，可見俄羅斯一直在爲此做出準備。和第一次的車臣戰爭混亂相比，克里姆林宮在第一次戰爭中三心二意，但是第二次車臣戰爭集結了一支強而有力的軍隊，也確保了控制國內的輿論。達吉斯坦的入侵和公寓爆炸案，爲了採取行動提供了強而有力的理由；而隨後的入侵，在普丁擔任總理期間發動戰爭，他擔任總統期間持續的進行戰爭，爲他的統治基礎定下了基調。俄羅斯國家回來了，俄羅斯不會在國內或邊境接受任何挑戰，並且無論外界如何想像，俄羅斯都會維護自身的安全利益。

普丁絕對不是一位堅定的俄羅斯民族主義者，甚至在他擔任總統之前，他就明確表示他不是俄羅斯民族主義者。在他看來：「幾個世紀以來，俄羅斯一直是一個大國，而且目前仍是如此。俄羅斯一直擁有，並且仍然擁有合法的權益的區域……我們不應該在這方面放鬆警惕，我們也不應該允許我們的意見遭到忽略。」

起初他似乎眞的相信可以透過和西方國家合作的夥伴關係來實現——事實上，二〇〇〇年，他甚至認爲有一天俄羅斯可以加入北大西洋公約組織。二〇〇一年九一一恐怖襲擊，普丁是第一位打電話給喬治・布希總統的世界領導人。在「全球反恐戰爭」中，他似乎很願意和布希合作。根據當時的國防部長謝爾蓋・伊凡諾夫的說法，因爲美國和北大西洋公約組織部隊後來入侵阿富汗，來自伊斯蘭塔利班的軍官，實際上又更接近了塔吉克——阿富汗駐守邊境的俄羅斯駐衛。針對莫斯科，他們提出了反美聯盟的構想。伊凡諾夫說：「我們用全球會說英語的說法拒絕了：「幹，閉嘴。」

問題是，剛開始，普丁和西方國家如何看待這一層關係，顯然有明顯的脫節。他看見俄羅斯的車臣戰，是一場全球鬥爭中俄羅斯的戰線。在當地，侵犯人權的事實時有耳聞，但是在西方國家卻激怒了西方人士，並且受到批評。同時，他認爲俄羅斯擁有對於「後蘇聯繼承國」的絕對霸權和承諾——但是西方國家否認——北大西洋公約組織不會向東方擴張。二〇〇四年，七個國家獲准進入北大西洋公約組織，象徵著反俄俱樂部——包括三個波羅的海國家，過去不僅僅是《華沙公約》保護國的一部分，而且實際上也算是前蘇聯的領土——他非常憤怒。到了二〇〇六年，他覺得俄羅斯已經遭到剝削、欺騙，以及邊緣化。二〇〇七年二月，在一次到慕尼黑的專題演講中，他認爲美國試圖創造一種「單極化」世界，一種「只有一位主人，只有一位主宰者」，透過「幾乎不受控制的過度採用武力——軍事武裝力量——在國際關係中，運用正在突飛猛進的武裝力量，讓世界陷入永久衝突的深淵。」他的結論是：「俄羅斯是一個擁有一千多年歷史的國家，並且實際上總是使用特殊權力來執行獨立的外交政策。」他明確表示，莫斯科曾經是，並且再次確認自己是大國，並且斷言：「不用擔心是否需要取悅西方國家。」

普丁的部長

普丁一個人也無法自己做所有的事。後面章節會詳細介紹他任命的俄羅斯國防部長特定的軍種、特徵以及軍制改革。儘管如此，還是有明確的軌跡反映了俄羅斯渴求不斷變化的看

普丁的國防部長

期間	國防部長	背景
1997年～2001年	伊戈爾・謝爾蓋耶夫元帥	軍事
2001年～2007年	謝爾蓋・伊凡諾夫	國家安全委員會（蘇聯）／俄羅斯聯邦安全局
2007年～2012年	阿納托利・謝爾久科夫	俄羅斯聯邦稅務局局長
2012年～	謝爾蓋・蕭依古	俄羅斯緊急情況部部長、莫斯科州州長

法，以及面臨大規模、自豪，以及且經常更迭的「自利組織」所帶來的挑戰。

他任命了前戰略火箭軍指揮官伊戈爾．謝爾蓋耶夫元帥擔任國防部長，試圖進行國防機構重組和現代化，關閉各種軍事教育機構，並且進行西伯利亞和外貝加爾軍區聯防，以提升效率。某些師團指定為「持續備戰」狀態，意即這些部隊裝備齊全，並保持在不亞於百分之八十建軍實力。但是值得懷疑的是，這種情況多久才會達成。

建軍初期，普丁對於重建俄羅斯軍隊開始感到興趣，他很快就召集親信謝爾蓋．伊凡諾夫取代了伊戈爾．謝爾蓋耶夫。伊凡諾夫和普丁年歲相仿，來自於列寧格勒，並加入了國家安全委員會，兩人在那裡結識彼此。儘管普丁的國家安全委員會事業平淡無奇，但是伊凡諾夫像是搭乘直升機平步青雲，加入了菁英雲集的第一總局，掌管外國間諜組織，後來移轉到了後蘇聯時代的俄羅斯聯邦安全局。在早期，軍隊可用的額外資源較為有限，而這些軍事資源很快地被第二次車臣戰爭吞沒殆盡。雖然基本上俄羅斯宣稱這是一場勝利，但是更多的原因是因為，俄國人設法避免了第一次戰爭所犯下的錯誤，而不是展示了任何特別強大的能力。

這是伊凡諾夫的任務，儘管他從一剛開始，因為軍事知識不足，將領們的阻撓，讓他受到了很大阻礙。軍事改革在累積多年沉痾，加上管理不善，任務相當艱鉅。可以肯定的是，伊凡諾夫確實取得了進展，尤其是在推動減少對徵召入伍者的依賴，國民義務役期減少為十二個月。軍中高級司令部指揮官反對這一點：他們覺得俄羅斯應該要以防萬一，必須擁有數百萬強大的退伍備役軍人以因應一場大戰。如果只靠當十八個月的兵役期，更不用說又縮短了義務役十二個月的服役期，這些義務役的役期事實上還不夠長。讓義務役士官兵應該得到適當的訓練，並且讓部署時間超過數個月才算合理。無論如何，伊凡諾夫致力於組建一支規模略小的軍隊，由高比例簽約下的志願役士官兵所組成。普丁贊同這樣的軍隊會更精實的論點，而且事實上，這在俄羅斯的政治上很受歡迎。

伊凡諾夫是普丁不可或缺的左右手，也是普丁在國家安全事務和外交方面的主要顧問之一。二〇〇五年，伊凡諾夫擔任副總理，負責國防工業。但是他既不是軍人出身，也不是富豪。他依賴於來自將領們的論述——他們經常只是爲了要更多的軍需而爭論——雖然軍事花的錢越來越多，但是在總參謀部，沒有任何明確的變革和宏圖，很多費用浪費在彼此矛盾或是在多餘的蠢事上。

二〇〇七年，伊凡諾夫升任第一副總理。這一次，普丁找了一位有錢人、一個稅務者。他沒有貪腐的紀錄，同時他也和總參謀部不熟——阿納托利・謝爾久科夫。有很多人詆謗他，稱他爲「家具推銷員」，因爲他曾在一家家居用品公司工作。但是他之前的職業在俄羅斯聯邦稅務局，一直在領導俄羅斯功能失調的稅務改革，並使之現代化。謝爾久科夫證明是一位出人意料的成功改革者。他的三大優勢如下：俄羅斯總參謀長，尼古拉・馬卡羅夫；二〇〇八年喬治亞戰爭；還有，事實上他眞的不在乎將領們對他的看法。馬卡羅夫將軍是一位嚴肅而受人尊敬的軍官，料事如神。喬治亞軍隊表現不佳，讓謝爾久科夫和馬卡羅夫藉故逼迫保守的總參謀部接受嚴肅的改革。謝爾久科夫願意討好將領們——只要他得到普丁的支持，那是他所需要的——允許他這一位和軍隊無關的局外人，進行一系列殘酷的改革。

二〇〇八年十月，他公布了一項他所說的自第二次世界大戰結束以來最激進的變革，其目的在創造現代化、靈活化的武裝軍事武力，隨時準備好應對任何來自疆域之外干涉的全面戰爭。未來四年軍隊編制將減少二十萬人，專業人才比例進一步提高。地面部隊將從師級編制，建立轉移到更小、更靈活的旅級編制，形成戰力精實百分之二十常備兵種。這些戰鬥旅還會經歷持續的現代化過程，這樣到了二〇二〇年，所有百分之七十武器系統，都會汰舊換新。

與此同時，上校和中校比下級軍官還多。」他設法裁減軍官職缺二十萬五千餘人，尤其是大幅削減上級機構，有兩百名將軍被迫退役。缺乏士官一直是俄羅斯軍隊的傳統致命弱點，因此在軍隊規模的另一端啓動了新的招募計畫，藉由培訓和留住專業的士官團。

謝爾久科夫後來在所謂的莫斯科著名街道「阿爾巴特軍區」——高級軍官工作的俄羅斯國防部和聯邦軍隊總參謀部大樓——實際上是一場帶有政治色彩的性醜聞導致他下臺。在那個階段，改革計畫正在進行中，但是將領們的憤怒和怨恨顯而易見。普丁需要一個人將社群重新組合在一起，而且擁有成功的機構改革紀錄，最好的候選人是謝爾蓋・蕭依古。俄羅斯政治是出了名的毒辣，派系鬥爭嚴重。儘管是在國家舞臺服務時間最久的人物之一——遠早於普丁——蕭依古擁有獨特的特質，而且似乎沒有仇敵。在一九九〇年代，他處理了一系列腐敗和效率低落的單位，並且讓俄羅斯緊急情況部成爲該國效率高超和運作良好的機構。剛上任之際，普丁突然需要一位新的國防部部長，他毫無怨言地接受了新的工作。

蕭依古不會永遠擔任部長。坊間一直在談論他有一天將成爲西伯利亞州長、總理，甚至會當上總統——如果這些職位空著。儘管二〇二二年俄國入侵烏克蘭，俄羅斯軍隊糟糕的表現，意即他現在的名聲明顯受損。至少在眞正接受考驗之前，他和頑固的總參謀長瓦列里・格拉西莫夫主導，軍隊成爲普丁營造國內外權威的龐大工具。在車臣、克里米亞和頓巴斯，或是在敘利亞，然後是整個烏克蘭。其中一些戰爭證明是軍隊無價的學習機會。但是二〇二二年入侵烏克蘭，也顯示了還有很多需要改革的地方。此外，普丁本人可能已經變得過於自信，恰巧也是軍隊明顯進步的結果。

第六章 第二次車臣戰爭

車臣叛軍指揮官阿斯蘭・馬斯哈多夫在擔任車臣總理之後，在一九九七年以壓倒性的勝利當選總統。事實證明，擊潰俄羅斯人比控制自己的人民更加容易。簽訂一九九六年《哈薩維尤爾特協議》之後，車臣在驚滔駭浪的和平中取得成功。最後，可以贏得戰爭，但是不是贏得和平。車臣一片廢墟，軍閥割據，尤其是在第一次車臣戰爭中嶄露頭角的人，不願意退縮；更糟糕的是聖戰份子的崛起。雖然大多數車臣人都像信仰穆斯林教的馬斯哈多夫一樣，堅持以相對溫和的形式投入信仰。然而，在第一次車臣戰爭期間，當地極端份子發現外國聖戰者臭味相投，包括從事基地組織恐怖運動。

最惡名昭彰的是出生於沙烏地阿拉伯的塔米爾・薩利赫・阿卜杜拉，又名伊本・哈塔卜。他曾經在阿富汗與蘇聯人作戰，在那裡他遇到了奧薩馬・賓・拉登，並成爲基地組織排解糾紛的人，進行塔吉克、亞塞拜然，以及前南斯拉夫的軍事行動。一九九五年，他以記者的名義進入車臣，並且開始訓練車臣人，以及協助基地組織分配資金和武器。他建立了由當地盟軍組成的網路，其中可能包括最著名的車臣戰地指揮官沙米爾・巴薩耶夫。哈塔卜並沒有致力於車臣獨立，但是在北高加索地區發動全面的聖戰來推動擺脫基督教俄羅斯，並且建立伊斯蘭教的哈里發國。因爲馬斯哈多夫的態度溫和，願意嘗試和平，而不是要興風作浪，使他成爲了哈塔卜的敵人。哈塔卜很可能是幾起嘗試暗殺馬斯哈多夫事件的幕後黑手，但是他眞正的影響力是鼓勵跨越國界，突襲俄羅斯鄰近地區。

一九九九年八月，哈塔卜和巴薩耶夫率領一千五百名車臣、達吉斯坦，以及阿拉伯戰士越過邊境，進入達吉斯坦，自稱爲「伊斯蘭國際旅」。他們宣布成立「達吉斯坦伊斯蘭國」，然後向最近的城鎮博特利赫推進。

他們似乎期待以解放者之姿受到群眾歡迎，但是他們搞錯了。甚至在俄羅斯聯邦部隊反應之前，全副武裝的當地人集結在他們的土地上。俄羅斯的聯合特遣隊第一〇二內政旅、達吉斯坦警察，以及俄羅斯特種部隊，在空中支援的轟炸下將他們擊退；然後九月叛軍又企圖入侵。俄羅斯政府爲了早年的呑敗，終於等到了一次爲自己報仇的藉口。

馬斯哈多夫否認攻擊，並且譴責了襲擊任務，但是儘管如此，俄羅斯轟炸機首先在邊境村莊「伊斯蘭國際旅」集結的地方，然後是在格羅茲尼，執行懲罰性的轟炸任務。與此同時，普丁——當時仍然是總理，想找機會顯示他的決心和能力，企圖扭轉俄羅斯的命運——於是召集將領們迎戰。畢竟他們已經準備好應變計畫，而北高加索軍區，像是其他戰地司令部一樣，由於遭到削減預算危機和逃兵問題，指揮官維克多・卡贊采夫中將顯然被賦予強化戰鬥力的任務。他的朋友、資助者，以及北高加索軍區前任指揮官阿納托利・克瓦什寧將軍，針對一九九四年在格羅茲尼的災難性襲擊失敗，感到內疚，並決心贖罪。克瓦什寧在一九九七年升任總參謀長，確保自己可以將哪些資源轉移到北高加索軍區。例如到了一九九八年初，志願役士兵占北高加索軍區補編兵力的百分之二十，甚至到了百分之三十，這樣的管轄編配相對偏高。除此之外，位於北奧塞梯附近的達里亞爾山地戰訓練中心，一九九二年廢棄之後重新開放，正在為捲土而來的軍事衝突進行訓練。一九九八年七月，甚至在整個北高加索軍區，擁有一萬五千名陸軍和內政部部隊在此操練如何打擊「恐怖份子」。

第二場

上一章討論的九月公寓爆炸案和達吉斯坦的入侵案，讓俄羅斯人民感到焦慮和憤怒，這給了普丁侵略的機會。他告訴記者，很清楚說明他的優先事項是什麼、使用犯罪的俚語「浸泡」表示消滅。他說：「我們將到處追捕恐怖份子……，如果你能原諒我，如果我們在廁所逮住他們，我們會把他們浸泡在馬桶裡，如果有這樣的需要的話。這一切都將會最後搞定。」

十月一日，他正式宣布馬斯哈多夫和車臣政府為非法組織，並且重申俄羅斯聯邦的權威，成立聯邦軍隊聯合編隊，並且完成其集結，包括特種部隊；摩托步兵師第二團、第三團、第二十團、第二十七團、第三十四團；第四步兵師近衛戰車師；第二〇五獨立摩托步兵旅、三個獨立的作戰指定旅、內政部內部部隊（第二十一旅、第二十二旅，以及第三十三旅）、第七內務部隊特種部隊支隊，以及特別任命派遣部隊鎮暴警察。

總指揮權在卡贊采夫中將之手，和車臣第一次戰爭的魯莽直接攻擊不同，取而代之的是以殘酷、有條不紊的縝密計畫。第一階段盡可能在集結部隊的同時封鎖了車臣的邊界。總而言之，正規部隊約有五萬人，另有四萬名內政部內部部隊，以及特別任命派遣部隊鎮暴警察。總入侵人數是一九九四年的侵略人數三倍以上。馬斯哈多夫嘗試說服莫斯科和談未果，聯邦軍隊聯合編隊首先占領了沿著車臣北部邊境的警戒線，然後推進到進入該國北部三分之一的捷列克河；正規部隊領導率先前進，內部部隊保護後方。

特別任命派遣部隊的專業鎮暴警察的存在，最初代表特別指定警察部隊，一直是俄軍軍事行動的顯著特徵；甚至在俄烏戰爭都是如此。鎮暴警察成立於一九八九年，他們享有強悍的衝鋒隊的名聲，即使在前蘇聯衰敗時期亦是。鎮暴警察還適用於高風險的警務任務，例如突襲有組織的犯罪藏身處。在第一次絕望的車臣戰爭中，他們僅歸類為戰備部隊，身著獨特的藍色虎紋城市迷彩裝，頭戴黑色貝雷帽，被正規部隊看成輕步兵，尤其是在被稱為「蕩滌」的那次行動中，整個村莊或社區層層包圍，然後挨家挨戶進行搜查。他們會再次部署於第二次車臣戰爭中，特別是在敵後進行安全部署和城市營運。因為這些單位橫跨了整個俄羅斯，皆屬地方事務，特別任命派遣部隊的訓練、技能，以及紀律良莠不齊。有些警察被指控觸犯特別嚴峻的侵犯人權行為，這也意味著警察經常難以合作，導致許多嚴重的友軍之間擦槍走火的事件，其中最嚴重的發生在格羅茲尼。二〇〇〇年三月，波多利斯克的鎮暴警察，伏擊了另外一組鎮暴警察車隊——隸屬謝爾吉耶夫鎮來馳援的鎮暴警察。結果彼此誤認為叛亂份子，在隨後的交火中，二十四位鎮暴警察陣亡。二〇一六年編入新的國民警衛隊（仍叫OMON，現在稱為特別任命派遣部隊），這些大約三萬名軍官、職業軍人，以及大多數退伍軍人，仍然部署於整個北高加索地區，從事安全巡弋，以及例行的公共維安任務。

車臣抵抗，是零星同時也是局部的。部分原因是許多車臣戰士知道，撤回格羅茲尼不再那麼容易，因為俄羅斯人隨時會進行伏擊。俄羅斯人派出斥候以及直升機，提前瞭望偵察路線。以先發制人的砲火攻擊潛在的伏擊地區，戰車部隊伴隨著警戒步兵進行掃蕩。當城鎮和村莊被俄羅斯人占領時，他們進行搜查，內政部部隊留下進行駐軍，以確保俄羅斯後方的安全。十月十二日，聯邦軍隊聯合編隊推進到捷列克河，沿著三條軸線朝向格羅茲尼繼續推進。西方聯軍穿過車臣共和國納德捷列奇內區，直接抵達到格羅茲尼西郊；北方聯軍通過捷列克河，占領切列夫里約納亞；而東方聯軍則掠過古德梅斯，同樣從東邊移動到格羅茲尼的側翼。

在馬斯哈多夫宣布戒嚴，並且準備集結部隊時，俄國人慢慢包圍了這座城市。雖然是零星砲擊，但是採取了猛烈轟炸，包括托奇卡聖甲蟲戰術彈道導彈的砲擊，卡贊采夫並不急於派出機械化部隊行駛於格羅茲尼的街道，反而是緩慢地擴大了掌控範圍。當地盟軍開始增援部隊。畢竟，多年來車臣的內鬥以及聖戰份子的崛起，已經削弱了彼此之間的團結。某些在車臣失勢的強大人物和氏族，願意與莫斯科分一杯羹。例如古德梅斯市陷落，由於貝諾伊氏族的亞馬達耶夫斯的脫離背叛。總參謀部情報局納入羽翼下，私人軍隊將成為東方之營的基礎。同樣的，艾哈邁德・卡德羅夫在第一次戰爭中支持杜達耶夫，他的追隨者有數百人；到了二〇〇三年，已經成長為三千人。

奪回格羅茲尼

在苦寒的北高加索冬天，拒降的城鎮面臨到圍攻和轟炸。阿爾貢在十二月初陷落，隨後，烏魯斯－馬爾坦陷落。這種策略給了叛軍準備的時間。他們強化格羅茲尼的防衛，挖掘戰壕、鋪設地雷，以及建造防禦工事。利用第一次戰爭的教訓，在建築物內部的位置設計強化了誘殺裝置。

俄羅斯人也學會了教訓。首先，他們在城市上空展開了高空飛行偵察。叛軍據點遭到發現的地方，俄羅斯軍隊以飛機、大砲、遠程的飛毛腿飛彈，以及和聖甲蟲戰術彈道導彈進行攻擊。在高峰期，每天發射多達四千發砲彈和火箭攻擊城市。「布拉提諾」多管火箭砲發射之後，點燃一團霧化的炸藥，將驚人地炸毀整棟公寓大樓——可能很少有樓層還能完整矗立。

到了十二月初，廢墟中只剩下大約四萬名平民。這座城市早在一九八九年人口曾是目前的十倍之多，其中也有大約二千五百名反叛者，卡贊采夫計畫針對他們派遣了五千名聯邦部隊、二千名內政部部隊，以及特殊指定派遣部隊。另外，大約同樣多的親莫斯科（或至少和反叛軍一樣多）部隊，由別斯蘭・甘特米洛夫指揮的車臣民兵組織戰士出征。甘特米洛夫是一位已定罪的貪污犯，要求赦免，以換取他的領軍。他招募了一支由志願者、愛國者、傭兵、機會主義者組成的部隊，以及莫斯科不信任的罪犯隊伍——內政部只發布他們從軍火庫中取走了淘汰過時的卡拉什尼科夫自動步槍，在一九四七年研製，俗稱**AK-47**步槍——但是車臣民兵組織戰士，仍然熟悉這座城市，像是馬斯哈多夫的手下一樣地兇猛靈活。

十二月十二日，卡贊采夫開始進攻。剛開始，他派遣偵察巡邏隊，運用空襲轟炸和大砲砲擊，然後指揮主力部隊——第五〇六摩托步兵團和內政部內務部隊兩個旅，席捲而來。首先他們占領了汗卡拉空軍基地，然後開始搜索市中心。因為車臣的伏擊，北方軍團指揮官米哈伊爾・馬洛費耶夫少將於二〇〇〇年陣亡；所以要避免車臣的伏擊，聯邦軍隊聯合編隊後來謹慎得多。事實證明，比起舊式**T-80**型戰車，新型的**T-90**型戰車對於**RPG-7**火箭砲的抵抗力更強，甚至倖免於七次命中，還不會爆炸燃燒。部隊官兵有條不紊地檢查隱匿在地窖和屋頂的叛軍，緩緩向前推進，確保沒有士官兵離部隊核心太遠。士兵都佩戴識別臂章，以減少友軍，包括軍隊、鎮暴警察，以及維和部隊相互駁火的風險。戰鬥相當激烈，但是卡贊采夫有幸能夠交互循環運用新型態的部隊。經過一週的近距離戰鬥，大約四分之一第五〇六團士兵陣亡或受傷，所以他撤回了第五〇六團，並且派出第四二三近衛輜汽步槍團的新部隊，進入攻擊位置。

到了一月底，因爲人手和彈藥不足，叛軍指揮官從地面撤退，選擇放棄格羅茲尼這座城市，在格羅茲尼西南的阿爾罕卡拉村重新集結，前往內陸高地，希望像是第一次車臣戰爭一樣，沿著同樣的征途前進。但是許多人未能成功撤退，有的人被國民警衛隊鎮暴警察困在格羅茲尼郊區，或是被特種部隊追趕，陷入在阿爾罕卡拉村外圍的地雷區。

到了二月六日，俄羅斯人正式宣布格羅茲尼解放。儘管如此，這座城市還是一片廢墟，需要一個月的時間清理。國民警衛隊鎮暴警察，以及甘特米羅夫的民兵，掃蕩了該市的殘餘抵抗武裝力量，在一年內找到所有戰鬥中死亡戰士的屍體，並且埋葬。和第一次車臣戰爭不同的是，現在俄羅斯人重新占領了格羅茲尼，他們不會放手。聯邦部隊和盟軍車臣人，在地面和境內外的空中反覆巡邏這一座城市，以防止再次被滲透。一九九六年葉爾欽連任總統之後，叛軍奪回格羅茲尼。普丁於二〇〇〇年五月七日就職時，主戰場就已經取得階段性的勝利。

獵狼軍事任務

當格羅茲尼遭到圍困時，聯邦部隊以「獵狼軍事任務」爲代號，一直鞏固控制該國的北部和中部地區，追捕流竄和負隅頑抗的格羅茲尼叛軍。內政部建立據點，以網路聯結內部部隊和國民警衛隊鎮暴警察進駐，但是需要鎖定叛軍，搜尋武器藏匿處，以及躲匿的安全屋，展開激烈的巡邏和搜索軍事任務。當叛軍試圖從格羅茲尼向北方撤退，巡邏隊就力圖阻擋攔截，並且消滅叛軍。

下一個優先處理的地區是尚未歸順的南方高地，過去曾經是叛軍的避難所。在二〇〇〇年四月，根納季．特羅舍夫上將被任命為聯邦軍隊聯合編隊的總司令。他是一位戰鬥力強、說話強硬的戰車指揮官。在第一次戰爭期間指揮作戰，他曾經公開聲明，建議格羅茲尼應該化為一片廢墟，以為嚴厲警告，並且叛軍應該公開處決：「我就是這樣幹的。我會把每個人都聚集在廣場上，然後把強盜匪徒吊掛起來，讓大家看看！」儘管如此，根據他在第一次戰爭中的經歷，他承認征服車臣不等於已經安撫車臣，而且這將是一段漫長的過程。

俄羅斯人估計還有大約二千人，甚至是二千五百名叛軍逍遙法外。如果假設他們過於分散，無法構成任何嚴峻挑戰，那這一種假設是錯誤的。叛軍仍然能凝聚成數百個單位、可能導致俄羅斯嚴重傷亡的行動。例如最後一次主要交戰處其中的一處戰場發生在三月，位於格羅茲尼南部一處共青村村莊雅羅斯拉夫爾，這是軍閥魯斯蘭．格拉耶夫的家鄉。俄羅斯的鎮暴警察第一次遭遇格拉耶夫和他的手下，因為準備突破到阿爾貢峽谷進行掩蔽。叛軍人數不明——估計從五百人到一千人不等，但是實際數字應該接近六百人，鎮暴警察決定在村莊中誘捕他們，並且呼籲其投降。他們派出內務部隊，迅速集結更多的鎮暴警察和特警部隊。經過四天連續不斷的轟炸，包括採用「布拉提諾」火箭砲，以及蘇愷-25型對地攻擊機進行轟炸、進行村莊襲擊。儘管如此，又花了一週時間，進行共青村村莊雅羅斯拉夫爾的轟炸。格拉耶夫負傷，仍然設法逃出村子。這是戰爭中最血腥的戰鬥場面之一，官方記載屠殺的紀錄是陣亡五五二名車臣人，以及五十多名俄羅斯人，共青村村莊幾乎被夷爲平地。記者安娜．波利特科夫斯卡婭，稱其爲一座「充滿著燒毀房屋、廢墟，以及新墳墓的巨大墳場」。

更多的時候，叛軍只是進行簡易的伏擊，以及「打了就跑」的攻擊策略。在全國範圍內部署了八萬名士兵和安全警察，環境變得越來越惡劣，難免會有漏網之魚。二〇〇二年八月十九日，一小群叛軍，以爲數不多的一款攜帶型「松雞」型針式防空飛彈，並且採取肩扛式地對空導彈，設法擊落了俄羅斯一架米─二十六運輸直升機──在接近降落於漢卡拉空軍基地時。米─二十六運輸直升機是空中的龐然大物，通常有能力載重九十名士兵和五名機組人員，但是當天超載了一四二位士兵進行部隊輪調。諷刺的是，這架運輸直升機在俄羅斯指揮所周圍的地雷區墜毀，並且在撞擊之後，航空燃料洩漏，瞬間在雷區起火爆炸，一二七人當場死亡。俄羅斯軍方宣稱，這是最致命的航空災難。

然而，叛軍的成功是微不足道的，俄羅斯接著採取報復性的毀滅攻擊。與此同時，叛軍指揮官接二連三，正如俄羅斯人所說，被「做掉了」，通常是除了直接的軍事行動之外，透過祕密行動進行。軍閥哈塔卜在地雷爆炸攻擊中腹部受傷，但是倖免於難。但是二〇〇二年三月，遭到聯邦安全局臥底特務遞給他一封毒藥信，慘遭毒殺。自封車臣流亡總統澤利姆汗．揚達爾比耶夫逃往卡塔爾，但是在二〇〇四年二月，總參謀部情報局，簡稱爲格魯烏的特務，在車底放了一枚炸彈，殺害了他。二〇〇五年，馬斯哈多夫在聯邦安全局的突擊隊襲擊中喪生。當時馬斯哈多夫躲在托爾斯泰蒙古包的一個藏匿之處，可能馬斯哈多夫死在他的侄子和保鑣之手，他們奉命當馬斯哈多夫面臨絕路時命令保鑣開槍，而不是讓他被俄羅斯當局逮捕。巴薩耶夫於二〇〇六年七月慘遭殺害，當時巴薩耶夫檢查一枚未爆的地雷，地雷爆炸之後擊中腹部，當場慘死。

創建民兵組織

隨著殘餘叛軍失去了領導中樞，在絕望之餘，遭到追捕或是消滅，莫斯科正在尋求車臣盟友，以穩定國家。二〇〇〇年六月，普丁任命前反叛者艾哈邁德·卡德羅夫爲車臣臨時政府領導人。在兩次車臣戰爭期間，他曾是車臣的伊斯蘭教令的首席宗教法官，負責解釋伊斯蘭教法，卻與極端主義的瓦哈比派發生了衝突。他擁有伊斯蘭教的血統，他和他的兒子拉姆贊·卡德羅夫於一九九九年投奔俄羅斯政府。他擁有民兵組織，最初只是其中一股忠誠勢力，但是隨著卡德羅夫家族變得越來越強大，其他人被迫加入或是解散。二〇〇三年艾哈邁德·卡德羅夫正式宣誓就任車臣總統，但是在次年一年一度的勝利日遊行中在迪納摩足球場的司令臺，叛軍引爆炸彈時遭到炸死。雖然拉姆贊·卡德羅夫還太年輕、太嫩無法正式繼位，但是他以私人募集的民兵組織積極消滅叛軍——以及消滅任何政治對手。二〇〇七年，在三十歲生日之後，他正式宣布成爲車臣總統。從那時開始，他一直擔任總統迄今，車臣在他施以無情和反覆無常的控制下，淪入暴政統治。

二〇〇九年四月十六日，俄羅斯國家反恐怖主義委員會在車臣正式宣布「反恐行動」結束，實際上宣告勝利。當然，就像在第一次車臣戰爭，叛軍試圖在車臣以外的地方，在邊界興起恐怖主義，以將戰爭帶回俄羅斯。最惡名昭彰的是，二〇〇二年十月，四十名恐怖份子占領了莫斯科杜布羅夫卡劇院，劫持了大約八五〇名人質。經過兩天的談判失敗之後，阿爾法反恐小組將麻醉氣體硬是灌進建築物中，然後發動猛攻。恐怖份子遭到擊斃，但是一七九名人質死亡，這都是由於溝通不良，未告知醫療體系採用哪一種麻醉氣體，因此人質沒有採取正確的治療而喪命。二〇〇四年九月新學年的第一天，三十二名恐怖份子劫持北奧塞梯別斯蘭鎮第一學校。在遭到劫持的一一〇〇名人質中，大多數是孩子。隨後圍攻的第三天，其中一名恐怖份子引爆炸彈爆炸，大樓遭到炸毀，三三四名人質死亡，其中包括一八六名學童。雖然在第一次車臣戰爭期間，克里姆林宮當局願意妥協；等到普丁執政期間，採取更強硬路線，並且繼續在車臣展開作戰。與戰爭相關的孤狼式襲擊層出不窮，通常是採取自殺式爆炸，例如二〇〇九年從莫斯科到聖彼得堡高速列車涅夫斯基快車脫軌事件，造成二十七人死亡；或是二〇一一年莫斯科多莫傑多沃機場發生的自殺式爆炸事件，造成三十七人死亡。北奧塞梯別斯蘭鎮第一學校事件發生之後，普丁說：「過去我們表現自己很軟弱，弱者遭到暴力痛毆。」

普丁認爲，當局拒絕與恐怖份子妥協，此類攻擊仍然相當少見。在車臣本身，叛軍確實遭到消滅了。剩下的少數人往往是聖戰極端份子——二〇〇七年，叛軍宣布成立「高加索酋長國」——轉戰到北高加索，以叛亂爲其核心重點。俄羅斯軍隊在車臣士兵逐漸減少到約一萬人，主要爲內政部內部部隊的第四十六旅，現在正名爲「國民警衛隊」，以及正規部隊的第四十二摩托步兵旅駐防。車臣的大多數部隊隸屬警察或內政部隊單位，基本上都是民兵組織：包括第一四一「艾哈邁德．卡德羅夫」特種部隊、格羅茲尼警察團；第二四九獨立特種派遣部隊維德諾南營、第四二四旅、第三五九格羅茲尼獨立特種警察派遣營；以及幾處獨立營：第三六營（謝爾科夫斯卡亞營）、第七四三營（韋德諾營）和第七四四營（野寨—蒙古包營）。這些人穿著正規的內政部隊制服，現在正式隸屬於北高加索頓河畔羅斯托夫地區總部的國民警衛隊，他們宣示效忠卡德羅夫，一般人也認為如此。

然而，諷刺的是，為了打敗叛亂，在過去的兩個世紀中，克里姆林宮基本上賦予車臣更多的自主權。拉姆贊・卡德羅夫從不大聲嚷嚷宣布效忠普丁總統，但是實際上普丁認為他統治著車臣更為合適。同時，卡德羅夫從莫斯科可以得到更豐沛的聯邦補貼，以投入浮華不實的計畫（格羅茲尼的艾哈邁德卡德羅夫清眞寺，是俄羅斯境內最大的清眞寺）。拉姆贊・卡德羅夫過著優渥的生活，並不時獎賞他的親信。政府看起來好像對於車臣軍閥失去耐性，例如當拉姆贊・卡德羅夫的手下在二〇一五年於克里姆林宮外，槍殺俄羅斯反對派領袖鮑里斯・涅姆佐夫。每次俄羅斯想要對卡德羅夫動手，就龜縮了，擔心試圖讓他下臺，會迫使車臣發動第三次車臣戰爭。

其實，他們可能只是延遲了第三次車臣戰爭。早在一九九五年，在第一次車臣戰爭中，克瓦什寧將軍當然似乎也這樣覺得：

我們擊潰車臣人，讓車臣人害怕再次與俄羅斯作戰。讓西方觀察家來到格羅茲尼，看看我們對於自己的城市做了什麼，這樣他們就可以知道，如果他們與俄羅斯發生衝突，他們的城鎮會發生什麼事。但是你知道，……在二十到三十年內，新一代的車臣人在成長的過程中沒有看到俄羅斯軍隊行動過，他們會再次造反，所以我們將不得不再次粉碎他們的行動。

得到教訓

與此同時，很明顯的俄羅斯人已經吸取了早先慘敗的教訓，以及後來的教訓，從新式武器技術和戰術進行學習。俄羅斯研發製造了新的武器和裝備，包括從防彈衣到偵察無人機。然後，俄羅斯戰車和裝甲運兵車遇到了麻煩，在沒有指揮官的情況下，砲兵從戰車塔樓上方與敵軍對戰，但是因爲視線不明，不得不暴露自己，於是打開艙口頂部安裝的機槍發射，讓砲兵自己暴露在交火中。

第二次車臣戰爭，當俄羅斯軍隊進軍城市，伴隨著安裝了二十三公釐牽引式雙管高射機砲掃射大樓屋頂。以戰車來說，以前最痛苦的地方是容易遭到近距離火箭榴彈砲的襲擊，現在他們配備了反應裝甲，並伴有步兵支援。

俄羅斯成立特殊的「風暴分隊」，是爲了城市的專業戰爭經驗而建立的支隊。每隊隊伍擁有三十到五十人，通常五人爲一組，包括一名狙擊手和一名手持火箭榴彈或RPO-A大黃蜂火箭筒的士兵。特種部隊狙擊手和反狙擊手，同時使用火箭發射器來對付車臣槍手。普遍來說，第二次車臣戰爭，採用比第一次車臣戰爭更有條理的方法「攻擊格羅茲尼」，聯邦部隊也更有效地協調軍隊。

這些教訓也有政治上的涵義。第一場車臣戰爭中，官方死亡名單中有五千五百名警察和士兵死亡，另外五千二百名軍警在第二次車臣戰爭中死亡。當然，這些數字受到了質疑，尤其是可能會忽略那些後來在醫院裡因爲傷口感染而死亡的軍人。這些死亡數字相當嚴重，也導致了民間抵制部隊徵兵。僅在二〇〇〇年，躲避徵兵的人數就增加了百分之五十。但是隨著政治影響擴大，基本上都得到了控制，因爲克里姆林宮更加謹慎地控制了記者敘事。勇敢的記者冒著生命危險——並失去了他們寶貴的生命——翔實報導當地的現況。政府運用了更廣泛的審查制度，以循規蹈矩的記者撰寫精心設計的描述，將車臣戰爭描述爲車臣黑幫和聖戰份子讓俄羅斯捲入的戰爭，需要儘可能盡速撲滅。

這得益於戰爭的「車臣化」。各種跡象顯示，車臣民兵不僅傷亡慘重，還可能已經納入聯邦部隊。但是他們帶來了當地知識，以及對於戰爭的熱情。通常這是一種平息血仇，贏得政治地位的機會。在軍隊中，民兵的存在可以允許心懷不滿或士氣低落的叛軍改變立場，而不是迫使他們戰鬥至死。此外，透過提升拉姆贊・卡德羅夫的地位，克里姆林宮聲稱正在爲恢復車臣秩序的合法地位而戰，看起來更爲合理。

這場戰爭之所以如此重要，不僅鞏固普丁作爲俄羅斯強權，甚至無情地鞏固捍衛掌權者的地位和利益，但是也建立了採取武力的種種可能性。普丁願意訪問北高加索地區的軍隊，以及他對車臣人的街坊俚語，所有這些傳言，都對於他的男子氣概名聲不會造成傷害。但是西方國家對於俄羅斯在征服車臣的野蠻戰術上表達了憤慨，這對於在塑造普丁地緣政治的觀點方面發揮了影響。首先，在普丁看來，他覺得是否考慮願意，讓華盛頓隨心所欲地對基地組織發動戰爭。他覺得車臣是他在「全球反恐戰爭」中的最前線，而且當西方國家政府對此提出質疑時，是冒犯了他的「反恐看法」。普丁也指出，西方國家堅持以嚴厲的抨擊以及外交策略，表示嚴重關切。他開始相信，尤其是在面對既成事實和強硬反駁時，對所有人來說，西方國家的經濟實力實際上是軍事實力，缺乏相當重要的戰略資源，也就是：「意志」。他似乎已經得到結論，這是俄羅斯的戰略優勢。

第七章　首任國防部長伊凡諾夫

儘管弗拉基米爾・普丁領導國家，但是諷刺的是，他顯然很喜歡待在戰鬥機的駕駛艙駕駛戰車，或是嘗試最新的手槍性能。普丁從未眞正在軍隊服役過。他躲在列寧格勒國立大學逃避徵兵，那意味他接受徵召預備役軍官訓練——畢業時號稱爲指揮榴彈砲砲兵控制排的後備中尉。傳略中寫著，「這眞的是倉促的訓練，每年只有幾週的時間在課堂中進行健身訓練，練習一些基本的目標；參加正規的訓練，以及精心設計的兵棋推演。通常在夏天的幾個星期中進行訓練。」

他在國家安全委員會KGB的時代，先是擔任政治警察，然後是東德的低階情治人員。他從來都沒有和軍人有很多接觸，他的親密朋友、盟友，以及贊助人都沒有軍人。雖然他知道他想要擁有一支強大的俄羅斯軍隊——雖然覺得這個國家需要一支強大的軍隊，不得不依賴軍人來建造。這是因爲葉爾欽在一九九〇年代敦請職業軍人擔任國防部長。傳統國防部長的職位基本上是政治性任命，由可信賴的文官擔任，他們可以控制軍人，盡可能不要讓軍人獨占利益。像格拉喬夫將軍和羅迪奧諾夫將軍這樣的軍人，將自己視爲軍方代表，然後才是政治家，也許這就有助於解釋爲什麼他們失敗了。普丁需要掌握可以信任的人，但是也需要時間能夠找到可以應付挑戰的人。

「我叫伊凡諾夫，謝爾蓋．伊凡諾夫」

正如第五章所討論的，普丁選擇的三個人，在許多方面象徵普丁認爲需要的方式：首先是間諜，然後是會計師，最後是工程師。他的第一任國防部長謝爾蓋．伊凡諾夫，是一名雄心勃勃的前國家安全委員會KGB外國情報官員，號稱斯拉夫的詹姆斯．龐德。普丁本人一直想成爲溫文爾雅但是強悍的間諜。他的工作正如新政府看到的那樣，當俄羅斯受到威脅之後，爲了維護政治現實，需要強韌班底才能生存。緊隨其後的是阿納托利．謝爾久科夫，一位曾領導聯邦稅務局的會計師，他打破保守的軍官團和部隊的勢力進行改革。然而，這是一種分裂和難堪的過程。緊隨其後的是資深政治人物謝爾蓋．蕭依古，企圖扭轉功能失調的機構，並喚起團隊精神。如果普丁是現代俄羅斯軍隊之父，這三位國防部長起碼是接生推手。

謝爾蓋．伊凡諾夫和普丁一樣，都是來自於列寧格勒國家安全委員會KGB，但是路徑截然不同。伊凡諾夫曾任職於國家安全委員會的第一總局，爲精銳的外國情報部門。一九七四年到倫敦在爾寧技術學院學習英語之後。在派駐國外之前，他與普丁一起在列寧格勒，在外交掩護下遠赴國外，首先是芬蘭，然後是肯亞，直到他被叛逃者奧列格．戈爾迪耶夫斯基揭發身分，不得不返回俄羅斯。

蘇聯解體時，他無縫接軌，轉移到新成立的俄羅斯外事情報局，成爲歐洲部的第一副主任。一九九八年，他擠進聯邦安全局成爲副局長，負責分析、預測，並且身兼戰略處主任兼規劃負責人。這大約是普丁被任命爲聯邦安全局局長的時候，他一定對謙卑的人感到滿意。雖然是伊凡諾夫的老闆，普丁也很尊重對方的才華，尤其是他對複雜戰略形勢的快速掌握和他的冷靜肅穆，即使在與更年長、更高級的人物打交道時，也是如此。普丁後來選擇他擔任俄羅斯聯邦安全會議祕書——在俄羅斯相當於國家安全顧問——一九九九年和二〇〇一年，他接替謝爾蓋耶夫元帥擔任國防部長，直到二〇〇七年。

美國前國家安全顧問，之後擔任國務卿的康朵麗莎．萊斯談到了很有意思的一次交流。小布希總統對普丁說：「我必須知道你信任誰。如果我們之間有敏感問題要討論，我們應該請誰幫忙？」普丁回答：「國防部長謝爾蓋．伊凡諾夫。」

他可能讓普丁放心，但是伊凡諾夫也有令人羨慕的使命感。普丁任命國防部長伊凡諾夫時，車臣是國防部討論的重要議題。雖然戰爭初嘗勝利果實，但是車臣仍然是俄羅斯軍隊寢食難安的弱點，被迫需要採用火砲和武器來夷平城市，並且授權當地的民兵征服這個地區。即使已經在戰場上獲勝，但是當地仍然存在著巨大的挑戰，包括如何減輕恐怖主義所帶來的危險，以及解決對於軍隊負面形象所造成的傷害。在普丁上任的時候，他越來越感受到的是西方國家的虛偽；他越來越憤怒，並且受到敵意所驅使，尤其是北大西洋公約組織東擴——伊凡諾夫本人在二〇〇四年表示，如果事情不可挽回，導致俄羅斯退出，俄羅斯將採取「充分措施」奮勇前進。他最終成為能夠提出關鍵問題，並且面對實際要求回應的國防部長，但是他還是想不出解決方案。

間諜和將領

不可否認，伊凡諾夫是一位能幹、稱職，以及專業的外交官。確實，康朵麗莎．萊斯（她曾經偷偷溜出去，非正式地與伊凡諾夫一起去聖彼得堡觀賞芭蕾舞團表演）在她的回憶錄中《至尊榮耀》給予高度評價說：「謝爾蓋很堅強，有點懷疑美國，但是他很可靠。我相信他從來不會說謊、口是心非。」

然而，他並不像普丁那樣，在軍事單位內部有內應。他花了更多的經費，這是眞的。但是當將領們很樂意爲了加薪和獲得新武器，但是將領們不願意開始轉化——只是結構性改革已經形成眞正的轉變。普丁賦予伊凡諾夫的任務，是在建造一支能夠面對軍事全面入侵，而且保衛祖國的軍事機器。但是問題在於，將領們遭到兩種命令撕裂。一方面，自從一九九一年沙漠風暴以來，聯軍入侵伊拉克，帶來了嶄新武器技術，尤其是遠程精準導彈正在徹底改變戰爭型態。伊拉克薩達姆．海珊部署了一支經驗豐富而且訓練有素的軍隊，基本上依據蘇聯路線建造的軍隊，並且配備了相當現代的蘇聯全套武器設備。當聯軍運用閃電戰術的成功——聯軍三七九人死亡，伊拉克軍隊超過二萬人死亡。俄羅斯事後分析解釋，由於先進西方技術給了他們一種重要「臨邊界」的概念，然後南斯拉夫內戰強化了「非接觸式戰爭」的感觸。透過遠程精確武器進行的戰爭是一種未來式——蘇聯沒有爲此做好準備——還有北大西洋公約組織所有關於防禦性聯盟的言論，完全有能力，並且願意在符合雙方利益的情況下進行干涉和重新塑造國家。

因此，他們充分認識到現代化國家的必要性，當時他們也堅信需要保留蘇聯一支群眾軍隊的重要性概念，這意味著兵役召集的關鍵價值。畢竟這創造了一支訓練有素（或是半訓練有素）的預備役官兵可以在戰時徵召，以保衛國家所需百萬雄兵式的軍隊。換句話說，俄軍想要更多的士兵和更好的裝備。但是伊凡諾夫額外配給的經費不會同時涵蓋上述兩者的軍費，而且無論如何，一位曾任職KGB的間諜，軍隊似乎本能地瞧不起他的指揮，士兵們只渴望擁有更高的薪俸，並且貪得無厭。

傳統上，俄羅斯軍方接受上級長官總參謀長的交辦命令，將政治決策轉化為軍事決策。這些決策授予總參謀部執行，這是任務。不過，伊凡諾夫最初發現，自己背負著一介平民卻無權嘗試強制改變武裝部隊的責任。阿納托利·克瓦什寧將軍自一九九七年起擔任總參謀長，在兩次車臣戰爭期間，最出名的是他的強硬手段，同時他也是背後的關鍵推動者。一九九九年的「普里什蒂納突襲」，爲他贏得了鮑里斯·葉爾欽的青睞。根據一位媒體評論員的說法：「這是將刺猬放入敵人的褲子。」這一句諺語是自一九六二年以來媒體不斷出現的一句話。當時蘇聯領導人赫魯雪夫展現了平易近人的表情詢問他的國防部長：「什麼時候將刺猬丟到美國人身上？」暗指從古巴發射蘇聯核子導彈。克瓦什寧將軍本來想要當國防部長，甚至不顧一切地透過參謀長亞歷山大·沃洛申向葉爾欽求官。當謝爾蓋耶夫取而代之，克瓦什寧將軍毫不掩飾他的憤怒，並且爲了他的挫敗導致預期中的反彈。伊凡諾夫取代謝爾蓋耶夫時，他鼓勵將領們在總參謀部扯後腿，力圖扭轉局面。

事實證明，他不再是伊凡諾夫的下屬。很明顯的，他將部長視爲他的同儕，而不是他的上級長官。不幸的是，由於法律上的解釋，總參謀長屬於國防部長的幕僚，他竟然公然反對國防部的政策，甚至下令總參謀部不得依據部長的正式命令行事，除非由他會簽。這種藐視上級長官的情形，在謝爾蓋耶夫和葉爾欽領導下可以無視，但是這絕對不是伊凡諾夫和普丁的作風。雖然兩造之間有一種共同的協議，那就是最好避免在第二次車臣戰爭期間發生重大軍情，還要進行人事變動。但是到了二〇〇三年，主要戰場的戰爭階段都宣告結束，是時候應該要解決問題了。

伊凡諾夫的改革

二〇〇四年一月，伊凡諾夫表示：變革正在醞釀中。在年度軍事科學院發表專題演講中，他直言批評總參謀部只著重日常管理，而忽視大局，讓國家陷入困境。此後，針對《國防法》進行了修訂，明確規定部長負責國家國防。到了七月，尤里・巴盧耶夫斯基上將取代了克瓦什寧上將擔任總參謀長。巴盧耶夫斯基上將是一位優秀戰略規劃人才，而且，最重要的是，他個性謹慎，不會像隻公牛頂撞長官。

二〇〇三年〈發展俄羅斯聯邦武裝力量的緊急任務〉論文發表，已經提出了國家改革藍圖。基於車臣戰爭以及其中說明的問題，這些關鍵問題都是論述性的意見，也就是現代戰爭需要具有技能和經驗的士兵，而且必須在徵召入伍培訓之後就需要傳授教戰守則。在部隊單位中，需要讓士兵產生同仇敵愾、相濡以沫的長期訓練，而不是受制於六個月就調動單位的陣痛。有鑑於國家沒有經費籌建一支滿足俄羅斯安全的專業軍隊，伊凡諾夫依循格拉喬夫的原有構想進行部隊改革，區分為大規模徵兵，以及研究一支小型專職長期針對菁英所召募的部隊，仍然是唯一可行的選擇。問題是，總參謀部最後還是想吃大鍋菜：維持徵兵制度、儲備龐大的軍事隊伍，同時又想用高薪吸引並且留住大量志願役士兵。雖然俄羅斯官方立場根本不可能與北大西洋公約組織或中國發生重大戰爭，但是真正的威脅，來自於恐怖主義的破壞力，以及小型規模的地方衝突。將領們——也許意識到小型軍隊會導致升遷受限——仍然決心爭取自身利益。

此外，武器彈藥庫中，蘇聯時期的武器越來越過時，這些仍然需要進行盤點、守護，以及進行維修。即使在眞實戰鬥中，這些武器是否還能發揮作用？飽受質疑。例如位於哈卡斯阿巴坎的倉儲基地第五三五〇武器設備的存廢，形成了引起公憤的醜聞。基地中庫存了一九五〇年代老掉牙的五十七公釐S-60高射砲。這些老舊武器，早應該於一九七〇年代研究地對空導彈系統時就應該汰舊換新了。這不僅僅是制度陳腐，因爲俄羅斯曾經設想過要動員數百萬預備役人員，需要大量的舊型武器庫存。

如果要扭轉總參謀部這些觀念，還需要以強硬的領導統御武裝力量下達命令。伊凡諾夫還是太依賴將領的建議，還有龐雜的職責讓他分心。畢竟他仍然是普丁的核心決策圈中人物，掌管安全政策和外交事務的重要顧問。如前所述，二〇〇五年普丁任命他擔任負責國防工業的內閣副總理，這意味他位居要津，掌管主要客戶大量訂單和高利潤的軍火生意。結果，改革還是緩慢而片段的。

第七十六近衛空降師團事件，成爲這些全專業武裝力量的考驗案例。雖然實驗結果憂喜參半，在二〇〇五年改革，咸認成功，更多的單位開始轉型。與此同時，尤里．巴盧耶夫斯基上將致力於精簡國家指揮中樞，重劃現有軍區爲三個區域。西部軍區指揮部，將合併莫斯科和列寧格勒軍區、波羅的海艦隊和北方艦隊，以及中央特種空軍和空軍防禦司令部。南部軍區司令部，將包括北高加索地區和伏爾加－烏拉爾軍區、黑海艦隊和裏海艦隊。東部軍區司令部，包括遠東、西伯利亞和阿的里－烏拉爾軍區，以及太平洋艦隊。同時，各級軍區司令部，包括陸軍、海軍等單位將陸續裁編，但是作戰戰略司令部組織保留。無可避免的，未來將面臨來自於各級司令部盤根錯節勢力的阻撓。

規模很重要

所有以上說明可能皆有其理，但是不能解決關鍵的問題：軍隊的規模。國家根本沒有足夠的經費採用契約型雇傭兵徵召入伍、進行重新武裝。志願役大部分簽訂了十二個月的契約，不僅條件很差，仍然很困窘；隨著俄羅斯經濟越來越繁榮，提高國民經濟的機會越來越多，因此，絕大多數年輕人不願意簽約入伍。例如在二〇〇六年，第一二二摩托師第三八二摩托步兵團簽署了二千七百份契約志願役士兵，其中只有四百人的役期超過一年。儘管如此，政府還是承諾了徵兵計畫，並且即使到二〇〇五年，全國國防預算的一半以上支付人力，還是繼續努力招聘、安置、支付，以及留住這些專業人才，讓士兵根本不用工作。更糟糕的是，武裝部隊現代化的努力相當不切實際，龐大成本形成了阻礙。巴盧耶夫斯基的改革計畫遭到擱置，即使在二〇〇八年重新包裝為《新風貌軍隊計畫》也一樣。

最後，伊凡諾夫促成了一些事與願違的措施。國家機構在俄國非常不受到歡迎，伊凡諾夫曾在國安局上班，和其他人一樣不相信其價值。徵召的新兵嚴重受到虐待的事備受矚目，並提供化解這個問題的政治處方。二〇〇六年，二等兵安德烈·西喬夫是車里雅賓斯克戰車學校的徵召入伍者。他的中士排長亞歷山大·西維亞科夫違反軍紀。除夕夜，醉醺醺的西維亞科夫，因為不明原因逼二等兵西喬夫要半蹲，還羞辱了他三個小時。當西喬夫試圖移動雙腿，西維亞科夫又毆打他一頓。西喬夫的大腿上血絲大量凝結，敗血症和壞疽症發作了。等到大家都意識到事情大條了，而且叫了救護車緊急送醫，但是為時已晚。西喬夫的大腿和生殖器壞死，都必須截肢。地方指揮官閉口不談，如果不是當地醫院的醫生向地方俄羅斯士兵母親委員會聯盟舉報，這是專門為突發狀況並遏止此類濫權事件而成立的慈善機構。即使如此，軍方高層還是盡其所能掩蓋事件，直到記者關切此案、伊凡諾夫回答了記者問題。伊凡諾夫爽快地回答：「發生了沒什麼大不了的事，否則我會被告知。」那是一場自我感覺良好的尷尬男人所進行的簡報。刑事調查倉促舉行，西維亞科夫和兩個隨扈被指控犯有嚴重罪行，因為濫用職權遭到定罪。中士排長被判處四年徒刑；他的共犯判處一年緩刑。

伊凡諾夫和首席軍事檢察官亞歷山大・薩文科夫之間發生了一場激烈難堪的爭吵。某些將領顯然曾經嘗試要求控方證人撤回證詞，薩文科夫警告部隊霸凌情形實際上已越來越嚴重。伊凡諾夫試圖將責任歸咎於主要軍事檢察院，並且聲稱是軍事檢察官製造問題。伊凡諾夫認為：「軍隊當前的問題是來自於可疑政治資本的武裝力量。」最後，這是普丁政權的個人政治化的有名案例：伊凡諾夫是總統的私人盟友；而薩文科夫不是，所以伊凡諾夫官留原位，而薩文科夫只好去職下臺。即使如此，這一種尷尬場景已進一步玷污了軍隊的聲譽，並可能確認伊凡諾夫不會成為普丁選定的繼任者。至於不幸的二等兵西喬夫，經過數月的醫療其腎臟衰竭的疾病終於出院了。他搬回母親的住房，最後由國防部買單，賠償了事。

除了將領們的抱怨之外，伊凡諾夫還宣布，徵兵期將縮短至十二個月。但是這樣也不能解決基本的問題，包括需要存放可能永遠不會使用的龐大儲備武器。這也同時惹火了將領們，他們認為才幾個月的訓練時間，讓士兵沒有足夠的時間得到正確訓練。然而，確實省下了一筆軍費——

因爲即使徵召入伍者只拿到了微薄的報酬，他們仍然需要武裝、訓練，以及安置。他縮減了武裝的規模，但是這還不夠。不過，這只是一小步，雖然有更龐大的經費支出。

二〇〇七年，俄羅斯軍隊仍有一一〇萬兵力。最後，伊凡諾夫提出改革的明智理由，但是無法說服頑固的總參謀部。雖然巴盧耶夫斯基沒有克瓦什寧那麼頑固，甚至他的政治領導也開始表現出支持將領們的跡象。伊凡諾夫將目光轉向了更高目標——他當時被認爲是普丁的潛在繼位者，普丁即將結束總統的第二個任期，並且不願意宣布繼續擔任總統。伊凡諾夫分心於其他的責任，而且對於用錢缺乏理性節制。他已經開始墮落了，不再精明幹練。

事實上，二〇〇七年二月，他從部長的職位升任爲第一副總理，儘管他永遠不會升任總統，普丁對於俄羅斯在世界秩序上的地位越來越不滿。北大西洋公約組織正在擴大，二〇〇四年有七個新成員加入：保加利亞、愛沙尼亞、拉脫維亞、立陶宛、羅馬尼亞、斯洛伐克，以及斯洛維尼亞。當月在慕尼黑的演講中普丁表示，「俄羅斯不會接受，因爲西方國家企圖否認俄羅斯成爲大國的正當地位。」稍後，俄羅斯暫停參與《歐洲正規武裝力量條約》限制重型軍事部署兵力，橫跨整個歐洲大陸。聲稱該條約：「已經不再回應現代歐洲現實，並且滿足我們的安全利益。」並且指責北大西洋公約組織：「無論如何，北大西洋公約組織成員國都違反了其精神和信條。」

克里姆林宮很清楚，俄羅斯在現實中需要進行軍事改革，那需要有人願意對付總參謀部。有誰知道如何利用這些普丁願意提供的軍費資源——二〇〇一年至二〇〇七年期間，國防預算幾乎翻了四倍——漲幅驚人。原來，俄羅斯在喬治亞打了一場拙劣的戰爭。

第八章　執法官謝爾久科夫

當時很難找到一位俄羅斯軍官，像是阿納托利・謝爾久科夫那麼恰當。這一位矮胖的前聯邦稅務局局長取代伊凡諾夫的位置，他在二〇〇七年二月正式擔任國防部長。軍官稱呼他為「會計」，或是稱呼他為「稅務員」（因為誰喜歡稅務員？）或者，更含糊地稱呼他是「家具推銷員」。因為他在二〇〇〇年進入聯邦稅務局之前曾擔任聖彼得堡家具公司的總經理。二〇一一年，他離開國防部長的位置九年了，依然很難找到一位軍人像是謝爾久科夫那麼苛刻；但是也有人勉強承認，針對一支不合作的軍隊，他強行推動的改革是有必要的，也是成功的。

稅務員來了

謝爾久科夫起先是擔任聖彼得堡稅務局副局長，然後扶正為聖彼得堡稅務局局長，他接替他的岳父維克多・祖布科夫的位置。畢竟，他來自普丁總統的故鄉，並有家族餘蔭。在普丁領導下的俄羅斯，這是取得成功的兩種捷徑。四年內，他被任命為聯邦稅務局局長，以注重細節和財務效率的管理而知名，這就是普丁任命他的原因。正如他所說的，當普丁宣布謝爾久科夫的晉升：「為了現代化的有效管理，合理支出龐大預算，你需要一位在經濟學和金融業領域有經驗的人。」

他被任命爲國防部長確實是一枚重磅炸彈。儘管他沒有軍事經驗，也沒有明顯的特殊興趣，甚至在國防安全圈中不爲人所知；他也不是所謂的「強者」。其實這也是他獲選的部分原因。正是因爲他與內部的任何軍隊派系都沒有關係，他的關係取決於如何取悅總統。因爲越來越多的經費浪費在武裝部隊上，但是意義卻不大。因爲無關乎俄羅斯兼而有之的根本變化，例如在其境內和境外都可以確保軍隊，享有其戰鬥意志和武裝力量。

從一開始，謝爾久科夫就面臨阻力。確實，總參謀部長尤里．巴盧耶夫斯基上將，幾乎不喜歡他的新老闆。當他公開暗示，在部長下達一個命令之前，他應該花一個月的時間來進行「新兵訓練」，這樣他就會對「手頭的工作」有一點感覺。而伊凡諾夫經常過分關注他和將領之間的個人關係和責任——並且有足夠的把握得到普丁的支持，不會偶爾採取嚴厲的突擊檢查——謝爾久科夫對於個人關係比較嚴謹，也很清楚他必須向老闆證明他是值得晉升的人，更不會被總參謀部嚇倒。

謝爾久科夫的清算

謝爾久科夫可能對軍隊知之甚少，但是他非常了解官僚和會計。他設立了一種財務審計制度，以了解高級官員是否確實跟得上他們強制接受體檢的進度。他帶來了來自聯邦稅務局的文職專家進入國防部，包括他的前副局長米哈伊爾．莫克列佐夫爲他的政治辦公室主任；塔季揚娜．舍夫佐娃和維拉．奇斯托娃，擔任國防部副部長。他發起清算總參謀部、空軍司令部司令弗拉基米爾．米哈伊洛夫將軍，以及三位惡名昭彰，浪費和貪腐的軍種司令下臺，包括裝甲兵司令弗拉迪斯拉夫・波隆斯基上將（負責儲存和維修）、軍醫局的伊戈爾・拜科夫將軍和醫療設施建設局的阿納托利・格列本紐克將軍。最重要的是二〇〇七年六月，總參謀長巴盧耶夫斯基將軍下臺，被放逐到國家安全會議祕書處——這是明升暗降，表面看來榮耀，但是權力遭到剝奪——尼古拉・馬卡羅夫將軍晉升爲總參謀長。要知道，稅務官是認真的，會錙銖必較一些小事。

儘管——或者可能是因爲——這一種裁員，總參謀部仍然不甘心受制於謝爾久科夫所引進戲謔化的改革。此外，普丁即將結束他第二個總統任期，這意味著，根據法律他必須下臺。因爲無法確保將來會發生什麼事，以及普丁是否會試圖修改憲法，但是無論如何，二〇〇七年最後幾個月，修憲問題雪上加霜，而普丁缺乏時間將更多的政治資本放在謝爾久科夫身上。然後，二〇〇七年十二月十日，普丁確認將下臺，而且現任總理德米特里・梅德韋傑夫是他的首要接班人。隨之而來基本上是一種形式，尤其是梅德韋傑夫明確表示，這的確是和普丁進行工作互換，即總統和總理互換。普丁一直很明顯地將繼續成爲王位背後的勢力，梅德韋傑夫的競選海報也展現了兩人並排的口號——「我們將攜手共創雙贏」。

梅德韋傑夫於二〇〇八年三月正式當選，並於五月就職。剛開始的時候，因爲「同代民主」不明確，這是在所謂的民主背景下涉及的職位交換，導致安全組織在公開場合中無所適從。根據憲法他們要向總統負責，但是很明顯，普丁在俄羅斯的白宮大廈仍然是他們的監督者。後來，例如巴魯耶夫斯基，甚至在二〇〇八年抱怨對喬治亞的長期計畫戰爭，即使梅德韋傑夫宣布動武還需要普丁同意。當時普丁正在北京進行正式訪問，在電話中，普丁還對謝爾久科夫大發雷霆。無論哪一種方式，幾個月來意味謝爾久科夫沒有得到明確的授權——有一些將領甚至還過於樂觀地希望梅德韋傑夫，會讓謝爾久科夫下臺。

事實上，謝爾久科夫將繼續任職四年，並且不是因爲政治陰謀或是來自於軍事的對抗，他下臺是因爲一場性醜聞。有人指控參與敲詐國有財產的騙局，由國家控制的軍事承包商出售國防資源，以遠低於市場價值的價格出售給民營公司，讓政府蒙受三十億盧布損失（當時相當於六二五〇萬英鎊）。如果只是這一件貪污案不足以讓他出局，因爲事實確鑿，俄羅斯政府高級官員在假公濟私中無役不與。更嚴重的是，當調查人員針對國防部財產局負責的主要嫌疑人葉夫根尼婭・瓦西里耶娃，位於莫斯科十三個房間的公寓進行了黎明突襲，調查人員發現價值近百萬英鎊的現金、古董，以及珠寶——以及謝爾久科夫穿著睡袍在公寓中。詐欺是一回事，但是婚外情又是另一回事；當國防部長謝爾久科夫的妻子是維克多・祖布科夫的女兒時，那又另當別論。祖布科夫是俄羅斯前總理，現任俄羅斯天然氣工業股份公司董事會主席。這是一家俄羅斯最大的公司，他也是總統的親密盟友。祖布科夫要他的腦袋，謝爾久科夫不得不下臺——在二〇一二年十一月下臺。儘管如此，謝爾久科夫以自己的方式忠於普丁和自己。謝爾久科夫被指控貪瀆、濫用陸軍工兵；爲女婿渡假小屋修路，隨後定罪之後被特赦；後來他找到了閒缺，俄羅斯國家技術集團擔任武器部門的工業總監。瓦西里耶娃則沒有赦免，她被判處五年有期徒刑。

進入馬卡羅夫時代

儘管如此，謝爾久科夫已經取得了進展。梅德韋傑夫無法逼退國防部長，因爲普丁當時已經任命；然而，梅德韋傑夫也沒有權力要求總參謀部內部接受改革方案。所以改革僵局持續，甚至在完成這些改革計畫的同時，雖然這些計畫是謝爾久科夫起草的內容，但是總參謀長馬卡羅夫才是這些改革計畫幕後的推手。尼古拉・馬卡羅夫出生於一九四九年，是一位職業軍人。他歷任各軍種指揮部高級參謀和指揮官，曾駐任德國的蘇聯軍集團步兵軍官；擔任俄羅斯於一九九三年部署到塔吉克聯合部隊參謀長，並於二〇〇二年指揮西伯利亞軍區擔任軍區司令。他的晉升飛速，一九九九年國防部長謝爾蓋耶夫稱讚他：「這位將領前途無量。」果不其然，二〇〇五年，馬卡羅夫被任命為新任國防部副部長兼任俄羅斯武裝部隊軍備部長。對一些人來說，他的晉升是明升暗降，從主要軍事指揮官轉型為行政角色，但是事實上，因為馬卡羅夫表達了他對於軍隊改革牛步化的不滿，以及表達他對於許多舊部同僚鬆懈的不滿。這可能解釋了，為什麼謝爾久科夫選擇他擔任總參謀長的原因。馬卡羅夫是一位受人尊敬的駐防軍官，但是在軍隊高階軍官中也不屬於沉默的反對派。

也許對於同齡的同僚來說，最令人不安的是，他是一位具有想法的人。在一九九六年到一九九八年，他指揮第二近衛戰車軍時，他以創新的培訓方法而聞名。後來，作為西伯利亞軍區指揮官，他以創新開創手法排除了官僚主義，進行招聘，吸引更多的志願役投效軍旅。擔任俄羅斯武裝部隊軍備部長期間，他質疑許多不合邏輯的採購決定，為了政治酬庸，而不是來自於軍方的需求。根據報導，包括鬆綁禁止購買非俄羅斯國產，或是其他非蘇聯國家製造的武器零件。這項大膽的採購決定，包括採購具有更先進的紅外線熱像儀T-90主戰戰車。這是法國泰雷茲集團設計的第二代凱瑟琳熱像儀陣列建構系統。根據報導，在他的支持下通過了採購案。

謝爾久科夫同意他的看法。俄羅斯軍方並非完全不同意購買外國製造的裝備，但是出自於驕傲、政治，以及國防安全的原因，盡可能避免採購國外設備。在某種程度上，俄羅斯仍然被困在前蘇聯時期軍工綜合體的框架中，形成了壟斷型製造商，最終出現在其他後蘇聯國家。例如安東諾夫公司是建造運輸機的一家公司，最初位於俄羅斯的新西伯利亞，但是在一九五二年遷到了烏克蘭的基輔。雖然俄羅斯和烏克蘭的合資事業在一九九一年之後繼續進行，但是俄羅斯在二〇一四年併吞了克里米亞，所有此類的合作都結束了。同樣的，曙光機器設計科研生產聯合體公司，在烏克蘭港口城市尼可拉耶夫生產俄羅斯軍艦的燃氣發動機。一般來說，海外軍購僅限於特種部隊的專用裝備，例如總統安全局狙擊手的裝備，以及凱瑟琳熱像儀成像陣列系統的高科技組件。這是一種針對自滿和腐敗的俄羅斯公司的警告，以及採用該領域新型功能。謝爾久科夫開始購買外國零組件，尤其是來自莫斯科希望結盟的國家。他同意購買義大利飛雅特—依維柯M65四輪驅動輕型戰術多用途車輛。俄羅斯的山貓型車輛在沃羅涅日組裝，還有購買了兩架法國米斯特拉爾級兩棲攻擊艦，以及以色列無人機。購置米斯特拉攻擊艦的交易案，最終受到俄羅斯入侵克里米亞的政治考量影響。二〇一五年，巴黎取消了協議，向俄羅斯退還了相當於其預先支付金額五．九億英鎊的預付款。儘管俄羅斯歡迎某些特定的零組件計畫，但是這個政策總體而言在軍事和國防工業方面都並不成功。在謝爾久科夫下臺時，整個政策被推翻。儘管有時候俄羅斯國防向外採購，還是會繞過制裁和出口管制，爲了特種部隊購買外國武器裝備。例如在芬蘭採購的薩科TRG狙擊步槍，以及英國精密國際AX338狙擊步槍。

馬卡羅夫也不怕引起坊間議論紛紛及對於培訓過程中的種種批評。軍方對於應召入伍者進行每年兩次的循環召集，在春季和秋季，這會產生兩種訓練週期包括夏季和冬季。在冬季，新兵專注於基本個人和單位訓練，大型聯合演習主要安排在夏季和初秋，這時候的天氣比較好。但是總體來說，這一種培訓過於依賴死記硬背，並且經常安排的是不切實際或是預先編排的練習。雖然新兵可能最後練到虎背熊腰、體格強健，並且掌握了基本技能，在大單位和接受軍官訓練、處理突發事件。但是現實受訓的經驗是——整體效果仍然明顯受到限制。馬卡羅夫曾任總參謀長，他以強硬的語氣說明他採用了軍事科學學院年度會議進行軍隊嚴厲的考核，其中只有百分之十七的地面部隊，以及在一五〇個空軍團級聯隊中，只有五個聯隊已經做好戰鬥準備，而海軍約有一半的艦艇都只能待在艦港中納涼。

攻擊喬治亞的藉口

上述軍隊內部的政治僵局始終無法解決，最後爆發的事件會打破僵局。莫斯科對於鄰國越來越憤怒。喬治亞總統米哈伊爾・薩卡什維利渴望看到喬治亞投向西方國家的懷抱。俄羅斯一直支持喬治亞共和國中的分離主義者阿布哈茲人，以及分離主義者南奧塞梯人。喬治亞安全部隊與南奧塞梯人的暴力衝突，在整個夏天持續升溫，這可能是受到莫斯科的唆使。薩卡什維利不容許接受挑釁，而且在八月七日，喬治亞軍隊進入南奧塞梯發動襲擊，攻擊了首都茨欣瓦利。在此過程中，該市的俄羅斯維和人員進駐，兩人遭到擊斃。

維和人員遭到殺害事件爲莫斯科提供了入侵喬治亞的藉口。俄羅斯人在勢力範圍內，準備動員邊境附近的部隊入侵喬治亞。但是莫斯科缺乏領導中心，來不及接受命令準備動員。如前所述，梅德韋傑夫在渡假，普丁在北京奧運會開幕式訪問中國；此外，俄羅斯總參謀部的作戰署是主要規劃和協調作戰的機構，正在進行辦公室搬遷；這一切帶來了如影隨行的錯誤。因爲廢棄的機場遭到轟炸；軍官在友軍火力支援中喪生；部隊前進時，車輛拋錨，卡在路中間。

正如本書第十章中將要進行的討論，經過五天痛苦的戰爭，俄羅斯人當然贏了。但是基本上這是不可避免的混戰：喬治亞全軍總兵力不超過三萬人，其中約二千人曾經加入聯軍，在伊拉克服役。俄羅斯軍隊在分離主義者南奧塞梯和阿布哈茲千名民兵的支持下，投入了兩倍多的軍隊，以壓倒性的空中武裝力量攻擊喬治亞軍隊。重點是，俄羅斯軍隊力不從心——種種跡象顯示，謝爾久科夫和馬卡羅夫將會利用機會迫使軍隊進行改革。

第九章　二〇〇八年在喬治亞：伯利西軍事任務

「帝國不能貫徹給人民強烈的意志，那麼帝國還有什麼意義？」這是我從喬治亞國家安全局官員伊拉克利那裡聽到最挑釁的一句話。這是一位年輕的喬治亞學者和前程似景的政治家，在二〇〇四年阿扎爾危機所說的話。

二〇〇三年十一月所謂的「玫瑰革命」，在具有爭議性的議會選舉之後二十天，群眾抗議導致愛德華．謝瓦爾德納澤總統下臺，米哈伊爾．薩卡什維利無異議當選。薩卡什維利是一位熱情、受過美國教育的激進份子，渴望看到喬治亞融入西方國家政治、經濟，以及軍事組織。喬治亞西南部阿扎爾的地方政府擁有獨特的文化，拒絕承認政府更迭。隨著雙方互相集結武裝力量、政治上叫陣辱罵和脅迫導致暴力蔓延。也許最不祥的徵兆是，莫斯科——對於喬治亞首府伯利西局勢的發展越來越不滿——開始支持阿扎爾政府領袖阿斯蘭．阿巴希澤。喬治亞政府對於阿扎爾進行經濟封鎖，並且在邊境附近舉行了有史以來最大規模的軍演，炸毀了喬洛基河上的兩座主要橋樑，證明足以威脅阿扎爾人邊界封鎖的武裝力量。事實上，阿巴希澤的反抗從內部受到了挑戰，社會大眾抗議，以及軍隊叛逃。二〇〇四年五月，他的政府垮臺：「阿巴希澤逃了！阿扎爾自由了！」薩卡什維利欣喜若狂，因爲他的對手逃往莫斯科。

對於喬治亞國家安全局官員伊拉克利和他的朋友來說，這是一個轉折點。克里姆林宮顯然對喬治亞親西方國家很不滿意，並且已經嘗試煽動少數不滿者的慣用伎倆來營造一座親俄橋頭堡，或是找了只有俄羅斯人才能解決的癥結。事實上，這些一貫伎倆都已經宣告失敗，喬治亞現在可以規劃新的未來，走出莫斯科統治命運的陰影。

雖然莫斯科對於阿扎爾問題感到滿意；伯利西感到非常棘手。伯利西並未正視這個問題，以挽救情勢，儘管如此，阿巴希澤的倒臺確實開始令人擔憂。俄羅斯政府不只是擔心喬治亞新政權，更擔心針對該國兩處更重要的分離地區阿布哈茲以及南奧塞梯的承諾。一方面，俄羅斯慣用的手段是向伯利西施加壓力；另一方面，俄羅斯眞正在意的是這些小國向莫斯科尋求支持，應該要強力捍衛。所以在二〇〇八年八月，俄羅斯總統梅德韋傑夫想要懲戒薩卡什維利直言不諱的親西方國家的立場，並且提醒其他國家，莫斯科不容許「特定權益區域」受到挑戰，俄羅斯人結合了分離的南奧塞梯地區的叛亂份子，向伯利西發動進攻。他們思考計畫，發動了襲擊，薩卡什維利的聲明提供了攻擊的藉口。俄羅斯的一場閃電襲擊戰術，導致喬治亞軍隊在五天內被殲滅。俄羅斯軍隊戲劇性地行軍到伯利西的中途陸續回國。我們不用懷疑，俄羅斯軍隊如入無人之境，可以占領喬治亞首都以及整個國家。

這場短暫的戰爭，不僅表明了俄羅斯在境外使用武力的意願，也暴露了軍隊的弱點。因此讓謝爾久科夫和馬卡羅夫提供了關鍵轉折，努力推動他們的改革計畫。

預兆

自從一七八三年喬治亞和俄羅斯首次簽署《格奧爾基耶夫斯克》條約，正式生效以來，雙方之間產生一種複雜的關係，導致俄羅斯在一八〇〇年吞併了喬治亞。

俄羅斯內戰（一九一八年至一九二一年）的混亂，喬治亞短暫地宣布獨立，直到約瑟夫史達林率領布爾什維克軍隊再度征服。一九九一年，喬治亞再次獨立，但是再次發現自己受到來自莫斯科的壓力，莫斯科採用貿易手段，以及對於分離主義地區的支持做爲抗衡的槓桿，以維護國家主權。喬治亞人口少於四百萬人，與俄羅斯的一．四七億人口相比，這是一場非常不公平的競賽，儘管伯利西經常饑渴地彌補自身缺乏的主體性。

畢竟，喬治亞盛產美酒、美味佳餚以及銅礦；多樣性的種族，產生了領土爭端。喬治亞西海岸的少數族裔阿布哈茲族，甚至在蘇聯解體之前一直在鼓譟反對伯利西的統治。一九九二年，當地武裝份子襲擊了地方首府蘇呼米的政府大樓。喬治亞警察、國民警衛隊，以及準軍事人員回擊，一場激烈的小型戰事爆發了，雙方都觸犯了暴行。俄羅斯以官方中立地位促成了一系列停火協議，但是俄羅斯毫不遮掩對於阿布哈茲族人的支持；對於哥薩克軍人和其他俄羅斯志願軍的介入，提供武器和人道主義救援；針對分裂份子的行動視而不見。一九九三年，俄羅斯還被指控是轟炸蘇呼米的喬治亞軍隊——俄羅斯國防部長格拉喬夫回應，以嘲弄的口吻宣稱，是喬治亞人駕駛塗有俄羅斯軍徽的飛機，自己轟炸自己的陣地。到了一九九三年九月，隨著叛軍重新奪回蘇呼米，戰爭實際上已經結束，阿布哈茲在法律上實際上宣稱獨立——但是這仍然是尚未解決的問題。伯利西拒絕承認其地位，以及在百萬喬治亞人中，約有四分之一人口，因為戰爭以及阿布哈茲人的報復行動而流離失所。

在喬治亞控制的南奧塞梯也出現了類似的軍情。南奧塞梯人是從大高加索山脈旁的俄羅斯北奧塞梯地區分支出來類似的民族。在動盪的一九八〇年代，重新出現了長期不和，以及叛亂跡象。隨著奧塞梯民族主義的興起，一九九〇年，伯利西撤銷了奧塞梯擁有自治權，但是莫斯科介入並宣布緊急狀態。南奧塞梯人明確表示，寧願在莫斯科的領導下與北奧塞梯人統一，並對該地區的喬治亞人對抗。當喬治亞警察在一九九一年一月進入南奧塞梯首府茨欣瓦利，零星暴力繼續存在。俄羅斯斡旋的停火協議導致喬治亞人撤出茨欣瓦利。但是協議破裂了，喬治亞部隊再次混合了警察、民族主義者的民兵，以及新國民警衛隊，在一九九一年，針對茨欣瓦利發動了衝突性的攻擊，以不分青紅皂白的報復行動進行種族清洗，難民湧入了北奧塞梯。

一九九二年六月，《索契協定》帶來了短暫的和平，在俄羅斯、喬治亞，以及奧塞梯軍隊共組聯合維和部隊。南奧塞梯人同樣贏得了實質獨立。在接下來的十年中，協議者難以看到真正和平，南奧塞梯和喬治亞鄰近地區，在混亂中無法維持和平狀態或是解決問題。喬治亞民族主義者——包括總統薩卡什維利——都在持續關注南奧塞梯的自治，甚至可以說是超過阿布哈茲人的關注程度。薩卡什維利認為，這是對於國家主權的侮辱，解決方式將是一場災難。

挑起戰爭

喬治亞總統愛德華・謝瓦爾德納澤（一九九五年至二〇〇三年），對莫斯科採取和解政策，甚至採取行動，阻止叛軍和物資通過潘基西峽谷。潘基西峽谷居住著大量的車臣族人。謝瓦爾德納澤勢力遭到削弱之後，剛好是弗拉基米爾・普丁崛起的時候。俄羅斯採取更加自信的立場，並且考慮了影響範疇。當他在二〇〇三年十一月「玫瑰革命」中下臺，遭到薩卡什維利的革命勢力取代，克里姆林宮都還在懷疑（但是沒有眞正的證據）美國中央情報局介入。並且將其視爲大好時機威嚇喬治亞，而且向其他後蘇聯國家證明——莫斯科回來了。

謝瓦爾德納澤總統相當謹愼，但是薩卡什維利總統信心滿滿，他想挑戰俄羅斯，並且明確表示他看到了，喬治亞如果和西方國家同處北大西洋公約組織下的安全未來。他開始將國防預算增加到該國總收入的百分之九・二的軍事現代化計畫。這對喬治亞國內生產毛額來說，幾乎是北大西洋公約組織建議最低限度的五倍。有鑑於謝瓦爾德納澤派出了一支由醫務人員和突擊隊員組成，加入戰後伊拉克維和部隊的解放行動，薩卡什維利將其擴大爲得到華盛頓青睞的大好機會。到了二〇〇八年，全國共有士兵二千三百人，部署了第一步兵旅，還有一個五百五十人獨立支援聯合國的援助團，以利美國提供培訓和設備的回報。但是這只會提高莫斯科的戒心，懷疑喬治亞只不過是美國支持的傀儡政權。

在惡性循環下，雙方關係不斷惡化。不僅南奧塞梯、阿布哈茲分裂主義者，還有俄羅斯維和人員，都被列爲新國民軍的戰略威脅。到了二〇〇六年，喬治亞國防部長伊拉克利・奧克魯阿什維利表示，如果他無法在二〇〇七年收復茨欣瓦利慶祝二〇〇七年新年，他就辭職。莫斯科加強了情報行動，喬治亞並於二〇〇六年在伯利西公開驅逐了四名聲稱爲俄羅斯情報局工作的俄羅斯人。二〇〇七年，喬治亞甚至聲稱，在阿布哈茲擊落了一架俄羅斯飛機，當然莫斯科否認——即使俄羅斯擊落三架喬治亞，以及以色列製造的赫耳墨斯四五〇型無人機。那一年，喬治亞國會還批准了擴軍計畫，從二萬八千人的兵力增加到三萬二千人的兵力，甚至在二〇〇八年增加到三萬七千人的兵力。民粹主義者薩卡什維利似乎喜歡這種對抗方式。他試圖強化政治資本、指責反對派，宣稱反對派被「俄羅斯特種部隊的高級官員」煽動，從事「骯髒的地緣政治越軌行爲」。

與此同時，儘管北大西洋公約組織在二〇〇八年拒絕提供喬治亞全體動員令計畫的兵力，喬治亞仍然很快的激怒俄羅斯。巴盧耶夫斯基警告說：莫斯科將「採取措施」阻止喬治亞（或其他後蘇聯國家）加入北大西洋公約組織。儘管如此，薩卡什維利從西方國家得到了所有警告，就算是在最壞的情況發生下，他似乎相信喬治亞最後會受到北大西洋公約組織，或是美國的保護。當時擔任美國國務卿康朵麗莎・萊斯回憶說，她私下告訴喬治亞總統米哈伊爾・薩卡什維利要考慮到當時的情況，俄羅斯人會試圖在地面進行攻擊，他不能指望北大西洋公約組織的軍事反應。但是這樣的警告被置若罔聞。不僅薩卡什維利急於恢復對於共和國反叛地區的控制，西方國家在二〇〇八年二月，單方面承認科索沃脫離塞爾維亞，也激怒了俄羅斯。西方國家認爲這是一種危險的徵兆，而且過於偏袒科索沃，因爲，塞爾維亞是俄羅斯的盟友。西方國家開始有一些輿論，大意是，如果西方國家可以將分裂主義地區視爲眞正的國家，那麼他們也可以正式承認阿布哈茲和南奧塞梯獨立——並且確保當地的安全——這只是時間上的問題。此外，喬治亞也負擔不起這些地區防禦的長期支出。薩卡什維利的算計大概是可以採取控制，然後進行突破，以縮小打擊規模。無論採取哪一種方式，很明顯地，喬治亞正計畫採取行動。當時，普丁在技術上將總統之位移交給總理德米特里・梅德韋傑夫，但是從二〇〇六年開始，普丁已經做出了決定，對薩卡什維利採取行動。從二〇〇六年開始，北高加索軍區開始進行精密籌劃，進行大規模的軍事演習，以兵棋推演入侵，並且對最後部隊的集結進行掩護。同時，俄羅斯人將他們在阿布哈茲的維和特遣隊擴充上限爲三千人，包括特種部隊和第七空中突擊師的傘兵。另一方面，俄羅斯似乎忽略了南奧塞梯，因爲眞的發動襲擊時，莫斯科想找個藉口。俄羅斯當然也知道喬治亞想要積極準備自己的攻勢，試圖奪回南奧塞梯；而且，薩卡什維利是個急性子的傢伙。

畢竟，南奧塞梯是個好地方。可以通過洛基隧道穿過大高加索山脈。南奧塞梯叛軍領袖愛德華・寇克艾提，強烈反對喬治亞的統治。喬治亞人在二〇〇四年嘗試收復南奧塞梯，以失敗告終，留下了痛苦的記憶和哀傷。南奧塞梯非正規部隊，慫恿武裝的俄羅斯軍隊跨越有爭議的邊境，攻擊喬治亞平民和政府軍隊。喬治亞軍隊進行還擊，二〇〇八年八月一日，南奧塞梯人開始砲擊喬治亞村莊，完全無視一九九二年的停火協議。其目的顯然是爲了激怒薩卡什維利，採取對付俄羅斯人的策略，並以俄羅斯人可以採取的行動當作有利藉口。經過一週的拉鋸戰，反覆停火和攻擊，到了八月七日，喬治亞軍隊開始砲擊茨欣瓦利，莫斯科發動了戰爭。

邁向喬治亞

喬治亞的軍事計畫，是利用他們的優勢進入南奧塞梯，並且摧毀南奧塞梯部隊的主要戰場，奪取茨欣瓦利，並且封鎖洛基隧道，以及封鎖跨高加索公路，以阻止援軍支援。因爲在那個階段，喬治亞期待著面對來自俄羅斯志願集結的民兵，而不是正規部隊。他們希望在四天內就可以占領主要定居地區，以便可以設立新的地方行政機關以及巡迴警務，將掃蕩職責交給預備役士兵和警察。

因此，第四旅主要占領了茨欣瓦利以西的赫塔古羅維村，第三師則占領了東邊的普里西高地，並與北部的古大提會合，包圍城市。然後軍隊將沿著十號高速公路集結到賈瓦，守住洛基隧道。實際上拿下茨欣瓦利是內政部部隊，由一支陸軍戰車營支援，包括特別軍事任務組和火砲部隊。連同第二梯隊儲備兵力和部署的較小部隊奪取其他城鎮，伯利西總共投下大約一萬二千名士兵和四千名內政部人員進入攻擊。精銳的第一旅，其大部分作戰部隊當時還在伊拉克境內。這是一次非常明智而且準備充分的計畫，但是有一項關鍵弱點：俄羅斯人也有一項計畫。伯利西的假設是，莫斯科如果不是在動武之前採用外交手段，要不然，至少需要幾天時間才能召集正規部隊進行干涉。莫斯科當局除了徵召臨時輕型武裝志願兵的可能之外，無法立即反應解決這種突發事件。伯利西進攻的部隊沒有眞正的防空能力，希望莫斯科面對既成事實，不要干預。

雖然俄國人並不了解薩卡什維利什麼時候會下手，但是很清楚問題的嚴重性。二〇〇八年高加索軍事演習中，俄羅斯留下了兩支第十九機械化步槍師的加強營，離邊境僅三十公里，一直待命著。這表示大約一千五百名士兵，由十四輛T-72B戰車、十六門2S3一五二公釐自走火砲，以及九組BM-21多管火箭發射系統的火箭砲，可以在數小時內部署到南奧塞梯。其他單位，包括傘兵在內，都處於二十四小時待命狀態，同時計畫針對喬治亞的戰略目標進行分散式的空襲。

就在八月七日午夜之前，喬治亞人開始砲擊。茨欣瓦利擁有一百多門迫擊砲、大砲，以及三十門多管火箭發射系統的火箭砲。這些計畫是針對戰略要地進行有效打擊。但是現實要比計畫來得混亂。砲火的發射準確率經常是有問題的，砲彈擊中了俄羅斯維和部隊指揮官康斯坦丁・泰默曼上校的轄區，這是伯利西想要避免的事情。莫斯科立即聲稱這是非法侵略。無論如何，伯利西的部隊已經移動，在八月八日凌晨一點發動拂曉攻擊。一個小時之後，第六九三機械化步槍團的一個營越過邊界，緊隨其後的是第一三五機械化步槍團。他們的任務就是占領，並且控制通往茨欣瓦利的隧道入口，防止俄羅斯地面軍隊進入。

反之，俄羅斯正在動員，第二營正在越過邊界，主要特遣部隊正在前進，包括第四十二、第十九機械化步槍師、第七十六空軍的營戰術組，以及突擊師第一〇四團準備就緒，並且派出了第十、第二十二特種部隊旅。正如在下一章中將要討論的是，俄羅斯人對此進行了兵力部署和兵棋推演，並且準備進軍。但是即使下達的軍事命令，也往往無法像預期的那樣順利清楚。

茨欣瓦利之戰

到了八月八日清晨，喬治亞軍隊已經進入城市的郊區。奧賽梯人可以使用的火砲數量相對較少，但是並沒有放慢速度。儘管阿拉尼亞維和營的北奧塞梯人加入防守陣容，他們也無法阻止城市遭到包圍。與此同時，其他地方的情況也是喜憂參半。喬治亞內政部憲法安全部人員，試圖進入南奧塞梯東部的克瓦伊薩村時遭到攻擊。儘管他們面對的只是一排班兵，他們不得以撤回邊境療傷。事實證明，喬治亞人發動的小型規模的攻擊，相對都是成功的；不過，關鍵問題是拿下茨欣瓦利。

當內政部部隊向城市進軍時，他們遭到俄羅斯維和部隊南軍的砲火襲擊。喬治亞軍隊以砲火還擊，包括三輛T-72戰車進行發射，五名俄羅斯人死亡。其中一輛戰車遭到俄軍肩托式反戰車火箭推進榴彈擊中而失去行動，另外兩輛戰車撤退了。雖然喬治亞軍隊繞過俄羅斯哨所抵達城市的郊區，但是俄羅斯二百五十名士兵仍然是喬治亞軍隊的威脅。喬治亞軍隊繼續砲擊，摧毀了醫療站，到了上午，停車場著火了，俄軍躲到了掩體、地下室，以及鍋爐房中避難。俄羅斯維和部隊南軍遭到喬治亞軍隊包圍。

即使如此，安全部隊仍在努力攻入茨欣瓦利。他們配備了土耳其製造的眼鏡蛇輪式裝甲運兵車，裝備有十二・七公釐機槍，以及四十公釐榴彈發射器，但是缺乏火箭筒、手榴彈，以及燃燒瓶以進行防禦。第四旅第四十一輕步兵營和第四十二輕步兵營，因此分別派往支援火力，而喬治亞的三架小型米爾米-24「雌鹿」武裝直升機，開始準備提供近距離空中支援時，喬治亞再次襲擊，設法突破了城市輕武裝民兵的防禦，抵達了核心總部。南奧塞梯軍隊在安全委員會參謀長阿納托利・巴蘭科維奇將軍的領導下進行集結，堅決抵抗。巴蘭科維奇將軍親自發射了一枚肩托式反戰車火箭推進榴彈，子彈貫穿了一輛戰車的裝甲砲塔，引爆彈匣，並且炸毀車輛；其他兩輛T-72主戰戰車也遭到民兵擊中。

就在大家對於戰情逆轉感到十分意外，來自第三六八攻擊航空團的俄羅斯蘇愷-25攻擊機，出現在茨欣瓦利的天空。在城市西部的杜波瓦亞花園的四十二營，遭到蘇愷-25攻擊機的炸射，超過二十人死亡，其餘的士兵驚慌失措、逃離城市，並丟下了重型裝備，包括三輛戰車。隨著不實消息的傳開，情勢變得更加誇張，包括整個營最後被消滅了。俄軍設法占領了三分之一座城市，喬治亞軍隊開始潰散撤退，而且到了下午三點左右，基本上已放棄了茨欣瓦利。

增援部隊趕赴現場——第二旅轉進回到茨欣瓦利；第五旅的第五十三輕步兵團，是從預備役中抽調出來的部隊。然而，正是需要準備部署了。薩卡什維利總統宣布三小時「人道主義停火」，表面上是爲了讓平民離開城市、準備投降，也是因爲需要籌碼，準備面對這種新的情況。畢竟，俄羅斯人改變了這一切。

俄羅斯的進展

俄羅斯先頭部隊迅速移動，以確保通往茨欣瓦利。大約上午七點，來自第六九三摩托化步兵的部隊，正在通過賈瓦－茨欣瓦利公路上的一座橋時，遭到四架喬治亞蘇愷-25攻擊機的攻擊，但是二五〇〇公斤的炸彈全部沒有命中，並未造成人員傷亡，也沒有炸毀橋樑。但是飛行員回報，喬治亞總參謀部沒有偵查到俄羅斯部隊；俄羅斯先鋒部隊沒有防空砲車，沒有戰鬥機掩護，這些消息傳回伯利西。不過，第四航空集團軍的空中掩護戰鬥機很快抵達南奧塞梯，大約一個小時之後進入空域。這一些小道消息，足以讓喬治亞的蘇愷-25攻擊機隱匿，因爲很容易成爲攻擊目標；相反的，蘇愷-25攻擊機已經疏散藏匿，以減少遭到轟炸的風險。

儘管特種部隊和喬治亞軍隊，可能發生了幾次小型規模衝突，部隊只損失了一輛戰車。BMP-2步兵戰車在古夫提橋上發生故障，只好推倒墜入河中，以讓其餘部隊通過。與此同時，俄羅斯空中武力開始發揮作用。第四十二營遭到攻擊，同時茨欣瓦利的其他政府軍也遭到襲擊。喬治亞蘇愷-25攻擊機和蘇愷-24M型戰鬥轟炸機此時成爲了轟炸的目標，包括瓦里亞尼－伯利西公路邊的哥里鎮基地，以及瓦里亞尼基地。預備役人員也收到了召集令。後來，俄羅斯人也開始襲擊馬內烏利和博爾尼西空軍基地。喬治亞軍隊損失一架飛機、一架蘇愷-25轟炸機，第一天出擊了六十三次之後，遭到友軍火力擊落。

就在薩卡什維利的「停火命令」即將生效之際，第六九三摩托化步兵團的一二二公釐和一五二公釐火砲，以及第二九二聯合砲兵團的BM-21「冰雹」火箭砲，開始準備軍事任務。俄軍開始轟炸喬治亞茨欣瓦利陣地，加速了喬治亞的恐慌。到了傍晚，唯一還在茨欣瓦利城裡堅守的政府軍對抗俄國維和人員的軍隊，就是阻擊部隊。同時，第三旅原本可以扭轉局面的希望也破滅了。俄軍從茨欣瓦利以東的埃列德維村莊，進行了空襲和砲擊包圍戰。

到了第一天晚上，喬治亞在茨欣瓦利城南的攻擊也宣告失敗，伯利西意識到最初只有三千多名俄羅斯軍隊的部隊，相當於喬治亞的一個旅，只不過是先鋒部隊而已。後來俄羅斯贏得壓倒性空中武力的支援。除此之外，持續不斷的增援梯隊開始抵達，包括第一三五摩托化步兵團的偵察連。喬治亞政府部隊開始撤出南奧塞梯，並且解除封鎖俄羅斯的維和部隊。儘管如此，薩卡什維利仍舊不願意承認失敗。到了晚上，除了第一旅仍駐紮在伊拉克，喬治亞軍隊大部分的部隊都已經部署，並且橫越於南奧塞梯邊境上，在暗夜倉促中制定了第二次襲擊計畫。

第十章 二〇〇八年在喬治亞：莫斯科的籌碼

伯利西原本希望在俄羅斯還沒有反應過來之前強行奪取南奧塞梯，但是經過第一天戰鬥失敗之後卻不願認輸。喬治亞政府軍於八月九日撤回，經過第一天的混亂戰鬥之後，開始進行沉穩的軍事部署。入夜之後，短暫的砲擊，在黎明時刻，第二旅規劃進行新一波的攻勢，從俄羅斯人手中奪回了茨欣瓦利以南的赫塔古羅維村；占領了村莊之後，再向北推進到靠近城市的村莊上尼科齊。俄軍第四十一營準備在下午兩點左右進城。喬治亞砲兵仍進行砲擊中。

同時，俄羅斯先遣部隊解除了維和任務。第五十八團司令阿納托利・赫魯廖夫中將率領第一三五摩托化步兵團的兩個連馳援城市，卻沒有感受到喬治亞人即將發起進攻。赫魯廖夫中將的車隊遭到砲火襲擊仍繼續前進，象徵了俄羅斯人從西方揮軍進入茨欣瓦利，像是南方的喬治亞人揮軍進入茨欣瓦利，雙方軍隊不約而同進入城市。雖然喬治亞政府軍撤退了，但是特種作戰部隊第二旅的偵察營攻擊赫魯廖夫中將部隊，赫魯廖夫中將受了重傷。之後，主力部隊隨後相互交戰，喬治亞人以優勢軍力和戰車迫使俄羅斯人退居第二線。俄羅斯的部隊遭到迫擊砲火力的狙擊包圍，快要撐不下去，但是援軍仍在馳援。俄羅斯聯邦武裝力量特種作戰部隊、沃斯托克東方

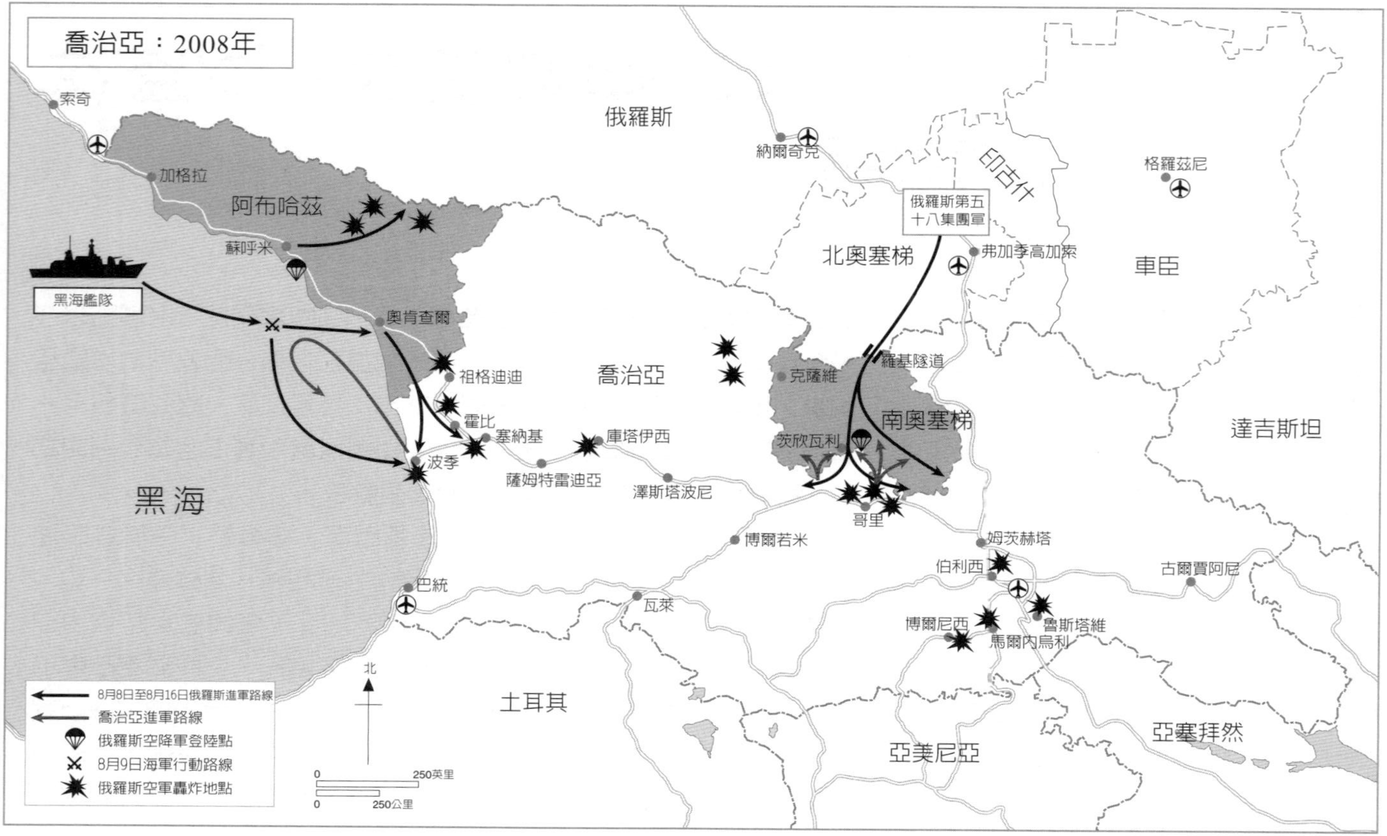
喬治亞：2008年
索奇
加格拉
阿布哈茲
蘇呼米
黑海艦隊
奧肯查爾
祖格迪迪
霍比
塞納基
波季
庫塔伊西
薩姆特雷迪亞
澤斯塔波尼
黑海
巴統
瓦萊
博爾若米
俄羅斯
喬治亞
納爾奇克
印古什
俄羅斯第五十八集團軍
弗加季高加索
北奧塞梯
車臣
格羅茲尼
羅基隧道
克薩維
南奧塞梯
茨欣瓦利
哥里
姆茨赫塔
伯利西
古爾賈阿尼
博爾尼西
馬爾內烏利
魯斯塔維
達吉斯坦
亞塞拜然
亞美尼亞
土耳其
北
0
250英里
0
250公里
8月8日至8月16日俄羅斯進軍路線
喬治亞進軍路線
俄羅斯空降軍登陸點
8月9日海軍行動路線
俄羅斯空軍轟炸地點

旅，以及車臣退伍部隊馳援，以地面和空中武力擊退喬治亞人。雖然俄羅斯砲兵確實遭受了反砲擊火力的攻擊，但是可以依賴前線維和部隊和特種部隊的目標導向開始另一波猛烈的砲火反擊，迫使第四十一營向後撤退。

到了傍晚，喬治亞人再次撤離了這座城市。俄羅斯第五十二航空隊的重型圖波列夫-22M轟炸機、近衛重型轟炸機，繼續在前線轟炸。其中一架轟炸機來自遭到喬治亞人封鎖的庫塔伊，位於西邊的科皮特納里空軍基地，也擊中了位於喬治亞的哥里。雖然俄羅斯那天只飛了二十八架次的飛機，三架飛機損失，另外兩架遭到友軍開火擊落，但是成功地阻止喬治亞人以先發優勢攻擊茨欣瓦利。俄羅斯部隊以SS-21聖甲蟲集束炸彈彈頭導彈，攻擊喬治亞在南奧塞梯西部的部隊。此舉政治目的宣示優於軍事目的的宣示。提醒伯利西，俄羅斯人的影響力不容小覷。雖然砲兵會戰持續到傍晚，第二天的戰爭結果，象徵喬治亞的進軍遭到擊退。這是伯利西絕望之日。其也火速要求美國緊急空運、召回二千位在伊拉克服役的第一旅士兵，再投入戰場。

風水輪流轉

薩卡什維利的博弈失敗了，任何恢復政府對南奧塞梯的控制權已經破滅；相反的，俄羅斯人對於主動權的宣示反而搖擺不定。第二天大約四千五百名軍力增援，包括第四十二摩托化步兵師的新兵、第十九摩托化步兵師第五〇三摩托化步兵團、第七十六空中突擊師的營戰術群、第二十二特種部隊旅，以及十架米爾米-24「雌鹿」武裝直升機，以及第四七八直升機團的米爾米-8攻擊機。大量地面部隊，導致通往茨欣瓦利的道路出現交通堵塞。到了八月十日，這座城市已經牢牢掌握在俄軍手中，戰區內有超過一萬名俄羅斯士兵。

喬治亞軍隊有一些混亂，戰場任務從攻擊面轉移到了防禦面，沿著前線進行壕溝挖掘。伯利西宣布正式結束行動，但是前線的零星砲火仍斷斷續續。俄羅斯在八月十日至八月十一日晚上的空襲行動，摧毀了空軍基地軍用和民用雷達站、瓦解防空系統。俄羅斯進行攻擊，以確保南奧塞梯安全。

爲了擊退喬治亞的政府軍無法繼續占領茨欣瓦利，俄羅斯人集結了旅級的第六九三摩托化步兵團、第七十摩托化步兵團的部隊團，以及第二三四空降突擊團。八月十一日拂曉，部隊出發，儘管遇到了阻力，到了傍晚已經抵達，並且占領了瓦里亞尼村。它位於喬治亞領土邊境十五公里處，這是一處具有戰略意義的重要政府補給基地。喬治亞人在絕望下升起全部六架米爾米-24「雌鹿」武裝直升機，企圖轟炸前進的俄羅斯軍隊。但是直到攻擊機安全返回基地時，只摧毀了兩輛卡車。

俄羅斯人開始在瓦里亞尼周圍挖掘。政府軍預計會遭到俄羅斯軍隊反擊，但是政府軍卻處於恐慌混亂的態勢中。在戰術上，喬治亞人英勇作戰；但是卻沒有培養出能夠勝任的新一代高級軍官，協調、發揮大規模軍事行動的動員能力。此外，政治領導階層未能提前應對發生的危機。薩卡什維利一直在訪問位於喬治亞的哥里，並且遭到下屬蒙蔽。當他看到俄羅斯戰機在頭頂上方時的國家安全簡報細節，他以總統之姿宣布撤軍，在哥里的大量政府軍隊也開始撤退，大部分撤回到伯利西；少數部分軍力撤到庫塔伊西。畢竟俄國人還在增援，兵力增援到一萬四千人。首都的氣氛很低迷：一開始重申政府對於反叛地區的控制像外科摘除手術；但是現在看起來，卻像是一場爲了國家生存的戰爭；喬治亞人爲了贏得國際支持所做的努力遭到網路攻擊而抵銷。新的一波網路攻擊來自於俄羅斯，外交部的網站和電子郵件遭到破壞，薩卡什維利的網站，置換成了阿道夫．希特勒對照的照片。這些指控，似乎直接來自俄羅斯國家機構——克里姆林宮；但是其他的網路攻擊，則來自所謂的以愛國駭客之名義進行策動。

第二天上午，俄國人有條不紊的向哥里進軍，占領制高點。俄軍發射了兩枚正規武裝的伊斯坎德爾SS-26短程彈道導彈，一枚擊中馬內烏利空軍基地，另一枚擊中哥里主要廣場。這裡過去是軍事操練場，但是所有的部隊都已經離開，九名平民被擊中死亡。隨著俄軍的前進，俄國人發現自己奪取了更多廢棄的軍事物資——來自美國製造的M16步槍和大砲當作犒賞獎品。同時，喬治亞第一旅部隊抵達喬治亞伯利西機場。政府軍強化了國際、外交支持，以及其他方式，以防止俄羅斯軍隊即將針對首都發動攻擊。喬治亞軍隊重整旗鼓、堅守陣地，以保衛國土。

事實上，俄羅斯人覺得他們已經表達了自己的觀點。剛過八月十二日中午，梅德韋傑夫總統宣布：「這次行動已經實現了目標，維和人員和平民的安全得到保護，侵略者受到了懲罰，遭受了巨大的損失。」一千五百小時之後，俄羅斯的大砲和空襲雖然已經停止，戰事實際上仍繼續進行。第二天，俄國人占領哥里，哥里遭到政府軍拋棄，但是八月十五日在薩卡什維利，簽署了由法國總統薩科齊斡旋的和平協議之後，第二天由梅德韋傑夫簽署，他們集中精力，退出戰爭。當然，他們並沒有銷毀所有戰爭遺留的憾事。喬治亞軍隊傷亡約二千人——包括一八二名軍人在戰鬥中陣亡，一八八名平民戰死——，但是這次戰事之後的損失，根據統計，軍事物資遭受的破壞超過了戰鬥所造成的破壞。

總而言之，喬治亞損失了數十輛戰車、裝甲運兵車，以及其他車輛——主要是遭到俄國人占領。喬治亞損失了一個遭到忽視的前線：阿布哈茲。

阿布哈茲前線

雖然伯利西的重點一直在南奧塞梯，但是阿布哈茲人和俄羅斯人發現了一個機會。最初，莫斯科和蘇呼米的阿布哈茲首都，一直都充滿了不確定性。薩卡什維利是否計畫採用一石二鳥之計，一次解決，不得而知。第二旅和第五旅以及內政部部隊居於南奧塞梯西部。南奧塞梯本來可以很容易地向東進入阿布哈茲，因此，俄羅斯加強了維和部隊，以及呼籲阿布哈茲人宣布進入緊急狀態的決定。到了八月八日上午，喬治亞人開始行動。與此同時，位於新羅西斯克的俄羅斯第七空降突擊師，位於黑海沿岸更北的地方，奉命調派三個營戰術組，部署到阿布哈茲。到了年底，第一艘登陸艦奉派向南航行，伴隨著兩艘護衛艦米拉日號和蘇茲達萊特號，以及兩艘掃雷艇奉命護送。隨後更爲強大火力之黑海艦隊旗艦莫斯科號導彈巡洋艦，也開始緊急準備軍事任務。後來空降兵部隊的另外四個營也空運來到蘇呼米，其中第七師沿著俄羅斯的一條鐵路，通過當年春天才新建造的鐵路運送過來。

儘管伯利西集中精力處理南奧塞梯，但是莫斯科和蘇呼米都不想浪費這個大好機會。因爲喬治亞海軍規模很小，這是將喬治亞人驅逐出具備戰略意義的科多里峽谷之良機。這是阿布哈茲人一直在與政府爲敵的地方。

爲了達到此一目標，首先俄羅斯人揭開了SS21聖甲蟲戰術彈道飛彈的神祕面紗，在前一年導彈祕密轉移到沿海城鎮奧恰姆奇爾。發射了兩枚裝有集束彈頭的導彈，攻擊喬治亞南部亞波蒂海軍基地，造成了五名水手死亡。主要目的似乎是在破壞船艦，警告巡邏當地的船隻進入前往南方相對安全的巴統基地避難，而不是要對艦隊帶來任何風險。

九日下午，傘兵和海軍陸戰隊登陸到奧恰姆奇拉。莫斯科警告，阿布哈茲海岸線所有航運全部關閉，因為莫斯科號在驅逐艦敏捷號的護送下，從塞瓦斯托波爾起航。四艘喬治亞巡邏艇，以及海岸外的登陸艦，試圖駛往奧恰姆奇拉（事實上港口已經淤塞，所以陸戰隊只能搶灘）。米拉日號用中程反艦導彈攻擊。儘管伯利西予以否認，但是俄羅斯人聲稱有一艘艦艇沉沒了，這可能是武裝海岸警衛隊船艦。

然而，最關鍵的戰役在陸地上。八月十日，俄國傘兵向南穿過阿布哈茲—喬治亞邊界，最初和科多里峽谷軍事任務有關。兩天之後，第四十五獨立空降偵察團——俄羅斯空降兵部隊和特種部隊進入了波蒂港口，喬治亞海軍未戰先降，船隻遭到遺棄。因為當地機組人員預計會有進一步的空襲，所以突擊隊能夠布雷，並且擊沉了六艘海軍和海岸警衛隊船艦，包括最大的伯利西號和狄俄斯庫里亞號快速攻擊艇。雖然這對於南奧塞梯戰役影響不大。儘管對第二旅在塞納基的基地進行了預先襲擊，嚴重擾亂了召集預備役人員的努力；相反的，俄羅斯軍隊付出了額外軍力來支援科多里運動。阿布哈茲人部署了大部分部隊（動員人數約為九千人），由武裝直升機和三架教練機進行空運，並且裝有非自導式火箭彈和炸彈。到了九日下午，俄羅斯部隊已經準備就緒，經過一天的砲擊之後，十日傍晚開始進入峽谷。在同一天，來自第七師的俄羅斯傘兵進入阿布哈茲南部祖格迪迪地區。本區具有戰略優勢，基本上是以不流血方式占領這個地區，然後在第二天又占領了森納基，這是第二旅駐紮的地方，但是基地已經疏散；隨後關閉了北向峽谷的入口。喬治亞警察和士兵遭到圍困，帶著武器離開了峽谷——是俄國人讓他們離開的。次日，阿布哈茲人攻擊峽谷，掃蕩了殘餘抵抗武裝力量。喬治亞內政部副部長埃卡・日古拉澤聲稱，撤回是一種「善意的姿態」。只有兩名喬治亞人和一名阿布哈茲人在戰役中陣亡；但是到了八月十二日，峽谷基本上掌握在蘇呼米手中，這一場小戰役結束了。

結算

八月二十六日，莫斯科正式承認南奧塞梯和阿布哈茲爲獨立國家——這是一項國際社會否認的決定——俄羅斯並攫取了喬治亞五分之一領土劃爲軍事保護地，並且不斷引發更多伯利西的爭端。兩個地區的邊界，現在也由永久性的俄羅斯聯邦安全局邊防部隊哨所監控。俄羅斯在這兩處皆有軍事部署。在阿布哈茲，第七軍位於古達烏塔鄰近基地，由第一三一獨立摩托化步兵旅組建，採用嶄新的T-90A戰車，以及遠程地對空導彈系統，而黑海艦隊也在奧恰姆奇拉外海操作小型巡邏船。在北奧塞梯，第六九三摩托化步兵團第十九摩托化步兵師，以及包括火箭砲在內的其他部隊，成爲第四軍的基礎基地。

俄羅斯人回報的死亡人數不超過七十四人（這個數字是矛盾的，有些人還低估少於六十人），喬治亞人戰死數量超過兩倍，還有大量物資損耗——包括美國提供的悍馬車——以及損失海軍艦艇。莫斯科展現了精悍的武力，以懲罰未能遵守規定的鄰國。

不出所料，薩卡什維利先勝後敗，聲稱俄羅斯第五十八集團軍，實際上遭到喬治亞第四旅所擊潰。他錯了。莫斯科並沒有爲自己的勝利而歡欣鼓舞。俄羅斯贏得了和鄰國的戰爭，這個鄰國國家面積僅俄羅斯的二十分之一。俄羅斯堅持有限和可以實現的目標，不足爲奇；相反的，俄羅斯總參謀部很清楚的是，俄羅斯沒有達成應該達到的目標。

整體工作遠遠沒有達到應該有的協調程度。俄國人早就知道喬治亞人會動手，但是不知道確切的時間，卻發生了。總參謀部的主要作戰指揮部主要計畫和機構組織行動，實際上是在辦公室策畫。謝爾久科夫一直懷疑，主要作戰指揮部的前任負責人亞歷山大・魯克辛上將，他覺得他和總參謀長巴盧耶夫斯基太親近了，無法解職。他對主要作戰指揮部很感冒。在六月魯克辛下臺之後，他挑選了一位接班人。更糟糕的是，他將百分之四十的預算削減額度，推向了主要作戰指揮部。雪上加霜的是，這迫使主要作戰指揮部搬到了較小的辦公室。當喬治亞軍隊開始移動時，主要作戰指揮部的大部分文件被鎖在安全的箱子中，包裝在十二輛卡瑪斯卡車上，加上舊辦公室的賽斯安全保密電話被切斷了，而他們新的保密電話還沒有接上。

突然間，最高機密的軍事命令必須通過民用手機傳輸。參謀長馬卡羅夫被指控，忘了下令空軍配合地面部隊同時移動、延遲交辦任務。這就可以解釋爲什麼第一次遠征部隊沒有空中掩護。此外，空軍總參謀長亞歷山大・澤林通過辦公室電話，下令決定空軍出征，而非由戰事中逕自決定。對莫斯科來說，夠幸運的是，主要作戰指揮部決定行動計畫確實早已開展。主要是由北高加索戰區指揮官謝爾蓋・馬卡羅夫上將，以及第五十八集團軍指揮官中將阿納托利・赫魯廖夫等能幹、進取，以及經驗豐富的將領，願意主動請纓出征。

不過，值得注意的是，謝爾久科夫和總參謀部官員，並沒有因爲這場混亂而吃到苦頭，因爲俄羅斯確實贏得了戰爭，但是因爲效率低落遭到指責。例如馬卡羅夫嚴厲指責適合指揮人員的問題：

為了找一位中校、上校軍銜的指揮官，或是一位指揮軍隊的幹練將領，其實有必要面試武裝部隊中的菁英。因爲坐在辦公室內的軍中幕僚，根本無法解決五日戰爭期間出現的問題；當你眞的派遣這些幕僚出兵，他們簡直是一頭霧水。有些指揮官，甚至拒絕執行分派的任務。

當然這番談話並不中肯，但是也是並非完全不對。在這一場戰爭中，單位之間的合作往往不和諧，因此，特別容易遭到喬治亞的伏擊和反抗。例如讓赫魯廖夫陷入困境，並且嚴重受傷的那次事件。這種缺乏協調的場景，往往反映了無法即時通訊的缺陷。例如有時赫魯廖夫甚至不得不向記者借用衛星電話來發號施令。地面部隊發現他們無法與上空的機組人員對談，進行協同戰爭。例如首次蘇愷-25型對地攻擊機遭到擊落，是由於俄羅斯人在八月八日晚上使用肩扛式地對空導彈進行攻擊。因爲地面部隊沒有得到告知，他們現在由友軍進行空中掩護，而錯認爲這是一場喬治亞發動的襲擊。總而言之，俄羅斯在戰爭中損失的六架飛機中，三架蘇愷-25型對地攻擊機、兩架蘇愷-24M型戰鬥轟炸機，以及一架圖波列夫-22M3轟炸機遭到擊落，一半是由於誤傷（還有兩架直升機遭到損失，是由於邊防部隊米爾米-8直升機，在八月十六日夜間降落，誤擊地面上的M-24戰車）。

有什麼重大戰果嗎？

俄羅斯通訊系統存在嚴重的故障問題。五十八軍多輛錙汽，甚至從未抵達到南奧塞梯，因爲在地面無法啓動，或是因爲拋錨損壞。雖然部署的T-72M戰車，在理論上是屬於先進的反應裝甲車，能夠對抗單兵所攜帶的反戰車武器。實際上戰車裝有炸藥，用於干擾來襲反戰車武器彈頭的裝塡藥，通常是空的；一半投擲在科皮特納里和塞納基機場的炸彈沒有爆炸。這些抱怨眞的很多。

例如雖然在車臣上空的使用有限，但是喬治亞戰爭見證了雅科夫列夫公司研發的首次眞正作戰使用的大黃蜂無人機。這是最早在蘇聯時代後期開發的武器，只有在一九九七年服役使用。這是由火箭從發射坡道助推，可以逗留空中長達兩個小時，無人機前端裝有攝影鏡頭和熱像儀，可以從即時影片串流媒體傳回即時視訊。過去在車臣戰爭中曾經使用，成果不斐，但是因爲無人機中的二衝程雙缸活塞引擎發動機噪音太大，同時也飛得不高，容易受到車臣山區高速側風的影響。當年飛行了八架次戰鬥機次，其中兩架無人機遭到叛軍的防空火力所擊落。本次研發較新的大黃蜂無人機，專門用於空降兵部隊。然而，無人機顯然未能打動傘兵指揮官上校瓦列里・亞赫諾韋茨，他負責大黃蜂在喬治亞的現場測試。他說：「第一架無人機墜毀在地上，幾乎沒有採取降落模式。第二架傳回不甚清晰的畫面，以至於隊員甚至無法辨識我軍的裝甲運兵車縱隊。當無人機飛行得很低時，似乎可以用彈弓擊落它，而且像裝甲運兵車一樣咆哮。」簡而言之，在他看來：「其有效性等於零，空降部隊不需要它。」

後來，俄羅斯無人機證明有效，並且普遍受到歡迎，但是在第一次首次亮相證明是一場災難，迫使軍方認定哪些是有效戰鬥，哪些是無效戰鬥。所以是訓練的一種失敗。

雖然大部分部署在喬治亞的是專業部隊，通常表現的作戰技能比傭兵更糟。在喬治亞戰爭中，俄羅斯軍隊傷亡人數，因爲道路交通事故，和其他砲兵擊中的事故一樣多。不僅是飛機遭到俄國友軍火力擊落，而且還有一些軍紀事件，是由於俄羅斯部隊彼此之間因爲溝通不良所導致。的確，說到軍中紀律，某些單位耗盡了全部基本配給彈藥，僅需要十二小時，軍中補給也很隨便；在某些情況下，必須從危險中迅速抽離。在戰鬥中，許多不慎會造成災難性的後果。戰車排的指揮官，承認拋棄了兩輛T-72戰車在上尼科齊，因爲：「我們的彈藥用完了，他們用榴彈砲發射器包圍我們。」

簡而言之，對於一位長久以來想要嚴管部隊的長官來說，這些問題都迫使總參謀長謝爾久科夫需要採取痛苦的改革方式，這需要俄羅斯面臨下一場戰爭時才能進行改革。

第十一章 軍隊新貌

每個循環世代中，紐約就像倫敦，這是世人都認定的國際大城市。我剛搬到紐約，在紐約大學任職期間，曾經在二〇一〇年造訪莫斯科。那時我有幸受到邀請，待在一家還算豪華的上西區酒店酒吧。那是二〇一〇年十月，正好軍隊新風貌計畫公開了兩年。這個計畫細節本身並不太耀眼，因爲俄羅斯軍隊改革多年已廣爲人知。部隊改革的縮編，需要透過領導人的意志和能力，這是俄羅斯最缺乏的。

軍隊規模需要繼續精簡，而且增加專業募兵的比例。與此同時，蕪蔓龐雜且頭重腳輕的軍官隊伍遭到精簡，尤其是師級軍隊結構，削減到萬人以下，以六千人爲戰鬥旅規劃爲基本的單位。這一種想法是創造一支靈活的部隊，以適應未來局部戰爭和境外干預；未來的火力，將更接近原有師級的火力。不過，多虧了採取這一項重大的現代化計畫，這項計畫將在二〇二〇年之前迫使百分之七十的武器系統，達到現代化軍規和控制的標準，以確保在最大限度內靈活運用。這也可以減少常備軍承擔繁重的軍務——理論上，百分之二十整編軍隊，實際上更像是百分之十二到百分之十五的軍隊——所有旅部都達到了這個標準。

這是一個雄心勃勃的計畫，同時在驗收成果時也是一項痛苦的改革計畫。歷史最悠久的戰鬥部門可以追溯到偉大的衛國戰爭。之後將要被劃分，或縮小爲旅級單位。上級命令兩百位將領退伍，精簡二十萬五千名軍官職缺：也就是說，從二〇〇八年現有的三十六萬五千名位軍官職缺（一百一十三萬軍人當中，有三分之一的人員是軍官），到了二〇一二年，僅爲十四萬二千名軍官職缺（裁編部隊精簡在百萬以下，六分之一或七分之一的人爲軍官）。六十五所軍校，合理化精簡爲十座培訓中心。汰換陳舊的彈藥庫存——包括用於二次世界大戰時期的T-34戰車——除役並且銷毀，減少後備清點的冗員兵力。

坦白地說，在酒吧中，許多人都抱著懷疑的態度。他們以前都聽說過，不相信總參謀部會堅持到底，也許他們也更願意認爲俄羅斯軍隊仍將是一頭龐大臃腫的大灰熊。不過，酒吧中有一位精明清醒的人，他是一位資深武官，和俄羅斯高階軍官的關係良好，他了解軍官特質，而不是士兵特質。這一位老兄警告他的酒友，不要太自以爲是了。「這一次，壓力來自高層以及基層軍官。我認識的校級軍官，從少校到上校們，他們厭倦了二十年的衰退。他們已經準備好了——他們會讓我們大吃一驚。」他嚥下了最後一口酒之後說：「我們不會喜歡的。」

指揮控制：統一戰鬥管理

在改革系統的最頂端，馬卡羅夫領導的軍區體制改革的主要內容，是基於前任巴卡列夫斯基的規劃（實際上可以追溯到一九九〇年代，但是就像那十年的許多其他計畫一樣，從來沒有眞正落實）。蘇聯時期的舊法是因應當代戰爭，大軍區實際上會分成野戰部隊和後勤部隊兩種單位。野戰部隊赴往前線，參與軍區指揮官的指揮作戰；軍區的其餘部隊，將駐守在副指揮官下，進行後勤組織負責維持後方的安全，以及後備補給，以支援前線。承平時期的大軍區是隸屬於總司令部，一旦戰爭開始，前線將直接隸屬總參謀部。另一方面，海軍總司令部在很大程度上將繼續控制戰爭中的艦隊，各種空軍軍種都有自己的艦隊，甚至更多複雜的從屬關係。

這是一種不合時宜的東西。伊凡諾夫和巴盧耶夫斯基，都試圖嘗試解決這一種結構，認爲這是一種效率低，而且不符合新時代戰爭需要的結構。陸軍、空軍，以及海軍部隊，必須以前所未有的方式協同作戰。儘管如此，改革宣言並沒有眞正帶來任何的改變。二〇〇〇年代初期，這是一種長期存在的問題，並且總是有其他優先事項淩駕這一項變革。不過，在馬卡羅夫的領導下，巴盧耶夫斯基建議修改後的改革計畫被採納，現有的六個軍區，以及加里寧格勒特區，重劃爲四個新的軍區。

新的組織圖確實具有眞正的意義，因爲這些新的軍區是眞正的聯合作戰司令部，在戰時擁有更大的權力，直接控制來自於空中、陸地，以及海上武裝力量，整編成爲作戰戰略司令部，以取消與前線和軍區之間的舊式劃分，並且還可控制其軍事任務區內的其他軍事化部隊，例如邊境和內政部隊。

西部軍區合併前莫斯科和列寧格勒地區，近衛戰車第一軍團、紅旗第六集團軍、近衛紅旗第二十集團軍、波羅的海艦隊、北方艦隊，以及包括新的作戰戰略航空航天防禦司令部。這個司令部還包括位於加里寧格勒，擁有十萬人的特遣部隊：第十八近衛摩托化步兵旅、第七獨立摩托化步兵旅，以及第三三六近衛海軍陸戰隊旅。

南部軍區，總部設在頓河畔羅斯托夫，控制第四十八和四十九集團軍、黑海艦隊，以及裏海艦隊，並包括亞美尼亞第一〇二基地。其雙重目標是保衛亞美尼亞和俄羅斯領空，並維護莫斯科

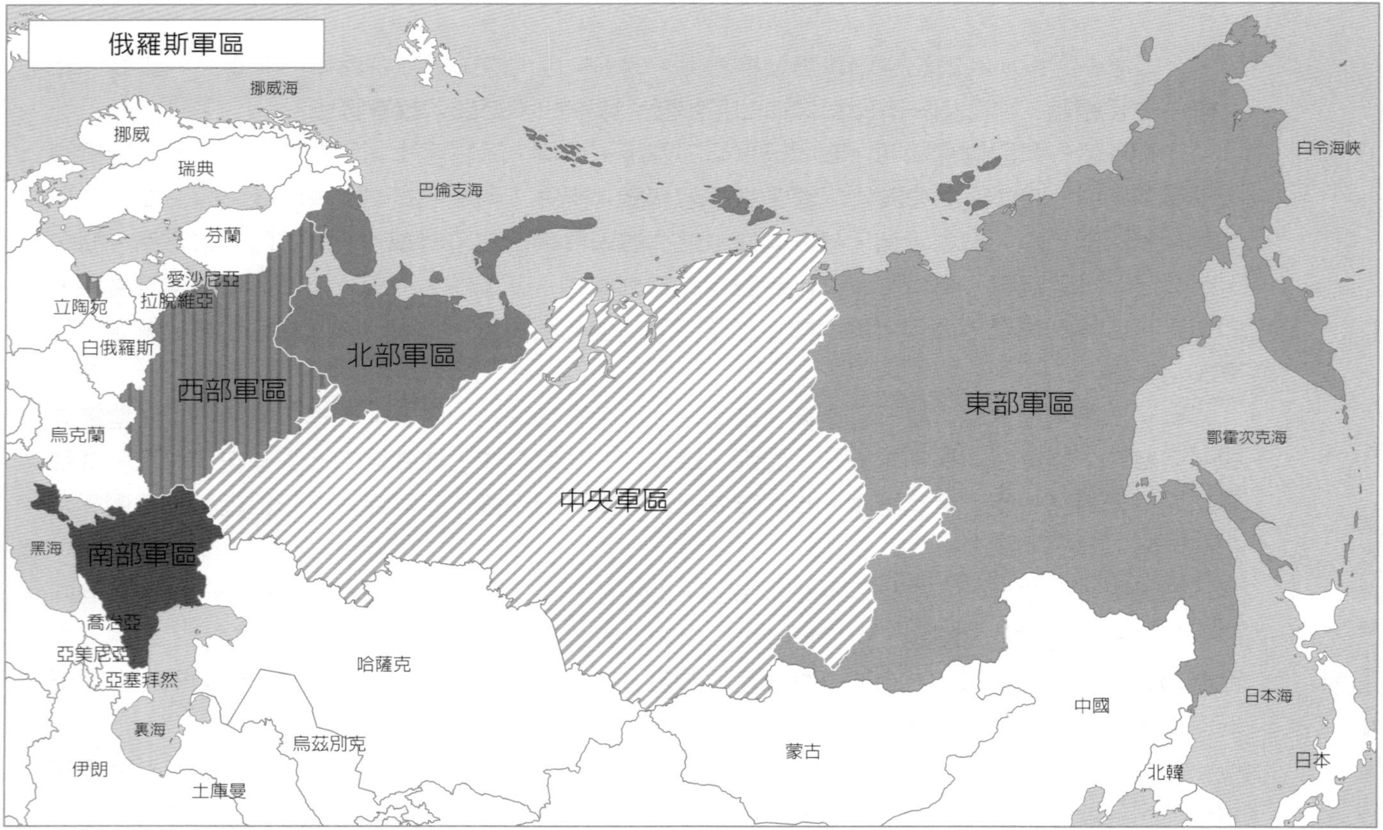
俄羅斯軍區
挪威海
挪威
瑞典
芬蘭
愛沙尼亞
拉脫維亞
立陶宛
白俄羅斯
烏克蘭
黑海
喬治亞
亞美尼亞
亞塞拜然
裏海
伊朗
土庫曼
烏茲別克
哈薩克
蒙古
中國
北韓
日本
日本海
鄂霍次克海
白令海峽
巴倫支海
西部軍區
北部軍區
南部軍區
中央軍區
東部軍區

在高加索的武力。

中央軍區，橫跨烏拉爾山脈和西部西伯利亞的大片廣袤地區，包括近衛紅旗第二集團軍和第四十一集團軍。總部位於葉卡捷琳堡，中央軍區控制著塔吉克第二〇一軍事基地。這是一支旅級武裝力量，其作用是協防保衛塔吉克及其政權，防止來自阿富汗的叛亂或入侵事件，以及派遣小型規模的吉爾吉斯斯坦康德空軍基地特遣隊。

東部軍區，控制不僅是太平洋艦隊，還有紅旗第五集團軍、第三十五集團軍，以及第二十九集團軍和第三十六集團軍。雖然總體而言，聽起來令人印象深刻。東部軍區被認爲是一處遙遠而且閉塞之區，因爲其主要潛在的敵人是中國。儘管總參謀部繼續更新其東南側翼正規陸戰的應變計畫，如後所述。隨著中國軍隊繼續現代化，正規演習經常被認爲是徒勞無功的項目。東部軍區總部設在中國邊境的哈巴羅夫斯克，其坐落在難以防禦的陸地邊界，並且依賴兩條主要鐵路線，很容易遭到阻絕。實際上，任何此類衝突，都會迅速升級爲使用戰術核子武器。

二〇一四年增加了第五個北方或北極司令部。不尋常的是，這不是一種軍區概念，因爲主要負責海洋和空域防衛建立在北方艦隊的基礎上，並且附加空軍。然而，北方司令部也部署了軍隊，包括兩個專門的北極機械化旅，最初是駐紮在佩琴加的第二〇〇獨立摩托化步兵旅。到了二〇一五年，成立這個新司令部之後，莫斯科很明顯可以動員八萬名士兵的部隊，登陸北極進行演習。至於主要軍種司令部——海軍、陸軍，以及空軍——雖然了解過去如何參戰，但是未來期望專注於戰術、裝備，以及訓練上。簡而言之，總參謀部將提供宏偉的規劃，軍區將在實地操演實施這些計畫，而主要司令部則確保擁有完成操演所需的一切。相形下，戰略火箭軍保留了核心戰力，即使從十二處縮減到八處導彈師；太空部隊從七處減少到六處部隊；儘管在部署中，強調沒有實際削減他們的權力，只是行政改組。

摩托化步兵旅

儘管因此和過去形成相當大的差異，典型的摩托化步兵旅將由三千八百名軍官進行編制，特別是對於特定任務的旅編組，例如為北極配置的第二〇〇摩托化步兵旅，以及第八近衛山地摩托化步兵旅，以及戰車旅，下轄三個戰車營和一個摩托化步兵營；相反的，縮編為三千人的機構人力。

- 一處旅總部和指揮連
- 一處偵察連
- 一處狙擊排
- 一處電子戰連
- 一處戰車營（四個戰車連）
- 三處摩托化步兵營（每個營有三個連和一個迫擊砲連）
- 一處自走砲營（每個營三個連）
- 一處火箭營（三個多管火箭砲兵連）
- 一處反戰車營（二個反戰車導彈連，一個反戰車砲兵連）

- 二個防空營（一個配備三個AA導彈連，一個配備2 AA導彈和1 AA砲兵連）
- 一處工兵營
- 一處維修營
- 一處信號營
- 一處物資支援營
- 一處醫療公司
- 一處核生化公司

地面部隊：從師部到旅部

儘管軍方大聲疾呼，改革還是先進行了。在此之前，地面部隊正式部署了二十四個師（包括三輛戰車、五輛機槍火砲、十六輛摩托化步兵），以及十二處獨立旅和兩個基地，作爲常備特遣部隊。這在亞美尼亞和塔吉克是眾所周知的。但是實際上，只有五處摩托化步兵師和一處戰車師可能眞的接近實際戰力，其他基本上只是待命的備役人員。即使如此，後備動員系統還是一片混亂；紀錄遺失，大多數應徵者沒有履行定期進修培訓的職責。即使有三個月的動員時間，這還算是樂觀的——官方估計還有九個師可以部署，仍然遠低於官方總數。即使這是一種象徵性的行動，第一個裁編的師是第二近衛師，這是莫斯科菁英部隊之一，隸屬宮廷守衛單位，其原有榮釁歸建於第五近衛獨立摩托化步兵旅，而其他單位納入新籌備的第八近衛摩托化步槍旅。與此同時，陸軍二十四個師級單位中只有一個師還繼續存在。第十八機槍砲兵師，是一處守衛遠東千島群島的防禦陣地，取而代之的是四十四處派遣旅：四處戰車旅、四處空中突擊旅、三十五處摩托化步兵旅，以及一處掩護旅（見第二十七章）。還有四十一個支援旅：二十二處導彈旅和砲兵旅、九處防空旅、一處電子戰旅，以及九處信號旅。這一種過渡並非毫無挑戰。二〇一二年，大部分戰鬥旅的兵力仍然不足百分之二十至百分之三十。四十四處戰鬥旅當中，只有十七個旅是全員配備。不過，這會隨著時間而改變，也終將提供機會淘汰許多過時的設備，包括大約兩萬輛過時的戰車。塔吉克第二〇一軍事基地仍保持目前的形式，因爲基本上已經達到了旅級的編制（直到二〇〇四年，一直是第二〇一摩托化步兵師）。第二〇一軍事基地，包括第九十二摩托化步兵團、第一四九近衛摩托化步兵團，以及第一九一派遣步兵團。除此之外，還有兩個外國基地：亞美尼亞第一〇二軍事基地。第一〇二軍事基地於二〇一〇年成立，原爲第七十三獨立摩托化步兵旅。一九九五年原名十四集團軍轄下之旅部，更名爲德涅斯特河沿岸俄羅斯作戰旅。從那時之後，部隊縮編到接近一個衛戍指揮團的規模，包括第八十二和一一三團獨立摩托化步兵營，以及第五四〇獨立步兵營，總共官兵約一千五百人。

空軍：合理化規模

因爲陸軍縮編，空軍改革基本上與層峰整編有關。空軍改革涉及二〇一一年航空航天防禦部隊的籌建，匯集預警和空間監視資源，圍繞著Don-2N莫斯科反彈道導彈系統的管理雷達站，以及六十八座發射器、格洛納斯全球定位衛星，以及普列謝茨克航天發射場——這是一座位於阿爾漢格爾斯克州北部的航天發射場。二〇一五年與空軍合併，成爲航天太空軍。

與此同時，新的作戰戰略航空航天防禦系統司令部，由前空軍特戰司令部組成。這實際上是莫斯科的空中掩護部隊，主要由第十六航空軍組成，其中包括前線作戰單位，以及第二三七近衛航空技術示範中心組成，總部設在首都西部庫賓卡空軍基地，還有圍繞功能強大的S-400「凱旋」式防空飛彈系統建構的防空系統。兩個專門的空軍，憑藉自己的武裝力量被重新指派爲司令部：第三十七航空隊成爲遠程航空司令部，以及第六十一軍事運輸航空司令部。

其他四處航空軍，直接併入新的軍區上：舊的第六航空軍，成爲第一空軍和西部軍區的防空部隊司令部；舊的第十一航空軍，成爲第二空軍和東部軍區司令部的防空部隊；舊的第十四航空軍、中央軍區第三防空司令部、第四航空軍、第五航空軍的部隊司令部，併入南部軍區第四航空防空司令部；舊的防空師和軍團，重組爲十三個航空航天防禦旅，納入軍區，以及戰略航空航天防禦系統司令部。

總體來說，空軍經歷了其他軍種同樣的精實案，削減了實際空軍基地中不存在、怠飛，或是虛構番號的單位，等待神話性的未來動員。原有二四二座基地，將只剩下五十二座基地，紙上基地有三四〇座單位，將削減爲僅有一八〇座單位。同樣的，師級結構遭到廢除，僅將野戰指揮部轉移到空軍基地；而空軍基地又隸屬於七個新的航空司令部。關鍵問題是，更加強調精實制彈藥和平臺——以及強化訓練有素的飛行員——藉以部署。這是從兩次車臣戰爭，以及依據觀察西方國家在中東和巴爾幹半島的行動，而整併的精實案。與此同時，莫斯科當局對於西方國家大規模空襲的隱憂不斷。俄羅斯當局認爲，爲了防禦大規模導彈航空攻擊，需要靠俄羅斯航天防禦部隊等新思維的籌設觀點，才能在空中閃電戰中倖存下來。

海軍：終於整合了

至於海軍，同樣面臨大幅削減，從二四〇艘軍艦減少到一二三艘軍艦，包括軍艦和潛艇，但是又以現代化爲圭臬。大多數艦艇的船員都不適合或不足以航海，但是海軍的目標是確保必要維修和保養的範疇，所有剩餘的船艦都是可以操作的。海軍訂定一個雄心勃勃的採購計畫購買新艦，需要購買一百艘（如果從來沒有建造過，更不用說下海服役）。到了二〇二〇年，尤其是潛艇和小型的通用型船艦，其中包括三十五艘護衛艦、十五艘巡防艦，以及二十艘潛艇。

與此同時，四支艦隊隸屬於新的、更大的軍區。有人擔心這會讓他們處於地面部隊的主導地位，在實際狀況中，正如稍後所討論的，俄羅斯海軍可以保證其軍種地位，能夠眞正獨立自主作戰。俄羅斯海軍長期以來一直遭到質疑武力縮編，僅爲一支偶爾出來示威的海防部隊。此外，整編是爲爭取更高聲望和實質外交利益，進行境外軍事任務。與地面部隊結合，可以更緊密強化海軍戰力。

海軍陸戰隊經歷了相當多的縮編歷程，部分反映了對縮編程度的認識。俄羅斯歷經兩次車臣戰爭，遠離任何海域，但是仍然需要精銳步兵。太平洋艦隊第五十五師，長期以來兵力未達到師級的實力，成立了第一五五獨立海軍陸戰隊旅（其主要派遣單位是第五十九獨立海軍陸戰隊營、第四十七獨立海軍陸戰隊空中突擊營），以及北方艦隊第六十一獨立海軍陸戰隊旅，成爲一個團

（僅在二〇一四年恢復爲一個旅）。雖然裏海艦隊的第七十七旅另外一支幽靈部隊遭到解散；黑海艦隊第八一〇獨立團，實際上擴充爲一個旅（一九九八年縮編）。這在一定程度上，反映了裏海艦隊，需要提升其海戰的新責任。

空降軍：生存

這種對於菁英投入戰場的持續努力，由志願役士兵進行配備，形成了空降部隊主力。是否要將俄羅斯空降軍提升爲獨立司令部，在總參謀部和國防部展開了曠日廢時的爭吵。提升爲司令部，是否是一種耗費不貲，且營運脆弱之舉？甚至三萬五千名傘兵，是否需要整合到正規軍區的地面部隊中會更有用？但是最後，總參謀部更喜歡將獨立的空降部隊當作自己的戰略資源，空降軍遊說團形成了「阿爾巴特」軍區，形成了廣泛的政治圈子，以進行打理。

因此，雖然最初的決定是以蠶食空降兵部隊的四個空特部，以現有師部重組成七到八個空中突擊旅，這些改革行動沒有納入優先考慮。二〇〇九年，精明幹練的弗拉基米爾・沙馬諾夫中將任命爲空降軍指揮官，當時提議的削減計畫實際上變成了擴張計畫，決議每個軍區都有自己獨立的空降旅作爲快速打擊部隊；而俄羅斯空降兵部隊則保留其師，其中五個營完全由空降部隊組成，以提供一支可以部署到國外的快速戰備部隊。然而事實證明，這比預期還要困難，尤其是因爲傘兵發現自己和其他軍種競爭志願役士兵報名。根據沙馬諾夫的說法，截至二〇一一年中旬，空降軍尚未準備就緒，甚至專業部隊比改革之前還要低，僅有百分之三十一的部隊爲專業部隊；快速準備部隊只有百分之七十爲簽訂合同的兵員。其規劃目標是確保至少一半空降兵部隊都是專業的士兵，這需要數年時間進行規劃。連同俄羅斯特種部隊（他們有自己的政治鬥爭——見第二十三章），將仍然是俄羅斯在未來戰場上的神兵利盾。

毫無疑問，改革創造了一個更精簡、更精實，以及反應更為靈敏的軍隊。例如在二〇一四年，俄羅斯人能夠在七天內向烏克蘭邊境部署大約四萬名士兵，開始干涉頓巴斯東南部的地區；一九九九年在車臣，動員類似的人員花費了將近三倍的時間。問題是，克里姆林宮要做什麼？要如何做？正如那位資深武官所預料的那樣，成功地重新武裝俄羅斯，將會證明是個令人難受的鄰邦，將在鄰國和西方國家掀起爭端，形成棘手的政策挑戰。

第三部

新冷戰時期

第十二章 重建者蕭依古

五月九日的勝利日遊行，已經成爲普丁政權聖日中最神聖的日子。贏家不僅是總統，還有精心管理的凱旋主義，以及軍事選秀大賽獲勝者。二〇一五年，國防部長謝爾蓋・蕭依古經過救世主斯巴斯克塔進入紅色廣場。在入口處，他的車停了下來，他故意將手在上半身劃成十字形。這是電視轉播他政治時刻的明顯例子；這是他和俄羅斯東正教教堂，以及該國的歷史和傳統保持一致的象徵。這種象徵彷彿回到沙皇時代——畢竟這種象徵現今早已停滯。脫下帽子，並且表現出對於大門上方安裝的標誌展現崇敬之意。過去沙皇也這樣做，傳說是拿破崙即使統治了這座城市，但是一天，突然的一陣狂風從他的頭上掠去，吹走了帽子。

蕭依古是俄羅斯政治體系中的大野獸之一。他是精明的政治家，儘管他出生於遙遠的西伯利亞地區，當地人仍然在很大程度上信仰佛教形式的圖瓦宗教，蕭依古依然贏得了廣泛而熱情的大眾支持——至少在二〇二二年入侵烏克蘭之前。有人說他成爲西伯利亞聯邦地區總督，他來自於西伯利亞，他也可能繼任爲未來的總理，或是悄悄的當上總統。在某種程度上，這要歸功於他對於改革過程能力之展現。甚至在謝爾久科夫之後任期期間，在他完全接受領袖意志毫不懷疑地執行之後，現在的問題只是：他還能做多久的好好先生？

謝爾蓋・蕭依古是誰？

畢竟，蕭依古已經展示了他的圓滑技能，能夠在這種肉食者競爭的政治體系攀升，而且沒有樹立敵人；並且以業務術語來說，成為一種周轉經理，服務於功能失調的機構，並且調和鼎鼐。軍方需要他所有的才華。歷經喬治亞戰爭，多年來謝爾久科夫戲劇性，而且遭到軍方將領抵制的改革之後出現了蕭依古。不過，他平凡無奇。蕭依古出生於一九五五年，是圖瓦人父親和烏克蘭母親的俄羅斯血胤。蕭依古是一位具有運動和冒險天分的男孩，他的冒險熱情，包括在葉尼塞河表演跳冰，然後浮出水面之舉，為他贏得了「撒旦」的綽號。他也是一位好學生，並畢業於土木工程學系。十年之後，他在建築業工作，成為共產黨的小組組織者。然後在一九九〇年任命為俄羅斯聯邦建築與工程委員會副主席。這意味著他需要搬到莫斯科負責建物預算，當時政府一團混亂、國家面臨崩潰。

儘管如此，蕭依古處於危機中並盡力工作，迅速獲得領導的賞賜。一九九一年，他擔任搜救軍團團長，負責搜索和民防營救。俄羅斯搜救軍團臭名昭著且效率低下，號稱貪污腐敗之團，看起來像是職業生涯的死胡同，特別是蕭依古需要負責拯救國家所有的災難。他做了必要的部門重組，成立俄羅斯緊急情況部。在一九九四年，他引入了審計制度以打擊貪污；並引入新穎的制服，帶來前所未有的集體榮譽。

與此同時，蕭依古本人強調從不迴避災難營救，從一九九五年摧毀石油小鎮薩哈林島的涅夫捷戈爾斯克的地震，半數以上的居民罹難；二〇〇一年符拉迪沃斯托克航空三五二號班機降落在伊爾庫茨克時墜毀。他沒有成爲痛苦的化身，而是成爲撫慰人心的象徵。他安慰失去親人的家屬、協調救援行動，並且向媒體通報情況。他知道如何玩弄幕後花絮，並且看到軍團擴充爲部會的官僚遊戲。因此，他在改組之後擔任部長，並在二〇〇一年將俄羅斯國家消防局從內政部移出，隸屬於緊急情況部。他也證明了他知道如何經營機構，當他在二〇一二年續任時，他已經打造緊急情況部成爲俄羅斯最有效率，甚至最廉潔的國家機構之一。

這一切都沒有逃過克里姆林宮的目光。一九九九年，蕭依古被任命爲俄羅斯英雄，但是更重要的是，他被任命爲團結的關鍵人物。普丁正在成立的新政黨，實際上提供了即將成爲總統的普丁權力基礎。鮑里斯・葉爾欽給他打電話，稱爲：「我們最偉大的明星。」這是利用他的知名度的明顯企圖，但是他接受了，並在二〇〇一年將統一與祖國全俄運動合併爲「統一俄羅斯黨」，這仍然是普丁政治秩序下的基礎。

儘管如此，蕭依古顯然對於選舉政治不特別感到興趣。並且意識到，在蒼穹下只有一位「明星」的空間；相反的，他著手與普丁建立關係，送給其愛狗的總統一隻黑色拉布拉多犬，喚做「科尼」。有人說，科尼是普丁最喜歡的狗，這也證明了這是一種心理武器。二〇〇七年，普丁讓拉布拉多犬科尼認識了同樣出名的怕狗人士，前來俄羅斯參加峰會的德國總理安格拉・默克爾。身爲敏銳而積極進取的冰棍球運動員，蕭依古成爲總統「夜間遊戲」團體球隊的常客，還開始邀請普丁參加他的家鄉圖瓦的長假旅行。即使如此，當普丁被拍到光著膀子釣魚、徒步苔原，或以其他方式展示他的男子氣概；他也清楚明白政治局勢，在外交上逐漸淡出。就這樣，蕭依古成爲普丁眞正的核心圈子中，唯一一位不是國家安全委員會，或是列寧格勒/聖彼得堡時代的老同事。

二〇一二年，他終於離開了俄羅斯緊急情況部（雖然他把這個機構留在他的一群人的掌握中），以競選並贏得莫斯科地區州長職位。同樣的，目前還看不出來這是不是蕭依古的主動競選，或者他是否被誘惑接受了這份工作。但是他迅速啓動新的基礎建設計畫，開始清理死角朽木，並且解散了一些掠奪國家資源的腐敗集團——即使按照當時的標準，也無法接受的資金水準。

僅僅六個月之後，普丁就需要一位新的國防部長以繼續進行改革進程，還是要讓總參謀部接受。蕭依古又一次踏入風頭浪尖。

「沙皇的僕人，士兵的父親」

他於二〇一二年十一月六日擔任國防部長，開始展開魅力攻勢和行政才華。一方面，他試圖向將領們發出他支持立場的訊號。謝爾久科夫總是穿著西裝，蕭依古則穿的是將領制服（從他擔任緊急情況部部長的年資來看，他有資格穿著將領軍裝），並且強調軍人象徵性的敬禮手勢。他也扭轉了最令人反感，是也是最不受歡迎的前任縮編軍區的後果，尤其是在蘇沃洛夫軍事學校，以及納希莫夫軍事學校的學官，以及納希莫夫海軍學校學官，分別都是下一代軍官團搖籃的學員。這是謝爾久科夫經常駐足的地方，但是軍方在他的公開聲明中徹底展現了失望的語氣。蕭依古談到了他們，告訴他們前方擁有光明的未來。

誠然，蕭依古有能力和解。因爲最痛苦的改革，特別是在縮編已經完成。不過，他明確地表示，他不打算逆轉這一進程——著名的宮廷禁衛軍、第二近衛塔曼摩托化步兵師，以及第四近衛戰車師恢復番號。例如旅結構仍然存在於軍隊的基本編制中；相反的，他專注於軍隊沿襲於繼承的機構——這和緊急情況部一樣——積極發揮其戰力。包括它強化軍事演習的頻率、規模和真實程度。瑞典人約翰・諾伯格綜合研究國防機構發現：「二〇〇九年之前，俄羅斯處理了武裝衝突和局部戰爭。二〇〇九年以來的軍事演習，展示越來越多區域戰爭的野心和能力。」——根據俄羅斯軍事類型學，這可能包括一場與北大西洋公約組織的戰爭。

這些也是嚴肅的演習，新的單位將在沒有採用兵棋推演中進行訓練，因為在較舊的兵棋中有太多戲劇化的簡易結局，其目的在向政治領導人傳達令人放心的訊息；相反的，他們是認眞的接受挑戰，由可能導致成敗的關鍵，迅速檢查軍官的職業能力。與此同時，謝爾久科夫利用承包商的努力以提高士兵的生活水準，提供從餐飲到清潔的一切服務，甚至擴大了服務範圍。

例如一雙不起眼的襪子，成為現代化新氣象的象徵。直到二〇一三年，俄羅斯士兵——就像他們的蘇聯和甚至沙皇的先祖們——穿的不是襪子，而是長方形的布，叫做纏繞在腳上的裹腳布「波特揚基」。謝爾久科夫承諾廢除，但是從來沒有成功。二〇一三年一月，蕭依古召集全國高級軍官的視訊會議——這本身就是一種創新。當他宣稱：「我們到今年年底，必須徹底忘記『波特揚基』這個詞」時，他們做到了。這聽起來像是一個微不足道的舉動，但是受到長期受困於裹腳布的俄羅斯士兵的高度讚賞。事實證明蕭依古可以把事情做好，並表現出他對謹小慎微細節的重視。這既是必要的，也是公共關係的絕妙之處。我記得士兵們談論他們，當他們的新襪子到貨時，將如何在儀式上焚燒裹腳布。難怪時人開始用十九世紀詩人米哈伊爾的詩句談論蕭依古。萊蒙托夫說他是「沙皇的僕人，士兵的父親」。

格拉西莫夫將軍

總參謀長馬卡羅夫在俄羅斯總參謀部，幾乎和謝爾久科夫同樣不受歡迎。蕭依古現在需要的不是這一種光說不練的總工頭，而是能夠鞭策的勤奮頂級軍人，以督導新軍成型，所以他很快就找上瓦列里・格拉西莫夫上將。蕭依古形容他是「徹頭徹尾、頂天立地」的標準軍人。

格拉西莫夫是前蘇沃洛夫軍事學校學官，出身工人階級。他是一名裝甲兵種軍官，在《華沙公約》的波蘭第九十近衛戰車師中排名第一，然後在遠東軍區摩托化步兵師，在升任指揮第一四四近衛摩托化步兵師之前，

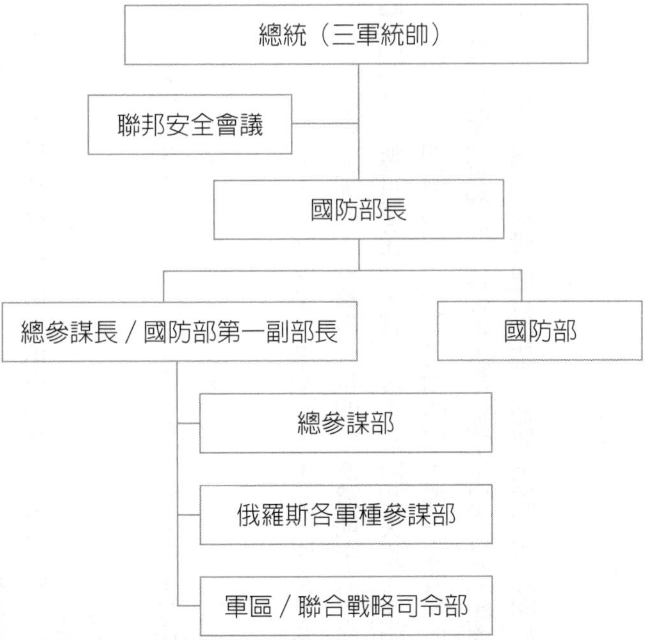

圖1 領導統御系統指揮鏈

他在二〇〇一年至二〇〇三年領導第五十八聯合武裝集團軍擔任集團軍司令，同時參與了車臣戰爭。他後來擔任俄軍作戰準備總局局長——繼任尼古拉・馬卡羅夫的位子。在擔任列寧格勒和莫斯科軍區司令之後，二〇一〇年他擔任總參謀部副總參謀長，協助蕭依古創建了中央軍區。

在正式接受普丁授予的新職位時，他說：

我認爲總參謀部的所有戰略，都應該是實現一種主要目標——維持戰鬥武裝部隊的精實性，例如保證完成設定的任何任務。我會盡一切努力盡力實現這個目標。

他是認眞的。格拉西莫夫大力宣傳，以進行整編部隊戰備成果。軍事改革週期加速到自蘇聯時代以來最大的水準。隨著俄羅斯盟邦敘利亞經歷動盪加劇，俄羅斯人也開始派遣地中海東部長駐海軍特遣部隊，主要是來自黑海艦隊的輪調制度。無可避免的，經常發生故障和失誤。在中央舉行的軍事演習中，二〇一三年二月，陸軍和空軍之間的協調，仍然是項問題，導致失敗的原因是，由於後勤維修不善和舊零件造成了軍事補給的尷尬場面，特別是當三架米爾米-24「雌鹿」武裝直升機故障待修，至少有兩輛BMD-2步兵戰車在第一階段演習拋錨。總體來說，軍隊開始朝向克里姆林宮計畫的目標，展開現代化的戰備狀態。

當「小綠人」——俄羅斯聯邦派出的祕密武裝人員，屬於不佩戴徽章的特種部隊人員——在二〇一四年克里米亞半島，他們穿著綠色制服和攜帶先進武器裝備工具，媒體報導和隨後的線上聊天室圍繞著一個話題：「小綠人」的護膝。這些是現代士兵制服中非常有用的裝備，關鍵是他們迄今爲止還沒有納入俄羅斯軍隊。在許多方面，「小綠人」是抵禦西方國家入侵的隱喻，從這些侵入至克里米亞半島的「小綠人」看來，他們擁有數位迷彩和現代化的裝甲飾品，包括耳機式戰術收音機，以及個性化的隨身武器。當普丁受到媒體詢問，「小綠人」是否確實是俄羅斯突擊隊，可以在軍品店購物時，他故意吐一吐舌頭。這是新型戰士第一次正式亮相，展現了未來的步兵作戰系統，包括二十一世紀的制服，並且將國家戰士的樣貌導入到個人裝備中。

經過一段時間後，這個想法想要升級國家戰士的戰力，已經成爲一種雄心勃勃的更新作業。未來所謂主管百人以上的軍官，俗稱「百夫長」（索尼克）的裝備，也將是一套輕便的套裝，足以抵擋重型機槍的子彈；但是用塗層掩蓋士兵具有熱成像的實體識別技術，甚至具有改變顏色按鈕的觸摸鍵，形成瞬間變色的變色龍僞裝。此外，微型無人機將直接將空中錄影傳送到士兵的視覺系統，而一種動力的外骨骼使士兵可以負擔重荷，並迅速移動，而不會疲累。這一切配備都是雄心勃勃的嘗試。坦白說，「百夫長」（索尼克）的裝備系統，可能只是技術概念的一種測試，而不是接下來非做不可的標準問題。儘管如此，「百夫長」的裝配，象徵莫斯科的願望——抑或是強化能力——已經可以躍居軍事強國之列。

重新武裝和招募

與此同時，蕭依古帶頭重新武裝部隊。謝爾久科夫曾經試圖打擊浪費，同時也攻擊國防工業。畢竟，直到二○○八年，購買和部署新的頂級設備金額是多麼的微不足道。謝爾久科夫強迫軍火商增加武器的品質控制，並且企圖降低利潤，他甚至開始購買國外的武器彈藥。要求「軍火怪獸商」需要自製武器，其他軍火商則是要求低成本，以滿足供應現代化武器的要求，所以這種「又要馬兒好，又要馬兒不吃草」的做法，不僅讓謝爾久科夫在軍火商中不受歡迎，而且還迫使採購廢標，因爲會使軍火商不得不修改製造程序。

二〇一一年，謝爾久科夫向當時的總統梅德韋傑夫抱怨國防工業的失敗，歸咎於二〇一〇年國防命令的缺失，甚至認爲某些國防產業負責人應受到懲戒（這又再次贏得了幾位仇家）。梅德韋傑夫繼續批評他們的行爲，抱怨說：「當國防購買決策下，以最貴的方式決定購買武器，但是購置的經費屬於分配的預算，廠商無法交付訂單。」甚至梅德韋傑夫問：「誰該受到懲罰？如何進行懲罰？」這喚起了古拉格勞動營時代的痛苦記憶。他補充說：「我確定你已經感覺到，你的自由之身在呼吸新鮮空氣，但是另外一半的你，好像承受了很大的體力負荷。」這聽起來像是一場戰鬥談話。幾個月之後，梅德韋傑夫宣布他支持普丁返回克里姆林宮，他並立即成爲一位跛腳的總統——因爲他強迫軍火商變革的能力有限（其中幾位與普丁有關係）。

蕭依古治軍的特徵是混合胡蘿蔔和棍子。他回到了只從俄羅斯軍火商購買國防武器的舊政策，除了某些傳統的採購（例如從烏克蘭購買海軍軍艦引擎，以及特種部隊需要的特定軍火）之外，並且採用更靈活的契約。雖然他對軍火商未能滿足採購標準沒有解套的方案，他同時加入了「軍火怪獸商」的聯盟。有鑑於他提高國防預算支出，這都歸功於軍事人力的整體削減，以及國防預算的上升。到了二〇一〇年，普丁宣布了十九點四兆盧布（六九八四億美元）二十年的武器採購計畫。他運用懸而未決的命令進行吸引武器生產者的動力，以汰舊換新。

雖然只有百分之十六的俄羅斯設備在二〇一〇年認定爲現代化，經過了十年的國家武器計畫提升，希望到了二〇二〇年提高到百分之七十。所謂的現代化相當模糊，但是從本質上來說，需要在過去十年，或是最近大幅提升武器採購到這個數字。

同時，武裝部隊的建制人數將爲一百萬，實際上大約有二十二萬名軍官、十八萬六千名志願契約兵，以及二十九萬六千名新兵，總兵力超過七十萬人，其中還包括幾乎和徵召士兵一樣多的軍官。這是個問題，特別是考慮到兵役僅爲十二個月的新兵迅速流失。爲了招聘和保留志願契約兵的條件，以及是否存續存在的問題。

此外，人口統計也是一個問題：一九八〇年代和九〇年代，見證了出生率大幅下降，主要是爲了因應當時經濟所遭遇的困難，現在正在考驗徵兵可用的最大兵源數量。例如在二〇一一年，軍方有需要在春秋兩季徵兵約四十四萬人，但是因爲有延役（主要是出於高等教育原因）、醫療豁免（其中許多只是從收賄的醫生那裡購買的診斷證明），以及整體兵源嚴重縮水，無法滿足這些要求的目標。自二〇〇九年以來，徵兵委員會一直在接納有犯罪記錄的應徵者以作爲回應。蕭依古竭盡所能提供專業服務以讓服役更具吸引力，例如提高工資和改善部隊的條件。在過渡時期，他推翻了過去謝爾久科夫／馬卡羅夫的另一項改革。俄羅斯軍隊曾經讓服役時間較長的職業軍人擁有準尉軍銜，也就是西方國家軍隊中的士官。二〇〇九年，他們開始逐步淘汰准尉，因爲期望由士官制度取代。總共有大約十四萬二千名準尉降階，但是大多數人缺乏晉升尉官所需要的教育背景，他們不想接受降級成爲中士的薪資。確實有大約二萬名軍人晉升少尉，但是幾乎所有的準尉都輸給了其他有經驗的申請志願者。蕭依古立即扭轉了這一種災難性的局面，並重新僱用五萬五千名前准尉納入軍伍行列。

準備與俄羅斯的關係行動

隨著俄羅斯和西方國家關係的惡化，無可避免地會有更多的改革。尤其是旅級單位非常靈活機動，可適應局部戰爭；但是重大戰事衝突則不敷使用。二〇一三年改革旅級單位提升爲師級單位，以進行機械化部隊更強大的戰力結構。同時，由旅級部隊產生的職業營戰術組織，成爲模組化的作戰部隊。此節可以在烏克蘭的頓巴斯衝突中得到檢驗。二〇一四年，北方艦隊脫離西部軍區，籌建北方艦隊聯合戰略司令部，在二〇二一年形成全方位負責俄羅斯北極側翼的北方軍區，這些將在下節繼續討論。但是在本質上，蕭依古和格拉西莫夫完成了謝爾久科夫和馬卡羅夫規劃的戰爭機器目標。

這對於克里姆林宮來說也是如此。普丁的政策，已經成爲越來越獨裁的民族主義。二〇一一年國會選舉不公，遭到抗議；他在二〇一二年當選總統，被認爲是由西方國家所贊助的。然後，二〇一四年，俄羅斯與鄰國烏克蘭齟齬，俄羅斯吞併克里米亞和干涉烏克蘭頓巴斯地區，引發西方國家的批評和制裁，俄羅斯面臨了外交的孤立。二〇一五年莫斯科的附庸政權敘利亞政府因內戰垮臺，俄羅斯軍隊部署到敘利亞。這些衝突中的每一個環節，不僅加劇了莫斯科與西方國家之間日益惡化的關係，同時也帶來了新的挑戰和教訓，軍方都會適時回應。這也象徵俄羅斯軍隊除了具備豐富的戰場經驗，在一定範圍內也刻苦學習了一場又一場的戰鬥公演。

二〇一四年十月，隨著新冷戰的醞釀，蕭依古的路線是以俄羅斯的主權由陸軍和海軍保護，在一一五二年的發展歷程中，俄羅斯的存在，讓許多西方國家統治者咬牙切齒，視爲永久障礙。

在二〇〇〇年，普丁接手的是一個幾乎沒有可用軍隊的國家，在非常短暫的時間內，俄羅斯國防武裝力量應該能夠發動戰爭，並且贏得勝利。這些勝利包括速戰速決的鄰邦干涉，到遠離該國邊界的地方進行贏得鎮壓叛亂的戰爭。這在很多方面將成爲普丁復興俄羅斯成爲強國的夢想，同時也是對於他續任國防部長有很大的好處。蕭依古是一位政治家，他小心翼翼地營造他的親民形象，並且和各種支持者建立聯盟。他的形象從具有眞實戰役經驗的「戰鬥將領」，到俄羅斯東正教教堂的虔誠形象。他知道如何避免將自己放在鎂光燈下誇誇其談、放言高論，以免自己看起來太像是在挑戰總統。諷刺的是，新時代的第一場戰爭鞏固了蕭依古作爲俄羅斯軍事領袖的衛國聲譽，是他似乎輕而易舉、不慍不火地在二〇一四年奪取克里米亞。

第十三章 二〇一四年奪取克里米亞

我住在瓦洛瓦亞街的公寓，那是環繞莫斯科市中心花園環狀道路的街廓。這是一處絕佳的位置，但是很喧囂，因爲它是位於八線車道的高速公路旁。儘管如此，在二〇一四年三月二十一日的星期五晚上，我幾乎沒有睡，因爲那是克里米亞正式回歸莫斯科統治的一天。漫長的夜晚中，喇叭聲響起的汽車噪音，以及同樣喧囂的乘客搖下車窗揮舞旗幟，開著車繞著環狀道路繞了一圈又一圈。那是團結忠誠的普丁擁護者的愛國主義爆發的狂喜。這和大多數反對派人物一樣，同時擁有的愛國狂喜。這一種影響模式來自於閃電成功占領半島的喜悅，街頭大量的塗鴉宣稱「克里米亞是我們的」。在一張當時發布的新聞照片之後，廠商紛紛製作印有廣爲流傳的短袖圓領汗衫，上頭印著俄羅斯特種部隊，俗稱「小綠人」，是「有禮貌的人」。因爲「小綠人」除去了識別標識的俄軍部隊，在軍事任務中發揮關鍵作用，拯救並且送還一位男孩原本擁有的貓咪。

軍方儘管不那麼赤裸裸的灑狗血，但是同樣充滿創意、活力。一名我認識的退休軍官，他是蘇聯入侵阿富汗和第一次車臣戰爭之後退役的老兵。對於部隊生涯徹底幻滅之後，在喝下第一杯啤酒，感到無比自豪：「我從來都沒想到他們可以做到這樣，做得這麼好。我們展現了雄風，我們都展現雄風了！」當第二杯啤酒下肚之後，他很感傷，感懷他服役時所有美好的畫面，忘記過去他告訴我所有戰爭可怕的故事。等到喝了第三杯，他開始惱怒：「不過，現在發生了什麼事？

我害怕我們的領導人可能不知道在哪裡停下來。」確實是。

可以肯定的是，占領克里米亞是俄羅斯軍隊令人印象深刻的戰力表現。採用速戰速決的手術刀模式進攻，而不是採取我們熟悉的笨重無當的錘子。當俄羅斯非正規的武裝部隊登陸克里米亞半島，不僅奪取了莫斯科認爲原有重要戰略意義的領土，他們還喚醒了一種深植於複雜的血濃於水關係中的情節，包括擁有共同的歷史觀點，但是不同政治觀念的政權。他們還點燃了心中一把火，看到俄羅斯與西方國家之間日益加劇的冷戰矛盾，成爲一種爆點，終於點燃二〇二二年在烏克蘭爆發的戰爭。

俄羅斯和烏克蘭

烏克蘭這個名字源於「邊界」一詞，應該正確地稱烏克蘭爲俄羅斯人民的中心起源。現代俄羅斯的祖先來自於白俄羅斯、俄羅斯，以及烏克蘭三個國家。烏克蘭的首都基輔，在一二四〇年基輔遭到蒙古人入侵洗劫之前，在城邦政治和文化中擁有主導地位。在蒙古統治期間，原有留里克王朝分裂，統治了莫斯科這個崛起的小鎮，以無情的機會主義者態勢崛起，取代了基輔的位置。

烏克蘭後來在夾縫中生存，周圍的國家有東正教莫斯科公國，以及信奉天主教的波蘭和立陶宛，直到一六五四年受到俄羅斯的統治。烏克蘭擁有東正教和天主教教徒，基本上在接下來的三個半世紀中，仍然是俄羅斯帝國的一部分。儘管烏克蘭曾經發生週期性的起義和暴亂，例如大饑荒事件，蘇聯獨裁者史達林在一九三〇年代推動烏克蘭農業集體化運動，鎮壓大規模饑餓的人民抗議行動。

一九八〇年代，民族主義在烏克蘭重新出現，就像蘇聯邁向末日般。一九九一年八月二十四日，烏克蘭正式宣布獨立——儘管還需要幾個月的時間脫離蘇聯。全民投票批准了這一項決定，超過百分之九十的選民支持獨立，甚至早於蘇聯宣布解散，成立獨立國協之前。

烏克蘭和許多其他後蘇聯國家一樣，建國之後，遭受了嚴重的經濟、社會，以及政治的猛烈挑戰。通貨膨脹飆升，經濟不斷地萎縮。儘管社會大眾不滿的情緒，以戲劇性表達對於腐敗政府空洞承諾的不滿——尤其是二〇〇四年至二〇〇五年期間，因爲選舉舞弊爆發的「橙色革命」——烏克蘭仍然在建立自由、經濟的希望之間左右爲難。尤其是嚮往充滿活力的歐洲式民主，但是在現實狀況下，卻導致了系統性的貪污腐敗、效率低下，以及經濟衰退等問題。二〇一三年，總統維克多·亞努科維奇做出了重大政治決策。當他突然違反競選承諾，拒絕和歐洲聯盟簽訂連繫國協定，以及自由貿易協定，並且試圖加入俄國主導的歐亞經濟共同體，犯下了錯誤。就像許多在該國東部所謂的「頓涅茨克黑手黨」政客一樣，亞努科維奇看著普丁的崛起，交換了俄羅斯的利益和贈與。莫斯科確定烏克蘭將仍然是其影響範圍的一部分，但是烏克蘭西部民族情緒高漲，希望與歐洲國家建立更緊密的歐洲聯盟關係。最初二〇一三年，支持與歐洲聯盟的聯合協議，但是莫斯科決定採取敵視的態度；尤其是亞努科維奇意識到莫斯科想要防堵烏克蘭成爲歐亞經濟聯盟的成員，那是以普丁爲主的替代經濟體，亞努科維奇就改變了親歐政策初衷。

抗議活動始於基輔主要獨立廣場。最初政府試圖驅散他們，激起反對派的反感，加入了更多的抗議者。政府多次嘗試使用強制手段結束所謂的歐洲廣場上的示威，但是殘酷鎮壓，以及前後矛盾的交織處境，只會使情況更加惡化。二〇一四年二月二十二日，亞努科維奇面臨彈劾威脅，政府崩潰，亞努科維奇逃往俄羅斯。經過一百三十人受迫害死亡的鎮壓事件之後，政府重新思考在世界上的地位。莫斯科對於新烏克蘭政府的前景感到震驚莫名。因爲這個國家致力於擺脫俄羅斯的影響，開始制定自己的計畫。

「將克里米亞還給俄羅斯」

克里米亞半島的情況尤其複雜。位於烏克蘭南部海岸，這裡仍然是俄羅斯黑海艦隊的駐地。直到一九五四年，克里米亞曾是俄羅斯社會主義聯邦蘇維埃共和國的一部分。蘇聯領導人尼基塔·赫魯雪夫是烏克蘭人，從政時，轉移焦點到了烏克蘭。在當時似乎無所謂獨不獨立的問題，因爲烏克蘭和俄羅斯蘇維埃共和國都是蘇聯的一份子。儘管如此，克里米亞半島大部分人口是具有俄羅斯文化圈的子民，尤其是許多黑海艦隊軍官退休之後，和家人一起享受溫暖的氣候和輕鬆的魅力。一九九〇年，幾乎所有烏克蘭人都投票支持獨立、脫離蘇聯，這個獨立的概念，在克里米亞得到百分之五十六過半數的支持。從那時之後，克里米亞人經常受到基輔忽視。

克里姆林宮對於亞努科維奇政權的垮臺感到震驚。此外，基輔致力於和西方國家維持緊密的關係——甚至加入北大西洋公約組織——克里米亞將處於危險的戰略地位中。一九九七年莫斯科和基輔，爲了黑海艦隊基地達成協議。黑海艦隊和半島上多達二萬五千名軍事人員的租約延至二〇四二年。即使如此，莫斯科仍有許多人不願意相信，他們認爲基輔新政權是非法的，同時也是民族主義下的新政權。北大西洋公約組織，在二〇〇八年布加勒斯特宣言，確認喬治亞和烏克蘭「將成爲北大西洋公約組織成員」。儘管西方國家很少有人眞的相信，這其實只是一種政治聲明，而不是實際結盟過程的開始。加入聯盟至少要等十年，但是偏執的克里姆林宮，擔心黑海艦隊遭到驅逐的黯淡前景，以及遭到北大西洋公約組織取代——似乎很有可能。

除此之外，普丁總統坐擁豪華辦公室的大部分時間，同時享有崇高支持率，也正在擔心支持率下降。在二〇〇〇年代，俄羅斯人願意接受假民主，因爲他們看到一九九〇年代混亂時期結束而鬆了一口氣。他們的生活水準快速提升，葉爾欽的時代成爲歷史。雖然，從二〇〇九年的經濟崩潰中，部分經濟恢復過來。大多數俄羅斯人認爲克里米亞確實是他們國家領土的一部分，但是卻不公平地交給了烏克蘭。顯然普丁越來越相信他自己營造的神話，並且期待確立他在歷史上的定位，成爲「讓俄羅斯再次偉大」的人物，企圖讓政治、軍事，以及戰略利益，似乎都趨同於一致。

長期以來一直有遭到奪權之後的克里米亞緊急應變計畫，畢竟這是總參謀部主要作戰指揮部軍事規劃人員的工作。我的感覺是，他們至少從九〇年代中期模擬制定各項計畫，以防萬一。雖然我一直無法得到明確的回答。這並不一定表示，在二〇一四年之前，將會發生一場嚴重事故的可能性；但是更確切地說，如果考慮到烏克蘭將來的政治動盪，就不能排除這種可能。

到二月十八日，當時約有二萬名抗議者在基輔市中心和警察發生衝突；亞努科維奇制定了緊急狀態，這些計畫已經重新審視。兩天之後，地方議會克里米亞議會最高議長弗拉基米爾・康斯坦丁諾夫開始猜測從烏克蘭分裂的可能性，而他當時正在莫斯科旅行。根據普丁本人所稱，在二月二十二日至二十三日，是著重關於他們如何讓亞努科維奇離境。在臨別時，我也曾經對我的同事說：「我們必須開始將克里米亞歸還給俄羅斯，並展開工作。」

這當然不是我開玩笑的眞意——眞實事件表明，到了那時，俄羅斯會決定占領克里米亞半島。普丁事先進行了更廣泛的諮詢，但是追根究柢，普丁最後一次是與他最親近的親信會面：安全委員會祕書尼古拉・帕特魯舍夫、俄羅斯聯邦安全局局長亞歷山大・博爾特尼科夫、總統辦公廳主任謝爾蓋・伊凡諾夫，以及國防部長謝爾蓋・蕭依古。大多數親信是鷹派，他們強烈支持這個想法。根據未經證實但是持續不斷的報導，唯一冷淡的聲音來自蕭依古的談話，他顯然是擔心長期的後果。儘管如此，他也是一位政客，和最後政壇的倖存者，他知道與其積極反對，還不如以冷淡的聲明表達服從命令的聲明。引人注目的是，外交部長謝爾蓋・拉夫羅夫等人，可能也考慮過潛在的問題，甚至總理梅德韋傑夫還沒有受邀參與決策。

也許這只是臨時的決定，這似乎是由於二月二十日，亞努科維奇逃離該國的前兩天才做的決定。諷刺的是，國防部授予獎章以慶祝參與了軍事任務。克里米亞回歸祖國獎章的獨特黑色絲帶，包括俄羅斯三色旗，以及橙色聖喬治絲帶，標示了二月二十日至三月十八日的日期。無論如何，規劃者沒有浪費時間，因爲所謂的零時是定在二月二十七日。

占領克里米亞

從表面上看，半島上的軍事武裝力量看起來相當均衡。俄國人擁有位於費奧多西亞第五一〇海軍陸戰隊團、位於辛菲羅波爾第八一〇獨立海軍陸戰隊團、海軍特種部隊第四三一旅的海軍偵察特別指定部隊，以及黑海艦隊指定的特種部隊。海軍其他成員，還有水手。同時，烏克蘭的全部軍事武裝力量大約十分之一，總共約二萬二千人駐紮在克里米亞。大多數爲海軍人員並未保持特別警戒的戰備狀態。超過一萬五千名海軍、海防導彈部隊，以及一處空軍旅和三處防空導彈團，半島的防禦都在海軍陸戰隊手中。克里米亞有四個單位：第三十六獨立機械化海防旅、費奧多西亞第一獨立海軍陸戰隊營、克赤第五〇一獨立海軍陸戰隊營，以及塞瓦斯托波爾的第五十六獨立近衛營。雖然依據烏克蘭軍隊的標準，訓練有素，但是士氣低落，且設備、糧餉不足。除此之外，還有三處旅和兩處準軍事內部部隊營，大約二千五百名準軍事人員隸屬於內部安全部，以及邊境警衛營。雖然主要用於警察和安全任務，他們都具有次要的國防防禦功能。不過，關鍵問題是缺乏明確的指令。而且根據一些人的說法，一旦俄國人採取行動之後，仇視新政權的軍官就會故意混淆指揮系統。

攻擊前一週，俄羅斯軍隊已經悄然進入戰備狀態，一些單位離開基地，以確保機場和軍火庫的安全。同時，俄羅斯各地的武器在「迅雷檢查」的掩護下悄悄啓動，許多武器被空運到阿納帕的俄羅斯空軍基地，以及新羅西斯克的海軍基地，都在黑海和克里米亞附近。二月二十二日至二十三日晚上，俄羅斯空降兵部隊的特種部隊第四十五獨立團，從莫斯科附近的庫賓卡基地移防。與此同時，軍事情報局和聯邦安全局一直在與當地的同謀者密謀，包括有組織的犯罪集團，以及來自俄羅斯其他地方的民兵，以確保當軍事任務開始時，街上會有裝備精良的地方自衛隊。

到了二月二十三日，抗議基輔新政府的活動已經開始，吸引了成千上萬的人。大多數人眞的很憤怒，認爲這是一場「政變」，並且企圖向莫斯科尋求協助支持，高呼：「普丁是我們的總統。」新政府決定廢除俄羅斯頒布的法律，但是同樣使用另外一套俄文法律。克里米亞對烏克蘭來說似乎是一種特別令人擔憂的預兆。相當明確的證據表明，俄羅斯的特務鼓勵克里米亞人民組織「民間自衛隊」。一天內，來自俄羅斯的傭兵——哥薩克人、來自俄羅斯的民族主義者「夜狼」摩托車組織，以及阿富汗戰爭退伍軍人——也蜂擁而至，加入反基輔運動。在某種程度上，這是一種眞實而自發性的運動過程，但是莫斯科也明確希望鼓勵上述軍人軍事任務，甚至協助運送到克里米亞。

同一時刻，黑海艦隊的海軍陸戰隊以守衛俄羅斯軍事設施爲藉口，已經駐守在塞瓦斯托波爾和辛菲羅波爾機場。這顯然是有先見之明的神祕行動。因爲二月二十六日克里米亞首都辛菲羅波爾爆發了暴力衝突，支持加入俄羅斯的抗議者和反對者，特別是來自克里米亞少數民族韃靼的反對者聚集起來。親俄塞勒姆游擊隊，以及克里米亞當地最強大的組織犯罪頭目集團，原本彼此之間不會合作，但是他們似乎已經接受俄羅斯聯邦安全局招募擔任此項任務。當地有種迫在眉睫的混亂感。二月二十六日同一天，普丁下令召集西部軍區和中部軍區，散布關鍵性的煙幕彈，以奪取半島進行最後的準備。

二月二十七日凌晨四點三十分左右，武裝人員身著迷彩防彈衣，武裝占領當地議會大樓，升起俄羅斯國旗。口呼自己是「克里米亞的武裝自衛隊」，代表了一股武裝力量。眞正擔負重任的是來自俄羅斯新成立的特種作戰司令部，以及來自其他國家特種部隊和海軍陸戰隊支援，當然還有其他武裝自衛隊，可是只不過是兇殘的搶匪。除了少數單位之外，例如前烏克蘭防暴警察，以及當地退伍軍人或是民兵組織，通常沒什麼價值。俄羅斯的政治掩護是訓練有素的武裝部隊，制服上沒有任何徽章，以「小綠人」姿態占領克里米亞半島。

「小綠人」

接下來的幾週內，俄羅斯人封鎖了克里米亞，防範烏克蘭增援軍隊，成立了傀儡政府。俄羅斯聲稱這些士兵不是俄羅斯人——記住弗拉基米爾．普丁最令人難忘的建議，這些所謂的「勇士」，即使配備俄羅斯聯邦部隊軍服，都是在軍品二手店買的——所以不確定是否為俄羅斯正規部隊。在最剛開始的幾個小時中，各種瘋狂的耳語猜測在基輔和西方國家四處流傳：這是黑海艦隊指揮官指派的獨立行動。這些是「小綠人」傭兵？當然事實遠不止於如此單純，但是足以減輕任何激烈的反應。為了俄羅斯人提供了任何關鍵機會，藉以封鎖克里米亞。

畢竟同時間莫斯科當局也在和過去發生的恩怨進行纏鬥（這些問題，將在第二十五章下回分解）。以「混合戰爭」模式支援部隊的兵力部署。俄羅斯以網路攻擊，讓烏克蘭的通信癱瘓；莫斯科的特務破壞設備，以網路散布不實謠言。叛逃總統亞努科維奇在莫斯科舉行新聞發表會表示：任何軍事行動都是不可接受的；而且他自認是為烏克蘭的合法總統，他不會要求或支持俄羅斯干涉。這可能是為了保留面子，更有可能是另一種心理戰，因為他基本上是克里姆林宮口袋中的棋子。正如俄羅斯人所了解，在喬治亞，這種機密情報行動可能在破壞敵人的戰鬥意志，並且粉碎關鍵時刻的凝聚力，相當重要。

基輔當局，甚至到了二月二十七日之前都沒有國防部長出面。基輔一團混亂，缺乏集結速度和軍事專業。這可以解釋，為什麼剛開始面對僅有二千人少數的俄羅斯特種部隊，連同當地盟軍成功壓制了烏克蘭軍隊。不過很快的，俄羅斯人向克里米亞完成運補，包括砲兵、防空，以及機械化部隊。剛開始，這是零星完成的。到了二月二十七日下午，停靠在塞瓦斯托波爾的蟾蜍級「亞速」大型登陸艦，搭載三百名第三八二獨立海軍陸戰隊隊員。第二天早上，三架米爾米-8運輸機，由八架米爾米-24「雌鹿」武裝直升機改裝成最新米爾米-35改良型武裝直升機護衛——升級爲全天型之夜間軍事任務——特種部隊在塞瓦斯托波爾北方的卡查機場降落。到了那天下午，伊留申-76重型四引擎渦扇戰略運輸機，已經降落在辛菲羅波爾的格瓦爾代斯科耶機場，登陸艦上搭載更多的軍隊，以及重型運輸裝備運送到了克里米亞半島上。

烏克蘭指揮官似乎不知所措，而且儘管下令蘇愷-27制空戰鬥機起飛，企圖攔截，但是俄羅斯人有條不紊地封鎖了烏克蘭可能採取行動的途徑。在二月二十八日，一艘俄羅斯導彈艇封鎖了巴拉克拉瓦港，同時海軍陸戰隊占領貝爾貝克機場。這一座機場是烏克蘭第二〇四戰術航空旅，解除了四十五架米格-29戰鬥機的武裝。儘管如此，俄軍仍然捉襟見肘，依賴虛張聲勢和混亂情勢進行控制（當時只有二十名海軍陸戰隊在刻赤封鎖整個營）。烏克蘭軍隊並非毫無抵抗，克里米亞也不是和歐洲大陸完全隔絕。的確，烏克蘭議員和未來的總統波羅申科，甚至前往辛菲羅波爾，試圖透過談判達成和解，但是遭到抗議者攔截。

不過，到了三月一日，已經有夠多的援軍海運進來，特別是來自第十旅和第二十五獨立旅的特種部隊運補。他們和形形色色的志願者一起占領整個半島，奪取雷達站，並且封鎖烏克蘭的軍事陣地。烏克蘭士兵設法逃脫，駐紮在克里米亞的海軍特遣隊投降、叛逃，最後遭到俘虜；海岸警衛隊的許多小型船艦都迅速逃竄。到了三月一日，俄羅斯軍艦進駐巴拉克拉瓦第五海岸警衛隊中隊，總共烏克蘭有二十三艘海岸警衛隊船艦得以撤離。同樣的，三月三日，海軍第五航空旅的四架直升機和三架飛機，飛離在新費多羅夫卡被封鎖的空軍基地；俄羅斯沒有擊落這些飛機。

不過，撤離的機會正在減少。三月二日，烏克蘭海軍總司令丹尼斯・別列佐夫斯基，同時也是克里米亞的烏克蘭最高指揮官，拒絕效忠烏克蘭新政府，選擇宣誓效忠克里米亞人民，他後來被任命爲俄羅斯黑海艦隊副司令。他試圖鼓勵海軍艦艇與他一起叛逃。剛開始沒有人理他，俄羅斯人準備給他一些時間，甚至用當地民兵取代基地周圍部隊的部署。總之，半島上的俄烏勢力平衡正在產生變化。到了三月六日，俄羅斯人設法增派二萬名士兵，主要是特種部隊。

這種軍事武裝力量的平衡可能會改變。到了三月二日，基輔已經開始向克里米亞地峽調遣部隊，包括機械化單位和大砲，與輕武裝的俄羅斯海軍陸戰隊和突擊隊進行對峙。俄羅斯開始在烏克蘭東部邊界集結部隊，包括徵召大約一萬名士兵壓制來自基輔有限的部隊，讓其不能進入克里米亞進行部署。

「克里米亞是我們的！」

三月六日，克里米亞自治國議會提出加入俄羅斯的動議，並且將全民公投的日期提前到三月十六號。在接下來的十天中，半島上出現了風雨前的寧靜。俄羅斯人繼續封鎖殘留的烏克蘭軍隊，但是停止軍事行動，只要是手無寸鐵、不穿制服，烏克蘭人就允許其從基地撤出，甚至烏克蘭和俄羅斯海軍陸戰隊之間舉辦足球比賽。「莫斯科號」導彈巡洋艦，以及駐紮多努茲拉夫湖的第五艦艇旅開始撤離，莫斯科號遭困，但是選擇稍安勿躁。

俄羅斯的重型武器設備陸續抵達。第七二七獨立海軍陸戰隊，以及陸軍第十八獨立摩托化步兵旅，包括大砲和裝甲車的補給，是從刻赤經過海路運輸，迅速移動以保護彼列科普地峽。俄羅斯架設S-300遠程地對空導彈系統控制空域，而K-300P派遣海岸防禦導彈，阻止了任何潛在的烏克蘭海軍入侵港灣（基輔還有很多可以使用的船艦）。任何基輔可以透過採取武力重新控制克里米亞的戰術，很快就說掰掰了。

經過精心策劃的競選活動之後，公投如期舉行，百分之九十七的投票贊成加入俄羅斯。這次進行的投票是在俄羅斯槍桿子的陰影下進行，反對意見遭到清除，媒體和反對派人士遭到追捕和壓迫，以確保國際社會不會抵制。但是諷刺的是，即使完全公平地進行，結果也順理成章——投票結果贊成加入俄羅斯。第二天，克里姆林宮正式承認克里米亞為一個獨立的國家，並且在第二天歡迎其加入俄羅斯聯邦。

接下來，基本上是清理工作。俄軍開始進駐堅守崗位的烏克蘭軍營和設施，沒有遭到抵抗。烏克蘭士氣低落的部隊面對全副武裝的俄羅斯軍隊，而且俄羅斯提供烏克蘭軍人平安返家的服務，烏克蘭軍隊樂於接受。許多烏克蘭軍隊還選擇了加入俄羅斯軍隊，要求承認現有的隊伍職業軍人的資歷和合約。例如刻赤五〇一獨立營於三月二十日投降，三分之二的烏克蘭士兵接受了這筆交易。阿穆爾級指揮艦頓巴斯號降下烏克蘭國旗，升起了俄羅斯國旗。

當外交斡旋以及臨陣脫逃，都不起作用的地方，少數烏克蘭民兵選擇武力反攻。魯比日內是實戰中唯一的地方民兵部隊，包括步兵和特種部隊，衝進了捷爾諾波爾和赫梅利尼茨基護衛艦，以及康斯坦丁・奧爾尚斯基登陸艦。俄羅斯突擊隊搭載六輛BTR-80型裝甲運兵車，搶進別爾貝克的塞瓦斯托波爾國際機場駐紮的烏克蘭第二〇四戰術航空旅，並迫使他們在槍口下投降。最嚴峻的挑戰是降落在克里米亞費奧多西亞的精銳一團，俄羅斯特種作戰部隊在武力掩護下降落在閱兵場上。包括米爾米-8直升機、兩架米爾米-35直升機，提供空中掩護，然後投擲暈眩手榴彈和煙霧彈，炸毀烏克蘭的營房，烏克蘭軍隊隨即鳴槍示警。雖然雙方駁火，但是在兩個小時之後，烏克蘭人投降了，少數官兵僅受了一點傷，或是骨折。

最後的結局是，三月二十五日晚間，俄羅斯海軍特種部隊，在兩架米爾米-35直升機的掩護下登上烏克蘭車卡夕掃雷艦。這象徵烏克蘭抵抗運動的結束。超過九千名烏克蘭軍人選擇加入俄羅斯部隊，不願意投降的，連同武器設備一同遣返。莫斯科非常樂意歸還烏克蘭的戰車、飛機，以及大砲。最初考慮保留其占領的全部或部分船艦，但是最後這些船艦年久失修、狀況不佳，就全部歸還烏克蘭。

作戰審議

克里米亞最後變成一個軍事堡壘。俄羅斯在半島上的總兵力，估計到二〇二〇年膨脹到三一五〇〇人，其中包括第二十二軍團。第十二軍團在技術層面屬於黑海艦隊，係爲聯合司令部，包括第一二七獨立偵察旅、第十五獨立海岸火箭砲兵偵察旅、第八砲兵團、第一〇九六獨立防空導彈團，以及第一二六獨立海軍陸戰隊的海防大隊。此外，還有第八一〇海軍陸戰隊旅、第四三一海軍偵察特殊指定站的九百名海軍特種部隊，第七師第一七一獨立空中傘兵突擊團。迪贊高爾的三十九直升機團，擁有三十八架武裝直升機，包括米爾米-28攻擊直升機、米爾米-35直升機，以及卡-50攻擊直升機。

地面部隊受到多層防空系統的保護，系統配備新的S-400「凱旋」式遠程地對空導彈，輔以山毛櫸中程地對空導彈系統發射器，以及鎧甲-S1火砲／導彈卡車。第三十一防空師的總部設在塞瓦斯托波爾，包括兩個地對空飛彈團，以及無線電技術團。黑海艦隊的海軍航空兵，包括薩基空軍基地的第四十三獨立團、蘇愷-24戰鬥轟炸機，以及蘇愷-30第四代重型雙發動機雙座多用途戰鬥機。至於空軍，它的第三十七混合航空團駐紮在格瓦爾季西克，有一個中隊，擁有一架蘇愷-24戰鬥轟炸機、一架蘇愷-25空中密接支援對地攻擊機，以及在別爾貝克的第三十八戰鬥機航空團，包括蘇愷-27制空和蘇愷-30飛機。

對於海岸防禦，俄羅斯海岸防禦導彈系統（西方國家報告名稱是SSC-6），加入了岸基反艦飛彈系統中稜堡巡弋飛彈發射場，藉以控制半島水域。黑海艦隊強化安裝了最新的遠程口徑巡弋飛彈的船艦，如此一來，克里姆林宮不僅贏得了超人氣——普丁的個人支持率從百分之六十，飆升超過百分之八十——俄羅斯也加強了對於黑海的控制。

當普丁後來被問到這個問題時說：「我們怎麼能拒絕塞瓦斯托波爾和克里米亞，將其置於我們的保護下？」他自問自答。俄羅斯近年來採取的帝國冒進策略，受到莫斯科有計畫性的推動，同時和當地勢力的陰謀、利益，以及干涉結合。野心政治家崛起，很擔心他們在基輔新政府領導下的未來。這些複雜的武裝力量，導致了新的衝突正在浮現。俄羅斯占領克里米亞，取得了非凡的軍事成功。雖然只有兩位烏克蘭士兵和一名哥薩克志願兵死亡，沒有俄羅斯軍人傷亡，而且幾乎沒有任何戰鬥發生。新成立的俄羅斯特種作戰部隊司令部（見第二十三章），以一種欺敵部署的軍事武裝力量，透過武裝代理人散發虛假資訊，然後透過欺騙、破壞，以及精確的籌謀計畫，在現場即興發揮的效果，超出了莫斯科的預期戰果。我的另一位前軍事連繫人，一名前傘兵，在二〇一四年五月告訴我，他仍然難以置信：「這不是我印象中來自車臣的部隊。」這是非常不同的戰場，而且它是主要由精銳部隊執行的行動。儘管如此，似乎確實驗證了謝爾久科夫和馬卡羅夫發動，並且由蕭依古和格拉西莫夫進行改革的成效。

俄羅斯吞併克里米亞，引發了一波西方國家經濟制裁浪潮，全球油價下跌，俄羅斯陷入金融危機。事實證明，這對莫斯科來說是一場痛苦的經驗，但是並沒有造成嚴重的後果。克里米亞的併吞，是一種特定機會採取的行動，也保護關鍵的戰略資源。這將證明，這只是莫斯科、基輔，以及西方國家之間的關係新一輪惡化的開始。這部分的原因，是因為對俄羅斯政府圈子產生了一定程度的信心，並且狂妄自大。然而，也反映在這樣的行動中的代理人戰爭。這些熱心的志願軍、暴徒，以及克里米亞當地自衛隊的傭兵，其中絕大部分遭到解散，或是受到鼓勵加入警察或軍隊。而有些傭兵最終流浪到烏克蘭的頓巴斯，準備協助莫斯科與基輔進行對抗。

第十四章　二〇一四年的頓巴斯

俄羅斯吞併克里米亞，最初源於非正規部隊、民族主義者、愛國者，狂熱主義者，接下來他們進入烏克蘭東南部，爆發了衝突。俄羅斯公民伊戈爾・基爾金說：「誰在這場戰爭中扣動了扳機？」他曾是俄羅斯聯邦安全局官員，化名「射手」。當他帶領一群烏合之眾的槍手，在二〇一四年四月穿越烏克蘭邊境時，他接到了命令反對烏克蘭。同樣的，在衝突的最初幾個月中，頓涅茨克盆地頓巴斯，充滿了絕望和困惑，戰況最爲激烈。基輔政府軍毫無能力，都是由地方民兵，或是當地軍閥進行控制。事實上，有些甚至不是烏克蘭軍人。例如前車臣叛軍伊薩・穆納耶夫，流亡丹麥期間組織焦哈爾・杜達耶夫營，前往烏克蘭助陣。

經過一段時間之後，衝突加劇，當地狀況變得更加混亂。內戰頻傳，包括俄羅斯代理人和烏克蘭軍隊之間的衝突。莫斯科武裝叛軍，在俄羅斯軍隊指揮官領導下軍援叛亂份子。儘管如此，對於克里米亞軍事任務來說，頓巴斯戰爭並不是蓄謀已久的干涉行動。

二〇一四年六月，莫斯科在烏克蘭東南部的軍事任務沒有既定計畫。前俄羅斯總參謀部軍官告訴我：「如果烏克蘭人爲了克里米亞，我們現在就不會在頓巴斯戰鬥。」畢竟，混亂的基輔，鼓舞了普丁和他的顧問們，進行了致命的盲動決策。克里米亞是一個獨特的案例：一座半島。俄羅斯已經在那裡擁有軍事據點，當地大多數人民對於基輔多年來的對待方式感到不滿；而大多數俄羅斯人民認爲克里米亞是他們的。儘管不是原計畫的一部分，在侵入克里米亞之後，俄羅斯當局甚至克里姆林宮內部，開始考慮在烏克蘭東部建立俄羅斯一支部隊，以開展地區軍事任務。此一目標不是征服領土，而是屈就於政治壓力——說服基輔；如果妄想與西方國家的關係更加緊密，莫斯科就會懲罰基輔。當時的假設是，這會恐嚇烏克蘭，並且強迫烏克蘭接受俄羅斯的勢力範圍。這是一種致命的誤判。

烏克蘭東部出現了眞正的抗議和隱憂，被趕下臺的總統亞努科維奇的權力基礎，也是說俄語的人比例最高的地區。在擔心烏克蘭新政府的影響下，與其說想要烏東獨立，不如說想要更大的自主權。在莫斯科媒體放大下，開始描繪新政府爲法西斯軍政府。同時，叛軍也嘗試在烏克蘭東部城市開始起事——純粹是地方性的叛亂，這似乎透過了俄羅斯內部人士的支持以獨自行動。大多數叛亂都失敗了，因爲缺乏眞正的支持，或是安全部隊及時遏止在頓涅茨克的城市反叛。不過，大概是受到了克里米亞的啓發，在盧甘斯克抗議者衝進了當地政府大樓，並且呼籲自決，甚至加入俄羅斯全民公投。烏克蘭代理總統亞歷山大・圖爾奇諾夫憤怒地威脅要採取「反恐措施」。星星之火，即將燎原。

斯特列科夫的火花

伊戈爾・基爾金引燃了火花。他率領來自克里米亞五十二名志願兵和傭兵，由伊戈爾・基爾金指揮，其更廣爲人知的名字是斯特列科夫。斯特列科夫擁有俄羅斯軍事情報背景，是一位標準的俄羅斯民族主義者。儘管有些人聲稱他實際上在俄羅斯情報總局工作，他是前俄羅斯砲兵軍官，以及幹練的參與軍事歷史重演者。他參與了二十年醜惡的內戰，支持親莫斯科的分離主義者。他在一九九二年在摩爾多瓦、一九九二年到一九九五年的波斯尼亞戰爭中的塞爾維亞，以及一九九九年至二〇〇五年在車臣與叛軍作戰。在許多衝突事件中，他曾經被指控侵犯人權。儘管如此，他對境外俄羅斯事業的熱情仍無可否認。

二〇一四年四月十二日，斯特列科夫率領烏合之眾，躲避俄羅斯和烏克蘭邊防人員，進入烏克蘭。他領導攻入斯洛維揚斯克鎮，那裡的基輔抗議者基本上受到控制。在那裡，他組織當地的民兵組織，引起了烏克蘭安全局注意。基輔開始集結更為強大的武裝力量進行包圍，但是同時叛亂正在蔓延。在盧甘斯克和頓涅茨克，軍械庫被占領，並且洗劫一空；民兵開始籌組。叛軍朝向親莫斯科政權，而克里姆林宮不確定是否想要參與其中。畢竟，莫斯科已經擁有克里米亞這個讓人朝思暮想的戰利品。

莫斯科越來越意識到這種親俄羅斯政權的崛起，不可能允許失敗——尤其是為了避免國內的民族主義繼續蔓延——以及提供了展露的機會。克里姆林宮人士認為，反基輔的烏東抗議活動自然會蔓延開來，但是其他人看起來絕非數學題推導擴散那麼簡單。截至三月，烏克蘭政府只召集了大約六千名戰備部隊，並且強化守衛其邊界和克里米亞地峽。只要有一點協助，叛亂就可以繼續騷擾，只要把基輔政權踢走即可。

就像俄羅斯所看到的那樣，看起來是不是很合理？當時，我認識的和俄國外交部熟識的俄羅斯教授告訴我：「烏克蘭軍政府已經越界了。他們必須知道，他們需要俄羅斯的貿易和友誼。一旦他們恢復理智，我們才能夠相互和談。」

莫斯科的許多人是這樣想的：「他們對於吞併頓巴斯不感興趣。」相反的，這只是需要的休克治療，讓基輔的新革命政府「清醒過來」。當時我在莫斯科與之交談的體制內的每個人，都向我保證著。對我來說，這只是六個月的事情，到了夏天，基輔就會意識到無法脫離莫斯科，一切都會平靜下來。當然，事實再次證明：他們錯了。

非正規戰爭

他們誤解了這場危機的性質，認為烏克蘭東部說俄語的人眞正擔憂的是：新政府讓他們積極支持叛亂。對於大多數人來說，走到這一步就太過分了。他們也誤會了烏克蘭人，包括許多來自相同的俄語社區，願意扛起武器來捍衛國家的主權。

政府軍確實不多，而且往往裝備很差、缺乏動力。即使是精銳的軍事單位，也往往不願意和叛亂份子談判。在一些令人尷尬的案例中，烏克蘭傘兵第二十五空降旅，在毫無抵抗下，讓叛軍奪取五輛BMD-2步兵戰車，以及自走迫擊砲。另一支縱隊的指揮官，面對喝醉酒的男人和嘲諷的女人時，乖乖地交出了步槍。

在另外一種情況下，一名外國記者觀察到：內政部部隊公開出售叛軍槍枝和彈藥，以換取自家釀造的啤酒和醃豬肉。戰爭頭幾個月的繁重工作，由親政府的民兵承擔。有些類似於當地的自衛隊士兵，例如頓巴斯營的忠誠者。其他的，實際上是強大的烏克蘭寡頭私人衛隊，例如伊戈爾·科洛莫伊斯基，他創立第聶伯營。科洛莫伊斯基是烏克蘭的億萬富翁，他是一位由基輔任命的第聶伯羅彼得羅夫斯克州長；其他是比較有爭議的政治運動，像組建新納粹亞速營。他們原本是戰爭初期階段的戰士，但是受到戰爭罪的指控，以及白人至上主義的干擾，導致美國國會正式議決送往烏克蘭的軍事援助，無法送往亞速營。

同樣遭到反對的是多樣化的分離主義，以及民兵組合。這些民兵有些是當地人，有些是傭兵和俄羅斯的志願兵。在莫斯科的指導下，得到賞賜、武器，以及指導訓練。許多叛軍，同時也是政府部門的叛逃者。根據烏克蘭首席軍事檢察官聲稱：二〇一五年夏天，五千名警察和三千名士兵加入了叛軍。叛軍沒有編制大小、起源，或是標準化的結構，其範圍來自於相對精實的單位，例如米哈伊爾・托爾斯特赫率領的索馬利亞營（據說如此命名，是因為戰士像索馬利亞人），以及阿爾森・巴甫洛夫（番號：摩托羅拉）率領的斯巴達營，或是較小的民兵團，例如俄羅斯東正教軍隊（主要來自烏克蘭哥薩克人），以及嚮噹噹的流氓營。頓河畔羅斯托夫，是俄羅斯羅斯托夫州首府，是重要的港口城市，以及公路和鐵路樞紐，成為莫斯科補給中尚未宣戰的基地。頓河畔羅斯托夫不僅擁有軍火庫，可以運送物資越過邊界，藉以支持叛亂份子，但是俄羅斯情報總局厥功其偉，潛伏其中針對志願民兵和傭兵進行篩選、武裝，以及城市集訓。這是一場混亂、污穢的衝突，雙方互相指控侵犯人權，部分原因往往是缺乏清晰有效的指揮鏈。確實，反抗軍「人民共和國」即將成立，斯特列科夫籌組了民兵聯盟。所謂的東南軍隊，是來自於搖搖欲墜的結構，其政治領袖往往是投機的機會主義者，而且斯特列科夫從未壟斷民兵，因為許多當地強人和軍閥想要保留其自治權。的確，其中某些勢力只不過是強盜劫匪，對於掠奪和勒索，遠勝於任何誘因。

到了五月，自稱為頓涅茨克人民共和國，以及盧甘斯克人民共和國領袖宣布從烏克蘭獨立，他們正在籌組新俄羅斯邦聯，推舉斯特列科夫擔任國防部長。但是這是子虛烏有的事，因爲莫斯科不會承認和資助新國家的成立。克里姆林宮擔心的是，如果基輔無法讓頓巴斯還給烏克蘭，以達成政治協議，將迫使烏克蘭分裂，是否烏克蘭還能恭順於俄羅斯，尙有疑義；反之，則可能符合俄羅斯的利益。事實上，斯特列科夫在八月份被解職，當他回到俄羅斯之後，他成爲普丁和俄羅斯政府直言不諱的批評者，認爲自身在捍衛俄羅斯和海外僑民的利益。

斯特列科夫是一位冷酷而稱職的指揮官，但是在政治上表現很愚昧，因爲擊落馬來西亞航空公司第十七號航班。二〇一四年年七月十七日，馬航第十七號航班依據計畫從阿姆斯特丹飛往吉隆坡。在烏克蘭東部上空飛行時，遭到導彈擊中墜毀，機上二八三名乘客和十五名機組人員全部罹難。雖然莫斯科提出了許多替代性解釋，荷蘭領導的聯合調查小組得到結論，是因爲從烏克蘭分裂份子控制的領土，遭到山毛櫸中程地對空導彈擊中。最初是由俄羅斯第五十三防空火箭旅部署，提供給叛軍，可能還有組員。斯特列科夫在網路發文，聲稱在多列士地區在進步礦坑附近，擊落了一架烏軍安托諾夫AN-26運輸機。「我們警告他們——不要在我們的天空飛行。這證明又一次飛鳥墜落。」叛軍認爲目標是烏克蘭的安托諾夫AN-26運輸機。正如山毛櫸中程地對空導彈重型武器系統的存在，證明了莫斯科是多麼迅速地支援叛軍，特別是地對空導彈的提供，也有助於解釋，爲什麼烏克蘭不能太過依賴航空資源。然而，並無證據顯示俄羅斯軍事指揮官參與其中，還強調了軍閥所擁有的相對自主權。

烏克蘭：2014年至2020年
頓涅茨克／盧甘斯克人民共和國占領區
頓涅茨克／盧甘斯克人民共和國占領城市
早期頓涅茨克／盧甘斯克人民共和國占領城市
其他烏克蘭控制城市
第二版明斯克協議停火協定
頓涅茨克／盧甘斯克（2014年9月19日劃定界）
烏克蘭（2015年2月15日劃定界）
俄羅斯
卡爾可夫
盧甘斯克
北頓涅斯克
斯拉夫揚斯克
克拉馬托爾斯克
阿爾喬莫夫斯克
第聶伯羅彼得羅夫斯克州
紅軍村
佩爾沃邁斯基
盧甘斯基
科穆納爾斯克
德巴爾切夫
哥羅夫卡
盧甘斯克人民共和國
克萊斯尼－魯奇
阿瓦迪夫卡
期尼日内
安特拉齊特
馬凱耶夫卡
多列士
頓涅茨克
頓涅茨克
頓涅茨克人民共和國
札波羅熱
新亞佐夫斯克
馬里烏波爾
亞速海
北
0
25英里
0
25公里
白俄羅斯
俄羅斯
波蘭
基輔
利沃夫
卡爾可夫
第聶伯羅彼得羅夫斯克州
盧甘斯克
德涅斯特河沿岸共和國
頓涅茨克
摩爾多瓦
赫爾松
奧德薩
亞速海
羅馬尼亞
克里米亞
黑海
保加利亞
克赤海峽

「北風」

五月一日，基輔重新開始徵兵，因為準備隔離，然後重新征服叛軍所控制的地區。基輔在頓涅茨克人民共和國控制下的城鎮進行砲彈發射，包括斯拉夫揚斯克、馬里烏波爾，以及克拉馬托爾斯克。經過重砲反復攻擊，七月五日，斯特列科夫和他的部隊從斯拉夫揚斯克撤退，回到克拉馬托爾斯克。這似乎引發了叛軍團結和士氣方面的崩潰。克拉馬托爾斯克和阿爾特米夫斯克，很快就崩解了；緊隨其後的是馬里烏波爾。與此同時，叛軍和政府部隊正在爭奪頓涅茨克國際機場，距離頓涅茨克人民共和國首都距離很近。到目前為止，莫斯科一直試圖限制其參與。

俄羅斯願意讓志願者去加入叛軍，並且提供武器，例如肩射式地對空導彈，然後是以防空系統來對抗政府的空中優勢武裝力量（雖然基輔的直升機和飛機遭到攻擊墜落，減少了空中武裝力量的使用），以及運用數量有限的戰車和榴彈砲，甚至還運用一支民兵部隊東方營。這支部隊由車臣和阿布哈茲退伍軍人豢養，在車臣戰爭之後派往頓涅茨克，是為了加強叛軍的武裝力量，並且在必要時充當莫斯科的工具。其他俄羅斯志願者加入盧甘斯克人民共和國，以及頓涅茨克人民共和國的部隊，可能是以志願者身分，派出俄羅斯軍官，以嘗試扭轉叛軍敗戰之後的撤退情勢。

但是這沒有用。到了八月，叛軍控制的地區正在逐漸縮減。最重要的是，政府軍似乎即將重新控制與俄羅斯接壤的領土，這將限制俄羅斯提供源源不絕的戰士、武器和彈藥，以及在盧甘斯克人民共和國，以及頓涅茨克人民共和國兩者之間挑撥離間。這將標誌著反叛軍的終結命運，並且早已有跡象顯示，兩國的領導人正在尋求逃往俄羅斯的路徑，甚至赴基輔完成個人的交易。莫斯科的選擇是擴大戰場或是撤軍。莫斯科選擇的擴軍，已經放棄任何代理戰爭的希望，代理戰爭只需要有限的幫助，就可以抵抗烏克蘭政府軍和民兵的聯盟。克里姆林宮剛開始可能沒有意識到這一場叛亂，已經決定試圖拉攏叛軍，而且不願意接受失敗。

到了八月七日，烏克蘭政府派出機械化師和空降部隊支援民兵營，發起了奪回伊洛瓦伊斯克的企圖，這是頓涅茨克以東的鐵路樞紐，從四月之後一直掌握在叛軍手中。剛開始，他們擊退頓涅茨克人民共和國部隊，並且在八月十八日，一路殺到市中心，後來只剩下掃蕩的問題。到了八月二十四日，俄羅斯突然反擊，殺得烏克蘭政府軍措手不及。當大約四千名俄羅斯正規部隊包圍伊洛瓦伊斯克時，包括第六戰車旅的傘兵和T-72B3主戰戰車，越過邊界以支援叛軍。

烏克蘭的第九十二機械化旅發起進攻，從伊洛瓦伊斯克突圍，但是遭到重型砲火重挫，遭到俄羅斯傘兵襲擊，迫使其撤退。幾天下來，戰術形勢已經完全逆轉，遭到包圍的部隊開始試圖談判，以進行脫困。這是對於俄羅斯擁立政權的含蓄承認。八月二十九日，普丁宣布人道主義，應該要開放走廊讓政府軍離開。頓涅茨克人民共和國總理亞歷山大・扎哈琴科緊急同意了，儘管烏克蘭的政府軍將遺棄裝甲車、重型武器，以及大約一千六百名殘餘的政府軍開始撤退時，但是政府軍在撤退路線以及撤守武器的議題上產生了爭議。爲了打破停火協議的蓄意計謀，導致引發俄羅斯砲擊的小型規模衝突，烏克蘭和俄羅斯之間的協議瓦解，數百位戰俘遭到囚禁。直到九月一日，伊洛瓦伊斯克重新落入叛軍手中，超過三百五十名政府軍和民兵陣亡。下一階段的戰爭，正以所謂的「北風」開始——莫斯科毫不掩飾直接干涉——正在吹襲。

解決衝突

二〇一四年八月，俄羅斯部署了大約三千五百到六千五百名軍隊進入烏克蘭；到了年底，成長到大約一萬名部隊士兵的高峰。包括特種部隊旅第二、第十分隊、第一〇六近衛空降師，以及第四十五近衛空降特種部隊軍團。然後，第九和第十八摩托化步兵旅也進入部署。首先，引入正規戰鬥部隊，看到了營戰術的導入。從大隊中化整爲零，建構了十個派遣部隊：第十七、十八、第二十一、第三十三摩托化步兵旅、第三十一近衛空中突擊旅、第二特種部隊旅、第一〇四和第二四七空襲團，以及第一三七和三三一空降團。此時，強化所謂的「混合戰爭」，透過假訊息、推卸責任的政治操作，以及其他電磁輻射、資訊操作等非動力方式進行介入。戰場上的實戰幾乎已經結束；相反的，這個看起來更像是一場傳統的戰爭，即使雙方沒有宣戰。

政府軍似乎已經能夠贏得紀律鬆散，而且協調困難的反叛民兵，但是烏克蘭人對於抵抗俄羅斯軍隊的武裝能力，似乎沒有幻想。莫斯科公開參戰，基輔被迫在明斯克同意於九月達成和平協議——儘管二〇一四年停火證明是一場虛幻。零星的衝突不斷，隨後是更爲嚴重的頓涅茨克機場的第二次戰役。當頓涅茨克人民共和國部隊，奮力將政府軍擊退，以確保最後的城市的立足點，花了將近四個月的戰鬥時間——在那一次，防守者獲得了綽號「半機械人」。防守者看似一種超人似的強悍，但是到二〇一五年一月底，頓涅茨克機場淪入叛軍手中。

在俄羅斯的直接援助下，叛軍得以取得進展。下列特別的例子，是具有重要戰略意義的城市傑巴利采韋，它位於頓涅茨克人民共和國，以及盧甘斯克人民共和國所擁有的領土之間，也是通往阿爾捷米夫斯克，以及斯洛維揚斯克的主要公路和鐵路樞紐。叛亂份子在二〇一四年四月奪取，基輔政府決定七月出兵奪回。因此，傑巴利采韋處於夾在兩個叛亂地區之間、政府控制領土的中心地帶。二〇一五年一月，在嚴酷的冬季，叛軍發動攻勢，以猛烈的砲火奪取了這座傑巴利采韋城。政府軍隊浴火抵抗，士兵和平民都慘遭殺害。當叛軍包圍傑巴利采韋時，外部勢力斡旋的停火協定無疾而終。基輔試圖解救六千名遭困的政府軍，主要是砲火暫歇，這在很大程度上歸功於俄羅斯軍隊。俄羅斯部隊來自第八和第十八近衛摩托化步兵旅、第二三二火箭砲兵旅，而第二十五特種部隊團，提供突擊部隊和砲兵觀察員。第一三六近衛摩托化步兵旅的營級戰術群，也在關閉進入城市走廊的戰役中遭受損失，必須替換為第二十七近衛摩托化步兵旅，以及第二一七近衛空降團（來自第九十八近衛空降團）。烏克蘭軍隊最終被迫撤出二月十八日的駁火軍事任務，留下了一座殘破的城市，也留下俄羅斯介入內戰的規模和程度，甚至可以打破區域平衡。

與此同時，明斯克協議明顯失敗，談判代表正在研究新的替代式協議，稱為明斯克協議第二版，並在二〇一五年二月十二日達成協議，但是事實證明不再成功。明斯克協議設想立即停火，在反叛份子控制的地區舉行選舉。他們以特殊身分、以相當大的自主權重新融入烏克蘭，並且返回烏克蘭政府控制。任何停火協議，充其量是零散和暫時的；叛亂當局被基輔政權視為非法，特別是烏克蘭認為，由叛亂份子發起的地方議會其地位是非法，且理由不充分。頓涅茨克人民共和國，以及盧甘斯克人民共和國仍然堅決地進行叛亂。

自二〇一五年以來，動態環境主要是在整合：地區衝突並沒有在意義上獲得解決，所以時間已經凍結。烏克蘭政府在重建軍隊方面取得重大進展，截至二〇二二年，超過四分之一的百萬人民擁有武器，親政府民兵納編進入嶄新的國民警衛隊。尤其是那些與極端民族主義運動有關的愛國人士，通常義憤塡膺，主要是由志願部隊的愛國主義在二〇一四年組成。

僵持

另一方面，新的格局已經形成。過去烏克蘭總統波羅申科政府聲稱的反恐行動，對於克里姆林宮來說，這不是一場戰爭；直到二〇一五年十二月，普丁才終於承認，俄羅斯人在頓巴斯要解決各種問題，但是否認他們是戰鬥部隊。畢竟當代理戰爭可以遂行的時候，莫斯科繼續領導、依賴各地的傭兵協助作戰。儘管俄羅斯努力建設民兵，形成紀律森嚴的正規軍隊，但是他們往往紀律渙散，或是只會砲火濫射。每當烏克蘭政府軍看起來將有斬獲，爲了取得重大進展，俄羅斯人在他們的營中也強化戰術組也以力挽狂瀾。

在前線衝突的頭幾年，傑巴利采韋等城鎭形成拉鋸戰，多次易手。烏克蘭政府軍變得更有自信，讓叛軍節節敗退。事實上，二〇一六年，基輔沒有失去任何優勢；到了二〇一七年一月，叛軍發動了對政府控制下阿夫迪伊夫卡鎭的攻勢。這讓人想起二〇一四年的全面戰爭，大規模火砲轟炸，以及近距離地面交戰。不過，在二〇一八年，基輔採用了新的語言稱呼叛亂地區的「反恐行動區」爲「臨時占領區」，並採取「聯合部隊軍事任務」這個名詞。

這聽起來像是毫無意義的文字遊戲，但是具備重要意義，因爲這是來自政府軍的宣示。到了二〇一七年，政府軍不時地推動他們的位置向前邁進，更深入所謂的灰色地帶，以進入叛軍據點的邊界。他們當然意識到這是不可能的。政府軍以退爲進，嘗試擊退叛軍，深入防線，而不會遭致俄羅斯的反彈；相反的，雖然莫斯科繼續支援叛亂份子，進駐大量準備就緒的特遣隊以進行干涉，並且部署一系列其他戰備物資，包括軍隊和聯邦安全局狙擊小組。俄羅斯知道，打破僵局導致公開的大型軍事衝突，所有的政治影響，將要承擔接下來的後果。所以頓巴斯模式，是採取一種斷斷續續的停火。藉由壕溝戰以及零星的局部戰鬥，相互進行狙擊砲擊，並且相互指責，直到二〇二二年，普丁決定打破僵局的時候到了。

第十五章 頓巴斯戰爭的教訓

那是二〇二〇年，我正在旁聽一場關於英國在烏克蘭建構軍事任務的一場簡報，代號「軌道」。自二〇一五年以來，提供了一系列基本軍事技能的培訓，從領導統御、規劃拆彈，以及野戰醫學，無一不包。這是建立一支現代化西方國家軍隊，當然有完整的簡報（美國人常用的PowerPoint），其中包括大量事實、資訊，以及漂亮的地圖。不過後來，其中一位主持人，他是一位步兵上尉，強調這可不是一條單行道，他說：「說實話，我們也可以向烏克蘭人學習。沒有其他國家，在傳統戰爭中，擁有和現代戰爭和對等對手交戰的經驗。」他頓了一下。「我見過伊拉克和阿富汗的軍事任務，我一直遭受到攻擊，但是我從未遭遇過戰車。」

對於所有關注在烏克蘭所面臨的「灰色地帶」或「混合戰爭」——包括網路攻擊和電子媒體的挑撥離間，採用宣傳、顛覆，以及經濟和政治壓力——進行的二〇一五年至二〇二二年頓巴斯戰爭。這主要是一場傳統戰爭，其中以狙擊手攻擊或火砲交駁，以取代全副武裝的現代戰爭。難怪西方國家軍隊最近的經歷，主要是塵土飛揚的鎮壓叛亂，以及介入於分散式非正規的戰爭中，才渴望透過烏克蘭人的經驗進行深入了解。此外，這同時也給俄國人提供了一次良好機會，在短暫的衝突中檢驗戰爭理論，並且吸收教訓。因爲之前的喬治亞戰役，並不像敘利亞戰役那樣的具體。

儘管俄羅斯人從未採取如此戲劇化的轉變，竟然以「小型戰爭」爲幌子，隱含在新風貌的建軍改革中。西方國家過去的想法，是料想未來行動都將是對付後蘇聯時代，歐亞大陸的有限干預軍事任務。俄羅斯前總參謀長馬卡羅夫將軍，在軍事學院的演講中明確表示：「重要的是要了解戰鬥區域沿著俄羅斯聯邦的國家邊境，是在西方邊境，或是東方邊境鄰邦。」

這樣的衝突，會強化動員武裝力量分派的速度，但是不是純粹的一般大眾。不過，頓巴斯的戰爭，以及隨之而來與西方國家關係再度惡化，這提醒總參謀部和克里姆林宮將會產生更大的風險和衝突。例如這將導致總參謀部和克里姆林宮部門的保守特質。更廣泛地說，這場戰爭顯示了俄羅斯特有的優點和缺點。

代理人戰爭中的指揮和控制很難

亞歷山大·莫茲戈沃伊爲土生土長的盧甘斯克人，他在動亂中尋找到了自己的激情。直到那時，他一直在烏克蘭軍隊擔任士官，然後在聖彼得堡當過廚師。他在二〇一四年初返家，當地方叛亂開始了，他發現自己可以投效軍閥割據。他組成名爲「幽靈營」的民兵組織。起初他名義上宣誓效忠斯特列爾科夫，但是莫茲戈沃伊掌握幽靈營，其軍力與東南軍，甚至盧甘斯克民兵指揮結構分開。莫茲戈沃伊個性殘暴，以強力統治，甚至吸引了來自國外的志願兵，其中許多人進入主要講法語的歐陸單位，成立四〇四部隊，並且組織外國共產主義戰士的支隊，也被稱爲「比留可夫—馬爾可夫團」。

終於成爲「要人」的莫茲戈沃伊不願意分享榮耀，或是屈膝於他人下。他經常和其他民兵指揮官發生衝突，至少有一次甚至拔槍指向他名義上的盟友。他還認爲自己就是一本法律書。二〇一四年十月，他甚至舉辦了一場人民法院的法庭審判，要求觀眾舉手，是否贊同一名涉嫌強姦的嫌疑犯判處死刑。就像基輔以最快的速度召集志願部隊，加入其國民警衛隊，到了二〇一五年，莫斯科也是如此。莫斯科試圖在第一集團內的頓涅茨克，建立更爲統一的指揮中樞（頓涅茨克軍團）；或是在第二集團的頓涅茨克，也建立更爲統一的指揮中樞（盧甘斯克軍團）。莫茲戈沃伊不願接受這一種從屬關係，所以起初盧甘斯克當局和俄羅斯人，試圖透過限制幽靈營糧餉和彈藥的供給，對他施加壓力。爲了回應當局施壓，他提高了賭注，向基輔申請正式設立了自己所屬的政黨民族「復興黨」。

兩週之後，即二〇一五年五月二十三日，莫茲戈沃伊在盧甘斯克舉行會議之後，返回阿爾切夫斯克的軍事任務基地途中。他是在他的新聞發言人和六名保鑣的陪同下，他搭乘的車子在三輛掩護他的車子當中。保鑣全副武裝，因爲幾個月前，俄羅斯企圖暗殺他，但是沒有成功。在米海利夫卡村外，六臺俄製MON-50定向碎裂地雷埋設在路上，透過遙控線連接在一起。莫茲戈沃伊車隊經過時，隱匿的伏擊者引爆了地雷，向暗殺目標發射了五四〇顆鋼珠。莫茲戈沃伊、司機，以及兩名保鑣當場斃命。伏擊者隨後以AKM突擊步槍，以及RPK機關槍進行掃射，掃射完畢之後就消失在夜色中。

盧甘斯克當局，立即將這次襲擊歸咎於烏克蘭特種部隊，就像盧甘斯克普里茲拉克旅的新任指揮官所說的一樣；但是莫茲戈沃伊最親密的盟友，聲稱他是被俄羅斯特種部隊暗殺的。總而言之，雖然基輔不會爲莫茲戈沃伊流淚，但是幾乎沒有證據，基輔擁有那種可以滲透到叛軍控制區的狙擊手，可以進行如此精準的暗殺和滲透行動（這需要豐富的軍事知識和行動）。這一場暗殺沒有留下任何痕跡。此外，還有民兵指揮官面臨不幸的一種模式，發現自己反對當地領導或是莫斯科當局時下場頗爲悲慘。與莫茲戈沃伊一樣，爭議性頗高的指揮官亞歷山大・貝德諾夫指揮快速反應小組（也稱爲蝙蝠俠營），以及帕維爾・德雷莫夫指揮快速反應小組（也稱爲巴提亞營），在二〇一五年相繼遭到暗殺；而在二〇一六年，摩托羅拉營的巴甫洛夫也遭遇了同樣的暗殺命運。在大多數情況下，他們遭到炸彈、誘殺裝置，或是遭到伏擊攻擊致死。最令人震驚的是二〇一四年就任頓涅茨克人民共和國的總理亞歷山大・扎哈爾琴科，在二〇一八年八月遭到謀殺。雖然官方說法始終是遭到基輔代理人的暗殺，但是沒有任何證據支持這一種觀點。

相反的，懷疑論落在俄羅斯特種部隊或是傭兵身上。來自「瓦格納軍團」（見第十八章和第二十五章），或者在少數情況下，招募組織型的犯罪殺手，例如謀殺案背後的首腦，二〇一六年在莫斯科，第五獨立步兵旅指揮官葉夫根尼・日林遭到謀殺；盧甘斯克人民共和國的前總理季納季・齊普卡洛夫，遭到叛國指控之後在監獄裡上吊自殺。他試圖針對伊戈爾・普洛特尼茨基發動政變，當時的盧甘斯克人民共和國元首正是伊戈爾・普羅特尼茨基。

如此一來，莫斯科只好接受便宜、好用的非正規代理部隊進行作戰。但是一分錢，一分貨。雖然他們可能個人作戰相當勇敢，在戰場上贏得戰爭，但是很多時候他們是兇狠殘忍的機會主義者，在戰鬥中毫無紀律可言。正如第二十五章所討論的，俄羅斯對於現代全面戰爭行動的思考模式門檻，絕對不是「灰色地帶」或是「混合戰爭」，而是「政治作戰」。使用國家可以統籌支配的一切手段，不管是公開或隱晦的，即使沒有煙硝遍野的直接對戰，以實現其政治目的。這顯然是克里姆林宮早期的做法。更多頓巴斯衝突的混亂階段，很明顯先隨機納入暴徒、民族主義者、機會主義者、哥薩克人，以及理想主義者，以圖對抗政府軍隊。莫斯科只有清理門戶，或是清理戰場，或是選擇直接對著幹。

俄羅斯找不到正式的手段來解決不遵王法、違抗紀律，以解除其指揮官權力的策略，因此，轉向採用嗜血型的非正規指揮官。首先，他們嘗試建立自己的民兵組織，例如成立東方營；然後採用瓦格納軍團的傭兵。他們也試圖控制更強大的系統。當莫斯科不情願地送給頓涅茨克六部重型火焰噴射器系統，擁有多管火箭發射器，用於戰場。俄羅斯確保發射兵是俄羅斯軍人，而且必須授權才能射出火箭。不過，到了二〇一九年，第一和第二階段的大多數士兵軍團都是當地人，得到少數哥薩克人以及其他當地俄羅斯志願兵的支援。上級指揮中樞是由階級職位的正規俄羅斯軍官所組成，即使隱藏在部隊番號中也是如此。例如根據基輔的說法，繼任空降兵部隊指揮官安德烈・謝爾久科夫上將所指揮的傘兵部隊，在二〇一五年全面控制了頓巴斯，代號為「塞多夫」。俄羅斯軍隊，接受傳統的軍事等級制度命令。第八近衛軍於二〇一七年進行改革，駐地位於新羅西斯克的頓河畔羅斯托夫以南。儘管第二十近衛集團軍在沃羅涅日，位於烏克蘭的北方，同時也發揮了戰力。第八近衛軍似乎已經完成部署到頓巴斯的作戰指揮部，構成對烏克蘭的主要威脅。

資訊戰爭，是一種強大的倍增武裝力量

另一方面，俄羅斯人敏銳地意識到政治操作，可以支援戰爭動態軍事任務；運用資訊系統，

不僅是一種未來關鍵的倍增武裝力量，同時也適用於戰場。阿夫迪伊夫卡是一座通往頓涅茨克北部通道的工業城市，首先遭到叛亂份子的占領，然後在二〇一四年七月，由烏克蘭政府軍奪回。城市東部所謂的工業區，已經劃定爲中立區，因爲靠近頓涅茨克M04高速公路。但是在二〇一六年三月，烏克蘭政府軍隊，針對這一條路線隱藏的威脅開始建立據點。零星局部衝突持續了一年，在二〇一七年一月升級爲全面性作戰。雙方都指責對方發起了敵對行動，但是眞正的導火線，似乎是烏克蘭政府決定建立一個名爲「金剛石二號」的陣地，這個陣地可以切斷道路。

叛軍開始砲擊這座城市以爲回應。這次的衝突導致了人道主義危機，因爲居住在城市的一萬七千名左右的居民，發現自己在隆冬季節沒有暖氣或電力供給。接下來的幾天中，叛軍對阿夫迪伊夫卡發動了多次進攻，主要來自烏克蘭第七十二機械化旅的部隊抵抗。儘管有幾次能夠突破叛軍的防線，但是永遠無法集中足夠的武裝力量來趁機反攻。叛軍控制的阿夫迪伊夫卡南方的斯巴達克村遭到嚴重破壞，裝甲縱隊沿著城市邊緣從西北方向入城，試圖奪取戰略上重要的阿夫迪伊夫卡煤炭和化工廠。到了二月四日，隨著當地達成停火協議，戰鬥開始平息；第二天，長期受苦的居民恢復了暖氣和電力供給。

這是自二〇一四年至二〇一五年以來最激烈的戰鬥，展現了烏克蘭軍隊的介入程度，以重建其戰鬥模式。其中一項最引人注目的創新戰術，特別是在戰鬥中，烏克蘭士兵們的手機開始響起一連串令人不安的語音訊息。「沒有人要你的孩子變成孤兒」、「雪融化時，會發現你的屍體」，以及「你只是你的指揮官的俎上肉」。這些訊息似乎來自於附近士兵的手機電話。

這種假資訊以前在戰爭中遭遇過，但是從來沒有這麼密集的負面訊息，而且似乎來自於軍人的戰友。這似乎要歸功於俄羅斯電子戰系統，這是採用卡車搭載先進設備，也可以在無人機上部署基地站模擬器的技術。設置於附近戰場上，可以一次截聽多達六千次電話，擁有可擴及超過六公里寬的區域。在其他情況下，同時可以用手機定位，以利俄羅斯人可以準確地定位烏克蘭軍的位置，以進行砲火指揮。在阿夫迪伊夫卡的戰場上，試圖讓烏克蘭戰士士氣低落。從那時開始，資訊部署操作武裝力量變得更先進、更富有想像力。

難以否認之重要地位

二〇一四年馬來西亞航空公司班機在頓巴斯被擊落時，莫斯科的敘事控制機器，也在超速運轉中。事故調查員派往該地區，盡可能地對殘骸進行監控，移除俄羅斯製造導彈的證據，以公開資訊和祕密媒體網站開始提供解釋。這些資訊範圍從烏克蘭的蘇愷-25遭到擊落——這是一架對地攻擊機；最不尋常的是，即使馬航班機上的人已經死了，美國中央情報局亦精心策劃的挑釁活動，目的是要抹黑俄羅斯的名聲。

最後莫斯科聲稱，在這次的戰役，俄羅斯沒有介入，這在當然是爲了誤導和欺騙西方世界。雖然有些人仍然相信普丁，而不是該國新聞界和領袖的說法，但是俄羅斯主要採取的論述已經讓人失去了信任。早在二〇一五年，當外交部長謝爾蓋·拉夫羅夫，試圖在慕尼黑安全會議一群官員和專家面前歪曲官方路線，受到了嘲諷。俄羅斯持續的欺騙，就像以戰爭代理人和傭兵的依賴程度，反映了克里姆林宮試圖隱瞞戰爭的眞實本質，以及自家人涉入的規模。

俄羅斯士兵中有很大一部分是新兵，這帶給莫斯科特殊政治軍事任務的挑戰。根據法律，除非正式宣戰，徵召入伍者不得在國外的軍事行動中服役。也就是說，他們需要自願參戰。即使他們確實選擇進入戰場，役期僅有十二個月，之後採取基礎的訓練。通常只有服役期間的三個月，最多四個月，這些才是眞正有用的訓練。此外，克里姆林宮對於阿兵哥的訓練感到相當不安。如果開始徵兵，一般的俄羅斯人可能會強烈反對，因爲可能會在一場尚未宣戰的戰役中壯烈犧牲了。陸軍設計的營戰術組規劃在旅級單位中，這是一種標準的做法，可運用在戰場，但是僅在頓巴斯的戰場上；屬於權宜之計。因爲，這並非沒付出重大代價。目前估計，有四萬二千名士兵參與。例如二〇一四年的頓巴斯戰役，大約運用戰鬥支援單位展開了一一七場戰鬥。這一場戰爭，也確保俄羅斯在其控制範圍中鞏固了俄羅斯掀起的所有任何戰爭論述。俄羅斯在第一次車臣戰爭中沒有論述，並且付出了代價。所以在二〇〇八年喬治亞戰爭，純粹呈現對伯利西採取了「侵略」的回應。頓巴斯是第一次俄羅斯試圖以這一種方式，經營管理境外的長期戰爭。

無人機是未來重大事件

二〇一四年七月十一日，烏克蘭機械化部隊第二十四旅，以及第七十二旅，在盧甘斯克南部的芝諾皮利亞鎭外集結，然後對其北部的叛軍展開攻擊。烏克蘭軍隊不知道俄羅斯人已經透過衛星和電子傳輸方式追蹤其移動軌跡，並且位於芝諾皮利亞鎭外十五公里的邊境之外，早已部署火砲。下午四點之後，兩架俄羅斯海鷹-10無人機嗡嗡作響，以傳回詳細的目標資訊；接著，烏克蘭軍隊的通訊開始受到干擾。「旋風」多管火箭砲（汰換原先發給叛軍過時的BM-21「冰雹」火箭砲）開始發射。在幾分鐘內就將營地夷爲平地，成爲彈藥和火煉的地獄。三十七名士兵遭到屠殺，超過百名以上的傷兵，所有卡車和裝甲車，包括T-64戰車，在整個戰場上都被燒毀了。精銳一營第七十九旅遭到重創，不得不重新組建；第二十四旅和第七十二旅，緊急撤守，不再戰備。即使在「混合戰爭」的時代，重砲仍然是王者爭霸戰的最後論據。這是一個如何集中火力研究的案例，採用無人機準確定位瞄準，以及攻擊。

無人機在頓巴斯的運用尤其值得注意。隨著俄羅斯大步趕上西方國家的做法，還有採用鷹式無人機，包括使用下列的機型，包括Granat-1、Granat-2、Forpost、Eleron 3SV、Zastava，以及手動發射的ZALA-42-08機型，以利觀察和進行火力控管。這有助於彌補俄羅斯人缺乏空優下，依然在空中武裝力量保有優勢。無可否認的是，採用無人機，只會在這個空戰過程中蒙受一點損失。

除了使用無人機之外，俄羅斯人還意識到有必要進行空中攻擊。但是歐洲安全與合作組織監測俄羅斯違反明斯克協議，以及停火協議；烏克蘭相對較少違約。歐洲安全與合作組織發現，俄羅斯使用的四軸飛行器，從這些遭到擊落的無人機中發現了下列事實：到了二〇二一年四月，其中有一半以上的空中民間運輸航班都遇到訊號干擾。烏克蘭的無人機面臨同樣的問題。俄羅斯的電子干擾系統與無線電通訊站系統，上述報告顯示俄羅斯也試用了「復活式」手持干擾通訊步槍，可以干擾全球定位衛星系統，影響了衛星通訊導航。

戰爭不會很快結束

二〇一七年，烏克蘭總參謀長維克多・穆貞科上將，認爲可以在短短十天內奪回頓巴斯——

儘管將會造成三千名軍人死亡，還有七千到九千名軍人受傷的代價，以及超過十萬名平民死亡的結局。

不管他是否強調這一點——而且，正如稍後所討論的，即使在當時，在基輔眞的談論過採用武力重新奪回頓巴斯的軍人——莫斯科保留升高衝突的主導地位。他們可以向該地區派遣更多打擊部隊以對付烏克蘭軍隊。

爲了打破這一種僵局，在二〇一七年到二〇一八年，烏克蘭採取的策略是運用小型規模，而且逐步沿著邊境進入三不管灰色地帶，以奪取更佳的防禦位置，或是制高點，在推進的過程中，有效地朝向淪陷區進軍。他們幾乎沒有取得勝利，但仍然致力於恢復爭議地區的控制權。

莫斯科進行干涉，不是誘導基輔投降，而是在進入頓巴斯之後產生前所未有的國族意識。當二〇一七年《防線戰區》電影上映，這是有關第二次世界大戰頓涅茨克機場之戰的電影，立即成爲當地的大片。與此同時，莫斯科強化補助頓巴斯等國際尚未承認的魁儡政權國家，在一場國內隱晦不明的衝突中，強化捍衛軍事任務的正當性。

這是一場人間悲劇。截至二〇二一年年底，估計超過一萬四千人死亡，全國接近兩百萬人流離失所。頓巴斯曾經是城市化和工業化的地區，將近百分之十五的烏克蘭人口，並產生了同等比例的國內生產總値，但是盧甘斯克和頓涅茨克的經濟，幾乎崩潰了。根據烏克蘭國家安全和國防委員會估計，莫斯科每年要花費三十億美元來補貼盧甘斯克和頓涅茨克，至少和軍費消耗一樣的多，甚至遭受經濟蕭條所困。多虧一條四二〇公里長的中立區，尚未受到叛亂份子控制，以容納難民。基輔運用其地位，以爲遭受俄羅斯侵略的受害者，以博得西方國家更多的支援，但是仍需要在國防上投入巨資，在二〇二二年，即高達了百分之五．九五的國民生產毛額。目標是讓烏克蘭成為足以抵禦強敵、不能輕易受到挑戰的國家。也許這種前景現在看起來，對於普丁總統來說太過真實了。二〇二一年，俄羅斯開始集結前所未有的武裝力量於烏克蘭周圍，經過將近一年不斷升級的恫嚇，八年以來，一場迫在眉睫的全面戰爭衝擊到烏克蘭全境。

第十六章

二〇一五年的敘利亞：意外干涉

一眨眼之間，你可能已經忘記了，當美國總統巴拉克・歐巴馬會見普丁，並且在二〇一五年九月的聯合國大會會議之間照相留影之際。這是一場有史以來最短暫的，只有十三・五秒鐘；最冷淡和最敷衍的一場行禮如儀的握手。因此，我訪問到一位鷹派的俄羅斯教授和專家學者，他經常幫政府或在媒體上喉舌，經常以「美利堅帝國的衰落」爲題撰寫專欄文章的御用作家。他放了一張鑲框的照片在他的辦公室。當我問到這一張照片時，他陰沉的臉上展現出邪惡的笑容：「那個是歐巴馬不想參加的會議，但是我們讓他參加了。我們向他表明俄羅斯不容忽視。」

俄羅斯軍隊介入悽慘血腥的敘利亞內戰的原因有很多，但是一定有一種原因。當時，華盛頓試圖透過外交手段孤立莫斯科，作爲俄羅斯冒進烏克蘭的懲罰回應；但是克里姆林宮決定將自己捲入一場重要的衝突。俄羅斯向美國表示，美國人無法避免與俄羅斯接觸，並且需要考慮俄羅斯的利益——這一場尷尬的拍照時機，就是展示特別一種絕佳滋味的例證。諷刺的是，歐巴馬和他的團隊越不高興，俄羅斯人越是感到很爽，因爲俄羅斯人強調了「以牙還牙，加倍奉還」的概念——最初起因只是五十架飛機。

一場漫長而血腥的戰爭

敘利亞自二〇一一年以來一直處於動盪不安中。當年阿拉伯之春抗議浪潮，反對巴沙爾・阿薩德總統的專制政權，遭到殘酷鎮壓。在暴動下，各地風起雲湧的城鎮暴動，導致政府派遣軍隊進入城市鎮壓。到了五月底，估計有一百名平民，以及一百五十名的鎮暴部隊隊員死亡，高壓政權的策略，不能壓制抗議，反而加重了抗暴危機：和平抗議很快變成武裝叛亂，並且軍隊大規模叛逃，導致敘利亞自由軍等反叛運動興起，加上其他團體，包括庫德－阿拉伯敘利亞民主武裝力量、伊拉克和黎凡特伊斯蘭國，以及其他與基地組織有連繫的聖戰組織團體。

到了二〇一二年夏天，敘利亞自由軍得到了來自美國、英國，以及法國的協助。隨著伊斯蘭國的崛起，打擊伊斯蘭國這股武裝力量，成爲華盛頓的優先事項，與敘利亞大馬士革當地的戰爭一樣重要。因此，美國不斷增加軍援強度，支援庫德人和敘利亞自由軍。到了二〇一六年，美國特種部隊祕密部署在敘利亞，爲了戰鬥和強化訓練；到了二〇一七年，敘利亞政府軍使用化學武器，對付反叛城鎮漢謝洪鎮，至少殺死八十九名平民，導致五百四十人受傷，美國針對鎮壓事件的回應，態度變得更加強硬。美國海軍羅斯號驅逐艦，以及波特號驅逐艦，針對敘利亞政府沙伊拉特空軍基地發射了五十九枚戰斧型導彈，以作爲化學武器襲擊的報復軍事任務。然而，土耳其積極投入戰爭，從一開始就支援，並且和沙烏地阿拉伯和卡達，共同武裝敘利亞自由軍——就像是土耳其安卡拉，過去向庫德族人施加壓力的情形一樣。有鑑於土耳其與該國庫德人的長期鬥爭，自然將自衛隊視爲一種威脅。

俄羅斯是敘利亞的長期盟友，以及軍事供應商，原先對於阿薩德的支援儘量克制。俄羅斯提供武器——主要是以現金爲基礎——以及軍事技術支援，尤其是國家的防空系統。到了二〇一四年，黑海艦隊的船隻往來，出貨非正常，共有七艘，每年進行十次往返，稱爲「敘利亞快捷」。此外，俄羅斯還提供信用貸款和財務協助，但是俄國主要作用是提供一定程度的政治掩護，尤其是在聯合國中。俄羅斯也曾多次嘗試，在大馬士革希望敘利亞政府和叛亂組織促成某種協議，但是沒有成功。直到二〇一五年九月，對於該政權最具體的援助來自於伊朗和黎巴嫩眞主黨運動。德黑蘭不僅提供政治援助和金援，還提供伊朗革命衛隊訓練員和專家，至少同樣重要的是，爲眞主黨民兵部隊提供資金和後勤，援助大馬士革。

到了二〇一五年中旬，儘管擁有軍援，阿薩德政權仍處於不穩定狀態。這個國家的大部分地區都在各種叛亂份子的割據中，甚至大馬士革的部分地區基本上都是禁區。在大馬士革國際機場，政府軍定期遭到轟炸。阿薩德政權失去了該國大部分石油開採領域，已經沒有經費支付殘餘的部隊。部隊非常擔心政權會突然崩潰，連番的挫折引發軍隊經常開小差，並且陣前倒戈。俄羅斯總參謀長格拉西莫夫對於當時的情況一目瞭然：

如果我們不干涉敘利亞，會發生什麼事？看，二〇一五年，百分之十的領土仍在政府管轄下控制。再過一兩個月，到了二〇一五年年底，敘利亞將已經完全處於伊斯蘭國下。

需要的盟友

充其量，淌入混水、跌入這個爛攤子，似乎是不智之舉。更糟的是遇到蠢蛋。畢竟，俄羅斯不僅從未干涉過規模擴大到遠離其邊界的任何衝突（並且面臨到需要維持承諾能力的嚴重問題）。從莫斯科的角度來看，似乎俄羅斯加入了失敗的一方。不過，我認爲參戰有一些充分的理由。更廣泛的願望是迫使西方國家意識到，俄羅斯可以除了玩票之外，還可以玩眞正的遊戲。因爲西方國家試圖孤立和邊緣化俄羅斯，尤其對於敘利亞自由軍的支援，又被視爲親西方國家的一個例子。透過代理人戰爭，推翻不在自己口袋名單中的領袖策略，最後形成了決斷性的軍事行動。

對於莫斯科來說，這裡又像利比亞。這裡也有反覆無常和剛愎自用，類似穆安瑪爾・格達費的政權，最後抗議活動提升爲內戰的層次。二〇一一年十月，北大西洋公約組織的空襲，確保叛軍贏得對抗格達費的戰爭。克里姆林宮堅信，西方國家透過說服格達費，有效地欺瞞了當時的總統梅德韋傑夫，否決聯合國停止空襲，以作爲保護平民的最後手段。西方國家以此爲由，進行打擊格達費的勢力。還有人懷疑，這是尋求一種新型西方國家「混合戰爭」的藍圖模式，企圖引起騷亂，推翻西方國家不認可的政權。這通常需要和俄羅斯往來密切的掮客往返克里姆林宮遊說。西方國家認爲，這種欺瞞的手段需要報復，這種方法在未來需要干涉，還要徹底瓦解。

除此之外，還有另外一種保護盟友的具體干涉想法——畢竟，敘利亞是俄羅斯爲數不多的盟友之一。如果沒有莫斯科願意提供軍援，大馬士革則別無選擇，只能完全依賴伊朗德黑蘭，那是唯一願意支持的國家。畢竟，伊朗最恰當的描述，可能屬於俄羅斯的「亦敵亦友」：德黑蘭和莫斯科經常有某些共同利益，尤其是當談到從中東，反推回美國的影響力時。但是他們也是地區影響力的競爭者。

最後，德黑蘭和莫斯科雙方感覺可以攜手合作：俄羅斯軍方已經和敘利亞長期接觸，並且一直密切關心戰爭；雙方的評估是不留足跡式的介入，主要依靠空中武力，才可以力挽狂瀾。此外，敘利亞到俄羅斯之間的距離相當遠，這是一種後勤補給的挑戰。諷刺的是，這也讓這一場軍事冒險變得更加安全。莫斯科決心保證有限度的承諾，並且可以隨時撤回軍事人員。不像蘇聯時期入侵阿富汗，或是後來捲入烏克蘭和其他後蘇聯國家的戰火，很難事後有機會反悔，然後撤軍。坦白說，如果敘利亞仍然陷入殺戮中的無政府狀態，那也是遠離俄羅斯，遠在遙遠的邊境之外。

還有一種眞實、又誇張的公民意識的恐懼——一般大眾的想法是，這一場戰爭會對俄羅斯這個國家更有意義。因爲疑懼的俄羅斯民眾會設想，如果大馬士革淪陷的話，那將是激進的伊斯蘭主義者來統治這個國家，這會讓恐怖份子的隱憂離民眾越來越近。其次，引用格拉西莫夫的話：

> 如果大馬士革淪陷，伊斯蘭國趁勢群集蜂擁而來，甚至會蔓延到鄰近國家。我們必須在自己的領土上對抗這一股武裝力量。伊斯蘭國將會推向高加索、中亞，以及俄羅斯伏爾加地區，展開建國任務。

前往赫梅米姆空軍基地

二〇一五年七月，巴沙爾・阿薩德正式請求俄羅斯的軍事援助，並在八月二十六日簽署了一項協議，允許莫斯科免費使用巴塞爾・阿薩德空軍基地，俄羅斯人稱之為「赫梅米姆空軍基地」，在俄羅斯簡陋的塔爾圖斯海軍基地以北大約五十公里處。當時只不過是幾座碼頭和倉庫。用俄羅斯的話說，這甚至不是一座基地，而只是存放武器彈藥的據點。當時的備戰任務已經處於劍拔弩張的階段，二〇一五年七月初就已經達成實際決定。就像克里米亞戰爭的模式，這一場干預軍事任務隱晦不明，而且撲朔迷離。普丁召集了一小撮他信得過的盟友，包括政府部門首腦伊凡諾夫（伊凡諾夫後來被任命爲俄羅斯總統辦公廳主任）、俄羅斯聯邦安全會議祕書帕特魯舍夫，以及國防部長蕭依古。二〇一四年，蕭依古在克里米亞戰爭中，對於軍事冒進的行爲感到不安；但是這次他似乎很樂觀。尤其因爲總參謀長格拉西莫夫令人放心，他認爲軍方可以應付得來。

軍方首席成員明確表示，這次眞是一場混亂的衝突；因此，這一場干涉行爲需要付出努力，以解決軍方只管通勤有關的問題。這是在遠離祖國俄羅斯遙遠地方進行的軍事任務。畢竟各國軍隊部署凌亂，政府軍隊（包括阿拉伯敘利亞軍隊、精銳的共和國衛隊、其他準軍事部隊），以及伊朗和眞主黨支持和主導的親政府民兵。這見證了一種新型國防管理中心的揭幕儀式，將在第二十八章描述；二〇一四年年底已經全面運作。國防管理中心轄下的戰鬥管理組提供整體指導和軍援。赫梅米姆空軍基地的指揮中心設立戰場指揮官，指揮敘利亞部隊兵團。第一任指揮官是亞歷山大・德沃爾尼科夫上將，曾任中央軍區參謀長，以富有軍事戰略規劃想像，以及具備戰術靈活性而著稱。

到了二〇一五年九月中旬，經過伊朗和伊拉克許可，飛機通過了兩國領空。九月三十日，俄羅斯議會以橡皮圖章的方式，下令進行作戰軍事任務，有三十三架飛機降落戰區內：十二架蘇愷-24M2戰鬥轟炸機、十二架蘇愷-25 SM/UB對地攻擊機、四架蘇愷-34轟炸機、四架S-30SM重型多用途戰鬥機、一架偵察機、一架伊留申-20M地面攻擊機。還有一個由十二架米爾米-24P武裝直升機，以及五架米爾米-8AMTSh組成的直升機聯隊進行運輸。俄羅斯基地受到海軍陸戰隊第八一〇旅的保護，由一個連的T-90A戰車進行支援，連同一組S-300V4遠程地對空導彈部隊，後來將防空保護傘延伸到敘利亞東部。

特遣隊會隨著軍事活動的需要而移防。在土耳其於二〇一五年十一月，擊落一架蘇愷-24轟炸機之後，立即補給了四架先進的蘇愷-35空中優勢戰鬥機，另外強化了四架蘇愷-34，以及米爾米-35武裝直升機。很明顯的，敘利亞軍隊不僅需要空中武力支援，還需要引進砲兵單位和特種部隊，特別是來自特種作戰司令部，用於採取指定目標和其他作戰任務。此外，敘利亞境內的俄羅斯顧問形成了網路指揮結構——他們實際上是逐步擴張權力的領導單位。

當時，西方觀察家提出了眞正的問題：俄羅斯是否眞的能夠維持這樣的境外行動？我記得一個華盛頓專家預測：「到今年年底，飛機將因爲維護不善而發生故障，我覺得八九不離十，因爲這已經超出俄羅斯能夠掌握的戰爭精準度，甚至超過俄羅斯所能掌握遠程彈藥和燃料補給的程度。」也許這是對的，但是相形下，俄羅斯軍隊處在一種非常不同的時空背景。例如在二〇〇八年，飛機要能夠運輸需要適當維護，要保持補給品源源不絕。如果登陸艦的數量受到限制，可以用「敘利亞快捷」進行聯勤運補。但是俄羅斯人大量購買來自土耳其的貨運物品，以強化了這種海運軍需；同時，伊留申-76大型運輸機，以及龐大的安托諾夫An-124軍用渦槳運輸機，提供了空中橋樑的補給管道。以二〇一八年爲例，一百六十萬八千公噸的軍用補給品和設備，是透過三四二次海上供應運輸，以及二二七八次空運來的運輸品，藉以達成。

赫梅米姆空軍基地的武力

部署到敘利亞的俄羅斯航天太空軍部隊，陸續進駐，準備遠赴戰場。在俄羅斯議會批准之後，幾個小時內，他們開始發動空襲。第一天以二十架次擊潰敘利亞自由軍和伊斯蘭國的陣地，緊接著在接下來的幾天中，更多的砲火集中在伊斯蘭國防隊和指揮中心。這一波空襲——通常在三十次左右，在第一週軍事任務每天出動多架飛機轟炸——以敘利亞軍隊對伊斯蘭國控制的城鎮發動針對霍姆斯省蓋爾亞廷的攻勢。俄羅斯軍隊推向到敘利亞的伊斯蘭國大本營拉卡。十月八日，在俄羅斯發射海軍口徑巡弋飛彈襲擊之後，在接下來的幾天中，空中打擊的節奏加快。每二十四小時出動六十架次，窮盡一切手段以打擊叛軍。從非制導火箭到KAB-500KR精確制導式炸彈進行轟炸；根據報導，共殺死了兩百多名伊斯蘭國戰士，其中包括兩名指揮官。俄羅斯的目標很明確，提供了具有毀滅性的證明企圖說服他人，俄羅斯已經抵達戰區並介入戰爭：藉此鼓舞他敘利亞盟友挫敗叛軍的士氣，並且警告西方國家。

之後，俄羅斯人不僅會再度輪調機組人員來敘利亞，也部署了飛機，包括來自後來的蘇愷-57隱形戰鬥機（於二〇一八年二月，其中兩架花了兩天時間在敘利亞進行戰鬥試驗），到圖波列夫-214R進行情報平臺的蒐集。在二〇一六年中到二〇一七年底的高峰期，敘利亞部隊特遣隊包括多達四十四架噴氣式飛機，越來越現代化的蘇愷-34、蘇愷-35戰機、直升機、運輸機，以及偵察機抵達。俄羅斯人利用這場戰役進一步大量使用無人機。俄羅斯不是使用無人機發動攻擊，這通常是西方國家的做法。無人機的用途是定位敵軍位置，以採用大砲，以及引導空中戰機火力進行攻擊，以全部殲滅。俄羅斯人主要是採用海鷹-10無人機，可以將實際的視訊傳回操作員。這讓俄羅斯人迅速找到在土耳其空域，在十一月遭受擊落的蘇愷-24戰鬥轟炸機所倖存的駕駛。同時，無人機可以迅速定位，尋回海軍陸戰隊反應小組，可以避免遭到叛軍逮捕殺害，或是遭到叛軍俘虜。

除了空中優勢之外，敘利亞部隊還部署了大量火砲，俄羅斯軍官領導敘利亞軍隊在戰場上運用。在不同時期，俄羅斯已經採用了全系列系統，從大量的TOS-1A溫壓火箭發射器、一五二公釐Msta-B榴彈砲，以及常見的一二〇公釐Grad多管火箭砲系統。俄軍也使用伊斯坎德爾短程彈道導彈打擊敵軍目標，包括叛軍指揮所，以及武器彈藥庫。俄羅斯定期進行遠程打擊的艦艇，以及採用潛艇發射的口徑巡弋飛彈（SS-N-27/SS-N-30A）巡航系統，進行導彈系統測試，以利戰爭的進行。因此，從裏海艦隊的三艘護衛艦於二〇一五年十月七日護衛，發射二十六枚導彈擊中敘利亞自由軍和伊斯蘭國。二〇一六年十一月，根據推測，爲了阻止西方國家對「敘利亞快捷」的任何干涉，俄羅斯啓動了位於塔爾圖斯的堡壘-P海岸防禦導彈系統，兩枚超音速Oniks導彈發射擊中了內陸叛軍的彈藥庫。然而，很清楚的是，俄羅斯人不能依賴遠程火力。敘利亞軍方在二〇一五年到二〇一七年，只是太過孱弱，無法自行訓練軍隊。儘管主要的地面部隊無法戰勝，確實需要戰術，特別是以訓練大砲、空襲，以及電子戰的偵察，以超越俄籍顧問提供的技術，加強敘利亞軍隊的骨幹和突擊武裝力量，以進行更艱難的行動，尤其是要占領和防禦城市。

力挽狂瀾

這曾經是——在撰寫本書時，仍然令人困惑的一場戰爭。在這場戰爭中，許多反叛運動合併之後分裂，就像政府部門一樣經常明爭暗鬥。俄羅斯干涉明顯斧鑿，在二〇二二年中期，其中的潮起潮落將繼續在本書中描述。雖然下一章深入探討戰鬥中細節，藉以說明戰爭所帶來的教訓，大致軌跡如下。

莫斯科介入戰爭之後，二〇一五年和二〇一六年俄羅斯不斷升級參與幅度，從空襲開始，並部署地面部隊，尤其強化特種部隊和瓦格納軍團傭兵，以及伊朗眞主黨軍隊。二〇一五年十一月，爲回應俄羅斯民用客機從埃及的沙姆沙伊赫飛抵聖彼得堡途中發生爆炸——機上二二四位乘客和機組人員全部罹難——俄羅斯將注意力轉向伊斯蘭國。除了他們在赫梅米姆空軍基地的部隊之外，俄羅斯還使用了圖波列夫-160，以及圖波列夫-95MS戰略轟炸機。離開俄羅斯機場，準備發射遠程巡弋飛彈，以及小型的圖波列夫-22M3導彈，進行轟炸。除了明顯的軍事目標之外，他們還瞄準伊斯蘭國的石油生產、煉油，以及運輸設施，並設法針對伊斯蘭國的經濟，造成毀滅性的打擊。這是一場短暫的殲敵性戰役，很快的俄國轉向所謂的溫和叛軍——也就是傾向於美國支援，但是對於政權構成最直接的威脅的軍隊。到了二〇一六年底，該政權在政治上看起來更加穩定，尤其是因爲奪回了很多領土，包括重要的城市阿勒坡，在政府發起的長期殘酷攻勢之後再度淪陷。據說政府軍隊使用了化學武器。同時，土耳其開始對敘利亞境內的庫德族武裝部隊發動攻勢。土耳其沿著邊境和西北部劃定領土，並且透過遜尼派阿拉伯叛軍嚴格控制，這些遜尼派皆爲聖戰份子。

總體情況相當複雜，尤其是因爲許多地區被包圍在敘利亞國家境內，和其他領土不能接壤，稱爲「飛地」。有些飛地在政府控制下的地區，或是叛軍尚未有效控制的地方，情況都很複雜。到了二〇一七年，阿薩德的權力繼續擴張，深入農村，試圖連接飛地。大馬士革就是這樣一座飛地，其南部和東北部的郊區，自二〇一三年以來一直遭到叛軍占據，但是到了二〇一八年年中，這些地區重新奪回。

同時，在美國的支援下，庫德族自衛隊擊潰伊斯蘭國，並於二〇一七年一月奪取了他們的首都拉卡。與此同時，俄羅斯和敘利亞政府軍和伊斯蘭國戰鬥，試圖在二〇一七年十一月，將伊斯蘭國趕出中央沙漠，並攻擊幼發拉底河畔的代爾祖爾，這是一座敘利亞東部最大的城市。國際聯軍攻無不克，伊斯蘭國已經是強弩之末，退回原有領土的二十分之一，並且基本上在敘利亞遭到圍攻。

叛軍被趕出大馬士革以東的古塔，政府軍對於敘利亞西南部發動攻勢，二〇一七年七月秋天攻入叛軍控制的德拉，這是最初起義的發源地。隨著越來越多城市重新回到政府控制下，包括位於該國西北部的首府伊德利卜，長期以來一直都是叛軍的據點，雖然政府軍在二〇一二年奪回城市，但是二〇一五年，由努斯拉陣線領導的征服軍進駐伊德利卜。伊德利卜曾經是難民的避風港，大馬士革睜一隻眼閉一隻眼，允許逃亡的叛亂份子暫時躲避。看起來已經改觀，土耳其擔心一旦政府軍收復伊德利卜，數百萬難民將湧入土耳其；如果伊德利卜遭到政府軍控制，將會對土耳其的安全產生威脅。敘利亞大馬士革政權，似乎準備叫土耳其安卡拉政權閉嘴。俄羅斯還沒有準備好和土耳其開戰，所以在二〇一八年九月，促成了簽訂弭兵的協議，俄羅斯有效排解了區域僵局，卻造成了未來潛在問題。

二〇一八年底，美國總統唐納德・川普宣布，伊斯蘭國已經被殲滅，所有美軍將撤出敘利亞。在他下令撤軍的壓力下，收回了原有美國官員的承諾。但是從那時開始，很明顯的，美國華盛頓當局不再是戰場中忠誠的盟友。二〇一九年十月，美國撤出。土耳其軍隊在對於境內的庫德族領導的自衛隊地區發動大規模攻擊，讓庫德族自生自滅。美國人曾經為庫德族自衛隊提供了保護，因此，兩害相權下，庫德族自衛隊與俄羅斯達成協議：他們允許敘利亞和俄羅斯軍隊進入其領土，以換取土耳其安卡拉政權的保護。當土耳其人對自衛隊發動戰爭時，俄羅斯人和敘利亞人繼續掃蕩殘餘的敘利亞自由軍。二〇一九年下半年的連續攻勢，讓殘餘份子進入敘利亞北部地區，人道主義危機達到高峰。

土耳其安卡拉擔心會有更多難民湧入。伊德利卜協議已經崩潰，因為敘利亞軍隊在俄羅斯的支援下，再次侵占這一座城市，土耳其未能履行在該地區解除武裝聖戰組織和復員的承諾。再一次，俄土衝突的風險似乎正在滋長，但是雙方最終還是更熱衷於議和。在俄土之間的代理戰爭爆發之後，二〇二〇年三月，商議了新的停火協議，包括聯合巡邏制度，建立沿著主要M4高速公路的安全走廊，以連接政府控制的城市阿勒坡和拉塔基亞。

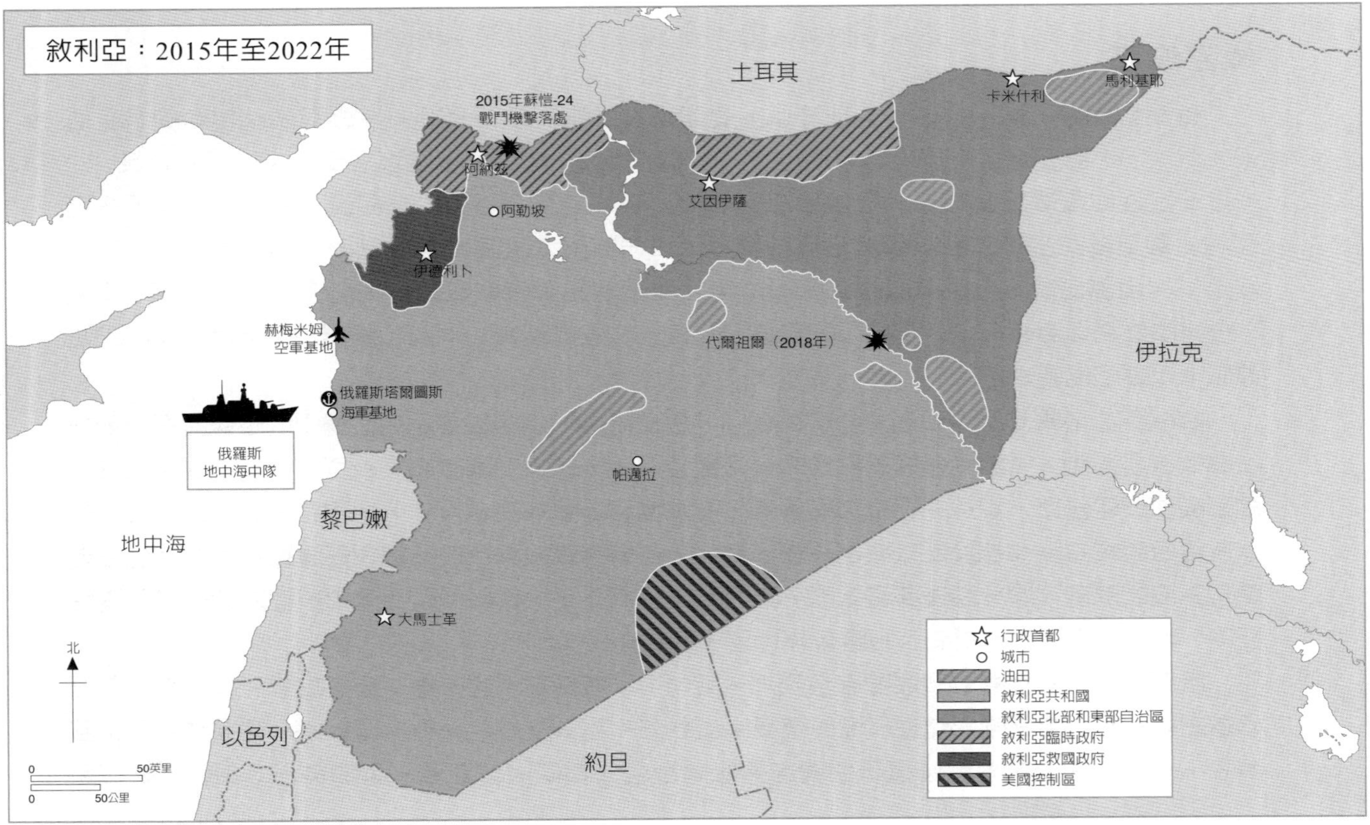
敘利亞：2015年至2022年
土耳其
2015年蘇愷-24
戰鬥機擊落處
阿納茲
阿勒坡
伊德利卜
艾因伊薩
卡米什利
馬利基耶
代爾祖爾（2018年）
伊拉克
赫梅米姆
空軍基地
俄羅斯塔爾圖斯
海軍基地
俄羅斯
地中海中隊
帕邁拉
黎巴嫩
地中海
大馬士革
以色列
約旦
北
0
50英里
0
50公里
行政首都
城市
油田
敘利亞共和國
敘利亞北部和東部自治區
敘利亞臨時政府
敘利亞救國政府
美國控制區

各項勝利

從那時開始，到了二〇二二年年初，現狀基本保持不變。大馬士革控制大約三分之二的城市，比二〇一四年控制不到三分之一的城市，有所提升。政府試圖假裝一切步入常軌，包括二〇二一年阿薩德政權操縱選舉，阿薩德再次當選，但是該國已成爲一座廢墟。各式各樣的和平談判——例如聯合國在日內瓦斡旋的和平談判，俄羅斯支持的阿斯塔納進程，支持聯合國安理會第二二五四號決議，伊朗、俄羅斯和土耳其同意組建聯合監督機構，決議停火已經落空。超過一千二百萬敘利亞人——大約是一半的戰前人口——淪爲難民：五五〇萬流落在國外，六七〇萬難民，在境內流離失所。

從莫斯科政權和阿薩德政權的角度來看，俄羅斯的干涉是成功的。阿薩德政權看起來更像是恢復元氣的狀態。武裝部隊仍然帶著過去失敗的傷痕，但是已經恢復了作戰能力和士氣。伊斯蘭國經過特定的戰役，基本上已經遭到擊潰，土耳其的影響僅限於北方，美國則選擇退出戰場。儘管伊朗仍然是重要合作夥伴以及眞主黨代理人，繼續發揮影響作用；但是俄羅斯無疑是阿薩德政權的主要保護國。有了俄羅斯的撐腰，阿薩德政權在中東，以及敘利亞獲得了鄰近地中海的東部領土，甚至設法維持與以色列之間的友好關係。

即使以色列曾經轟炸過俄羅斯的盟友，而且一架飛機曾經陷入戰火中。畢竟大馬士革與伊朗和眞主黨之間，無可避免將捲入德黑蘭和耶路撒冷之間更廣泛的衝突。相形下，莫斯科不願參與其中——甚至可能很高興看到和俄羅斯關係良好的以色列人給伊朗人臉色看。以色列人會定期針對伊朗的眞主黨部隊發動空襲，會預先通知俄羅斯人。以色列人有一次反而關閉先進的防空系統，並退出監視行動。二〇一八年九月十七日，一架俄羅斯伊留申-20M電子情報飛機飛越地中海東部，在返回赫梅米姆空軍基地，當時四架以色列F-16戰機轟炸敘利亞港口城市拉塔基亞。敘利亞軍隊以一九六〇年代S-200中高空超遠程地對空飛彈，擊中俄羅斯伊留申-20M電子情報飛機，十五位機員喪命。儘管有人說以色列人以轟炸作爲掩護，事實上是敘利亞人在半盲狀態下開火。由於以色列的干擾系統作祟，敘利亞軍隊無法辨識敵友，無法將間諜飛機識別爲友軍飛機。以色列向俄羅斯道歉，普丁駁斥擊落事件是由於一連串悲慘的意外情況所造成。俄羅斯人隨後確實向敘利亞人提供了更現代的S-300飛彈，不僅更爲精準，而且不會導致誤擊的錯誤。

莫斯科已經證明，可以將軍力推向邊境以外的地區，運用先進戰機以扭轉戰局。塔爾圖斯曾經只是海軍街角商店，現已建立並且擴大維護和修理設施，甚至營造了船塢，俄羅斯軍艦停泊敘利亞的塔爾圖斯，成爲越來越常見的景象。對於俄國人來說，應該要記取戰爭下的教訓，因爲風水正在輪流轉。

第十七章 二〇一五年：敘利亞戰役的教訓

敘利亞戰役，甚至比車臣或頓巴斯戰役更值得俄羅斯人學習。許多士兵在敘利亞服役三到四個月，包括大多數高級陸軍指揮官，例如超過一半的旅長或團長。截至二〇二二年初，俄羅斯航天太空軍的大多數飛行員，至少在空域獲得眞正的戰鬥經驗。戰爭讓俄羅斯軍隊測試和改進戰術，尤其是他們的指管通勤系統，以及對於後勤物流鏈提出新的挑戰。俄羅斯展示了口徑巡弋飛彈等新式武器，從精確命中的導彈到無人機，都能夠進行試驗。其中大部分武器已經進入更廣泛的戰爭領域，以形成現代俄羅斯軍隊的蛻變，我將在後面的章節中進行討論。然而，某些戰役也闡釋了非常具體的教訓。

空中戰力通常不足

二〇一五年五月，伊斯蘭國占領了具有歷史和戰略意義的巴爾米拉市，並且在敘利亞發動最大規模攻勢，強迫市民接受血腥恐怖的統治，看到數十位政府同情者在主要廣場遭到處決。

七月，敘利亞部隊試圖奪回巴爾米拉市，但是遭到擊退。赫梅米姆空軍基地第一任指揮官亞歷山大·德沃爾尼科夫上將，想要測試部隊在敘利亞戰役的經驗，轉向更重要的目標——敘利亞北部城市阿勒坡。他也即將返回俄羅斯述職，可能他想要以頭條新聞之姿，將戰爭勝利歸功自己。無論採取哪一種方式，他都決定奪回巴爾米拉。

最初的戰略計畫，是在俄羅斯空優武裝力量支援下由敘利亞發動攻勢。巴爾米拉是一個難以攻克的目標，儘管有超過二千名伊斯蘭國捍衛者環伺於戰壕和據點內。儘管在大馬士革中央司令部樂觀以待，敘利亞軍隊信心十足，比德沃爾尼科夫上將轄下的俄羅斯指揮官，要更有信心。敘利亞的精銳部隊，包括共和國衛隊中的海軍陸戰隊、空軍虎軍，都有奪下城市、進行近距離肉搏戰的決心。俄羅斯軍隊不相信敘利亞的偵察員，可以提供準確及時的定位訊息。俄羅斯軍隊認為敘利亞的偵察員，比起俄羅斯的空襲不會更有價值。為此，俄羅斯悄悄派遣了瓦格納軍團的傭兵部隊，以提供後援突擊；來自特種部隊作戰團隊，充當前方空中和砲兵偵搜隊員。雖然當時這些偵搜角色遭到淡化，尤其是為了挽救大馬士革的顏面，幾名參與敘利亞軍事任務的軍官已經證實，對於打破武力失衡相當地重要。正如有人所說：「通常不是火力，而是決心——他們堅守陣地，因為即使小型的撤退，都可能會引發潰敗。」

該次戰鬥，於二〇一六年三月九日開始，採用火箭和大砲彈幕，進行大型的空襲：每天出動十五至二十架次轟炸機。在三天內擊潰叛軍之後，敘利亞人開始攻擊城市三處的據點，以及占據制高點。軍隊行動不快，但是確實做到了。

在俄羅斯人轟炸中所造成的混亂，敘利亞在俄軍協助下，以火箭擊中了伊斯蘭國哈利勒穆罕默德的領袖「埃米爾」（回教國家統帥的稱號），還炸死了領袖的扈從。不過到目前爲止，敘利亞人只能孤立戰略目標，當他們接近巴爾米拉時，勝利還很遠。直到三月十七日，一場突如其來的沙塵暴給了伊斯蘭國反擊的機會；雖然伊斯蘭國又遭受攻擊，這似乎又動搖了政府軍隊的士氣。敘利亞海軍陸戰隊和眞主黨民兵被緊急召回趕赴前線，此時德沃爾尼科夫上將決定不僅部署瓦格納軍團，而是命令特種作戰部隊靠近城市，以進行攻擊。根據他手下的某個人說，當時他擔心再度出擊可能引發敘利亞潰敗。他強化了空襲的節奏，每天高達二十五架次軍機輪番轟炸。德沃爾尼科夫以有條不紊的步伐繼續邁進——根本不相信可以依靠敘利亞人，進行任何更大膽冒進的攻擊。以轟炸機進行空襲，是針對伊斯蘭國，形成重大破壞影響，特別是特種作戰部隊偵搜隊員，有可能將自己置於極端危險中，例如俄羅斯二十五歲特種作戰部隊偵搜隊上尉亞歷山大·普羅霍連科。二〇一六年三月十七日，他和團員分散後，遇到基地撤退的伊斯蘭國戰士時，企圖反擊失敗。遭到伊斯蘭國戰士四面八方的包圍，似乎沒有活下去的希望，他決定下令在自己的位置，命令轟炸機進行空襲，炸死自己和所有接近的伊斯蘭國戰鬥人員，他後來被追授俄羅斯英雄勳章。

在這個階段，俄羅斯的所有砲擊和轟炸都造成戰鬥性的破壞——不管在地面上獲勝或是失敗。同時，敘利亞政府軍派遣更多增援部隊抵達，包括國防軍和伊朗支持的什葉派軍隊。如果要協助敘利亞軍隊收復失土，就必須以勝利告終。德沃爾尼科夫上將和中央司令部願意付出一切代價。

到了三月二十四日，攻擊軍隊就在城外，晚上他們陸續推進。伊斯蘭國軍隊防禦最嚴密的戰略目標進行一系列的守禦，例如針對巴爾米拉監獄，以及塞米拉米斯旅館，這裡是瓦格納軍團攻堅的重要地點。戰鬥相當激烈，大馬士革和莫斯科都不想被指責冒著破壞巴爾米拉這一座西部城市的歷史遺跡，火砲和空中支援轟炸，主要侷限於城市地區。到了二十七日，該市已恢復正常。政府收復之後，因爲遭受了嚴重破壞，卻禁止最後的清理工作。伊斯蘭國殘留下來數百枚地雷，俄羅斯和敘利亞的工兵需要一個多月的時間來清理戰場。

具有象徵意義的是，五月五日，馬林斯基劇院樂團演奏家，也就是大提琴家謝爾蓋・羅爾杜金（他是普丁的老朋友）在巴爾米拉的羅馬圓形劇場演奏了一場音樂會，這一場演奏會獻給普羅霍連科，以爲紀念。伊斯蘭國再次短暫地奪回這座城市；二〇一六年十二月，第二年這一座城市又遭到政府軍攻占。敘利亞政府在三月攻占巴爾米拉，向俄國人證明他們可以不依賴非接觸式空中武力，即使不依賴俄羅斯盟友的空中優勢也能戰勝。另一方面，俄羅斯證實了自身的信念，即在適合地點配合適合的軍力，以其優勢訓練，也會產生不成比例的優異戰果。超過七千名士兵部署於戰爭中，其中瓦格納軍團只有三百位進行部署，但是瓦格納軍團在進攻中展現在前線先聲奪人的氣勢，進行奪城戰。

只有不到一百名特種部隊進駐，其中有些軍人是狙擊手，大多數擔任前線空中和火砲控制官。他們讓俄羅斯的空襲更加精確和更爲有效，並且避免損傷巴爾米拉珍貴的歷史廢墟。簡而言之，雖然有莫斯科和赫梅米姆空軍基地都已經理解，正如一位俄羅斯軍官所說，在二〇一七年，光靠空中優勢武裝力量，無法贏得這一場戰役。這場戰鬥迅速向世人展示了非接觸戰爭實質上有其限制。諷刺的是，在他看來，地面部隊和航天太空軍自我改變的傾向，以描述下面的想法：地面部隊強調瞄準的中心位置，而飛行員指責射擊目標定位不明，以免他們犯下任何瞄不準而導致轟炸錯誤、卸責的問題。

傭兵有其位置，但是要自覺

二〇一八年二月七日，一支由約五百名敘利亞軍人組成的特種部隊第五軍團（稱爲ISIS獵人部隊）、伊朗訓練民兵，以及瓦格納軍團的傭兵，在通往代爾祖爾，沿著幼發拉底河的路線，以接近哈沙姆鎮附近的敘利亞民主武裝力量自衛隊哨所。敘利亞民主武裝力量自衛隊，在前一年從伊斯蘭國手中奪取了這些據點。他們穿越了河流，並且開始砲擊哨所。美國與當地的敘利亞民主武裝力量自衛隊關係密切，據點崗哨上有美國特種部隊的偵搜隊員。這支部隊集結，並開始移動之前，美國特種部隊就已經偵察到；當這支部隊接近哈沙姆時，他們使用了官方通訊線路，連繫赫梅米姆空軍基地，並求助在代爾祖爾駐地敘利亞部隊聯絡官，詢問發生了什麼事。這些是俄羅斯軍隊嗎？敘利亞聯絡官說：「是的，與我們無關。」所以美國人肆意發射火力，以爲針對火砲攻擊的回應，這支部隊成爲B-52轟炸機、F-15E攻擊鷹噴氣式飛機，以及AH-64武裝直升機所發射火箭砲和導彈下的目標。攻擊在四個小時內結束，現場宛若地獄，造成了兩百多人傷亡，其中可能包括十幾位瓦格納傭兵。一名敘利亞民主武裝力量自衛隊士兵受傷，沒有美國人傷亡。

這是俄羅斯所犯的錯誤嗎？這是赫梅米姆空軍基地所下的命令，還是不好意思承認瓦格納傭兵的存在？這似乎已在二〇一五年和二〇一六年發生的事件，敘利亞部隊需要雇傭軍相同；在二〇一七年，敘利亞決定完成招募工作。敘利亞軍隊的待遇不錯，而且傭兵待遇更高——他們可能得到普通士兵的兩倍甚至三倍的報酬，並且編制到敘利亞部隊中，也不用再遮遮掩掩了。

在巔峰時期，瓦格納軍團在敘利亞擁有一支約二千五百名傭兵的部隊，由四個營級、三個連組成的前線部隊，擁有T-72戰車連、砲兵營、偵察連，以及後勤單位。這些後勤維護起來相當昂貴，到了二〇一七年，國防部的糧餉已經停止，或是開始逐年遞減。但是克里姆林宮希望瓦格納軍團成爲一種守護武裝力量，預防不時之需。葉夫根尼．普里戈任，是國際傭兵組織「瓦格納軍團」的聯合創辦人和實際領導者，希望尋找新的戰爭機會。從二〇一七年初開始，瓦格納的傭兵服務品質開始下降，因爲普里戈任再也付不起這麼高的酬金了。更重要的是，在二〇一八年一月，敘利亞能源部與聖彼得堡歐洲城邦商業中心合作，這是普里戈任擁有的一家公司，這象徵「瓦格納軍團」以集團名義，將取得所有敘利亞石油和天然氣收入的四分之一，以爲戰爭酬金；而代爾祖爾既然擁有石油，也有天然氣。因此，戰爭就像做生意一樣，因爲普里戈任其實是商人，試圖在戰場上平衡收支。

這就和敘利亞部隊沒有關係了，敘利亞暗自竊喜，讓美國人好好教訓一下唯我獨尊的傭兵。在代爾祖爾誤殺事件之後，儘管瓦格納軍團後來介入其他國家的衝突中，從利比亞到委內瑞拉，但是在敘利亞戰爭中的角色，戲劇化地減弱了。俄羅斯軍方了解到，私人經營的軍隊可以變成雙面刃。莫斯科可以否認這一支軍隊，同時成爲一種殺人機器，以快速提升效能。然而，俄羅斯也開始意識到傭兵是看錢辦事，瓦格納是一條搖尾巴的狗。這一條狗的危險是：傭兵知道誰才是老闆。

殘暴行爲即使一時得逞，但是擄獲人心也很重要

自二〇一三年以來，敘利亞最大城市阿勒坡遭到割據，利比亞政府控制著城市西部，敘利亞自由軍控制著城市東部。已經有效化解伊斯蘭國任何可能來的直接威脅。二〇一六年七月，當政府軍設法包圍叛軍控制的城市部分地區時，切斷了叛軍補給線。歷經數次慘烈失敗的攻擊之後，政府軍在十一月對叛軍陣地發動了重大攻勢，迫使叛軍在一個月內撤離這座城市。

拿下東阿勒坡，是現代化攻城戰術的殘酷實踐之道。供應路線徹底截斷，無法進行人道主義援助。叛軍控制的街區擁有三十萬無辜的平民。可以肯定的是，攻堅並非易事，但是到了九月，政府部隊已經進行封鎖。儘管叛軍再一次的反攻，但是政府軍好整以暇擊退叛軍；到了十月，政府軍已經控制了東阿勒坡大約一半的市區。

政府軍隊之所以能夠做到這一點，大部分的原因是以大規模和持續猛烈的轟炸，不分青紅皀白的進行準確的砲轟軍事任務。俄羅斯航天太空軍更精確，但是外界強烈懷疑是俄羅斯故意不僅針對軍事目標，還針對援助站和醫院進行轟炸，讓遭到圍困的阿勒坡的生活變得難以忍受。敘利亞政府軍隊更殘忍。根據報導，敘利亞軍隊採用氯氣當作毒氣使用，這是國際法所禁止的手法。敘利亞政府軍隊使用桶裝炸彈，以簡陋的油桶裝滿炸藥和金屬碎片，從直升機中拋射出來，這是一種最愚蠢的炸彈，也是毒性最強的武器，差不多等於一公噸的黃色炸藥和碎彈片。這當然是一種最恐怖的武器，不但是沒有瞄準軍事目標，反而攻擊當地的房屋、商店、清眞寺、醫院、學校，以及避難所。轟炸最高峰的時期，阿勒坡每個月遭受多達一千五百次的炸彈攻擊。二〇一六

年九月十九日，敘利亞政府軍的直升機，襲擊聯合國紅十字會救援車隊。當車隊開往阿勒坡附近反叛份子所控制城鎮的一家診所時，遭到桶裝炸彈和火箭的連番襲擊。更多時候，敘利亞政府軍從戰略要地上空的直升機上拋出桶裝炸彈，雖然多次的濫拋不會擊中目標，但是仍然會擊中叛區地面標的物，這是一種恐怖和屠殺的象徵。根據一名倖存者回憶，阿勒坡變成了「地獄之環」、「街道上滿布鮮血」。

到了十二月中旬，該市的大部分地區落入政府軍隊手中，除了敘利亞阿勒坡市的庫德人占領的社區稱爲謝赫．馬克蘇德，擁有一支人民保護部隊。庫德人堅持保衛屬於自己的領土，即使在策略上和反叛的敘利亞自由軍進行合作，實際上還經常與政府和叛軍作戰。無論如何，在這一點上，俄羅斯和敘利亞軍隊，只是爲了要驅逐其餘的叛亂份子，而無辜的平民經常被認爲可能是他們的共犯，一旦殺紅了眼，即開始展開激烈的轟炸。政府軍建立了人道主義走廊，允許戰士和平民離開。主要是前往叛軍割據的伊德利卜省，在那裡敘利亞自由軍和聖戰份子的游擊隊仍在激戰當中。到了二〇一六年十二月二十二日，疏散工作結束。大馬士革聲稱完全控制了這座城市。該城散落著殘骸，包括三千一百名男人、婦女，以及兒童的屍體，在這一場爲期四年的圍攻中喪失生命。

大馬士革認爲阿勒坡需要攻下，而且要盡速攻下，因此採取了無情的殘殺策略。俄羅斯人知道，在以敘利亞這樣複雜的內戰中，人心向背，以及思想鞏固行動也相當重要。俄羅斯投擲糧餉包裹，爲平民社區進行排除地雷的工作（事實上，他們很快就建立了援助阿勒坡的醫療站），維持當地秩序，清除土匪和聖戰份子。俄羅斯部署工兵執行掃雷任務（從二〇一七年開始培訓敘利亞工兵團，在阿勒坡和霍姆斯建立新的工兵培訓中心），以及架設橋梁、清理道路，協助敘利亞人和盟軍進行重建。此外，由於政府控制下的地區不斷擴大，需要建立執行後方安全的部隊。隨著停火協議展開，依據人道主義進行弭兵任務大幅度增加，這已經成爲主要任務。

二〇一六年十二月以來，甫自二〇一四年成立的俄羅斯憲兵隊主要的任務開展。穿戴獨特的紅色貝雷帽和胸章，俄羅斯憲兵隊已經成爲敘利亞部隊的官方代言人。到了二〇二〇年，大部分憲兵部隊在敘利亞輪調，爲了強化他們的衛戍能力，找到原住民駐官；二〇一六年兩處俄羅斯憲兵隊營區，兩處招募了六百位來自韃靼斯坦，以及北高加索穆斯林地區的憲兵。根據未經證實的報導，至少有一個營可能是卡德羅夫第一四一特種派遣團轄下的準軍事部隊，這是一支車臣獨裁者拉姆贊・卡德羅夫的私人武裝力量。這是一支國民警衛隊，據稱他們被臨時轉移給俄羅斯憲兵隊，作爲卡德羅夫對下令或批准謀殺鮑里斯・涅姆佐夫的「懺悔」。鮑里斯・涅姆佐夫是著名的反對派人物，曾任俄羅斯聯邦政府第一副總理、國家杜馬副主席（下議院副議長），曾經是卡德羅夫的批評者。二〇一五年二月在莫斯科克林姆林宮附近遇刺身亡。俄羅斯人以他們自己的方式，展現了攏絡人心的方式。

在戰鬥中，亦敵亦友

二〇一五年十一月二十四日，兩架俄羅斯蘇愷-24M戰鬥轟炸機在和敘利亞北部進行轟炸叛軍，正在返回赫梅米姆途中。這次飛行對俄羅斯飛行員來說是很常見的巡弋任務，在切入敘利亞北部，短暫地進入土耳其領空，兩架土耳其F-16戰機升空攔截，在他們穿越土耳其上空之後，短暫的十七秒，展開邊境上的戰機纏鬥。土耳其戰機發射一枚AIM-120先進中程空對空導彈，擊中了一架蘇愷-24M戰鬥轟炸機。機上飛行員彈射出去之後，飛行員還在降落傘上降落時，遭到敘利亞土庫曼人槍殺，海軍陸戰隊搭乘米爾米-8直升機進行搜救，尋回一名空軍武器射擊軍官；但是一名海軍陸戰隊員在搜救任務行動中喪生。

土耳其強人總統雷傑普．埃爾多安，顯然對於戰機臨空的入侵，無論多麼短暫，尤其是在他們執行轟炸任務的時候非常反感。因爲土耳其支援反叛份子，這就是奠定了這次空中伏擊的主要原因。憤怒的普丁總統對土耳其實施經濟制裁，但是埃爾多安在很多方面比普丁還強悍，而且拒絕讓步。後來，俄羅斯人悄悄讓步了。儘管他們在敘利亞擁有不同利害關係，最有趣的關係之一，爲俄羅斯近年來與北大西洋公約組織成員國土耳其共同發展，但是土耳其感覺自己是被忽視的局外人，尤其是歐洲聯盟，顯然不願意將土耳其納爲成員（觀察土耳其人的共同反應，是很高興當「歐洲人」。土耳其人爲歐洲國家而戰，歐洲國家很高興土耳其人爲其工作，但是不是很願意讓土耳其人加入歐洲聯盟）。

土耳其總統埃爾多安對巴爾幹地區，以及中東地區建立勢力範圍，擁有強烈的野心，這使得土耳其成爲俄羅斯在中東地區的競爭對手。二〇二〇年，納戈爾諾－卡拉巴赫納戰爭，是亞塞拜然、亞美尼亞，以及阿爾察赫等三個共和國，在納戈爾諾－卡拉巴赫地區的一場武裝衝突（見第二十七章）。這也表示安卡拉和莫斯科擁有某些共同利益，最重要的是對於地緣政治的共同看法。正如一位前俄羅斯官員所說：「對我來說，我們和土耳其人並不總是意見一致，但是我們總是可以相互交談。」

至少，從二〇一三年起，土耳其就支援「自己的」叛軍，收買敘利亞自由軍的成員，例如敘利亞土庫曼旅，尤其是因爲土耳其對於敘利亞東北部的庫德人保持警戒，約占全國總人口數的百分之十。如果庫德人建立自己的民兵組織不受到管控，形成獨立的國家，俄羅斯和土耳其將成爲盟友。因此，土耳其安卡拉政權，不僅敵視敘利亞大馬士革政權，對於擁有群眾基礎的敘利亞民主武裝力量其影響也很重要。因爲敘利亞庫德族的人民保護部隊，是敘利亞對抗伊斯蘭國最精實的自衛隊。自衛隊經常與土耳其支援的反叛團體發生爭執，所以有時會有一個複雜的「敵我關係」——敵人的敵人，是我的朋友。這也是莫斯科和敘利亞大馬士革政權之間的複雜關係。「敘利亞民主武裝力量」，包括敘利亞庫德族的人民保護部隊，以及自由敘利亞軍——這也是土耳其安卡拉政權和伊斯蘭國之間的敵我關係。

安卡拉和莫斯科之間設法簽訂了某種降溫協議，以達成彼此之間的諒解。敘利亞西北部城市伊德利卜，於二〇一九年十二月遭政府軍占領，當時敘利亞和俄羅斯的戰機發動了伊德利卜黎明行動，這是一場重大的轟炸行動，也是叛軍控制的最後幾個地區之一。土耳其人已經對越來越多越境難民逃到土耳其感到不滿。在二〇二〇年二月，一場空襲擊中了土耳其邊境的軍事哨所，造成三十三名土耳其士兵遭到敘利亞軍隊炸死。土耳其以春季盾牌軍事任務，採用砲火、空戰，以及無人機，對敘利亞政府軍發動襲擊。據報導，超過三百名敘利亞政府軍和眞主黨部隊遭到殺害，擊落了數架敘利亞戰機，土耳其損失了四十多名軍人和四架無人機。俄羅斯捲入了這場衝突，但是埃爾多安總統和普丁總統在莫斯科會面，達成了另一項更嚴肅的協議。俄羅斯和土耳其聯合巡弋的降級協議，以監督雙方停火。

在某種程度上，可以期待兩位同樣雄心勃勃和積極進取的獨裁者，能夠達成一項務實的交易。同樣值得注意的是，一位俄羅斯外交部官員說：「我們了解到美國人也可以通情達理。」這象徵著務實的態度。有鑑於干預行動背後的驅動因素之一，一直在挑戰美國華盛頓在外交上孤立莫斯科的努力結果。俄羅斯和美國經常發現雙方處於爭論不休的情境。無論彼此的目標有多麼矛盾——在二〇一六年，歐巴馬總統警告說：「阿薩德政權，不能靠屠殺人民以維持其合法性。」因此，兩國都非常小心避免直接發生軍事衝突。例如在對阿勒坡的殘酷襲擊之後，華盛頓放棄了關於分享伊斯蘭國之間的情報討論，美國人和俄羅斯人仍盡量避免發生意外的衝突。二〇一七年，爲了反抗伊斯蘭國，幼發拉底河以東是美國的勢力範圍；幼發拉底河以西是俄羅斯的勢力範圍；華盛頓和莫斯科之間，極有可能發生衝突。這似乎是一種失敗的協調過程，前面討論的代爾祖爾事件，實際上並未完全協調失敗：不是俄羅斯人沒有參與戰事，而是透過瓦格納軍團捲入戰事。

漂亮的小型戰爭，對軍火生意有好處

敘利亞戰事爲最新發展的俄羅斯武器無疑地提供了展示和銷售管道。伊戈爾・科申是俄羅斯總統的軍事技術合作助理，談到衝突性武器，可以增加世界各國購買俄羅斯武器的興趣。並且指出：「中東國家想要購買我們的武器，這些武器已經在敘利亞證明了精實武力。」誠然，並非所有軍事演出的表演技巧都奏效。當庫茲涅佐夫號航空母艦被派遣平亂，執行勤務時也失去了兩架戰機：一架米格-29K戰鬥機因爲燃油耗盡時墜入海中；另外一架蘇愷-33戰鬥機也在燃油耗盡時，因為著陸時無法減慢速度，攔阻纜繩失靈，同時也墜毀了。維修時完成後，空軍聯隊不得不轉移到赫梅米姆空軍基地。

儘管為期四個月的國內服役實際影響不應誇大，對於職業軍人來說，反而更有用。正如國防學者帕維爾・巴耶夫所說：「返回赫梅米姆空軍基地的航機，無法使蘇愷-57戰鬥機成為經過戰鬥考驗的戰鬥機。」

軍官團隊流血流汗，無法在真正實戰行動中倖存的英雄已經遭到消滅；留下來的英雄，創造了更為強悍的團隊精神。最有能力的人才已經更快崛起，新的指揮團隊和控制軍隊方式，已經經過實戰測試。最重要的是，俄羅斯絕對有能力，展現了遠離國界之外複雜戰場的決勝空間。這一切都證明了所有武器成功改革的成效，將在以下章節中進行討論。

第四部

重新武裝俄羅斯

第十八章 爲盧布而戰

講堂裡的問題很常見：「俄羅斯的國防預算接近英國，怎麼有能力部署百萬軍隊？」這是在桑德赫斯特皇家軍事學院的一次演講活動中，我經常碰到的問題。我在不同演講場合，從維吉尼亞州的諾福克海軍基地，到德國漢堡的德國聯邦國防軍指揮學院，針對同一種類似問題進行回答。這似乎是一個完全公平的問題。根據二〇一九年的官方預測（在新冠肺炎顛覆了個人支出計畫之前），俄羅斯在二〇二〇年將分配三・一兆盧布（折算爲約四七七億美元），到了二〇二一年爲三・二四兆盧布（約五〇〇億美元），以及到了二〇二二年，支出高達三・三兆盧布（約五一三億美元）。總而言之，這將意味著，在國家預算中，國防支出相當於二〇二〇年全年國內生產毛額的百分之二・四；二〇二一年的百分之二・七，以及二〇二二年的百分之二・六。

截至目前爲止還算合情合理。根據英國財政部數據統計，英國國防預算，從二〇一九年到二〇二〇年的支出，爲五四五億英鎊，約合七二五億美元，軍費預算超過俄羅斯的一半以上。

俄羅斯擁有不到一百萬的武裝力量——接近九十萬人——這仍然使英國相形見絀。因爲英國僅有十五萬三千名現役軍人。更重要的是，他們已經完全現代化，且規模龐大，從部署新的北風之神級核導彈潛艇，到最後汰換至曾祖父級的一九五〇年代老式馬卡羅夫標準手槍。別介意，「物超所值」，俄羅斯怎麼會有這麼多的盧布購買武器？

當比較失敗時

這是一個經典案例，如果直接比較根本行不通。俄羅斯軍費開銷的實際水準，其實相當於其會計帳面價值的三倍，甚至超過四倍。最重要的是，許多與軍事有關的開銷，實際上隱藏在其他預算項目內，從教育到科學技術支出，這些都很難準確量化。「國家準備勞工和國防計畫」，這是一項蘇聯時代的倡議，其宗旨不只是爲了改善國民健康，也是爲了確保徵召入伍者加入軍事訓練以適合服役，體育部在二〇〇七年恢復辦理。在民間預算資助的項目支援下，進行大量的軍事研究和開發。火車部隊調動，由俄羅斯鐵路公司的預算補助支付。戰亂時期，全副武裝國民警衛隊的內部部隊，完全整合到作戰司令部。技術上來講，國民警衛隊只是一種內部安全部隊，其營管單位已經部署到敘利亞，所以屬於不同的預算科目。實情就是如此：當國家投入預算於國防中——即使「國防」有可能需要將軍事武裝力量投入到國境之外的地方——即使沒有誤導外國人的企圖，軍事預算的角色暗插在許多政府各方面的預算書內。

更嚴重的是，依據市場匯率計算的盧布，經常受到粗估匯率轉換的影響。從歷史上來看，盧布通常是一種相當不穩定的貨幣（我記得我在旅行的時候，一英鎊可以匯兌六十五元盧布；等到我要離境的時候，可以匯兌超過一百元盧布），經常受到市場價值的升值和貶值所決定經濟循環中的影響。更重要的是，俄羅斯在軍事方面基本上是自給自足的。一切從更新系統的研發到零件採購，甚至爲士兵購買糧餉，或是爲了軍車車輛購置燃油，都是在國內一氣呵成——都是採用盧布，而不是採用美元、英鎊，或是歐元。因此，更好的衡量標準是所謂的購買力平價的匯率，這是運用衡量國家之間成本差異的一種因素。這同時有助於解釋國家武力，例如為什麼俄羅斯人願意在專業基礎上加入武裝部隊。這些所謂的簽約型「合同兵」，每月賺取六萬二千盧布，截至本書定稿大約為七百英鎊——遠低於一千七百英鎊，或是英國聘用私人的起薪薪水。在俄羅斯生活的平均每人成本，每個月大約四五〇英鎊（幾乎是三分之二合同兵的薪水）；而英國平均每人的成本，每個月為一二五〇英鎊（幾乎是私人起聘薪資的四分之三）。所以當俄羅斯士兵看起來起薪不佳，相對而言，他至少和英國士兵賺的錢一樣多。

顯然國民經濟學更複雜，但是基本原則是正確的。如果克里姆林宮有什麼更多的優勢，那就是更加無情對待國防工業，選擇限制國防工業的利潤，繼續採用廉價的徵兵。總而言之，當以購買力平價的基礎上進行比較，俄羅斯軍費開銷實際上相當穩定，每年約為一一〇〇億英鎊到一三〇〇億英鎊（一五〇〇億至一八〇〇億美元），約為英國國防年度預算的兩倍，甚至為兩倍半，而且這些適用於官方數據。如果考慮到隱性支出，可能核算將會是一四五〇億英鎊（二千億美元）。在這些基礎上，俄羅斯一直保持著世界第四大軍費支出國的地位，僅次於美國、中國，以及印度（我們都應該知道這一點，透過市場匯率比較，評估同一期間中國重整軍備的實際支出，會導致嚴重低估）。

每年都會看到俄羅斯政府發布國防令，一項多年期國家軍備計畫內的採購預算計畫。各級軍種之間，經常發生激烈的爭吵。國防部和財政部，以及各行各業地區行業的遊說者齊聚一堂，由安全理事會祕書處主持。每年都會看到部會之間相互指責，無法達到目標或標準的種種卸責的藉口。無可否認的，這並不是俄羅斯所獨有的現象，但是這確實突顯了一種系統：即使有預算，同時也有政治改革的企圖，通常最後結果也不會讓克里姆林宮心滿意足。

畢竟預算一般都是擱在那裡的。國防預算已經相對穩定，偶爾出現高峰值，反映出需要清償對於軍火工業的債務，因爲國債超過實際經濟成長，而克里姆林宮也清楚地意識到，需要避免軍隊失控，最終導致前蘇聯債務破產的超支（儘管公平劃分，但是越來越繁瑣、腐敗，以及搖搖欲墜的計畫經濟，無論如何走都會走向最終的經濟崩潰）。普丁現代化計畫下的採購規劃，需要將武裝部隊納入二十一世紀的裝配已經達標。正如下面所討論的內容，這可能會更爲緩慢，並且讓完成這一項工作更加的困難，但是進度令人印象深刻。

「讓我們挨餓，但是讓我們出口」

你不會經常聽到管理顧問引用十九世紀末俄羅斯財政部長的名言。但是當我在二〇一二年參觀一項武器出口展覽會時，有一位講者在他的演講中加入了伊凡・維什涅格拉茨基部長的這一句話。一八九一年，他聲名狼藉地宣布：「讓我們挨餓，但是讓我們出口。」在俄羅斯宣揚工業現代化，即使饑荒肆虐於農村。當然，事情顯然沒有搞到那麼嚴重，俄羅斯人當代恍若一種平行宇宙的方式進行：「武裝部隊正在挨餓」——這當然有一些誇張——不得不這麼說好了，因爲軍火公司非常熱衷於出口軍火。或是換句話說好了，賺取外匯的出口訂單正在攀升，而且排隊等貨，耽誤了國內的軍事換裝。

鑑於國內銷售的微薄利潤——這當然不足爲奇。軍火公司如果出售本國產品以及大量研發，以現代化工廠的資本來說，俄羅斯一直依賴軍火出口。俄羅斯產品有三大優勢——俄羅斯有很好的產品、物美價廉的產品，而且主要是俄羅斯會賣任何東西給任何買主——他們已經充分利用了這一點進行銷售。截至二〇二一年，俄羅斯全球武器出口的配額仍然僅次於美國。根據斯德哥爾摩國際和平研究所統計，在二〇一六年至二〇二〇年期間，他們銷售的軍火占了全球軍火總價值的百分之二十；美國為百分之三十七。也就是說，幾乎等於法國、英國、德國，以及中國武器銷售額的總和。

考慮到俄羅斯國防工業基地的情況，普丁總統從上任第一年開始就投入大量資源和政治成本進行軍隊改革。從簡化版的紅軍，成為一支現代化、具有打擊能力的部隊，甚至能夠派遣軍隊赴俄羅斯的境外進行作戰。但是在某種特殊的情況下，這麼做會產生障礙。

例如自從二〇一四年以來，面對無法和烏克蘭國防工業合作的問題（過去曾經共同生產過關鍵的零組件，尤其是最初用於俄羅斯的新型護衛艦的燃氣渦輪發動機），以及購買更新的西方國家技術。這些都是技術上的挑戰，俄羅斯的工業在很大程度上都能夠彌補這些缺憾，儘管需要時間和經費。例如考慮二二三五〇計畫中的戈爾什科夫海軍元帥級巡防艦的案例，這是一項非常重要的計畫，其目的是在取代蘇聯時代的無畏級驅逐艦，以及風暴海燕級護衛艦的設計。設計的目的，是將配備柴油和天然氣組合發動機，這是烏克蘭「曙光—機器設計科研生產聯合體」龍頭企業所製造的船用發動機。二二三五〇計畫確實在二〇一八年俄烏衝突之前談妥。然而，問題產生了。計畫中，至少有十五艘卡薩托諾夫海軍元帥號巡防艦，需要採用組合式燃氣輪機，或是燃氣輪機發動機，以取代柴油發動機。到了二〇一八年，俄羅斯聯合發動機公司交付給俄羅斯北方造船廠兩臺M55R柴油和天然氣組合發動機中的第一臺，裝置於聖彼得堡戈洛夫科海軍元帥號軍艦，以及交付給伊薩科夫海軍元帥號軍艦，直到二〇二一年，才裝妥引擎。憑良心說，這幾乎是在全球任何地方，都不可能找到重大的軍事建設項目如此延宕。雖然有船舶系統可能初期會有問題，延遲交貨這些相對規模較小的主力機器確實經常發生，我們稍後討論。對任何建造更大船艦的計畫我會提出質疑，包括航空母艦。

「軍火怪獸商」

更重要的是結構性弱點。前蘇聯領導人尼基塔・赫魯雪夫稱之為「軍火怪獸商」（metal-eaters）「食金屬者」的部門。有一個老笑話是說，蘇聯不曾擁有任何軍工聯合體——蘇聯就是軍工聯合體。這一個「軍火怪獸商」，擁有超乎尋常的武裝力量，幾乎在每個方面，蘇聯的經濟都被引導到軍事生產和武裝力量，每輛卡車和貨車，都有其所謂的指定「停車場」，以便可以在戰時動員起來。

國防公司優先選擇原廠材料和零組件，現在很難看到同樣的獨占地位。更普遍來說，俄語稱爲「防禦」工業，該行業直接僱用超過二百五十萬人，占了俄羅斯五分之一製造業的工作。雖然在效率和創新方面有一些亮點，可是因爲蘇聯時代僵化、腐敗，以及蘇聯關係密切的惡習，「防禦」工業不只依賴政府銷售管道，而且負責境外業務的國有企業，俄羅斯國防產品出口公司出品，許多公司全部或部分歸諸於俄羅斯國家技術集團，全名爲「協助開發生產與出口先進技術工業產品國營企業」。顧名思義，這是一家國有企業，屬於投資具有重要戰略意義的控股集團公司，特別是在高科技和國防產業領域。「軍火怪獸商」還包括烏拉爾機車車輛廠（建造了T-80

和T-14戰車，以及鐵路鐵軌和車廂等）、聯合飛機公司（包括米格、蘇霍伊，以及圖波列夫等品牌），以及直升機和卡拉什尼科夫衝鋒槍，都是俄羅斯國家技術集團穩定生產的產品。首席執行官是前國家安全委員會官員謝爾蓋・切梅佐夫，一九八〇年代在東德與普丁共事，至今仍在普丁的核心圈之一的人物。

難怪克里姆林宮能夠強壓「軍火怪獸商」，要求他們接受願意支付給他們的低廉費用。無論是出口還是國內使用的銷售產品，都傾向於基於低價售出。T-80戰車的戰力，可能不如美國的M1A1戰車，成本售價也只有一半左右；而美國F-22猛禽隱形戰機，可能比俄羅斯的蘇愷-35戰鬥機戰力更強，每架成本分別為一・五億美元至八千五百萬美元。出售便宜機組的麻煩，在於留下的利潤要少得多，但是用於研究和開發的費用非常昂貴。所以需要仰賴國家援助，以及在國內銷售。政府經常支付部分款項，或是延遲付款，並且要求提供新的組件，以及將公司的研究計畫，展延到甚至超越廠商所能做到的極限。但是廠商很難拒絕。

結果是債務逐漸增加，因為製造廠遭到延宕付款，或是部分償債，結果由國家承擔，必須藉由貸款來彌補缺口。二〇一六年，俄羅斯政府清償了價值八千億盧布（一〇五億美元）的債務；第二年，清償二千億盧布（二十六億美元）；到了二〇二〇年，再償還七千五百億盧布（九十八億美元）的債務。即使如此，主管國防的俄羅斯副總理尤里・鮑里索夫在那年年底，承認債務總額為三兆盧布（三九五億美元）。其中一些公司，正在清償每年大約十分之一的債務，支付可能永遠無法償還的貸款利息。確實，超過十分之一的國防工業之企業瀕臨破產，只能靠再貸款或是定期貸款，以維持生計；或是申請政府減免債務。所以國家一方面靠儲蓄——但是必須同時償還債務。

這種效率極低的模式，同樣也阻礙了國家進一步的發展。開發延宕，讓新型的蘇愷-57隱形噴氣式飛機延後服役。部分原因是阿穆爾河畔共青城加加林飛機製造廠，有製造困難的問題。該飛機製造廠，擁有所有必要的零組件。因爲供應商試圖償還其部分債務，得到軍方的報酬之後，這樣軍方就可以取得飛機，這也使取得新型飛機眞正的問題更加複雜。這不僅僅是蘇聯時代設計的演變，也不是後蘇聯時代的系統表現不夠優秀。例如空軍由於新型的蘇愷-30戰鬥機，效率顯著提高；蘇愷-35戰鬥機，以及蘇愷-34戰鬥轟炸機，無論是否是基於蘇愷-27制空戰機設計。這是一種首次在一九七七年設計，並於一九八五年服役的機型。同樣的，T-72B3戰車和T-90戰車，都是舊型戰車的現代化版本，但是已證明能夠適用於所有類型的戰爭。這些計畫更新要慢得多，也不太能夠轉型成功。因此，生產和部署眞正的新穎系統，無論是T-14阿瑪塔主力戰車（最初的計畫是到二〇二〇年購買二千三百輛；相反的，前一百輛預計將於二〇二二年交付），第五代蘇愷-57多用途戰鬥機（最初五十二架將在二〇二〇年服役，二〇二五年達到量產一五〇架到一六〇架；到最後，在二〇二一年，只有一架非測試飛機入伍服役）。第四代拉達級柴電潛艇（原定於二〇一五年製造四艘到六艘服役，截至二〇二二年，只有原型艦可以下水操作）。

還有部分問題，在於克里姆林宮通常擁有大頭症，希望擁有一些政治上可以控制的超大型主導企業。在二〇〇〇年代，國防部門在公平處理之後，確實需要嚴格的合理化管理，基本被整合爲超級企業的冠軍廠商全國不到二十個。他們擁有華麗的標誌和活潑的廣告，但是在內心深處，仍然以非常蘇聯化做生意的模式，加上等級制度和官僚主義以謀生。這個世代不再是蘇聯掛帥的計畫經濟時代，他們努力經營器材設備，以及零組件供應商的環境中，以收取軍火交易市場，並忍受的任何費用。如果回到蘇聯時代，賣給常客的電視機品管管控很差，爲了軍火工業的穩定性，部分原因是法律要求生產陰極射線管的工廠，要將其最好的產品，送往國防雷達裝置的軍工產品。民用工廠也因此得到了充分的休息。如果防守易位，公司需要零組件——如果廠商有特殊要求——就必須爲此付出代價。

買家當心

爲了要能夠生產最好的套件，或是採購最好的機器零組件，軍火商往往不得不依賴政治。畢竟他們實際上比將領們更有政治實力。在西方國家，很難說要決定採購哪一家，這些決策是基於西方國家尚未決定採購哪個工廠或造船廠的產品，或是採購哪一家製造商的產物，通常需要增加廠商遊說的預算。至少在俄羅斯也是如此。這種情形可以追溯到蘇聯時代，通常意味著不管軍隊是否願意，最後一定部署下列武器的平行線時代——例如T-64、T-72、T-80，或是T-90主力戰車。今天類似重複採購也相當普遍。當軍方宣布颱風新型重型防地雷裝甲車問世，烏拉爾和卡瑪斯公司都提出了自己的版本，而且這兩款機型設計完全一樣，現在已經投入戰場使用。

有一種特殊案例，可能是大肆宣傳的新型T-14阿瑪塔戰車。回到二〇一五年，在莫斯科舉行沉悶的軍事座談會（俄羅斯與會者和西方國家與會者，適當地表達了雙方合作和表達友誼的渴望，儘管雙方已經爲了烏克蘭事件鬧到劍拔弩張），我有機會與來自烏克蘭坎特米爾師的軍官們一起在酒吧喝了一杯酒。更正式的番號是得到尤里·安德羅波夫命名的列寧紅旗勳章的坎捷米羅夫卡第四近衛戰車師，簡稱第四近衛戰車師。這是駐紮在莫斯科周圍的精銳「宮廷衛隊」部隊之一。在二〇〇九年曾經短暫地改制爲一個旅，但是在二〇一五年初，已經重組爲一個完整的部門，他們對此都鬆了一口氣。

談話中，我們不可避免地轉向談論戰車。第四近衛戰車師使用T-80主力戰車，但是那一年宣布他們將成爲首批接收二千輛T-14戰車。國防部打算從烏拉爾機車車輛廠購買。T-14阿瑪塔戰車是第一輛眞正新一代的俄羅斯戰車，堪稱現代電子產品的奇蹟，無人砲塔安裝了完整自動化、大功率一二五公釐2A82-1M滑膛砲，配備車體中三名組員，包括車長、駕駛、砲手三名。「我們有多興奮，關於這個？」所有談話都遵循著我發現的議題。當我這一位愛管閒事的英國人開始問這些問題時，透露了熟悉的回答軌跡。首先，依據官方說法：「這是一種榮譽」，阿瑪塔主力戰車是同類型戰車中最先進的戰車，它是一種俄羅斯軍事技術實力的標誌。但是過了一會兒，出現了更微妙的觀點。這是不是太貴了？還是需要的嗎？最重要的是，T-14阿瑪塔戰車是不是太先進了？這是不是太挑剔了？可以上眞正的戰場嗎？

儘管在某種程度上，這是從第二次世界大戰時代遺留下來的遺產。世界大戰時，堅固但是簡單的蘇聯車輛，經常需要修理。在各種現場，車長和組員的專業知識，可能已經獲得了修理集體農場聯合收割機的經驗；蘇聯製造的戰車經常拋錨，但是也能快速重新修復啓動。T-4阿瑪塔主力戰車具備所有精美的電子設備？最大的恐懼是當鍊條脫軌，或是機槍卡彈，所有可能修復的辦法就是拖回專門的維修站。他們得出結論是：與其說是軍隊需要一臺戰車，不如說是烏拉爾機車車輛廠想要兜售戰車，賣掉它們。

T-14在書面上看起來令人賞心悅目，但是烏拉爾機車車輛廠是主要的製造商，二〇一一年，當普丁連任時，面臨反對的憤怒抗議浪潮時，來自下塔吉爾戰車生產廠的工頭一起來到莫斯科擁戴普丁，成為媒體報導的轟動事件；尤其是當播放克里姆林宮將抗議者描繪成中產階級，缺乏與「真正的俄羅斯工人」接觸。伊戈爾・霍曼斯基赫原本是一名工頭，後來成為烏拉爾聯邦區總統特使，並擔任俄羅斯安全會議成員。烏拉爾機車車輛廠獲得了阿瑪塔主力戰車的合約。普丁的確知道獎勵忠誠。

那些坎特米爾軍官可能說的有道理。雖然他們打算在二〇一八年之前接收T-14，截至撰寫本書，到了二〇二二年年中，卻仍在部署T-80U戰車。除了延宕交貨之外，這個計畫還超過預算：新戰車的價格上漲了每單位二・五億至四・五億盧布（二五〇萬至四四〇萬英鎊）。如前所述，結果是訂單已經從一〇二〇年二三〇〇輛，到二〇二二年底為一百輛。座談會之後，在一年一度的勝利日閱兵的排練中，首次展示八輛T-14，在眾目睽睽的攝影機下有一輛拋錨，試圖拖走卻失敗了；經過大約十五分鐘的瘋狂修復之後，後來自行離開。播音員試圖將其作為計畫測試的一部分向大眾解釋，但是沒有人相信。

軍隊現代化

儘管如此，軍隊系統還是以自己的方式運作。截至二〇二一年，根據國防部表示，所有百分之七十一的艦船、潛艇和飛機；百分之八十五的直升機、百分之七十九的火砲、百分之八十二的裝甲車，以及百分之一百的地面導彈系統，被官方評為「現代」。在服務維修方面，陸軍裝備故障率是百分之八十五，百分之八十為空軍裝備，百分八十五是海軍裝備。外界可能會質疑這到底是為什麼？——許多現代裝備只是蘇聯時代設計的更新版本——仍然代表籠罩俄羅斯軍隊的危機。畢竟大多數軍隊都在不斷更新換裝，不斷維修、現代化，然後才更換設備。在這種情況下，可以繼續使用數十年。美國F-15戰鬥機於一九七六年服役，由於機組零件升級，仍然很活躍。到了八〇年代後期，蘇聯由於資金枯竭，研發中心陷入危機，戈巴契夫進行裁軍。一九九〇年代，幾乎沒有認真採購或是執行現代化計畫，甚至是運用資金或利息進行武器的基本保養。即使普丁在二〇〇〇年上臺時，最初的焦點在人員的裁編上，結果是多年忽視武器更新。例如二〇〇八年，當強大的俄羅斯攻打小國喬治亞時，前往部署的裝甲車中，甚至還沒到達戰場，有四分之一就在出發途中拋錨了。

很多老舊的零組件根本不值得進行維修或是翻新。難怪在歷任國防部長銳意革新下，現代化變成優先事項。這不僅僅表示，在先端科技以及勉強使用之間的差距，這通常意味著先進和落伍之間的巨大落差。有些是壽命更長的武器。雖然一九七四年服役的AK-74步槍，在可以預見的未來——將要被AK-12步槍取代，但是實際上仍會繼續服役。這也不是什麼大缺失，因為一九九一年服役的AK-74M，至今仍然是一種非常有效的武器。從精準連發的彈藥到瞄準器和傳感器等系統換裝，表示更換系統工具包必須優先處理——在很大程度上，俄羅斯人已經做到了這一點。我們將在下一章進行探討，這要歸功於格拉西莫夫引以為豪的組織、學說，以及裝備水準。他誇下海口說：「武裝部隊，現在正在達到一種全新的戰備水準。」這似乎並沒有說錯——也就是說，他的軍隊在烏克蘭一場眞正的全面戰爭中接受了考驗。

第十九章 俄羅斯軍隊

雖然聽起來很超現實，但是離美國大使館對面，靠近莫斯科的諾文斯基大道旁，屬於繁華的花園環路一區，這裡是一家銷售高級時裝的商店——「俄羅斯軍隊」，是馮托格企業經營軍隊的制服和糧餉供應商，銷售迷彩緊身褲，以及印有國防部長謝爾蓋・蕭依古，精美包裝標準版的野戰口糧，甚至帶有「普丁團隊」補丁的牛仔夾克，價格不菲。這是國防部長蕭依古嘗試重塑品牌的招式，企圖讓軍事武器和軍人生涯成為一種又別緻，又令人嚮往的品牌。但是同樣引人注目的是品牌英文稱為「俄羅斯陸軍」（Army of Russia），而不是「俄羅斯軍隊」（Russian Military）。對於所有對核彈威懾，或是仰賴新型空軍的能力，俄羅斯一直仰賴地面武裝力量，陸軍的地面部隊無疑仍是軍隊核心武裝力量。皇家海軍可能是英國的「高級軍種」，因為成立早於任何眞正的常備軍種（最早始於十七世紀的奧利弗・克倫威爾）。然而，俄羅斯的常備部隊可以追溯到十六世紀中葉恐怖伊凡的火槍手。一六九六年彼得大帝進行軍事改革，推動海軍計畫之前的一個多世紀。

俄羅斯地面部隊擁有自己的軍旗，紅色背景上有交叉的金色劍和燃燒的手榴彈背景，地面部隊擁有自己的專業假期（五月三十一日，標誌著火槍手成立之日），以自己的守護神（亞歷山大・涅夫斯基，在十三世紀以擊潰條頓騎士團而聞名）。俄羅斯地面部隊擁有的座右銘：「前進，步兵！」他們也是俄羅斯軍隊中最大的兵種，截至二〇二二年初，共有二十八萬名軍官，包括男性和部分女性軍官。

形式上，俄羅斯地面部隊都隸屬於陸軍總司令部，屬於國防部的行政部門，負責訓練、戰術，以及組織管理，具有實戰能力。從總參謀部到軍隊的作戰指揮地區（或戰時的聯合戰略司令部）。事實上，在一九九七年，陸軍總司令部實際上遭到廢除，取而代之的是國防部地面部隊總局、導彈砲兵部隊、軍事防空局，以及陸軍航空局。這證明是一項無益的改革，模糊了國防部和軍事指揮部之間的結構，因此在二〇〇一年，普丁下令重建陸軍總司令部。在撰寫本書時，地面部隊總司令是奧列格・薩柳科夫大將，職業戰車軍官，但是六十六歲，已接近高齡，屆時他將退役，將職位移交給繼任者。

營戰術組

本書將進一步討論營戰術組部門，該組正在細部重整，主要軍隊仍然是以旅級單位為主要的結構。在部隊「新風貌」中的關鍵創新之一由前國防部長謝爾久科夫，以及前總參謀長馬卡羅夫進行規劃。旅是現代陸軍的編制，雖然仍然是一種相對較大型的編制，通常會配備軍力，混合了簽約型的志願役合同兵，以及義務役的徵召入伍者。後者在法律上不能要求在俄羅斯境外服役，除非是在戰爭時期。在頓巴斯衝突爆發之前，由於需要部隊支援，陸軍已開始創建複合營戰術群的建制。現有的旅級單位以模組化建制的部隊，通常來自全體志願役的部隊中。在頓巴斯，這些通常必須是來自多種旅級單位挑選的士兵，構成一種操兵式的挑戰，因為士兵不習慣適應這一種新型結構的戰鬥方式。需要進行輪調，調往頓巴斯，藉以補充傷亡人員之補給，並且允許士兵休假和娛樂時間；起初這也象徵維持單位運作，對官兵來說，都是一件讓人頭大的事情。例如後勤單位需要規劃動員人力，從俄羅斯各地徵調軍隊。這確實象徵俄羅斯可以召集和部署在戰區領域徵召各種專業人士。幾乎每個旅都可以產生自己的營戰術組。如前所述，營戰術組通常會占據大部分部隊單位的實缺。這種快速產成的強力打擊部隊，在承平時期，部隊中可以依據簽約型的合同兵進行抽調，以強化部署；但是隨著入侵烏克蘭之後，部隊兵員困窘，每個旅實際上只能部署兩個營，只有透過蠶食其餘的部隊武裝力量來徵召兵力。

營戰術組的細節各不相同，其結構反映了戰場上需求之可用人員，一般來說他們是徵召機械化的部隊，以多達九百名官兵的營，擁有機械化部隊二到四輛戰車，配備火砲官、偵察官、工程官，電子偵搜官，以及後勤支援排。舉例來說，以營戰術組的編制，來自弗拉季高加索的第五十八集團軍第十九摩托化步兵旅，編配在北奧塞梯部隊，包括BMP-3步兵的機械化戰車組。還有BTR-82As中的另外一組，包括T-90s的戰車連，配置一五二公釐2S19 MSTA-S自走砲、旋風多管火箭砲、無人機組，以及來自另外一個旅的狙擊排。這比許多其他營戰術組更爲強大，反映了其營運所在高地地形的差異。因此，營戰術組的實際結構和人員配備水準，千差萬別：在入侵烏克蘭時，有的只有二五〇人。陸軍作戰單位支援不足，後勤火力支援根本不成比例。在某些方面，營戰術組只是旅的縮減版，爲現代化俄羅斯軍隊的基本組成部分。

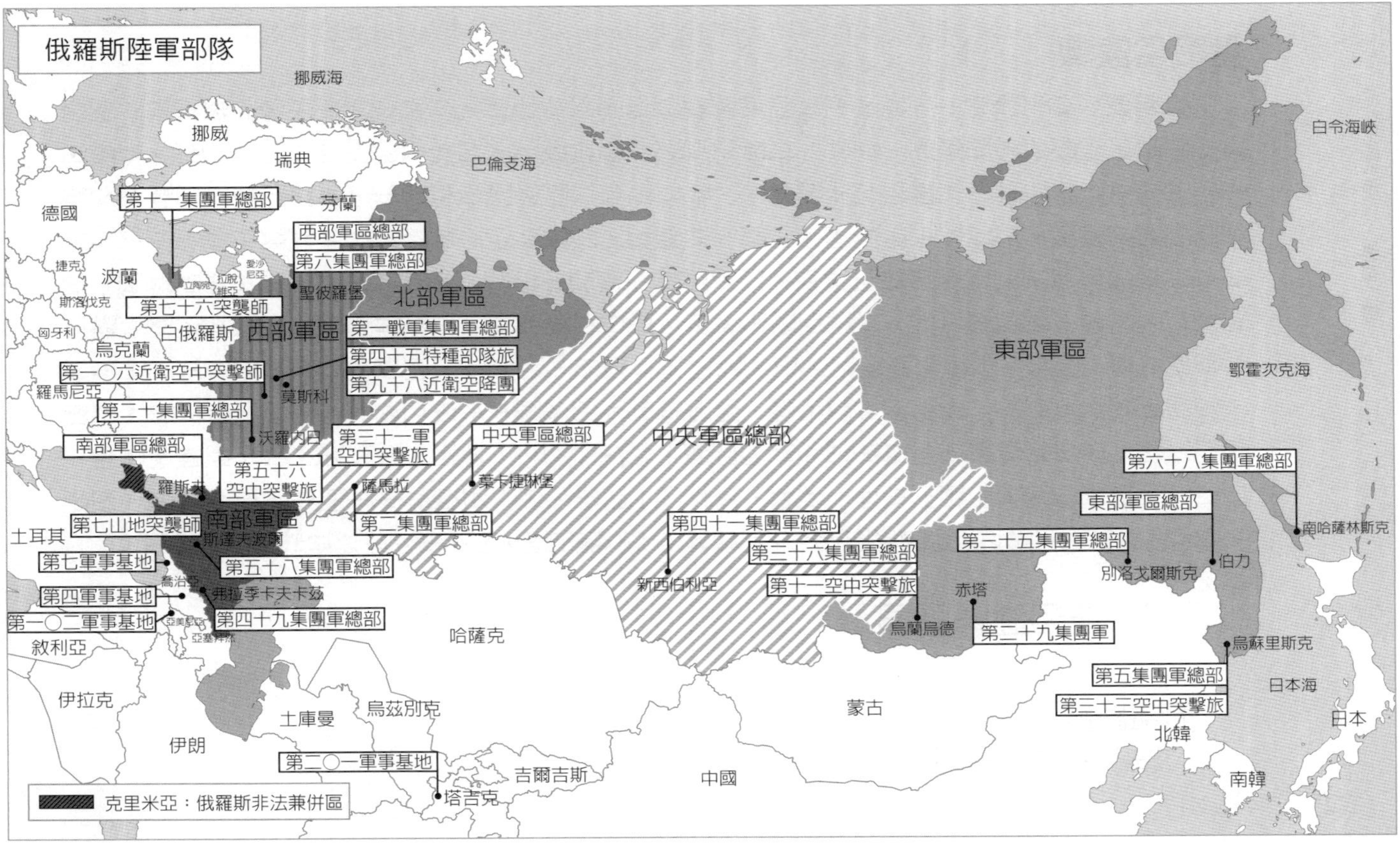
俄羅斯陸軍部隊
挪威海
挪威
瑞典
巴倫支海
白令海峽
芬蘭
德國
波蘭
捷克
斯洛伐克
匈牙利
烏克蘭
白俄羅斯
羅馬尼亞
第十一集團軍總部
西部軍區總部
第六集團軍總部
聖彼羅堡
北部軍區
第七十六突襲師
西部軍區
第一戰軍集團軍總部
第四十五特種部隊旅
第九十八近衛空降團
第一〇六近衛空中突擊師
莫斯科
第二十集團軍總部
沃羅內日
第三十一軍
空中突擊旅
中央軍區總部
中央軍區總部
南部軍區總部
第五十六
空中突擊旅
羅斯托
薩馬拉
葉卡捷琳堡
東部軍區
鄂霍次克海
第六十八集團軍總部
東部軍區總部
南哈薩林斯克
第七山地突襲師
南部軍區
斯達夫波爾
土耳其
第二集團軍總部
第四十一集團軍總部
第三十六集團軍總部
第十一空中突擊旅
第三十五集團軍總部
別洛戈爾斯克
伯力
第七軍事基地
第五十八集團軍總部
喬治亞
弗拉季卡夫卡茲
新西伯利亞
赤塔
第四軍事基地
第一〇二軍事基地
第四十九集團軍總部
烏蘭烏德
第二十九集團軍
烏蘇里斯克
敘利亞
哈薩克
第五集團軍總部
日本海
第三十三空中突擊旅
伊拉克
土庫曼
烏茲別克
蒙古
日本
北韓
伊朗
第二〇一軍事基地
吉爾吉斯
中國
南韓
塔吉克
克里米亞：俄羅斯非法兼併區

師部的歸建

在謝爾久科夫領導下，基本上以師部轉變以旅級領導結構，也就是說，俄羅斯真正有可能發動小型規模的境外干預戰爭，基本上很像塑造後冷戰時期北大西洋公約組織軍隊的想法。在蕭依古的治軍下，隨著未曾宣戰的烏克蘭戰爭，並且與西方國家關係的惡化，俄羅斯軍方也開始考慮全面開展在鄰國，包括實力對等國家的戰爭可能性。這需要的不僅僅是打擊武裝力量，更需要可以合併來自其他軍區營級結構的戰力，以在戰場上透過指管通勤，遂行戰鬥。可是戰場管理，可能涉及調動數十個旅級部隊，以營造營戰術組。來自俄羅斯軍區指揮官或是駐地部隊的反彈聲浪會趁勢反擊。因此，一種輕型的高度派遣部隊正在動員，部隊重組的概念也會捲土重來。當蕭依古透過恢復菁英型富有盛譽的塔曼部隊，開始重建坎捷米羅夫卡第四近衛戰車師，他不僅恢復將領們榮耀，也是標誌恢復師級單位進程的開始。截至二〇二一年底，俄羅斯恢復了九處陸軍師：包括八個機械化師和一個戰車師。此外，在二〇一四年，第一近衛戰車軍團重新賦予番號。這些大型的師級單位大量林立於國家西部，尤其駐紮於烏克蘭周圍，中央軍區中沒有陸軍師級單位。

二〇二一年的陸軍編制

西部軍區

第一近衛戰車軍團

第二近衛摩托化步兵師
第四近衛戰車師
第二十近衛合成軍團
第三摩托化步兵師
第一四四近衛摩托化步兵師

南部軍區

第二十近衛合成軍團
第三摩托化步兵師
第一四四近衛摩托化步兵師
第五十八聯合武裝集團軍
第十九摩托化步兵師
第四十二摩托化步兵師

東部軍區

第五近衛聯合武裝軍團
第一二七摩托化步兵師
第六十八聯合武裝軍團
第十八機槍砲兵師

在某種程度上，這種軍制的變革反映了軍事思想的演變，以及俄羅斯在頓巴斯特別軍事任務的教訓。在那裡，國防部從全國各旅徵集的志願役人員，經常造成了嚴重相互傾軋的問題，因爲士兵沒有相濡以沫、共同訓練，就直接投入戰鬥。雖然通常個別訓練能夠與烏克蘭交戰，尤其是投入強大的火力支援優勢，但是往往無法精實運用這些優勢獲得最後的勝利。因此，師級重組不僅用於快速打擊部隊的防禦單位，同時也是聯合武裝編組的核心，能夠迅速展開粉碎性的打擊方法，重振蘇聯時代對於閃電戰術的決心。

這並不是說俄羅斯正在放棄旅級單位；相反的，俄羅斯軍隊會以混合旅和師級的部署；旅級單位朝向「小型戰爭」展現武裝力量，師級單位則投入大型戰爭中。此外，這些部門的規模各不相同，從相當於舊有俄羅斯師部擁有四個團級結構，縮編到更小型的兩團，或是三團的結構，在某些方面，更像是龐大的獨立旅級單位。儘管他們的指揮通勤系統擁有更多的冗員單位。大多數師部將擁有六千至七千人的編制（相形下，舊蘇聯時代師部大約有一萬三千到一萬人編配到摩托化步兵師，以及戰車師）。

恢復師級單位，更容易宣布建立授予自己的軍旗標誌，但是不是實際將其納入可以完全自行運籌帷幄的狀態。例如在二〇一四年十一月，俄羅斯宣布摩托化步兵師，將在斯摩棱斯克以東的葉利尼亞重新歸建，使用曾經是第一四四摩托化步兵師的基地。在一九九〇年代初，容納從東德撤出的部隊在一九九八年解散；二〇一五年七月，宣布正式歸建。兩年內，在現有旅級的基礎上站起來，原本是駐地在葉卡捷琳堡第二十八獨立摩托化步兵旅。第一四四摩托化步兵師確實在二〇一七年底投入營運，而不是原本的四個本來應該擁有的機械化兵團，例如三處摩托化步兵團和一處戰車團。即使到了二〇二〇年，也只有三個旅，仍然缺少摩托化步兵團。重組部隊、改組指揮部，以及重新部署部隊，一切都需要時間。

重型裝備

可以說，戰車和大砲兩類的重型裝備，眞正代表了俄羅斯軍隊。西方國家，尤其是歐洲軍隊常常會耗盡庫存戰車，認爲在塵土飛揚的平叛衝突戰場上沒什麼用，這也是未來幾年會遭遇的挑戰。戰車對於俄羅斯快速打擊的作戰方法仍然重要。T-72戰車於一九六〇年代設計，並於一九七〇年代首次投入戰場使用，至今仍然是中流砥柱。當前使用二〇〇〇年代改良的T-72B戰車，戰力提升，仍然是現代戰場上非常值得信賴的資源。後來的T-80戰車，擁有更曲折的歷史，就像T-90/T-90M主力戰車一樣——本身就是一個現代版的T-72戰車。由於新型戰車T-14阿瑪塔主力戰車，由於軍方裁員和交貨延誤，未來T-90/T-90M戰車，還是戰場上的陸軍主力。

在過去的歷史上，火砲一直是俄羅斯的「戰神」，雖然所有軍隊都依靠長程火力。機械化部隊通常爲了瞄準、鎖定敵人，以大砲來摧毀敵人陣地——因此，俄羅斯人仍然有很多火砲。例如典型的俄羅斯營戰術組，擁有二到三組混合使用一二二公釐，以及一五二公釐自走式榴彈砲和火箭砲，以及數個迫擊砲排；美國標準的營級單位只有一個迫擊砲排。當然，這不是一種全然公平的比較。俄羅斯的營戰術組爲一支以旅爲單位選拔的特種部隊；美軍模式是將砲兵集中在更高級別的指揮部，以支持軍團的野戰戰術。就算是旅級單位，完整的俄羅斯機械化旅，通常包括兩處砲兵營和一處火箭營；美國則只有一處砲兵營。

這一切都讓人感覺到俄羅斯軍事營區中，擁有很多火砲的優先使用權利，以及擁有更優異性能的火砲。以下美國參謀長聯席會議主席馬克・麥利將軍解釋：在擔任陸軍參謀長期間，他在美國參議院軍事委員會舉辦的聽證會，在對抗俄羅斯陸軍火力時表示：「即使我們很不爽，我們不想要這個結果，但是是的，從技術上來說，我們火砲射程不足，在地面戰爭中我們就被打敗了。」

那個多少會遭到超越的重點也很重要：美國標準M109自走砲的射程爲二十一公里，使用火箭助推發動機，射程可達三十公里。俄羅斯人的新型2S35自走砲已經投入戰場。根據未經證實報導，射程爲四十公里，使用火箭助推發動機，射程可達八十公里。俄羅斯的重型多管火箭系統也能命中九十公里以外的目標，俄羅斯還部署了伊斯坎德爾短程彈道導彈，射程可達五百公里，可以安裝正規彈頭，包括集束彈藥、溫壓燃料空氣炸藥，甚至於電磁脈衝，可以燒毀其爆炸半徑內的所有電氣系統的設備。射程遠近也許不是一切：從發射速度、準確度、可靠性，以及生存能力都很重要。儘管如此，這是俄羅斯人擁有明顯優勢的實力。

特殊軍事任務的專業化部隊

地面部隊總司令部依據實驗調整專業編隊，採用特定的作戰環境，改革旅部結構。車臣戰爭依據山地訓練，進行特殊裝備的部隊編配，特別強調適合寒冷北極、高地地區部隊的軍事任務。然而，隨著普丁開始考慮新型戰區作戰的前景，蘇聯最後一支特種部隊，第六十八獨立摩托化步兵旅（山地旅）於一九九一年宣布解散。在車臣戰爭期間，部隊編制是一種明顯的問題。在二〇〇四年，普丁宣布在北高加索建立兩個特種山地旅，由簽約型的自願役合同兵組成。國防部最初承諾將在二〇〇五年執行駐地，但是第三三和三四四獨立摩托化步兵旅到二〇〇七年底準備就緒，駐紮在達吉斯坦的博特利赫（後來的邁科普），以及位於卡拉恰伊－切爾克斯共和國的澤連丘斯卡亞。每區駐地約有二千名兵力，是否眞正具備實際戰技，以及身體狀況是否可以達成使命等問題仍然存在。

除此之外，俄羅斯長期以來一直仰賴其在寒冷天氣條件下的戰力，以爲防禦和進攻資源，但是莫斯科越來越將極地視爲戰略地區，正在籌建極地設備，並且強化可以匹配的武裝力量，這是空軍和海軍的新任務。部隊還建立了設施，例如創新的「北極三葉草」部隊，位於亞歷山德拉島，屬於弗朗茲・約瑟夫地群島的一部分，爲俄羅斯最北端的基地。需要能夠在極端極地作戰的地面部隊的需求環境，第二〇〇旅總部設在佩琴加，以及阿拉庫蒂的第八十獨立旅，被指定爲北極部隊，由特別改裝的設備——以及低階技術解決方案，例如由狗或馴鹿拉動的雪橇，特別適用於相對安靜、祕密偵察，以及襲擊。主要不是工具包的問題。這些部隊在訓練過程中，在無情的極地環境裡越來越頻繁。

回到一九二〇年代，蘇聯與中亞的叛軍巴斯瑪奇的鬥爭，通常由紅軍騎兵所領導。藉由現代化的對手，俄羅斯在敘利亞的經歷，鼓勵俄羅斯人嘗試以輕型機械化部隊通過。二〇〇九年第五六獨立空降突擊旅曾嘗試在「獵人」四輪驅動吉普車中安裝零件，他們展示了「超輕型」機械化部隊的潛在價值，這些車輛事實是太小而不實用，無法容納重型武器，以及容納充足的補給，所以他們重新裝備了GAZ-66軍用卡車，然後返回到傳統的裝甲運兵車。在二〇一六年，俄羅斯人向阿拉伯敘利亞軍隊提供了武裝UAZ愛國者四門廂型車，作爲高度派遣的護衛車隊，也作爲對抗眾多武裝「技術人員」——也就是改造過的武裝卡車，通常包括常見的日本豐田四輪驅動越野廂型車款——由各種不同反叛組織進行部署。這引發了更廣泛的對此類車款的興趣，並在二〇一七年決定，其中一個第三〇摩托化步兵旅的四個營將配備UAZ愛國者四門廂型車。第三〇摩托化步兵旅駐紮在俄羅斯中部的薩馬拉，幾乎是草原、森林和山脈地帶，不是沙漠地區。有鑑於UAZ愛國者四門廂型車，可以達到每小時一五〇公里的速度，比沉重裝甲運兵車更省油，這個想法似乎符合高度派遣的突襲和反應部隊的需求，以檢驗部隊可以在艱難的環境中生存，從沙漠到林地，其中可以解決移防較慢的問題。例如第三〇摩托化步兵旅擁有的BTR-80型裝甲運兵車移動太慢，以致容易遭到攻擊的麻煩問題。

後勤

軍人流傳的諺語都說：「外行人講戰術，內行人講後勤。」研究聯合勤務的物流是完全正確的，在早期歷史中，俄羅斯人傾向將更多的精力放在具有攻擊性的軍事戰術「牙齒」，而不是聯勤的準備功夫「尾巴」上面。這不應該視爲絕對正確的，因爲蘇聯前輩絕對會付出很多努力來準備後勤。然而，正如在戰車和船艦的速度和火力方面進行了優化，聯勤重視的車船舒適性和保用存續能力，在過去並不重視。士兵在使用武器時，經常會遇到軍械和設備故障的問題。

即使在蘇聯後期這種情況也經常發生，因爲總參謀部開始意識到阿兵哥在現代戰爭中的需求，有待解決，而且經驗豐富的戰鬥人員富有實戰價值，不宜白白犧牲。在阿富汗戰爭中，見證了無與倫比的軍事醫療救援設備，米爾米-8MB救護車，是一種將傷員從戰場上運送到專門醫院的救護車，這樣傷兵就可以在非醫療車輛中接受護理醫療後，使用專用米爾米-8MB救護車將患者從戰場上轉移到醫院進行醫療處理。安托諾夫An-12型軍用渦槳運輸機，以及伊留申-18醫療運輸航班，將運送嚴重傷兵回到蘇聯和塔什干的軍醫院。在一九九〇年代，這種過去的實踐經驗可以說是蕩然無存，因爲無法聘請好的軍醫和護理人員：一位曾在阿富汗服役的軍醫，在車臣戰役之後向我描述，他必須從汽車維修廠，從汽車中取出驅動軸傳送的皮帶充當爲止血帶，只因缺乏聯勤供應。如果經費充裕，就可以吸取過去的教訓進行聯合勤務的整編，特別是招募和留住志願役技術人員，並且強化其對於部隊的向心力。

但是聯勤軍需仍然是俄羅斯軍隊的致命弱點，像是阿基里斯的後腳跟腱部。因爲普丁轄下的軍隊具有較少的補給經驗，他認爲「牙齒」型的部隊戰力，似乎比「尾巴」型的後勤更有實效，同時解決後勤失能的政治壓力。二〇一四年到二〇二二年在頓巴斯的戰爭，無可否認的需要補充的後勤能力欠缺，甚至限制了軍事行動——原本渴望強大打擊武裝力量的營戰術組軍事任務，有時幾天內彈藥補給後繼無力，只能撤軍。消耗的彈藥不夠他們可以獲得的補給。畢竟俄羅斯擁有旅級和營級戰術組的火箭和防空射擊能力，也許比西方國家的砲兵更強，但是因爲砲彈的供需失調，一旦後勤支援的「尾巴」遭到截斷，只能撤退。到了二〇二二年在烏克蘭戰役一旦全面動員，後勤支援前線的作戰軍事任務就變得比較清楚了。

每一支軍隊都應該有後勤旅，支援整備部隊的軍需品補給、油料、彈藥、運輸、衛勤、基地裝備翻修。但是並非所有軍隊都擁有這一種措施——否則只是紙上談兵。主要業務仍依賴鐵路網。俄羅斯軍隊也有十處鐵路專業部隊負責建造、修理、保護和維修鐵道設施（實際火車車輛營運管理屬於俄羅斯鐵路公司）。即使如此，俄羅斯仍然採用比西歐國家標準更寬的軌距軌道：可以通往芬蘭、斯洛伐克東部、波蘭，以及匈牙利等國家。這對於侵略其他國家時產生極其嚴重的影響——假設俄羅斯處心積慮想要入侵前蘇聯以外的其他國家。從一五二〇公釐「俄羅斯規格」的火車運補軌道出發，移動戰爭耗材，到了更常見的一四三五公釐「斯蒂芬森規」，將不得不將耗材搬下火車，重新裝載到新車上面，或者換車運補。其他國家的火車無法做到這一點，所以更換運補車輛，無論採取哪一種方式都非常需要。這將浪費很多時間，進行火力補充和後勤供應——在緊急時刻，這些後勤支援的軍需品，在運補後勤的時間中將是反叛軍和游擊隊的空軍和陸軍攻擊的主要目標。鐵路部隊熟知進度，但是不斷地修理鐵路線路，會進一步減緩運補的速度。當遠離鐵路車站和路線，無法使用火車運輸，俄羅斯人依靠卡車運輸，即使他們徵用民間商用的司機和車輛，我很懷疑他們有足夠的能力進行補給運輸。根據一項可靠的估計，俄羅斯軍隊如果想要曠日費時深入敵國領土進行作戰，在缺乏可靠的供應運輸戰備軍需下，無法維持距離超過一五〇〇公里以上高強度的作戰節奏。我舉一個具體的例子：

雖然各軍種的部隊都不同，但是通常有五十到九十多處軍隊中擁有火箭系統發射器。火箭發射器占據卡車後座。如果聯合武器軍隊一次齊射飛彈，需要五十六到九十輛卡車才能迅速補充火箭彈藥。也就是後勤旅的卡車部隊需要出動一半以上的待命軍用卡車，以支援裝填一排待發的火箭砲。

更何況那還只是陸軍的火箭砲，還不算六到九座砲兵營，以及所有的迫擊砲、戰車砲、防空砲、反戰車導彈、手榴彈，以及子彈的消耗；更不要說所有的燃料、糧餉，以及軍隊用水。也就是說，俄羅斯軍隊很可能無法在遠離俄羅斯邊境太遠的其他國家，如果在缺乏鐵路網貫穿的情況下發動全面性、有效的作戰行動。

戰力

所有這些如何轉化為在俄羅斯境外投入戰場的真實戰力？美國智庫二〇二〇年蘭德報告提出了一系列假設情境：烏克蘭傳統戰爭的升高態勢，一直到保護委內瑞拉政府穩定的境外軍事任務，對於全球情勢，考慮了俄羅斯軍方正在集結部隊。如果以陸軍、海軍，以及空軍調派戰區進行軍事任務，然後維持軍事駐地，皆無異常。除了模擬烏克蘭情境有異——作者認為，這是一個不可預測的異常情境值——正常的國家不會在其他國家以此變量引發「過度壓力」。這個假設是以伊斯蘭國在鄰國塔吉克的叛亂，經過當地政府批准，由俄羅斯特種部隊部署一個營、六個正規營戰術組，以及後勤單位。即使如此，這會帶給俄羅斯空軍勤務沉重壓力。正如我們將要在下一章討論，這是一個很明顯的遠程快速打擊部署的限制因素。

在其他蘭德報告的其他五種情況中，從向敘利亞派遣救援部隊，以及在哈薩克問題上與中國發生衝突，給俄羅斯的鐵路、空運或海運後勤單位帶來了過度壓力，而派遣哈薩克駐軍超過招募特遣隊的員額不足（十八個派遣營僅占總兵力的十分之一）。即使是俄羅斯境內的鐵路運輸，以及直接派軍至鄰國需要龐大的後勤支援工作。以運輸師級單位來說，需要一九五〇至二六〇〇輛軍用卡車，需要多達五十列火車進行裝載。

結論是，俄羅斯西部和西南部戰區，地面部隊基礎設施火力強大——正如喬治亞人和烏克蘭人所知道的那樣——無法在全球範圍內維持一支強大的火力部隊，甚至在南部和東部邊境，經常需要展開快速救援行動。這並不是說要惡意詆毀俄羅斯軍隊。俄軍具有非常強大的功能，尤其是依據預期表現戰力時，並且爲莫斯科提供了全盤的戰略選擇。從務實的「重裝備外交」，包括強制外交，一路走來，展開到動態軍事行動，這將在下面討論。

這不是紅軍擅長的技能，其想像輾過西歐，跨越海峽，甚至快速推進，跨越波羅的海沿岸，根本無法以其重裝、後勤和補給，支援其戰技。事實上，自二〇二二年入侵烏克蘭的閃電方式迅速陷入困境，是後勤挑戰的證據。普丁和戰區指揮官從未思考後勤的重要，產生的災難性後果。蘭德報告評估，基本上都是基於軍隊結構和武裝戰力——包括戰車、燃油管線，以及運輸機的數量。報告中無法解釋培訓、士氣、紀律，以及命令等所有無形資源所帶來的問題。正如稍後將要討論的——而且非常明顯在烏克蘭——在這些心理戰力的指標上，顯然俄羅斯相當缺乏。比蕭依古，甚至普丁，在公關談話中展現的公共關係都令人印象深刻；唯獨缺乏的就是軍中士氣。

第二十章 天空是俄羅斯的！

隨著俄羅斯民族主義高漲，飛行員們一定很辛苦。狂熱的動作片電影開始大量湧現——表現出英勇的工程兵、步兵、水師，或是特種部隊的英雄，有些造型非常漂亮，有些非常糟糕。空軍並沒有眞正機會展現在軍教大片中。他們在克里米亞戰役中，展現了後勤武裝力量；他們沒有出現在頓巴斯上空；同時也沒有地毯式轟炸車臣城市，那裡全部都是俄羅斯的平民。畢竟空軍戰機就是缺乏魅力。但是敘利亞戰事改變了這一切。二〇二一年首映伊戈爾・科皮洛夫導演的《獵空計畫》，講述拍攝二〇一五年蘇愷-24M戰鬥轟炸機，擊落土耳其戰鬥機的故事。當然，本部電影闡釋英雄行爲：飛機上的機組人員遭到擊落，後來得救。有點過於煽情，展現俄羅斯所賦與的斯拉夫民族壯志凌雲的謳歌，以湯姆・克魯斯的《捍衛戰士》情節進行五光十色的煙火表演，並且感謝國防部的積極支援（部分場景實際上是在敘利亞拍攝的），以飛機實景進行拍攝。甚至還找到一位長得像蕭依古的演員，他咆哮著說：「我們不會放棄我們的人！」經歷了十年經濟衰退之後，接下來的十年在普丁時代還是有經濟的陰影，尤其是敘利亞干涉之際，俄羅斯航天太空軍，以優異的空軍戰力展現英姿。大約百分之九十的地面攻擊機、轟炸機、攔截機，以及運輸機機組人員，在敘利亞至少進行過一次盤旋，其中空軍駕駛在那裡飛行了一五〇至二〇〇架次，相當於西方國家空軍駕駛整年的總飛行時間。同時，大約四分之三的機隊被認爲是已經經過現代化的整編。

總是在遞嬗

俄羅斯自一九一二年以來就擁有空軍。俄羅斯帝國空軍在第一次世界大戰中發揮了戰力，並由一九一八年工農兵組成的紅軍組成的空軍部隊。當時的空軍部隊，大部分在德國入侵的第一天就被殲滅了。一九四一年，由於史達林認爲戰爭已經迫在眉睫，在世界末日的對抗中需要快速重建，在冷戰時期迅速壯大。到了一九八〇年，俄國空軍是世界上最大的機種部隊，擁有大約一萬架各種類型的飛機，分爲三種類型：遠程航空戰略轟炸機、戰略航空戰略轟炸機，以及軍用運輸機。除此之外，還有獨立的海軍航空兵。同時，成立空軍砲兵師，然後是一九四一年偉大衛國戰爭之後成立紅軍防空司令部。一九五四年，空軍成爲一個完整的軍種，即防砲部隊，分爲防空導彈部隊、戰鬥機航空，以及無線電工程部隊。蘇聯解體之後，俄羅斯保留了蘇聯航空資源結構和最大部分：約爲百分之六十五的人員和百分之四十的飛機。儘管如此，空軍在勤務中容易忽視：飛行員航行時間不足導致飛行技能下降；機體無法定期維護，影響了飛行安全；此外，機體老舊，無法形成現代化的機隊。因此，一九九〇年代對於空軍和防砲部隊來說，到了一九九五年，戰略航空隊已經從五千多架戰機中縮減不到一半，例如其中三分之二飛機已經過時，空軍需要汰舊換新。

一九九八年，防砲部隊納入了空軍，祖國的戰略防禦目標落到了新成立的太空部隊身上，二〇〇一年航空航天的軍事航空航天部隊成爲一處獨立的單位。這還沒有結束，在二〇一五年，他們與空軍合併爲組建一支新的、包羅萬象的航天軍隊，包括一切從武裝直升機到反彈導彈系統的

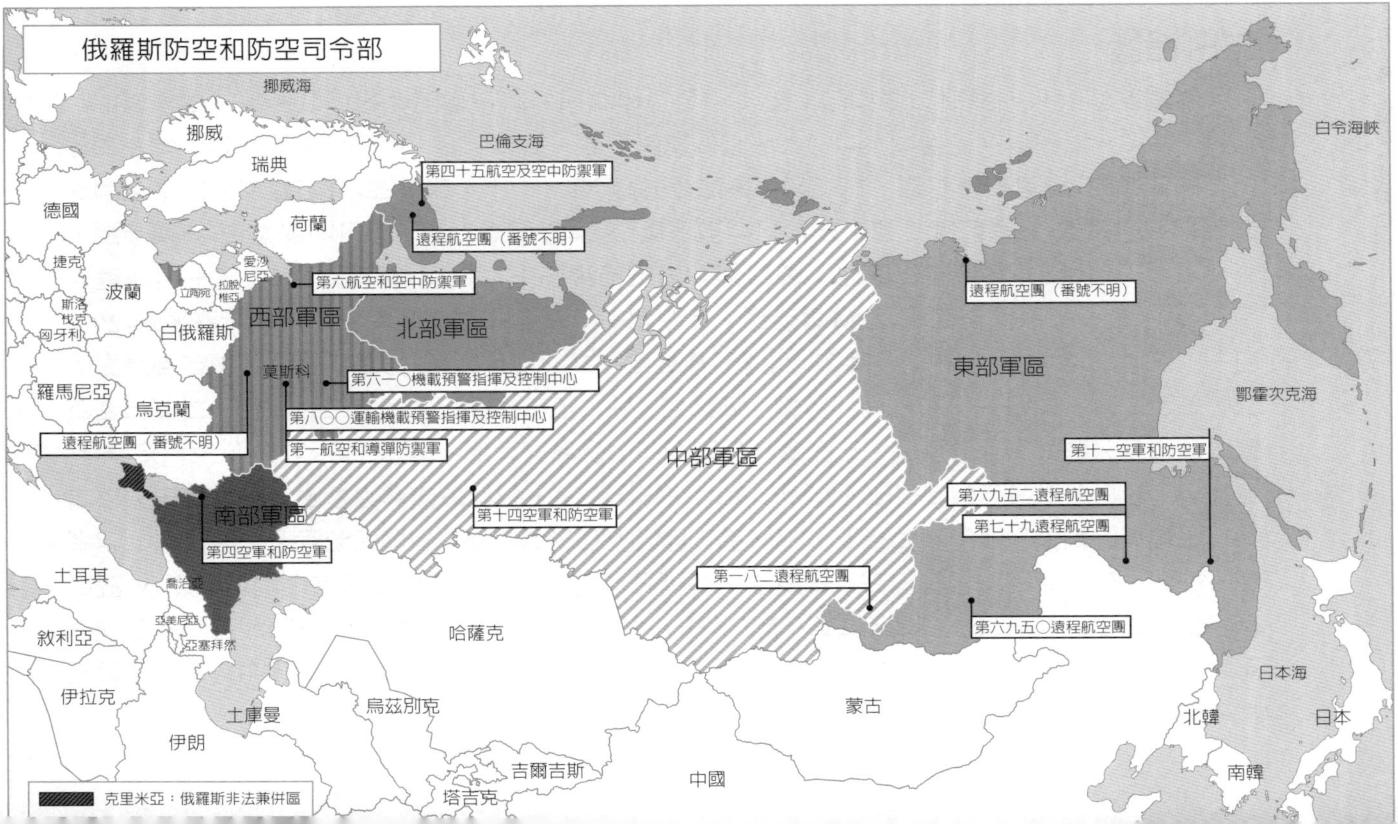
俄羅斯防空和防空司令部
挪威海
挪威
瑞典
巴倫支海
德國
荷蘭
捷克
波蘭
愛沙尼亞
立陶宛
拉脫維亞
斯洛伐克
匈牙利
白俄羅斯
羅馬尼亞
烏克蘭
莫斯科
西部軍區
北部軍區
南部軍區
中部軍區
東部軍區
第四十五航空及空中防禦軍
遠程航空團（番號不明）
第六航空和空中防禦軍
第六一〇機載預警指揮及控制中心
第八〇〇運輸機載預警指揮及控制中心
第一航空和導彈防禦軍
遠程航空團（番號不明）
第四空軍和防空軍
第十四空軍和防空軍
第一八二遠程航空團
遠程航空團（番號不明）
第十一空軍和防空軍
第六九五二遠程航空團
第七十九遠程航空團
第六九五〇遠程航空團
白令海峽
鄂霍次克海
日本海
日本
北韓
南韓
蒙古
中國
哈薩克
烏茲別克
吉爾吉斯
塔吉克
土庫曼
伊朗
伊拉克
敘利亞
土耳其
喬治亞
亞美尼亞
亞塞拜然
克里米亞：俄羅斯非法兼併區

軍事指揮單位。

航天部隊

俄羅斯航天太空軍現在擁有約一四八〇〇〇名員工，其中約四分之三是專業人員。截至二〇二一年初，航空航天部擁有一七〇九架固定翼戰鬥機，以及大約一五〇〇架直升機，其中包括三八〇架蘇愷-27制空戰鬥機、二六七架米格-29戰鬥機、一三一架米格-31攔截機，以及前五架新型先進的米格-35戰鬥轟炸機。還有二七四架蘇愷-24戰鬥轟炸機、一二五架蘇愷-34轟炸機，以及一九三架蘇愷-25地面攻擊機。遠程航空隊還部署了十六架圖波列夫-160、四十二架圖波列夫-95、六十六架圖波列夫-22M轟炸機。加上九十一架海軍航空兵飛機：二十二架米格-29、四十三架蘇愷-27/33、二十二架蘇愷-24戰鬥轟炸機，以及四架蘇愷-25戰鬥機。還包括運輸機和偵察指揮平臺，包括十六架A-50「熊蜂」預警機、第一四四空降預警團的偵控飛機，以及在機頂擁有獨特的大型雷達旋轉圓帽。作戰機隊中超過六五〇架直升機，儘管這是名義上八五〇架次總機隊的一部分。在全面營運之後，將逐步提升架次和技術，尤其是隨著蘇聯傳統直升機報廢或封存之後建立新型號的機隊進行操作。這支龐大的機隊僅次於美國，儘管仍然仰賴於蘇聯時代的飛機。這是一項大膽創新的國防現代化更新，嘗試創新設計，例如前述俄羅斯設計的蘇愷-57隱形戰鬥機，象徵極大的挑戰。莫斯科極力建立空軍，既要保衛祖國，同時也要支援地面部隊的防禦和進攻。因此，重新檢視，垂直整合部隊。在撰寫本書時，俄羅斯航天太空軍司令謝爾蓋・蘇羅維金將軍穿著空軍藍色軍服。

直到二〇一七年之前，他還是一名陸軍軍官，晉升為機械化步兵師師長，在阿富汗、塔吉克，以及第二次車臣戰爭（行動中受傷），以及二〇一七年指揮俄羅斯在敘利亞的特遣隊。他的名氣不僅僅是一名堅毅不拔的戰士——在二〇〇四年，他的一位下屬因為負評在他的辦公室拔槍自殺，他也是一位能夠提出創意解決方案的倡議者。他負責總參謀部的主要業務，擁有成功人士的特質，早在二〇一二年，就已經展現了創新能力，負責組建新型憲兵隊。他的職業生涯沒有太大爭議，到目前為止倖免於難。他在一九九一年八月政變之後，被拘留的七個月（三人在衝突中死亡，當時蘇羅維金領導策劃者的部隊營），在一九九五年時，受到指控偷竊和出售軍事武器而遭到定罪（指控罪名後來取消）。儘管如此，他是俄羅斯軍事改革中最需要具有果斷和未來思維的將領。他在二〇一九年史無前例的第二次敘利亞戰役中，表明他可能是未來總參謀長的接班人。

空軍導彈防禦部隊劃分為四大戰術空軍和防空集團軍，每種主力部隊擁有一座軍區：包括西六區、南四區、中十四區，以及東十一區。這些攔截機隊的組合包括戰術轟炸機、偵察機，以及地對空導彈系統。例如第六空軍和防空部隊在聖彼得堡，包括第一〇五近衛綜合航空隊，擁有三個攔截機中隊、一個戰鬥轟炸機中隊，以及偵察機；第二以及三十二防空師，擁有七個地對空導彈團，以及海軍產業基地在加里寧格勒：第四獨立海軍航空兵攻擊團、第六八九近衛海軍航空兵戰鬥機團，以及第四十四防空師。總計共有十二組作戰飛機中隊、九個地空導彈團，以及五個無線電技術團，甚至還擁有三個直升機團和運輸機。西部軍區是部署第一防空部隊和導彈防禦部隊的首要之地，負責保衛莫斯科。這裡有兩支地對空導彈師（九個團），以及第九反彈道導彈師。維護Don-2N莫斯科反彈道導彈系統，位於首都東北部索菲諾控制陣地雷達站，以及五座發射場，共計擁有六十八枚53T6（ABM-3）短程攔截機導彈。有鑑於俄羅斯試圖嘗試擊敗來襲導彈，曾經在莫斯科上空的平流層引爆十公噸熱核彈頭，這是非常不得已的手段。儘管如此，即使西部軍區的配置妥當（有一句老生常談的話：「安全保衛俄羅斯的西北方天空」），這在國防管轄戰略布局和管理中特別感受深刻。

遠程航空保持獨立，共約六十架即將淘汰的圖波列夫-95MS熊式遠程渦輪螺旋槳發動機、五十架小型超音速圖波列夫-22轟炸機，以及十七架較新的圖波列夫-160M2戰略轟炸機，聽命於航天太空軍指揮，用於正規火力任務，發揮了戰力。例如在敘利亞戰役中，這些是俄羅斯核震懾武裝力量之一。遠程航空戰略轟炸機將在第二十四章中，與太空部隊，同樣不隸屬於軍區中，而是隸屬於莫斯科航天太空軍總部管轄。

保衛祖國

西方國家（尤其是美國）的戰略規劃專家，已經越來越擔心他們所謂俄羅斯日益嚴重的「反介入和區域拒止」（Anti-Access/Area Denial）的問題，簡稱為A2/AD。這是一種軍事戰略，就是一旦出現突發事件，其中一方迅速在爆發戰爭的區域劃定成為禁區，阻止第三方武裝干涉的能力，用於控制戰區環境。俄羅斯的中心概念，就是結合了遠程反艦飛彈和防空導彈，以對抗西方國家軍事派遣、技術優勢，以及轉移優勢。面對這些「新型戰爭」的恐慌方式，西方國家學者既是誇大其詞，也是對於俄羅斯戰爭學說的誤解。正如邁克爾・科夫曼所說：

俄羅斯的反介入和區域拒止能力被嚴重誇大了，通常描述成爲了一種地圖上的防禦圈，或是地圖上的禁區。俄羅斯的防空靶場，被西方國家媒體宣傳爲一種導彈圈，有時針對俄羅斯軍事分析反而有限，但是西方人對於俄羅斯劃設紅色防禦圈的圓圈卻感到憤怒。

可以肯定的是，莫斯科已經發展了相當廣泛在區域中反對航運的特別能力，也就是防空能力，任何捕風捉影的想法其實都是誤解。甚至在現代綜合防空攻擊系統中，以俄羅斯的戰爭風格，希望強力削弱敵人武裝力量，並且進行反擊。

莫斯科擔心的是西方國家集中火力，對於大型空中導彈全面襲擊的威脅，例如北大西洋公約組織將利用其軍力優勢和戰爭技術，在邊境空域以毀滅性的攻擊軍事任務展開軍事衝突，粉碎俄羅斯的指管通勤系統，削弱派遣部隊，試圖在第一次攻擊中贏得任何戰爭。這一點當然也可能遭到誇大了。俄羅斯對西方國家的每一種擔憂都摻雜新型的論點，俄羅斯人也傾向高估西方國家軍事優勢的技術。無論如何，依據防空任務的急迫性，俄羅斯建立了強大航天太空軍，意義重大。大型規模「劍指西方」軍事演習的最新趨勢是，俄羅斯在西部，以及和白俄羅斯每四年聯合舉辦一次。從模擬的「藍軍」大型空中導彈全面襲擊開始，「紅軍」防禦者必須抵抗、擊潰，或者在最壞的情況下進行反擊。

地面部隊有自己完整的防空部隊，而空軍導彈防禦部隊不是在戰場迎戰而進行戰略性資源配置，部署攔截機和地面S-350、S-400，以及S-500遠程導彈系統，輔以短程導彈系統，例如鎧甲-S1飛彈，這是一種彈砲合一獨立作戰的防空武器，運用移動車輛安裝雷達、兩門三十公釐火砲，以及十二枚導彈。在剛開始的時候，大型空中導彈進行全面襲擊，俄羅斯的戰力是確保國家指揮命令中樞可以迅速徵召和協調戰場部隊，以速戰速決的方式贏得勝利，尤其是當敵人開始運用導彈、飛機進行轟炸，而且在戰爭中所有通訊遭到阻礙，包括網路資訊到雷達全部癱瘓的狀況、如何因應的問題。

俄羅斯正在進行一場持續的現代化戰鬥機艦隊更新。中流砥柱的火力將是敏捷的蘇愷-30SM2，以及蘇愷-35S戰鬥機。經過戰鬥驗證的蘇愷-27制空戰鬥機的改良版，是由更輕盈的米格-35進行汰換，儘管俄羅斯米格航空器集團對於改良米格-29戰鬥機，似乎沒那麼熱衷，但是普丁簽署行政命令，米格航空器集團要和俄羅斯其他主要航空、航太設計，以及製造公司合併成立「聯合航空製造公司」進行共同設計。最後，蘇愷-57隱型戰鬥機開始服役，政府訂購了七十六架，儘管還不清楚，俄羅斯軍方是否到了二〇二五年要部署二十四組機隊。

祖國拳頭

俄羅斯在認識來自西方國家空中資源威脅的同時，也付出了努力來開發自己的攻擊能力。在相當大的程度上，這一種思考方式的內心武裝力量，植根於蘇聯時代「縱深作戰」的思想概念。「縱深作戰」由米哈伊爾·圖哈切夫斯基元帥在一九二〇年代提出，指的是以陸地戰爭中依據攻擊爲主要目標的戰術。其主要理論是對於前線及後方的敵方部隊，以全部陣地模式發動全面攻擊，突破敵方防禦，最後才是包圍殲滅敵軍。這不僅在前線看到了勝利，而且透過深入戰場粉碎敵人的武裝力量，其作戰本質是試圖壓倒敵方協調能力，難以首尾兼顧，並且切斷指揮系統。這有助於解釋，例如蘇聯人透過傘兵部隊進入敵軍後方，以進行前後方的聯合攻擊。這一種思維，本來是透過專業軍隊來實現深入敵方領土的地面攻擊方式，但是到了一九七〇年代，另外一種創新的軍事思想家尼古拉・奧加科夫元帥正在研究遠程導彈、精確彈藥轟炸，以及空襲策略，用以補充地面軍隊規模的不足。

蘇聯人缺乏建造足夠精確計算彈藥的紮根軍力（在某種程度上，俄羅斯仍然如此），而是依賴大量的戰術空中武裝力量和巨型大砲。看到盟軍一九九一年在伊拉克沙漠風暴戰役中的決定性優勢戰技，展現了明確「非接觸戰爭」投擲戰力的重要，整個一九九〇年代，俄羅斯軍事理論家撰寫了遠程「非接觸戰爭」的威力，但是武裝部隊缺乏資金和領導進行改裝。此後，俄羅斯人迎頭趕上，雖然大部分是關於遠程系統的改良，例如伊斯坎德爾戰術導彈或Kh-101空射巡弋飛彈系統的發明，展現戰場空中武裝力量的重要程度。

俄羅斯航天太空軍的戰場近距離空中支援能力尤其出色，以過時但是精良的蘇愷-25噴氣式戰鬥機爲代表，還有強化直升機類型的範圍。蘇愷Su-25攻擊機在一九八一年已經服役，儘管進行了各種升級，但是仍然顯示機型老舊。蘇愷Su-25攻擊機是一種堅固耐用的飛機，兼顧飛行性能與防護力，這是第二次世界大戰中傳奇的史達林格勒戰役系列的延續。雖然在實際上，有人談論蘇愷Su-25攻擊機是否應該由新型的地面攻擊機取代，目前攻擊性直升機正在彌補這些缺點。米爾米-24「雌鹿」直升機，暱稱爲「飛行戰車」或「鱷魚」，是一種運載突擊部隊用途的大型武裝直升機。現在主要對地攻擊的角色由輕巧的專用攻擊直升機擔當：米爾米-24「雌鹿」直升機，以及卡-50「黑鯊」武裝直升機，以雙發共軸雙三槳旋翼進行配備。

戰略轟炸將在稍後進行討論。在中程轟炸機艦隊方面，依據蘇聯時代的舊標準，蘇愷-24戰鬥轟炸機戰機正在逐步汰換，取而代之的是，在蘇愷-27制空戰鬥機基礎上發展起來的全天候超音速戰鬥轟炸機蘇愷-34「後衛」戰鬥轟炸機。在敘利亞戰爭中展現空戰的能力，其航空電子設備比蘇愷-24戰鬥轟炸機更強，可攜帶八公噸炸彈、火箭，以及導彈的能力。不過，蘇愷-24戰鬥轟炸機將繼續服役一段時間，而且考慮到俄羅斯缺乏精確制導性飛彈和所需的瞄準系統，備了新的SVP-24瞄準系統，以巧妙的解決方法，針對速度、高度、風向等因素進行計算，讓廉價的「啞巴」型炸彈，幾乎與昂貴的「智慧」型炸彈一樣準確。

運輸

運輸可能不像高空飛行的攔截機、滿載火箭的對地攻擊機，以及戰場搜索轟炸機那樣醒目。但是二二五架次左右的軍事航空戰略運輸機，不僅在這個幅員遼闊的國家戰略派遣功能性相當重要，事實證明，對於莫斯科軍力派遣的大量需求，厥功其偉。在高峰時期，每天向敘利亞飛行的架次，提供二千公噸的軍需。此外，二〇二二年一月，哈薩克總統依據集體安全條約組織的軍事聯盟約定，請求維和特遣部隊介入（集體安全條約組織，爲莫斯科試圖建立一個歐亞地區類似北大西洋公約組織的軍事聯盟），以面對他認爲外國恐怖份子勢力所引發的大規模抗議活動。俄羅斯傘兵迅速前往平亂，不僅證明了準備戰力，也證明了軍事航空戰略運輸機的功能。事實上，俄羅斯運輸機還運送了來自白俄羅斯和亞美尼亞特遣隊前往部署。

直到二〇〇九年，總參謀部第六十一航空軍擁有的戰略運輸機隊，合併了海軍和戰略導彈部隊中戰略運輸性的資源，擁有一支艦隊中的四種類型飛機，包括安托諾夫An-26雙引擎渦輪螺旋槳飛機，可以搭載四十名，或是略低於六公噸的戰術運輸工具；需要更大的四引擎安托諾夫An-12型軍用渦槳運輸機，可以運載一百名傘兵，或是二十公噸的貨物。在蘇聯時期，聲名狼籍的阿富汗戰爭，運輸機稱爲「黑色鬱金香」，協助將死亡士兵的屍體載運回國。伊留申-76大型運輸機是一種標準的重型運輸工具、安全耐用的噴氣式遠程軍用運輸，能夠攜帶一二六名全副武裝的傘兵、一四五名步兵，或五十公噸的貨物。儘管仍然和十倍大的現役安托諾夫An-124「獅子」軍用渦槳運輸機相比，有一點相形見絀。安托諾夫An-124「獅子」軍用渦槳運輸機可以搭載八八〇名士兵，或是一二〇公噸的軍需品。

這和俄羅斯的每一支空軍一樣，軍事航空戰略運輸機也顯示了高度應變能力，二二五架的飛機依舊在服役——此外，也許還有一百架還在軍籍資料上，但是不適合飛行，可能會被拆解成爲備料。也有可能還有九十架伊留申-76大型運輸機、四十架的安托諾夫An-26，以及五十六架安托諾夫An-12軍用渦槳運輸機，因爲最後三種屬於過時的安托諾夫An-22渦輪螺旋槳發動機重型運輸機。的確，很多軍事運輸航空運輸機隊正在老化，要讓其繼續運輸相當困難，特別是因爲安東諾夫國營公司最初是在烏克蘭建造的，所以目前從烏克蘭取得新的零組件是一項特殊的挑戰。此外，伊留申-76大型運輸機的主力不適合進行嚴峻的戰場運補。安托諾夫An-124軍用渦槳運輸機，甚至可以在其巨大的機艙內攜帶三輛主力戰車。傘兵希望繼續採用伊留申-76大型運輸機，以裝載低底盤的軍用車輛，以容易拆卸安裝。伊留申航空集團研發的一種輕型軍用運輸機伊留申-112，取代老舊過氣的安托諾夫An-26當作標準的輕型運輸機。但是一架伊留申-112原型運輸機於二〇二一年八月墜毀，其詳細原因和設計內容並不清楚。當現代化的伊留申-76大型運輸機MD-90A型開始出現時，從二〇一八年開始服役，其容納體積並不是很大，儘管其航程可能會更長，但是更有效率。軍事運輸航空運輸機隊將繼續依賴爲數不多的安托諾夫An-124軍用渦槳運輸機，以防將來在俄羅斯境外作戰且缺乏鐵路的運輸中繼續服役。

無人機

俄羅斯可能一直都沒注意到無人機的集體戰力，但是無人機已經令人矚目，並擁有五百多個戰隊。從小型斥候偵察兵，到大型導彈武裝無人作戰飛行器都需要無人機。無人機在早期發明時非常粗劣，但是到了二〇〇八年喬治亞使用以色列愛馬仕四五〇型無人機之後，莫斯科也選擇購買以色列出產的品牌。二〇〇九年，俄羅斯購買了十四組鳥瞰四〇〇型、I-View Mk型一五〇型，以及搜查者Mk II型無人機。第二年，俄羅斯簽訂了一份價值四億美元的合約，用於授權生產鳥瞰四〇〇型，以及搜查者Mk II型無人機，稱爲「前哨站」隊伍。以這種名稱來刺激其國內生產無人機。從那時起，俄羅斯的無人機，就將砲火延伸，對準在頓巴斯展開的烏克蘭軍隊，追捕敘利亞叛軍的供應商隊，並且經常出現在軍方臺「巨星」電視頻道手舞足蹈地播放中。在二〇二一年，《軍事品味》這個節目，連續三集的片段都在頌揚俄羅斯新型無人機的戰力。

在短暫的二〇二〇年亞塞拜然—亞美尼亞戰爭之後，其中亞塞拜然人使用土耳其製造的拜拉克塔爾TB2無人機，攻擊莫斯科支持的亞美尼亞部隊（儘管俄羅斯擁有綜合防空系統的作戰部隊，但是部署在亞美尼亞S-300防空導彈系統還是遭到摧毀），亞塞拜然以無人機展示戰力。這不僅僅是俄羅斯爲了炫耀無人機，例如搜索者偵察機、海鷹-10無人偵察機，以及「步行者」和「獵戶座」無人機，能夠向目標投擲炸彈或發射導彈，這也是一種新型戰力的展示。最近一架獵戶座無人機用空對空導彈擊落另一架無人機，開啓了新時代無人機之間的混戰。

話說如此，俄羅斯人仍在積極追趕，尤其是因爲一些電子導航和航空電子設備的系統缺陷有待彌補。俄羅斯遠程戰略偵察無人機阿爾蒂烏斯，屬於莫斯科對美國發展RQ-4全球鷹偵察機的回應。儘管Q-4全球鷹偵察機自二〇〇一年以來一直在服役使用，截至撰寫本書完稿時，俄羅斯遠程戰略偵察無人機阿爾蒂烏斯才剛剛投入使用。同樣，雖然新型俄羅斯隱形重型「獵人」無人戰鬥機，理論上令人印象深刻，仍處於原型設計階段。所有此類發展計畫，長期存在的問題，需要添加新的戰鬥技術功能，以更隱蔽的扁平發動機平面噴嘴進行共同設計。這一種想法是將無人機能夠和蘇愷-57進行聯合作戰設計，或是可以獨立作戰。但是這一種設計，如果要比蘇霍伊隱形戰鬥轟炸機功能更爲強大，要何時準備就緒就不得而知了。

第二十一章 海域競爭

庫茲涅佐夫海軍上將號，是俄羅斯海軍最大的軍艦，擁有航空母艦，以及空軍聯隊。其中可以打擊的作戰單位，包括十八架蘇愷-33雙引擎空中優勢戰鬥機、六架米格-29K全天候艦載多用途噴氣式戰鬥機，以及卡莫夫Ka-27和Ka-31直升機，掛載十二架P-700花崗石反艦巡弋遠程導彈。這似乎也是俄羅斯海軍中最不幸的艦艇。在蘇聯時期投入使用，但是在一九九五年，即使命名也是這個時代不斷變化的政治縮影。首先稱爲「里加艦」，以當時蘇維埃社會主義共和國脫維亞的首都命名，然後在已故蘇聯領導人列昂尼德·布里茲涅夫死後，以其命名。在戈巴契夫時代，布里茲涅夫時代的腐敗和保守遭到批評，所以取而代之的是決定將其命名爲喬治亞首都「伯利西」。隨著蘇聯崩潰之後，以未來不屬於莫斯科統治的城市進行命名也不可行，所以在一九九〇年，這艘船艦更名爲「庫茲涅佐夫海軍上將號」，以尼古拉·庫茲涅佐夫海軍上將命名。他是一位二次世界大戰時受人尊敬的總參謀部海軍委員。

庫茲涅佐夫具有典型的侵略型蘇聯軍艦，與美國進行遠航任務而設計的超級航空母艦不同。這不是「藍水海軍」所要可以在全球範圍內行動的海上武裝力量，也不是在公海的深水區進行遠距離制海權的戰艦，主要構想是要提供國防空中支援，保衛祖國的水域——並且擊沉北大西洋公約組織所擁有的船艦。在海域競爭中，其戰績紀錄並不那麼突出，經常出現嚴重故障，從電線短路、發動機故障到蒸汽輪機損壞。爲了擔心戰爭勤務中渦輪發電機有損，於是採用柴油發電機，燃燒的劣質燃料油通常會冒出濃濃的黑煙，即使加速，黑煙依舊很可觀。

加入艦隊兩年之後，庫茲涅佐夫號經常回到碼頭進行維修，從那以後，經常進出造船廠；儘管在某些情況下，只是爲了現代化改裝升級。在二〇一六年到二〇一七年，參加了敘利亞戰爭，根據報導裝載飛機，執行了四二〇次戰鬥任務，擊中了一二五二個敵對目標。此外，空軍聯隊也因爲事故，飛出了赫梅米姆空軍基地之後損失了兩架飛機。在二〇一七年，駛回北莫爾斯克的北方艦隊總部。由於進一步的維修和現代化，俄羅斯的問題是在烏克蘭黑海沿岸的尼古拉耶夫造船廠，由於莫斯科和基輔處於未宣戰狀態，很難回到那裡進行維修。俄羅斯缺乏眞正足以完成任務的船塢設施，只能提供最好的摩爾曼斯克附近羅斯利亞科沃PD-50浮動船塢，可以注滿水讓船艦漂浮，然後排乾水讓船艦停靠在乾燥的平臺上。

二〇一八年十月三十日，PD-50浮動船塢突然沉沒，因爲庫茲涅佐夫號正在離開。碼頭的一臺起重機吊倒下，其中一臺擊中甲板，浮動船塢沉入水中。二〇一九年，開始將兩個碼頭的浮動船塢連接起來，以容納三〇五公尺長的碼頭。在那年的十二月，船上發生了嚴重火災，造成了兩人死亡，更多損失需要修復。修復計畫再度運行，計畫到了二〇二三年底，配備新型的航空電子設備、發電機，並且更新導彈設施。許多海軍將領和海軍工兵，都在祈禱能順利進行。

另一方面，庫茲涅佐夫號的成軍艱險的故事，可能會被認爲俄羅斯海軍是一隻紙老虎（或者可能是紙紮的虎鯨）的證據。這是一支野心勃勃、遠遠超過其能力的武力。這是有一定道理的，因爲所有的船艦都會故障，並且需要定期升級，即使無須和庫茲涅佐夫攻擊頻率相提並論，外界也可以了解其獨特的設計和功能，以及莫斯科堅持修復的意志。儘管有人建議最好將其汰換、退役，甚至兜售，以減輕海軍的損失。畢竟這就是計畫中的姊妹船艦瓦良格號發生的故事，烏克蘭最終將它賣給中國，改裝為「遼寧號」。相反的，庫茲涅佐夫的傳奇故事，以其自身的方式闡述了俄羅斯海軍的特殊願景，植根於地理、歷史，以及目前海軍軍事強國的抱負。

海軍戰力匱乏

俄羅斯在其歷史中，以其遍布歐亞大陸的廣袤地區，長期都沒有不凍港口，所以俄羅斯從未真正成為海軍強國。十七世紀，彼得大帝是第一位認真思考海軍優先建軍的沙皇，因為俄羅斯越來越注重波羅的海和黑海的權力範圍，也因為彼得沙皇對船艦的迷戀，在某種程度上也是虛榮心的表現。隨著他在一七二五年去世之後，海軍不再發展。直到十八世紀中葉，由於和奧斯曼帝國競爭的結果，在傳奇的費奧多爾・烏沙科夫上將的領導下，甚至在土耳其人中也被尊稱為「伊沙克帕」，在他擔任海軍上將指揮的四十三次交戰中，從未輸過任何一場，俄羅斯帝國海權和威望因此高漲。烏沙科夫在二〇〇一年被俄羅斯東正教會宣布其為戰略轟炸機艦隊守護神。

到了十九世紀初期，帝國海軍擁有自己的波羅的海和黑海艦隊，以及裏海、白海、鄂霍次克艦隊。俄羅斯的航艦正在全球航行。正如一八五三年到一八五六年的克里米亞戰爭，俄羅斯軍隊與英國和法國軍隊相比，海軍被比下去了。海軍沒有認真嘗試在海域競爭，水手們被迫為步兵服務。即使企圖現代化，也總是受限於資金和技術限制——同時也受限於海軍在所有的兵種中究竟要有多高的優先權？

從本質上講，俄羅斯海軍必然是一支地區性的海軍，而不是全球性的海軍，其主要任務是保衛海岸，並且將軍力派遣到緊鄰祖國的海域當中。這延續到蘇聯時代偉大衛國戰爭的日子中，海軍人員再次被迫扮演步兵角色。事實上，第一個命令開火、攻擊德國軍機的是黑海艦隊參謀長葉利謝耶夫上將。戰後，隨著蘇聯作爲全球超級大國的新地位，將紅軍海軍重新努力擴大其影響範圍，但是這將再次成爲次要的任務。畢竟，這說明首要任務是要建立潛艇艦隊——其目的是要阻止進入蘇聯水域的敵人，然後擾亂敵人的海軍任務和補給，這比什麼都還要重要。謝爾蓋・戈爾什科夫上將在戰後（從一九五六至一九八五年）擔任海軍總司令期間，深思熟略，一直主張擴大海權，建立潛艇艦隊和「藍水」遠洋艦隊。蘇聯領導人尼基塔・赫魯雪夫經常反對他的做法。考慮到這些宏偉而昂貴的設計，一九六〇年代因爲看到了預算進行削減。儘管如此，戈爾什科夫仍然堅持下去，並且在赫魯雪夫的繼任者列昂尼德・布里茲涅夫的領導下，他的建軍計畫躬逢其時；隨著克里姆林宮越來越渴望在周圍海域展現蘇維埃武裝力量到全世界，特別是爲了爭奪美國海軍的海洋控制權。有鑑於蘇聯和美國經濟的不平衡，以及陸軍地面武裝力量在莫斯科的籌算中依然占據優勢地位。到了一九八五年戈爾什科夫退休時，蘇聯艦隊正處於鼎盛時期，擁有超過一五〇〇艘船舶，包括核子動力基洛夫級戰列巡洋艦和阿庫拉級「鯊魚」彈道導彈潛艇，都是世界上同級船艦中最大的船艦。

從鏽蝕到重建

八〇年代後期，到了九〇年代出現了經濟大規模收減和衰退，船艦遭到廢棄和疏於維修。回到二〇一四年，莫斯科和基輔紛爭，黑海艦隊在一九九二年蘇聯瓦解，大多數蘇聯海軍都直截了當協議將當地的部隊移交給新成立的國家（核能資源除外，見下文），但是波羅的海國家都已經獨立，所以大部分艦隊都駛往俄羅斯港口。其中的例外是黑海艦隊，這也是俄羅斯最重要的艦隊之一，其總部設在克里米亞半島的塞瓦斯托波爾。黑海艦隊大多數水手都想成爲俄羅斯人——莫斯科本身也不願意放棄將艦隊交給烏克蘭；烏克蘭也幾乎不可能負擔得起其維護費用。失去黑海艦隊的克里米亞海軍基地，將使得俄羅斯在黑海幾乎沒有任何戰略資源。所以黑海艦隊內部自認爲效忠俄羅斯，和願意變節加入新成立的烏克蘭海軍將士之間，關係異常緊張，並且產生後來事件。這也開始引發親俄民族主義者挑起在克里米亞的爭端。

經過曠日持久和緊張的談判之後，一九九七年建立聯合艦隊（儘管由俄羅斯海軍上將領導），同意了適當的劃分，將大部分黑海艦隊船艦轉給莫斯科，並且在克里米亞還租賃了港口設施和附屬土地。最初租約只到二〇一七年，然後延長到二〇四二年。儘管如此，這一直是窒礙難行的權宜之計。烏克蘭民族主義者，對於領土中外國基地駐在地的想法益發不滿。同樣的，俄羅斯對於政府的印象也不是很好。也就是說，二〇一四年爆發衝突的種子，在一九九七年，甚至一九九一年，就已經播下了。

無論如何，普丁時代一直是邁向重建觀點的時代。海軍剛開始顯然不是他早年執政的優先事項，但是他的父親最初是一名蘇聯潛艇員。在二〇〇〇年代，海軍造船的大部分預算撥款是強化俄羅斯的核戰能力，用於發展北風之神級潛艇和R-30「狼牙棒」潛射彈道導彈。接下來的十年中，更大採購預算總數的百分之二十五將用於海軍。相形下，地面部隊只占了預算百分之十五。

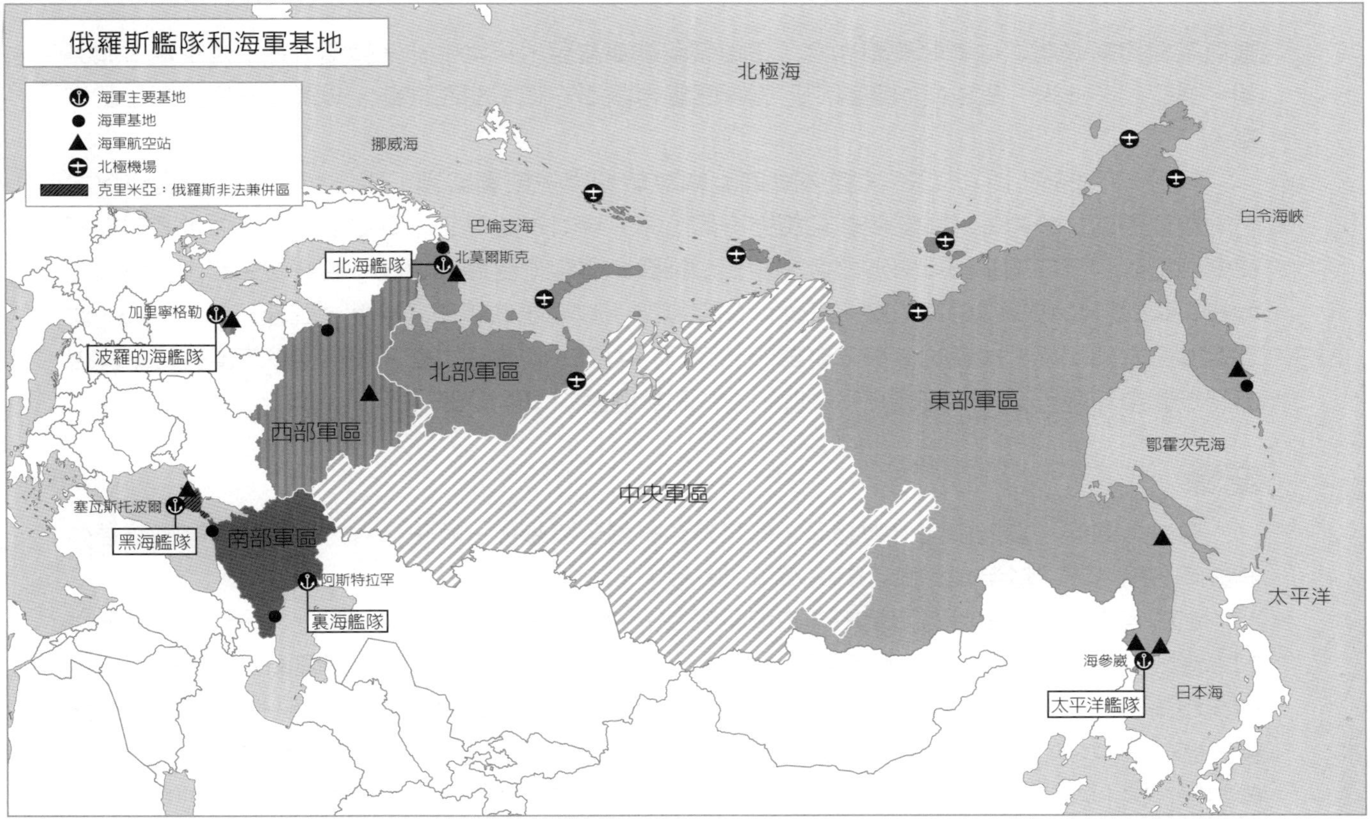
俄羅斯艦隊和海軍基地
海軍主要基地
海軍基地
海軍航空站
北極機場
克里米亞：俄羅斯非法兼併區
北極海
挪威海
巴倫支海
白令海峽
鄂霍次克海
太平洋
日本海
北莫爾斯克
北海艦隊
加里寧格勒
波羅的海艦隊
塞瓦斯托波爾
黑海艦隊
阿斯特拉罕
裏海艦隊
海參崴
太平洋艦隊
北部軍區
西部軍區
南部軍區
中央軍區
東部軍區

雖然對於海軍來說具有重大指標意義。由於造船需要時間，尤其多年來造船事業一直處於低迷狀態。直到近十年來，由於烏克蘭製造的燃氣渦輪發動機不再供應俄羅斯，也減緩了造艦設計的進展。

二〇一一年到二〇二〇年，國家軍備計畫要建造五十四艘船艦，到了二〇二〇年將要交付二十四艘潛艇。事實上，目前交貨的進度不到一半，並且生產偏向小型的船艦。部分原因也是因為幾個整體的領銜旗艦正在重新設計，這往往需要更長的時間進行裝修，但是這仍然是一項延宕計畫。克里姆林宮也對於提出龐大預算計畫的海軍上將們保持謹慎的態度。例如二〇一二年，時任海軍上將維克多．奇爾科夫總司令概述他到二〇五〇年的建軍目標，包括一系列航空母艦將成爲遠洋特遣部隊的核心。在撰寫本書時，這是領導階層堅定的想法。

組織

海軍分爲北方艦隊等四支艦隊和一支隸屬於軍區的區艦隊，其中在二〇一四年獨立成爲聯合戰略司令部，以反映北極地區的重要性日益增加。

波羅的海艦隊：總部設在加里寧格勒的飛地，是西部軍區的一部分，也是最小的艦隊。也許這反映了一種事實，那就是很難在戰爭時期，特別在波羅的海獨立展開作戰勤務。這也確定了其重新建軍的性質，重點是在較小的護衛艦和導彈艇上，包括建立新型的半隱型卡拉庫爾特級戰艦，僅六十七公尺長，但是仍然安裝八枚寶石反艦導彈超音速的發射管，以及海鷹-10無人機的發射架。另一方面，有鑑於加里寧格勒俄羅斯軍方的前哨，波羅的海艦隊擁有強大海空軍防衛也就不足爲奇了。前者空軍防衛建立S-400地對空導彈，第三混合海軍航空師，擁有攔截機和攻擊機；後者海岸巡防包括反登陸配備，包括俄羅斯的機動海岸防禦導彈系統的導彈旅；第三三六獨立旅，包括海軍陸戰隊和海軍特種部隊。加里寧格勒也是第十一軍團的駐地，擁有第十八近衛摩托化步兵師、第七獨立近衛摩托化步兵團，以及兩個砲兵旅。

黑海艦隊：總部位於克里米亞的塞瓦斯托波爾，是南部軍區的一部分，負責將軍力派遣到黑海，而且轄區還包括地中海；自二〇一三年以來，還包括俄羅斯地中海海軍常備作戰編隊，一般來說簡稱爲「地中海艦隊」。這是最多的黑海艦隊軍艦，但是也經常包括來自其他地區的軍艦，藉以減輕艦隊的防衛負擔，也給其他艦隊獲得進一步學習經驗的機會。最初黑海艦隊包括最多十五艘軍艦——至少有六名戰鬥人員和支援船艦——規模從十艘到二十艘，在敘利亞衝突期間提供了特殊的軍事擴張動力，並且影響到敘利亞海岸塔爾蘇斯設施基地。在黑海艦隊中，看到的不僅僅是分擔軍事行動，派遣船艦前往阿布哈茲海岸，並且登陸。在二〇〇八年，喬治亞戰爭期間的派遣軍隊，以及在二〇一四年呑併克里米亞戰爭中發揮了關鍵戰力。黑海艦隊積極支持敘利亞進行干涉並且積極參與。在二〇二二年的烏克蘭戰爭中，甚至看到了旗艦導彈巡洋艦莫斯科號在行動中遭到擊沉。

裏海艦隊：同樣從屬於南部軍區，雖然相對規模較小，但是擁有九艘護衛艦和十五艘砲艇和掃雷艦；儘管如此，裏海艦隊是裏海海域中最強大的海軍編隊，俄羅斯海域與亞塞拜然、伊朗、哈薩克、土庫曼等國共享。裏海艦隊護衛艦在敘利亞戰爭中，甚至向敘利亞發射了口徑導彈。艦隊中兩個師的反艦導彈部隊，基本上足夠有權控制大海。裏海艦隊作爲海軍全面升級的一環，在二〇二〇年其總部從阿斯特拉罕遷至卡斯皮斯克，海軍陸戰隊團還接收到了新的T-72B3戰車。

太平洋艦隊：總部位於符拉迪沃斯托克，屬於東部軍區的一部分。在一九九〇年代，似乎因爲漠視其戰略意義，缺乏資源和關注而遭受忽視。直到二〇一〇年代，幾乎無法進行艦隊營運。從那以後，太平洋艦隊接收新的船艦——諷刺的是，目前現在的艦隊屬於最現代化的組織之一；因爲許多舊型船艦根本無法進行更新。相對來說，太平洋艦隊依賴小型船艦。最大型的船艦是旗艦瓦良格號，屬於光榮級導彈巡洋艦，只有一艘驅逐艦和三艘護衛艦，還有十六艘護衛艦、三十二艘導彈艇、巡邏艦、掃雷艦，以及登陸艦和支援艦。太平洋艦隊還擁有四艘核子動力彈道導彈潛艇、五艘其他核子動力潛艇，以及八艘柴油潛艇。其軍事任務區域和巡邏海域位於堪察加半島，以及爭議中的千島群島周圍。太平洋艦隊也是第一個使用無人機進行海上偵察的艦隊，從堪察加半島的葉利佐沃基地派出偵察。

北方艦隊：屬於北部軍區的核心組成單位，總部位於巴倫支海的北莫爾斯克，擁有陸軍和空軍支援（第十四軍和第四十五空軍防空軍）。因爲負責摩爾曼斯克和阿爾漢格爾斯克地區、科米共和國，以及涅涅茨自治區。主要任務是支援俄羅斯北部海域的核子導彈潛艇艦隊——戒護外國獵殺潛艇遠離俄國的彈道導彈潛艇「堡壘」——保護冰冷但是正在融化的北冰洋，以捍衛俄國的北部邊界。

北方艦隊也被賦予要求執行國家任務，尤其是因爲擁有俄羅斯稀有的三座最適合執行遠程任務的核子動力艦：基洛夫級戰列巡洋艦「彼得大帝」號、納希莫夫海軍上將號，以及庫茲涅佐夫號航空母艦。北方艦隊眞正的驚人戰力在於水下特遣隊，足足有四處潛艇師，擁有二十八艘水下船艦（第十一、十八、二十四，以及三十一師），以及另外八個師級單位待成立。其中九個是核子動力戰略導彈潛艇，包括德米特里・頓斯科伊號、大型的領頭旗艦「鯊魚」級船艦（北大西洋公約組織稱為「颱風級」），這是一種新型RSM-56「狼牙棒」彈道導彈的試驗發射臺。此外，包括四艘核子動力巡弋飛彈潛艇、十艘核子動力獵殺潛艇，以及五艘靜音但是射程較短的柴油攻擊潛艇。這些艦艇共同代表了強大的打擊武裝力量，值得注意的是，許多導彈潛艇已經過時，並且很快就需要汰換。

這是為了什麼？對於所有這些新艦和增加的軍事行動，仍然是今日俄羅斯海軍所面臨的局限。正式軍事任務會依據優先順序排列如下：

1. 阻止對俄羅斯使用或是採用威脅的武力。
2. 對國內海域和領土海域主張國家主權，以及俄羅斯對其專屬經濟區在公海上自由行動的權利。
3. 保障世界海洋中海上經濟活動安全。
4. 透過以下方式維持在世界海洋中海軍建軍，並且懸掛俄羅斯國旗，展示其軍事戰力。
5. 在國際社會中參與軍事、維和，以及人道主義採取的行動，以滿足國家利益。

以上宣示，都是鮮明的防禦性角色。儘管俄羅斯以「攻守兼備」的安全之姿進行防禦，意味以威懾名義發動侵略性軍事任務以捍衛祖國。其宣示清楚地表明，即使新式俄羅斯海軍，即使不想扮演美國海軍所承擔的角色，也不會成為一支能夠與世界各國海軍所抗衡的那一種肅殺的「藍水」軍力。因為缺乏全球海軍基地網路：在敘利亞只有塔爾圖斯。目前雖然在其他港口擁有停靠和補給加油權，但是是否會在戰時也能得到維護權益值得懷疑。俄羅斯海軍也缺乏能夠裝載獨立特遣部隊的現代遠程戰艦的能力。在全面衝突中，海軍戰艦會遭到北大西洋公約組織的威脅所困，被迫蜷縮在陸軍導彈和機群的護翼下。我記得有一次我聽一位俄羅斯海軍軍官擔任駐外武官悲傷地承認：「除非我們像義大利海軍一樣，擁有空軍的優勢。」——義大利海軍相當龐大，而且精通海域——「可以拒絕我們進入地中海」。充其量，俄羅斯海軍可以關閉某些海上要塞，例如關閉丹麥三處海峽，或是截斷波羅的海與北海，阻止北大西洋公約組織——主要是以美國主導的國際組織——遠離俄羅斯海岸線駐守的部隊。這不僅僅是因爲，在針對大型空中導彈全面襲擊威脅，以導彈進行攻擊，海洋基地特別令人擔憂。例如強悍的美國戰斧飛彈將是一場惡夢。其場景包括從美國潛艇，以及艦隊齊射的飛彈，既受到導彈防禦系統的保護，又遠離俄羅斯綜合空軍和陸軍防禦武裝力量，可以有效攻擊民防和軍事基礎設施，而受不到反制。這有助於解釋俄羅斯對於國防的優先事項。例如建立大量的地雷區，非常適合試圖阻止跨海進軍陸地的自大型敵軍。因此，採用遠程超音速導彈，有很大的機會擊沉價值不斐的昂貴船艦，這至少可以恫嚇敵人遠離俄羅斯疆土。因此，在潛艇中配備良好的潛艇人員和先進的設備，不僅是對敵方航運的直接威脅，而且其潛在的存在會恫嚇敵人原有的計畫和軍事任務。

相反的，在普丁的領導下，俄羅斯一直在非正式地建設一支歸類爲「綠水」型的境內海軍。不僅僅是一種「棕水」型，僅限於淺水沿岸水域的防衛武裝力量，還夢想建立「藍水」海軍，能夠跨洋投入戰場的艦隊，這都是不切實際的。相反的，俄羅斯可以指揮沿海水域的船艦，並且只限於在附近的公海採取行動。但是艦隊航行既沒有那麼遙遠，也不見得充滿自信。他們可能會參加非洲之角多國反海盜軍事任務，飄揚著俄羅斯旗幟。但是要橫跨太平洋和大西洋，成爲全球海上強國，坦白說，這是俄羅斯人羞而卻步的海洋領域，因爲無法與北大西洋公約組織國家進行軍事競爭。

第二十二章

軍力派遣：黑色和藍色貝雷帽

不管現在還是過去，每年的八月二日是空降部隊日，俄羅斯警察需要加派人力加班。不管你是否在聖彼得堡的皇宮廣場、莫斯科的高爾基公園，或是俄羅斯各地的廣場和戰爭紀念館（在許多後蘇聯國家皆是如此），你會看到成群結隊的現役傘兵，尤其是退役傘兵，身穿天藍色軍服、頭戴貝雷帽和藍白條紋背心，進行聊天和高歌；在公共噴泉區內嬉戲、回憶；還有喝酒。這是一個紀念勇敢者、哀悼陣亡者，以及相互比賽的機會。他們會開著掛著藍色和綠色旗幟的汽車在城裡晃蕩，有時甚至會裝個假砲塔。

這可能是一件非常紛鬧嘈雜的節慶活動，最終會與國民警衛隊的防暴警察產生衝突，但是最近變得更加寧靜了，尤其是當國家已經開始承認，並因此選擇重視這個節日。你現在很可能會在那裡看到攜帶妻子和女朋友參加的男人，通常穿著白色和藍色水平條紋的無袖汗衫；你甚至可以買到合適的條紋連體衣，適合嬰兒和寵物狗的外套。節慶活動中有免費提供的條紋西瓜，對某些人來說，這是一種固定交換，由地方當局免費提供的贈品。這些微醺、喧鬧，肌肉發達的前空特傘兵，看起來不會那麼令人畏懼；所有水果籃中裝著大量的西瓜提供大家享用。

俄羅斯擁有各種職業和軍事武器的紀念日，這些都是有意義的紀念，不是商人行銷噱頭，或是出售賀卡的日子。即使如此，你不會看到火車司機日（八月一日）在公共噴泉晃蕩、工人日（六月八日）與防暴警察打架，或是稅務檢查員日（十一月二十一日）期待有免費的水果。俄羅斯確實有特別的紀念日，例如潛艇艇員的軍隊日（三月十九日）、無線電電子戰操作員日（四月十五日）。但是空特部傘兵的日子是與眾不同的，不僅僅是俄羅斯崇拜的一種表達大男人主義的日子，像是普丁的赤裸胸膛，只會加深這種強烈主權和民族主義政治感官；不僅僅是因爲傘兵擁有大男人主義的團隊精神，也越來越多這一種透過集體感覺，他們——以及其他軍人武裝力量投入境外戰場——是一種眞正大國地位的體現。

畢竟當普丁上臺時，當務之急是俄羅斯堅持擁有保衛祖國堅忍不拔的決心，無論是從車臣叛軍，或是國境之外的威脅。雖然核子武器是一種最終的保障，但是太殘忍了。除了最能夠表現存在感之外，任何武器都是極端危險的威脅，因此改革正規軍隊非常重要。普丁越來越雄心勃勃，這不是捍衛邊境的問題，這是捍衛俄羅斯的國家利益。來自二〇〇八年的喬治亞戰爭，或是掀起非洲之角的戰爭，以反對海盜軍事任務開始征戰。同年，奪取克里米亞，並且在二〇一四年派兵干涉烏克蘭頓巴斯、二〇一五年進入敘利亞進行部署；到了二〇二二年入侵烏克蘭，莫斯科一直極力向國外派軍投入兵力在戰場上。爲了確立俄羅斯作爲全球大國和世界大國的地位、捍衛大多數後蘇聯國家的地區霸權地位，以及捍衛歐亞大陸的安全保障。需要保持大量的干涉武裝力量：也就是空中突擊部隊、海軍陸戰隊，以及特種部隊（還有不斷壯大半私半國營的軍事公司）。這些部隊爲裝備最好，也是最專業的單位之一，主要由志願役軍人組成，代表俄羅斯軍隊中的最前鋒。他們經常輕視，當成輕步兵在車臣和其他地方服役，只因爲他們堅毅的訓練和戰鬥精神是唯一可以依賴的。其他的陸軍部隊戰力越來越強，可以用於遂行任務：軍力派遣、快速打擊，以及敵後搗亂。

「只有我們！」

「沒有他人，只有我們！」是空降兵部隊的口號，也是一種宣稱：首開先河且恰如其分的兵種。蘇聯軍隊是降落傘戰爭的先驅。德國的傘兵成立於一九三六年；一九四〇年英國成立傘兵團；蘇聯在一九三〇年演習了第一次試驗性跳傘，建立了實力雄厚的航空工業，翌年成立摩托化登陸分隊，到了一九三二年，成立完整的空降旅。俄羅斯的操作可能相對簡陋——起初他們不得不爬到飛機的機翼上跳傘——但是他們很適合進行開創性「深度戰爭」的侵略風格，由米哈伊爾．圖哈切夫斯基元帥等軍事思想家提出。這種想法是空降部隊會遠遠超過敵人的前線，切斷敵人的補給線，攻擊敵人的總部，以讓敵人陣營混亂崩潰。這一種任務一直持續到二次世界戰後的時代，當時空降兵部隊成爲克里姆林宮在國外的政治執法者。他們在旋風軍事任務中，鎮壓一九五六年反蘇聯的匈牙利革命和多瑙河軍事任務，一九六八年入侵捷克，結束了自由主義的布拉格之春。他們不僅在一九七九年首次入侵阿富汗時發揮了關鍵戰力，在整個十年戰爭中，六十五名蘇聯軍人在阿富汗侵入軍事任務中成爲蘇聯英雄；超過三分之一的蘇聯英雄，來自俄羅斯空降兵部隊。

在一九九〇年代，國防部長格拉喬夫來自於傘兵部隊，他們再次被迫承擔不相稱的戰爭，包括第一次車臣戰爭，以及部署到巴爾幹半島。俄羅斯聯邦安全會議祕書亞歷山大・萊貝德差一點捲入兵變。在伊戈爾・羅季奧諾夫將軍擔任國防部長期間，提議進行整編，傘兵退役部隊遭受了裁員。他建議讓傘兵部隊納入陸軍部隊，萊貝德憤怒地在俄羅斯空降兵參謀部呼喊，譴責裁軍計畫「無異於犯罪」，並且發誓要阻止裁軍。這讓在場的空降部隊軍官站起來高呼，「軍隊的榮耀！俄羅斯的榮耀！」有一段時間，人們對萊貝德產生嚴重的恐懼，害怕他會嘗試以他在軍中的地位為基礎進行政變。

事實上，他很快就遭到解職，離開俄羅斯聯邦安全會議。這是對傘兵團隊精神清清楚楚的提醒。羅季奧諾夫部長也沒有堅持多久，雖然傘兵部隊的人數有減少，仍然存在部隊番號。儘管進行了賡續重組，在普丁的領導下，即使看到了第一〇四近衛空降突擊師等師部縮減為旅部，然後再次進行重組回到師級的編制。所謂的「有翼步兵」作為部隊的一種軍種，一直存在自我伸張權益的歧義。從歷史上看來，空中突擊部隊的部門，設計為總參謀部支配的戰略性部隊，軍區司令部由團級或是旅級的編制進行空中突擊，是支援性作戰部隊。這確實適合大型規模的傳統戰爭。此外，不僅是大眾對於傘兵編制進行縮編有所爭議，軍事運輸航空公司缺乏軍需運送能力，一次最多一支傘兵團部隊——最多——兩支傘兵團。傘兵運輸會使整個軍事運輸航空機隊，進行兩次半的架次來運送部署軍隊。同時，需要讓他們能夠進行機上跳傘，或至少以直升機介入支援。這意味著傘兵需要一整套的專業設備，來自輕型裝甲戰車BMD也有空投系列標準的輕型防彈版本。

二〇〇九年到二〇一〇年，根據報導，國防部長謝爾久科夫和總司令馬卡羅夫，正在考慮廢除空降兵部隊，將完全獨立的戰鬥部隊重新編制，並且轉移現有的空降兵資源給陸軍。他們沒有解編，不只是因爲謝爾久科夫和馬卡羅夫還有其他更急迫的優先軍情要處理，也因爲這是克里姆林宮尋求新的外交政策，爲此需要國家軍力派遣到其他地區，或是遙遠的境外，進行衝突干涉的準備。以上證明是一場預言：二〇一四年俄羅斯傘兵部隊處於奪取克里米亞的最前鋒，在隨後的頓巴斯衝突中發揮了戰力，並且在二〇二一年提供國際維和軍事任務中的主力部隊部署進入哈薩克，由俄羅斯空降兵部隊總司令謝爾久科夫上將領導。期望是傘兵部隊將繼續執勤。

謝爾久科夫——這和前國防部長同名的將領，相互之間沒有任何關係——事實證明，他不僅是一位強硬而苛刻的戰地指揮官，還是俄羅斯空降兵部隊利益，以及未來角色的有力倡導者。謝爾久科夫前部屬說：「他汗流浹背」——戴著傘兵獨特的藍色貝雷帽和徽章。他是一名傘兵，被徵召爲軍官。一九八三年畢業於梁贊高等空降指揮學校，很快被任命爲近衛空降師團偵察連偵察排的指揮官，他的指導員認爲他有特別的主動決心。他們是對的。他穩穩的晉升，並在第一次車臣戰爭中表現英勇。一九九九年，他分派至南斯拉夫多國維和部隊，擔任空降兵部隊的駐科索沃俄羅斯部隊副旅長。「普里什蒂納機場突擊」事件，搶在北大西洋公約組織部隊之前占領科索沃機場。二〇〇二年，謝爾久科夫短暫地退出了陸軍，在第二次車臣戰爭中指揮一個旅，在二〇〇四年擔任第一〇六近衛空降師司令。然後他在第五聯合武裝陸軍中擔任更高的指揮職務，成爲南方軍區的參謀長，在克里米亞的吞併戰爭中發揮了重要戰力。根據報導，俄軍在頓巴斯地區指揮，代號「謝多夫」。

二〇一六年，他被任命爲空降兵部隊總司令。二〇一七年，謝爾久科夫空降演習時發生事故，捲入了一場車禍，造成嚴重的頭部受傷和脊柱骨折。他復原之後回到現役，雖然他擔任俄羅斯駐敘利亞特遣隊指揮官的任期遭到推遲，他在二〇一九年任職俄羅斯軍事干涉敘利亞內戰部隊指揮官，在那裡待了六個月，也因此成爲俄羅斯聯邦英雄。自一九九一年以來，在俄羅斯宣戰或是未宣戰的軍事任務中，他不僅具有豐富的實戰經驗，而且在俄羅斯空降兵部隊和整個軍官團中享有很高的聲望。

透過降落傘、飛機，或是滑行軌道

空降兵部隊得救了，實際上正在改造，而且根據規劃，不斷地擴大。空降兵部隊仍然是一項戰略資源。儘管空降兵大隊隸屬於各軍區，實際指揮通常需要透過莫斯科的空降兵部隊總部實施。空降兵還和軍事情報部門密切合作；尤其是自二〇一四年以來，在頓巴斯干涉就非常明顯，所有烏克蘭政府消息來源，確認部隊成員都在其中。空降兵爲新型空中派遣部隊的基礎，但是肯定不會放棄降落傘。俄羅斯人在對大規模下降的承諾，在二〇一八年東方演習中以俄羅斯遠東爲例，一個營有五十輛軍車，每天從大約二十五架次伊留申-76大型運輸機上進行空投，最近在俄羅斯西部和白俄羅斯，看到了後蘇聯時代第一次營級部隊進行夜間垂降。

大約六百名士兵和三十架BMD-2K-AU和BMD-4M空降第七十六師第二三四團的步兵戰車，被空投於模擬敵人的大後方進行移動，以占領機場，並等待增援部隊，以更傳統的方式進行空運。

在無人支援的傘兵部隊——甚至是機械化傘兵部隊——的支持下，沒有這種及時支援的情況部署，部隊相對脆弱。在當今地對空導彈密集的戰場上，此類軍事任務可能很少見；相反的，空中突擊部隊越來越多被配置爲多種平臺執行勤務，甚至能夠透過直升機、飛機，或是降落在地面上，並能夠執行特種作戰。值得注意的是，自一九九二年以來，傘兵有了自己第四十五近衛獨立偵察旅突擊隊（自二〇一五年整編爲一個團），進行重大攻擊態勢。從本質上來說，其概念是以空降兵部隊產生軍隊派遣武裝力量，無需依賴地面部隊支持，即可進行干涉的武裝力量。正如一名傘兵軍官在二〇一九年告訴我的那樣：「俄羅斯空降兵部隊相當於俄羅斯的美國海軍陸戰隊——是一支獨立的小型軍隊，隨時準備好部署到任何需要的地方。」可以肯定的是，這是一支鬆散的行伍，不只是以虛張聲勢的方式進行攻擊：儘管空中突擊部隊本來打算擴大到計畫中的六萬人，但是這是不可能的。這不可能和美國擁有十八萬美國海軍陸戰隊相媲美，更不要說獲得同樣的空軍和海軍的編制實力。

傘兵部隊確實強調了普丁的遠大抱負。空中突擊部隊是其中改革更新配備的系列，從AK-12步槍到BMD-4M傘兵戰車，包括正從Sarmat-2越野車、AM-1四輪摩托車，到更重的4x4颱風型——空中突擊部隊運兵車。事實上，幾乎沒有什麼比莫斯科對於空中突擊部隊更重視其設計的專業車輛系列，包括BMD-4M「園丁」系列運兵車。這一款運兵車，帶有足夠武器的袖珍戰車，儘管裝甲太輕，無法很好地抵擋眞實的裝甲彈。但是因爲空中突擊部隊需要重量輕、速度快、攻擊力強，並且可以空投降落傘的設施，即使其中精悍的機組人員，如果在正規戰鬥中遭到逮捕也顯得脆弱。考慮到空降兵部隊在未來需要站穩腳步、還要嚴守崗位，甚至需要配備重組配備T-72B3s戰車的權利。重裝戰車無法空投，只能透過陸路或空運到機場，以支援空中突擊部隊的戰爭部署。

同時，經由直升機移動的空中派遣部隊，是依據俄羅斯空降兵部隊旅級單位和師級單位組建，本身擁有四個直升機中隊的專用航空旅，而不用仰賴外部資源。因此，將要部署十二架大型米爾米-26T2重型運輸機、二十四架米爾米-8AMTSh突擊運輸機，以及十二架米爾米-35M日／夜間武裝直升機。

二〇一六年，空降兵部隊由四個師的四五〇〇〇名傘兵組成，包括四個旅和一支特種部隊旅。計畫是到二〇二五年將擁有六萬人，分為五個師、兩個旅，以及一支特種部隊旅。新成立師級單位第一〇四師，通稱為近衛空中突擊師，將在第三十一師的基礎上進行組織。這是駐防烏里揚諾夫斯克的獨立近衛空中突擊旅，一九九〇年代解散，後來重新恢復番號。所有這些計畫都取決於軍事資源，不僅僅需要經費購買設備，還需要人才（包括女性軍人——空降兵部隊大量召募女性，儘管不是為了在前線進行作戰任務）來填補這些新職位。目前是百分之七十的傘兵，屬於簽訂合同的士兵（與徵召入伍者相反），俄羅斯空降部隊司令安德烈・謝爾久科夫將軍，希望提高到百分之七十的傘兵編制，甚至更高。缺少適合且願意的志願役傘兵，只要他也有決心保持藍色貝雷帽的建軍水準，目前還不清楚他是否在未來可以達到目標，因為在所有其他軍事部門裡也在爭奪專業人才。

空中突擊部隊戰鬥順序（預計二〇二五年成軍）

第三十八近衛指揮旅　莫斯科州熊湖

第七近衛空中突擊師	新羅西斯克
第五十八近衛空中突擊團	費奧多西亞
第一〇八近衛空中突擊團	新羅西斯克
第二四七近衛空中突擊團	斯塔夫羅波爾
第一一四一近衛砲兵團	阿納帕
第七十六近衛空中突擊師	普斯科夫
第一〇四近衛空中突擊團	切列卡
第二三四近衛空中突擊團	普斯科夫
第二三七近衛空中突擊團	普斯科夫
第一一四〇近衛砲兵團	普斯科夫
第九十八近衛空中突擊師	伊凡諾沃
第二一七近衛空中突擊團	伊凡諾沃
第三三一近衛空中突擊團	科斯特羅馬
第一〇六五近衛砲兵團	維塞利庫特
第一〇四近衛空中突擊師	烏里揚諾夫斯克
第一〇六近衛空中突擊師	圖拉
第五一近衛空中突擊團	圖拉
第一三七近衛空襲團	梁贊

第一一八二近衛砲兵團　　納羅—福明斯克
第十一獨立近衛空中突擊旅　　烏蘭烏德
第八十三獨立空中突擊旅　　烏蘇里斯克

黑色貝雷帽

回到一九八〇年代末，我記得遇過一位海軍陸戰隊隊員。他在阿富汗服役。蘇聯總參謀部以殊死的決心派遣海軍陸戰隊，這些具備機動力、訓練有素，並且比其他士兵更強悍的應徵者充任。他們深入內陸，以登陸艦隊進行突襲。他有許多令人毛骨悚然的部隊派遣故事。例如派往「鷹巢」——那是一座山頂的觀察哨——一個月中，天天都遭到叛軍的迫擊砲，或是狙擊手襲擊；或是沿著薩朗高速公路進行戒備，不知道是否遭到埋伏攻擊；或是在哪一個角落踩到地雷爆炸身亡。儘管如此，他仍然對自己服役期間感到樂觀，在國內擁有廣泛的戰友，並保持連繫。

「海軍陸戰隊擁有一支軍隊，包括一群工兵、邊防人員，甚至還有直升機飛行員。」

「傘兵？」我漫不經心地問。想到這裡，他的臉色陰沉了下來。他可能會和「他媽的雄壯威武」——也就是「光榮獵犬」成爲朋友——這可能是最好的翻譯。他的抱怨，似乎是雖然「傘兵」也會進行艱苦的戰鬥，但是他們的待遇特別高。海軍陸戰隊的待遇其實與其他士兵一樣低。

「黑魔」

俄羅斯還有另一支主要的干涉武裝力量：「黑幫」，戴著貝雷帽的海軍陸戰隊員。這支部隊可以追溯到十八世紀，但是與他們和過去二十世紀取得的輝煌成就同樣重要。許多水手在一九一七年是布爾什維克革命的狂熱支持者，隨著之後的內戰期間，第一次海軍遠征步槍師在許多場戰爭勝利中發揮了主要作用。赤衛隊（後來的紅軍），特別是反對彼得・弗蘭格爾將軍在烏克蘭領導的「白軍」。內戰結束之後，大多數海軍部隊遭到解散。一九三九年七月，第一獨立特種步槍旅在波羅的海艦隊內成立，後來成為第一特種海軍陸戰隊。偉大的衛國戰爭期間成立了編制之外的單位，水手們在絕望中轉型成了步兵，硬是阻擋軸心國的前攻：總共成立了十個師和旅、十個團，以及三十四個營，總募集兵力超過十二萬人，其中許多來自無艦可去的預備役軍人。許多軍人是頑強的戰士，德國軍人稱呼俄羅海軍陸戰隊的綽號為「黑魔」。

戰爭結束之後，海軍陸戰隊再度解散——紅軍中的海軍成立陸戰隊不是當務之急，基本上是沿著海岸巡防的防禦武裝力量。隨著蘇聯戰力的增強，擁有征服野心，海軍陸戰隊的價值再度受到重視。一九六三年，第一支海軍陸戰隊團再次出現在波羅的海艦隊中，之後，還有更多後續內容。和俄羅斯空降兵部隊一樣，海軍陸戰隊在第二次世界大戰中編制為步兵，但是開創了特種兵作戰的先河。隨著戰後蘇聯海軍開始征服更遠的地方，獲得了新角色。蘇聯——就像今天的俄羅斯一樣——從來都沒有讓人覺得是擁有五湖四海的「藍水」海上強權，海軍陸戰隊缺乏與俄羅斯空降兵部隊相同的機運來鍛鍊戰技，並且在冷戰期間一舉成名。

海軍陸戰隊在某種程度上，仍舊處於傘兵的陰影下。傘兵空特部隊數量龐大，組織有威望，更容易在俄羅斯目前採取的干涉措施中部署（傘兵空特部隊還擁有獨特的藍白相間條紋背心，海軍陸戰隊仍然會抱怨是抄襲他們黑色條紋的背心設計）。如果海軍陸戰隊在集體擔當上擁有一些籌碼，和俄羅斯空降部隊的聲望並駕齊驅，以上建議也不盡然公平。至少在克里米亞軍事任務，以及之後敘利亞的干預軍事任務，海軍陸戰隊都展現了他們的戰力。海陸的前任司令亞歷山大．科爾帕琴科中將，是一名前傘兵和阿富汗戰爭老兵，擁有海軍陸戰隊隊員同等程度的認同感。他的繼任者維克多．阿斯塔波夫中將，另一位從俄羅斯空降兵部隊調來的將領，已經從中獲益。二〇二一年，海軍陸戰隊重新設計了一面新穎的旗幟和徽章，在白底上展現黑色和紅色十字上面的一枚金錨。

雖然這聽起來微不足道，但是反映了海軍陸戰隊地位的提高。雖然仍然是海岸巡防部隊的一部分，但是在海軍參謀部，更像是擁有自身的武器。隨著新的旗幟設計也擁有經費，作為包括更新戰車在內，重新購置裝甲運兵車和新一代登陸艦裝備。二〇〇〇年代，海軍陸戰隊在二〇〇九年遭到縮編——只剩下太平洋艦隊第五五師——那個悲慘的年代不會再回來了。很快的，旅的精實武裝力量在增長。只是隨著俄羅斯空降兵部隊的擴張，海軍陸戰隊遲早也會擴張。

「我們在哪裡，哪裡就有勝利！」

「我們在哪裡，哪裡就有勝利！」這是海軍陸戰隊的口號。自從蘇聯解體以來，海陸比偉大衛國戰爭以來的任何戰爭時代都更加活躍。海軍陸戰隊隊員進軍車臣，在兩次戰爭中，二〇〇八年占領了阿布哈茲南部港口歐肯查爾。二〇〇八年他們在索馬利亞的反海盜巡邏中緝捕，這並非沒有爭議；俄羅斯海軍陸戰隊聲名遠播，只能被描述為是一種嚴厲執法。有鑑於其海軍軍種和海軍陸戰隊的軍事任務，在某種程度上取得成果，二〇一〇年五月，沙波什尼科夫元帥號驅逐艦，迎戰索馬利亞海盜。海盜劫持了懸掛賴比瑞亞國旗的俄羅斯莫斯科大學號油輪，迫使船員鎖在甲板下的機艙中。武裝的Ka-27直升機擊斃一名海盜，海軍陸戰隊乘坐小艇馳援，登上油輪，制服了海盜，並且釋放船員。那時的海軍陸戰隊解除十名海盜的武裝進行追擊，讓躲在充氣船上的海盜漂流了大約三百海哩（約五六〇公里），沒有導航設備。雖然他們的命運不得而知，但是一般認爲海盜已在海中喪生。

此後，海軍陸戰隊在二〇一四年率先奪取了克里米亞，並參與在頓巴斯的軍事任務，包括二〇二二年入侵烏克蘭。他們還在二〇一五年部署到敘利亞，以防止阿薩德政權垮臺進行的突襲軍事任務。事實上，海軍陸戰隊在俄羅斯營救活動中，公認傷亡較少。二〇一五年蘇愷-24戰鬥轟炸機，遭到土耳其戰鬥機擊落。在營救兩名機組人員的軍事任務中，只有一名海軍陸戰隊員喪生。

俄羅斯總共有不到一三〇〇〇名海軍陸戰隊員。爲了反映他們的地位，他們穿著軍裝，但是穿著黑色的海軍閱兵服，稱爲「海員」。海軍陸戰隊是一支登陸部隊，每個艦隊中至少編制一旅，大小不一，但是通常都有兩到四個海軍陸戰隊營，一個戰車營和一個偵察營，包括狙擊單位和支援單位，還包括無人機部隊。許多海軍陸戰隊還編配降落傘納入訓練的專門空襲營。

海軍陸戰隊戰鬥序列

波羅的海艦隊

第三三六獨立近衛旅　　波羅的斯克

黑海艦隊
第八一〇獨立近衛旅　塞瓦斯托波爾
第三八二獨立營　泰姆留克
裏海艦隊
第一七七團　卡司皮克
北方艦隊
第六十一獨立旅　斯普尼克
太平洋艦隊
第一五五獨立旅　符拉迪沃斯托克（海參崴）
第四〇獨立團　堪察加半島—彼得羅巴甫洛夫斯克

水下哨兵

海軍陸戰隊在推動海岸沿防，還包括高度專業化的反破壞小組，名字很難理解，稱爲「獨立潛艇顚覆戰鬥特別分遣隊」。這些在下一章中討論。這是一支海軍特種部隊的戰鬥潛水員，部隊的訓練是爲了破壞船隻和沿海設施，企圖擊潰敵人。主要是從現有的海軍陸戰隊中拔擢高度堅韌、擁有潛水和游泳技巧，以及情緒穩定的特勤隊。

目前有十二支獨立潛艇顚覆戰鬥特別分遣隊，規模差異很大，取決於當地遭受的武裝威脅。例如黑海艦隊擔心烏克蘭（或西方國家）在其塞瓦斯托波爾進行基地破壞，所以第一〇二獨立潛艇顛覆戰鬥特別分遣隊規模最大，擁有兩個戰鬥游泳排，其中包括一排的潛水員（受過爆破訓練和拆解），以及一個無線電電子排（負責探測和干擾敵方通信，並且引爆信號），總共一二〇人的連隊兵力。其他的分遣隊可能只有三十人。他們是配備正規小型武器，以及俄羅斯獨特的水下武器，包括SPP-1四管飛鏢槍、DP-64涅普亞德瓦「反破壞榴彈發射器」。是一種雙管武器，通常裝有一發煙火彈顯示敵人的位置。藉由漂浮到水面並且燃燒明亮的紅色照明彈，以及配備強力高爆彈。據說，一個說謊者經常假設他經常被騙，說明了這些特種部隊的武器專長，都是俄羅斯人精心設計抵抗破壞的武器裝配。

第二十三章 特種部隊

大多數國家的特種兵強調體能、決心，以及侵略；俄羅斯的特種部隊當然也不例外，特種兵很明顯不一定全面公開展現俄羅斯空降兵部隊的大男人主義，對他們來說，沒有任何開放紀念日似乎都是不完整的。傘兵用頭撞破木樑，或是丟尖銳的薩皮奧卡——俄羅斯人獨特的短柄戰壕鍬，同時試圖跳過火圈。有一位特種部隊的老兵曾經告訴我說：「在任何一天，精確和沈默，勝過武裝力量和匹夫之勇。」有人問他，爲什麼在貶低匹夫之勇的價值，他停頓了一下，然後說：「特種部隊更關心的是決心。匹夫之勇是爲了達到目標，而赴死的意願；但是決心，是找到一種方法達到目標，而不會一死了之。」

有關談論特種部隊的文章和聲明已經很多，但是很少人知道。俄文現在已經成爲一個重要的謀生語言，有關俄文書籍，從回憶錄到生存技能指南。很多屬於歷史的小說，有些只是純粹幻想的書籍，經常錯過展現特種部隊的介紹，更重要的是，什麼是特種部隊的宿命任務？

因此，圍繞在特種部隊的神話，往往大量誤導社會大眾。在西方國家，應該可以追溯到蘇聯時代叛逃者弗拉基米爾・雷岑，他寫了一系列幻想的書籍，例如《俄羅斯特種部隊》等書，揭露化名「維克托・蘇沃洛夫」的英雄。說到特種部隊，他將其描述爲針對北大西洋公約組織的對手，以充滿引人入勝的細節：特種部隊展試徒手對付歹徒的戰鬥技巧，他們試圖徒手殺人；他們穿的靴子底部的胎面是相反的，這樣行進中的腳印就好像可以誤導敵人。此外，他使用強力彈簧刀，可以以刀刃丟中任何敵人的要害。從書出版之後，很多事情都遭到揭穿，因爲這一本書不一定都正確（例如他們確實有時使用NRS-2結合刀片和內置單發射擊機關的混合槍，設計用於發射彈藥筒，最初是爲靜音手槍設計的「射擊偵察刀」。書上沒有說發射的刀片，但是確實在刀柄中裝有一把單發槍）。這當然是錯誤的說明，但是儘管如此，無情的蘇聯終結者證明具有可怕的一股吸引力。

特殊的兵種，爲了進行特殊的任務

俄羅斯特種部隊的發展一直受到高度重視。戰略至上的層峰概念，影響了基層人員在戰場上的個人戰力。英文特種兵的名字是「特夏諾耶．納茲納切尼亞」的縮寫，是指「特殊指定兵種」。這是非常重要的細節：其實特種兵，在西方觀察家看來，整體戰力，並不十分「特別」，但是強調角色任務的「特殊性」。在戰場上，分派特殊任務給特種部隊。直到最近，大多數特種部隊士兵都是應召入伍，其任務比普通士兵甚至傘兵部隊的任務「更爲奇葩」。他們很難和西方國家同等兵種相提並論、和菁英部隊進行比較。例如英國的空軍特種部隊，或是美國的海豹突擊隊，或是美國陸軍特種部隊，綽號「綠扁帽」。

此外，很多納編單位或是非納編的單位都稱爲「特種部隊」，產生混淆。聯邦安全局特勤中心探員的速度，不會比國家林業局巡守隊效率更高。比較針對性的偵搜，例如俄羅斯外事情報局的「監控」系統，主要任務是在高風險環境中進行祕密保護貴賓和外交官，但是在境外，也執行祕密軍事任務。俄羅斯外事情報局，以及軍事特種部隊的合作關係相當密切。國民警衛隊、內務部部隊中的特種部隊，包括總部設在莫斯科第三十三特種部隊支隊「普雷斯特」，以及各路特別快速打擊分遣隊人馬，主要是針對警察進行武警訓練，但是像內政部部隊一樣，也在車臣和烏克蘭進行了部署。在敘利亞，我們知道在二〇二〇年二月，在拉塔基亞附近的一次伏擊中，聯邦安全局特勤中心的探員誤觸地雷，四名探員遭到炸死。上述成員來自反恐部門局（俗稱爲S局），以及負責北高加索地區業務局（俗稱K局）。特種部隊進行偵搜土耳其和敘利亞軍頭密談處，國民警衛隊和偵搜隊的探員也曾在敘利亞服役。二〇二〇年二月，烏克蘭政府發布了頓巴斯聯邦安全局特勤中心進兵的錄影片段畫面。

特種部隊的主要角色是一種偵察和破壞，用於戰場偵察，並針對敵後指揮部隊和補給路線的破壞軍事任務，特別是針對北大西洋公約組織戰術核武器的偵測。現代特種部隊事實上是冷戰之後的產物，於一九五七年在總參謀部情報局轄下的營級軍事單位，在北大西洋公約組織防線後方執行特定任務，例如銷毀「鬥牛士」中程彈道導彈之類的武器。「鬥牛士」導彈最大射程爲七百英里，隨著新式系統的引進，特種部隊的使命不斷壯大，預計全面滲透到歐洲。一九六二年，五處營級單位改爲六處旅級單位；一九六八年開始，建立專業培訓中心。

隨著莫斯科的帝國主義野心越來越膨脹，需要能在全球範圍內建立外科手術式反應部隊，以大量投入戰場，並在「帝國」內部處理叛亂。特種部隊在古巴訓練精銳部隊。特種部隊曾經保護蘇聯航空，免受南非安哥拉叛軍的攻擊破壞。一九五六年的匈牙利政變，以及一九六八年的自由主義「布拉格之春」進行軍事鎮壓，起了關鍵作用。一九七九年的阿富汗，特種部隊不僅領導了最初政變，罷黜殺害領導人哈菲祖拉・阿明，建立了新政權。特種部隊隨後需要突襲叛軍，對付美軍提供的針刺地對空導彈，保護來訪貴賓；有的時候，被迫在步兵服役。

即使如此，特種部隊還是比大多數蘇聯統治下，那些徵召陸軍部隊的悲慘命運要好得多。因爲他們是眞正的特種部隊。俄羅斯需要這種菁英，迫使蘇聯人開始組織國家安全委員會破壞專家，共同商議成立特種部隊，組織了「澤尼特」小組，領導暗殺阿富汗領導者阿明的任務。越來越多地方組織非正規的特種部隊，包括專業士官，以及可以執行特別困難任務的軍官。

一九九〇年代，再度出現一種情況：當時特種部隊曾經濫用成爲車臣戰爭的步兵。對於某些特殊任務，開始招募專業士兵隊伍爲特定的軍事任務。儘管如此，招募和留住優秀士兵變得越來越困難。雖然部隊單位設法保留了原有團隊精神，但是多年以來的低廉工資、失信，以及政府腐敗，沒有對策。記者德米特里・霍洛多夫提到了，特種部隊在黑手黨中兼差，導致犯罪和紀律崩壞的調查，付出了生命代價（見本書第二章）。特種部隊對於這些報導，在普丁的領導下相當反彈。招募簽約型的合同兵效率越來較高，也越來越實惠。截至二〇二〇年，只有大約百分之二十的特種部隊成員是徵召入伍者，上述比例繼續降低。但是志願應徵者絕對是最優秀的人選，通常年紀都很輕，在適齡期間，接受軍事技能訓練的運動員和學校畢業生（有一半特勤人員在義務期限結束之前志願入伍）。

矛之尖

特種部隊，在傳統上塡補了正規部隊偵察部隊和情報蒐集，以及情報和安全組織單位之間的空白。他們的破壞任務是在以「積極措施」和「政治作戰」的方式，進行全球擴展，他們已經獲得了比克里姆林宮更廣泛的作用首選的政治軍事工具。克里姆林宮在特種部隊中看到一種可以靈活運用，甚至是可以否認出兵的戰術武器，巧妙運用於鎮壓游擊隊、支援敵國的叛亂，以己之矛，進行攻擊。他們支援喬治亞作戰；在克里米亞，領導軍事特別任務；在烏克蘭頓巴斯，提供了叛軍重要的特殊武裝；在敘利亞，同樣軍援確保了俄羅斯的空中打擊武裝力量。為了確保在二十一世紀的混亂環境中獲得安全，一百名訓練有素的特種部隊，可以證明比整個裝甲旅更加有效率。

目前俄羅斯大約有一七〇〇〇名特種部隊兵力，因此扮演著空降兵部隊和海軍陸戰隊的相似角色，比空降兵部隊和海軍陸戰隊更加隱蔽（傘兵部隊有自己的特種部隊，例如第四十五近衛獨立庫圖佐夫隊、涅瓦斯基特種旅亞歷山大隊）。這仍然不是一種可以公認為是「一級」特種部隊整體戰力，他們也許是採認俄羅斯特種部隊為先鋒遠征輕步兵，大致類似於美國第七十五遊騎兵團、英國第十六空軍突擊旅，或是法國外籍軍團。儘管俄羅斯在二〇一二年成立了新型特種作戰部隊司令部，公認可以和其他「頂尖中的頂尖」軍種相互媲美。

正是因為這一層原因，俄羅斯軍方軍種之間的競爭，一直是特殊爭論的焦點問題。二〇〇八年喬治亞戰爭之後，俄羅斯軍人乏善可陳的表現，尤其是總參謀部情報局在政治上表現軟弱，遭到指責。在很大程度上，這是不公平的。在二〇一一年，軍團整編；二〇一〇年十月二十四日——特種部隊慶祝成立六十週年的那一天，官拜偵搜上校的陸軍司令部副參謀長弗拉基米爾・馬爾杜辛宣布，特種部隊不再隸屬於總參謀部情報局，而是隸屬於各大軍區管轄。當時的想法是總參謀部情報局應該專注於間諜活動，而特種部隊是一種戰場資源。然而，總參謀部情報局這個奄奄一息的殭屍不會就此乖乖躺下。二〇一一年伊始，精力充沛、滿腦都是政治點子的伊戈爾・塞爾貢中將接任總參謀部情報局局長，開始進行遊說，企圖改變現狀。與此同時，總參謀部情報局藉故推託，名義上轉移特種部隊到地面部隊，實際上延宕了所有軍事任務和交接程序。蕭依古接任部長和格拉西莫夫接任總長之後，決定特種部隊屬於政治作戰任務的戰略級資源；二〇一三年，他們正式歸建到了總參謀部情報局。

普丁的特種部隊

特種部隊，總共由七處不同規模的正規旅級單位組成，大約由十九個營級單位組成，稱爲「獨立特別任命支隊」，每支隊都有五百名隊員。比較小型的單位，例如第二十二旅只有兩個獨立特別任命支隊，包括第一七三旅和第四一一旅；例如龐大的第十四旅——需要負責整個東部軍區，共有四個支隊，第二八二、二九四、三〇六，以及三一四支隊。每一個獨立特別任命支隊分爲指揮參謀連和三個兵力連，約有一四〇人的單位，每個單位又分爲四個，包括十四人編制的單位、指揮團隊，以及支援單位，囊括醫療技術人員。四支獨立特別任命海軍偵察點，相當於旅的海軍陸戰隊，需要更多的技術支援。因爲部署，從輕型船隻到水下動力橇。取而代之的是需要圍繞三種稍微大型的建置單位（包括四處十四人的操作團隊）。這是針對陸地任務進行了優化設計。此外，針對沿海偵察進行了優化設計；在「戰鬥潛水員」中，特別配置用於爆破敵方船隻和水下設施。

儘管在外地作戰時，特種部隊從屬於戰區指揮官，但是還是要經過總參謀部情報局第五旅，或是稱爲參謀部情報局偵察處負責安排。除此之外，還有其他三個獨立特種部隊單位，包括第一○○獨立旅，經常以新穎的思想，以及新型的設備進行試驗。此外，其他兩處爲在二○一一年至二○一二年興建，作爲俄羅斯西南部索契冬奧運會場安全準備工作之處：第二十五獨立團，經過特別訓練，以及購置裝備，以便在動盪的北高加索地區進行作戰。此外，第三四六旅爲一支規模接近獨立特別任命支隊。這是一支眞正精銳的部隊，最後成爲新型的特種部隊司令部主要作戰單位。

特種部隊

特種作戰部隊司令部（KSSO）

第三四六旅（庫賓卡—第二部隊）

陸軍特種部隊

第二旅（普斯科夫）

第三近衛旅（陶里亞蒂）

第十旅（莫爾基諾）

第十四旅（烏蘇里斯克）

第十六旅（莫斯科）

第二十二近衛旅（斯特諾伊）

第二十四旅（伊爾庫茨克）
第一〇〇旅（莫茲多克）
第二十五獨立團（斯塔夫羅波爾）

空降兵

第四十五近衛獨立特別指定旅（庫賓卡—第二部隊）

海軍

第四十二海軍獨立特別任命海軍偵察點（符拉迪沃斯托克——太平洋艦隊）
第四二〇海軍獨立特別任命海軍偵察點（北莫爾斯克——北方艦隊）
第四三一海軍獨立特別任命海軍偵察點（塞瓦斯托波爾——黑海艦隊）
第五六一海軍獨立特別任命海軍偵察點（加里寧格勒——波羅的海艦隊）

特種部隊一般要求新兵身高至少一六〇公分，體重約爲七五至八十公斤，身體健康、視力良好，聽力和平衡感良好。主要標準是需要通過一系列艱苦的考驗，包括負重三十公斤，進行三十公里的強行軍。在面臨特殊挑戰的海軍特種部隊要求中，須證明可以游泳通過模擬魚雷發射管的狹窄空間，並且通過潛水，展現在水下的穩定性。訓練中讓頭盔灌飽水，讓海水灌滿頭盔中，然後試圖在水中更換面罩，並在水面壓力特別大的情況下，試圖排出面罩中的水，通過水下的特殊閥門安全的浮出水面。甄試的新人在失敗之前會進行兩次錯誤的嘗試。雖然他們可能不像空中突擊部隊一樣，特種部隊仍然保持艱苦的健身訓練制度，攜帶著全套裝備，定期進行肉搏戰的鍛鍊課程。特別是，他們訓練俄羅斯摔角，這是一種沒有武器的格鬥，起源於蘇聯時期的武術，搏擊形式已經發展成爲類似於一種混合武術，格鬥士不僅可以使用手和腳，以及任何手上的武器進行攻擊，他們還使用任何可以運用的武器進行訓練，包括熟悉潛在敵人美國大兵使用的M-16步槍。

除了率先獲得新式武器和裝備之外，特種部隊也強化更新裝備，並且引進新穎的想法和軍車。通常特種部隊也使用正規部隊裝備的裝甲運兵車，以及步兵戰車；特種部隊也經常使用愛國者吉普車，以及其他輕型車輛。例如他們一直熱衷駕駛四輪摩托車和沙灘車。還有，傳說他們正熱衷尋找一款「賽格威」的電動滑板車，可以如履平地。

特種部隊並不是都受過跳傘訓練。雖然獨立特別任命支隊，大約三分之一成員都有跳傘經驗，都有至少一支完全可以空投的跳傘支隊。不過，所有特種部隊都接受過直升機操作培訓，包括從懸停在繩索上的繩索進行垂降。正如海軍特種部隊，不只要執行和陸戰隊相同的任務，還要熟知海軍砲擊和偵搜，以及學習破壞敵後沿海設施，並且進行登陸，以及海下採礦作業，他們都接受了額外的培訓任務。

特種作戰司令部

隨著特種部隊變得越來越專業，最後需要建立穩固的特種部隊司令部，成爲謝爾久科夫和馬卡羅夫的「新風貌」計畫。總參謀部情報局長期以來，擁有一處名爲「塞涅日」的訓練基地（以附近的湖泊塞涅日命名，一般人只知道部隊郵箱號碼V/ch，或是九二一五四部隊），基地位在莫斯科西北部的索爾涅奇諾戈爾斯克。二〇〇九年，總參謀部決定將此特訓基地納為己有，不再隸屬於總參謀部情報局，而是由總參謀部管轄。第一任基地指揮官是伊戈爾・梅多耶夫少將，他很快由亞歷山大・米羅什尼琴科中將取而代之。值得一提的是，他們兩位都曾歷任聯邦安全局的阿爾法反恐突擊隊官員。

當時成立的想法，是將塞涅日建成一處特殊任務的訓練基地，隸屬於特種作戰部隊司令部。這是一支正規旅級單位以外的獨立特別任命部隊，以結合陸戰和空降資源，其任務範圍包括承平時期的反恐軍事任務——特別是著重於即將在索契舉行的二〇一四年冬季奧運會——對付恐怖攻擊的破壞和暗殺。當蕭依古和格拉西莫夫在軍方掌權之後，有人擔心特種作戰部隊司令部是否會繼續存在？聯邦安全局中的老軍頭還可以繼續掌權？其實外界不必擔心。二〇一三年三月，格拉西莫夫特地利用和外交軍事武官會談時表示，該特種部隊計畫，和其他國家一樣還是持續進行。

到了年底，特種作戰部隊司令部在第三四六旅的基礎上故意保持懸缺（實際上只有一支部分獨立特別任命支隊），以強化徵召最強的合同兵進入特種部隊。塞涅日形成了作戰指揮中心，特種作戰部隊司令部多了一處位於莫斯科西部庫賓卡—第二部隊的訓練設施，包括空降兵部隊第四十五大隊。特種作戰部隊司令部擁有一支中隊的設立優先權，擁有伊留申-76重型運輸機群，同時擁有混合直升機攻擊機群，以及托爾若克空軍基地的運輸中隊。其中許多飛行員，如果沒有在特種作戰部隊司令部執行任務的時候，都是隸屬第三四四陸軍航空兵作戰訓練的教官。

特種部隊第一次作戰是在克里米亞。從那之後出現在頓巴斯、敘利亞，以及烏克蘭戰爭。期間編制還進行擴編，從剛開始的五百人，增加到二千人到二千五百人，雖然這包括培訓教官和支援人員，實際可能擁有一千人的營管單位。指揮單位（單位番號九九四五〇）駐紮在塞涅日，共有三個作戰分隊（包括〇一三五五、四三三九二，以及九二一五四部隊）。主要由庫賓卡－第二部隊，以及海軍基地第五六一塞瓦斯托波爾（〇〇三一七部隊）緊急救援中心。每處由兩百位到三百位隊員組成。特種作戰部隊司令部現在是總參謀部直接隸屬，而不是由總參謀部情報局經管，但是仍然和正規的特種部隊共享權益。依據戰場作戰和軍事政治為導向的「積極目標」進行戰略作戰。例如特種作戰部隊司令部營管單位，已經轉移到總參謀部情報局的二九一五五部隊，致力於暗殺和顛覆武力的遂行。這一種橫向連繫方式——反映了其他組織有自己特種部隊的思惟。聯邦安全局特情中心偵搜隊，或是外事情報局監控單位——強調他們的角色也是武裝祕密的顛覆和破壞力量。儘管這一種比擬可能會產生誤導，但是某些方面，可能和美國陸軍的情報支援相媲美。美國中央情報局特別軍事任務組，或是英國特種航空署的E中隊。俄羅斯特種作戰部隊司令部，在未來陰暗的「灰色地帶」戰爭中，無疑是發揮了關鍵作用。

第二十四章 核子後盾

二〇一八年三月，普丁再度競選連任之前發表年度國情咨文。這個時機點可能需要解釋，他爲什麼在事件結束之前需要通常疑點重重的承諾，並且發表一連串沉悶的事實和資料，以誇張的極端愛國主義和高端武器進行吹噓。對於這一系列，有時候相當無聊的影片介紹，他開始列舉六種新型俄羅斯戰略武器，稱爲「魔法六」。

有些已經開始應用，就像「先鋒」，是俄羅斯研發的高超音速乘波載具，可以攜帶核彈頭，當接近時可以閃避導彈防禦系統，因爲「像隕石一樣飛向目標，就像是一團火球」。有空中發射的「匕首」高超音速導彈，能夠飛行二千公里，並且超過音速的十倍，可以加裝核子或正規彈頭；有安裝在卡車或軌道機動車上的普雷斯特反導彈和防空雷射系統；也有無人駕駛的波塞冬號核子潛艇，基本上是一種水下無人機，裝備有「髒彈」的核子彈頭，以放射性散布裝置，將常規炸藥（例如炸藥）與放射性物質，可以消滅航空母艦戰鬥群；有海燕核子動力巡弋飛彈，可以環繞世界飛行，儘管飛行過程會沿途噴發核輻射物質污染的放射性廢氣。用普丁的話來說，海燕核子動力巡弋飛彈「針對所有現有和未來的導彈防禦和防空系統，眞是天下無敵」。但是永遠不會眞正看到這款武器服役。

在幾年內，RS-28洲際彈道飛彈進行首次試飛，配備多達十五枚獨立瞄準的核子彈頭，包括

「先鋒」和「誘餌」彈頭。當普丁吹噓戰力時，動畫片段顯示導彈從俄羅斯平原發射，環繞世界一週，然後丟下一連串的核子彈頭；彈頭落在看起來非常像是美國佛羅里達州的某些地方。確實，這幾乎看起來好像直接針對發射到時任總統唐納德・川普的海湖莊園度假村。

這可能只是一種巧合——錄影顯示佛羅里達州正在罷工。但是也有可能不是，只是一種巧合。這一段影片在西方國家引起了輿論撻伐，並且在某種程度上，這就是針對普丁進行挑釁的重點。俄羅斯的戰略武器不僅是國防的最後後盾，以全球大國之姿，也是該國國防技術和工業展現實力之處。俄羅斯切身國家利益必須嚴陣以待。他說：「沒有人能夠限制俄羅斯。」正如普丁結論中所說：「過去沒有人眞正想和我們對談……，也沒有人願意聽我們說話，所以現在請聽我們說。」

後蘇聯的世界末日

俄羅斯繼承了完整核子武器三位一體——來自蘇聯的地面、海上，以及防空導彈。蘇聯人擁有四萬枚，或是更多枚彈頭，足以毀滅世界的舊式核彈頭，包括戰術導彈。例如最先進的大型十車輪型車輛裝載的RT-2PM白楊洲際彈道飛彈。武器擴散已經是蘇聯嚴重的問題（軍方悄悄地將戰術武器和指揮系統撤回俄羅斯，可能已經超過一年了）。此外，白俄羅斯、哈薩克和烏克蘭，原有三個擁有核子武器的共和國，都希望看到核子武器運離。畢竟核子武器系統以標準安全的目標下，其維修管理和指揮系統在維護方面極其昂貴。西方國家願意付出高昂的代價鼓勵白俄羅斯、哈薩克和烏克蘭，拋棄以核子武器進行防衛的錯誤想法。

一九九一年七月，米哈伊爾．戈巴契夫和美國總統老布希，簽署了戰略武器削減條約，雙方都將彈頭減少至六千枚。洲際飛彈運載彈頭工具，例如轟炸機，削減至一千六百架。在一九九二年五月，俄羅斯、白俄羅斯、哈薩克斯坦，以及烏克蘭四個武器繼承國家，在里斯本簽署了附加條約《里斯本議定書》，以期後蘇聯的三個國家放棄核子武器，繳回俄羅斯，俄羅斯承諾銷毀核彈頭。在白俄羅斯和烏克蘭，部分人士呼籲保留最低限度的核子武器威懾能力，最終兩國都無法負擔得起保管核彈頭，並且在任何情況下，莫斯科都保留了發射核彈的密碼。因此，兩國都願意以經濟和政治進行回饋。一九九四年簽訂《布達佩斯安全備忘錄》，白俄羅斯、哈薩克和烏克蘭，獲得領土完整和政治主權的保證，同時受到美國和英國見證。諷刺的是，俄羅斯聯邦後來的發展。到了一九九六年年底，所有原本蘇聯的核子武器都掌握在俄羅斯手中。在整個一九九〇年代，美國——尤其是感謝美國以金錢和專業知識的形式提供援助俄羅斯——讓俄羅斯實現了超過削減戰略武器條約庫存量的安全退役限制。核子武器擴散的噩夢從未發生（見第二章），即使核子武器確實提供了電影許多驚悚片和動作片的好題材。二〇〇九年十二月，削減戰略武器條約屆期，即使俄羅斯和美國同意在協議第二階段的條約時繼續遵守原有條款，但是關鍵癥結點是，美國決心建立中歐基地的反導彈系統，即使表面上的目標，不是瞄準俄羅斯，而是瞄準伊朗發射的導彈。梅德韋傑夫總統威脅，後來成爲再次重申的策略中，將伊斯坎德爾戰術導彈——這是一種可以發射正規彈頭或核子彈頭的導彈——設置在加里寧格勒以爲回應。儘管如此，雙方談判確實產生了第二次削減戰略武器條約協議的構想，第二次協議將部署的戰略核子彈頭上限降至一五五〇枚（一架轟炸機攜帶一枚彈頭，但是可以膨脹高達攜帶數百枚）。即使在劍拔弩張的政治緊張時期，莫斯科和華盛頓當局都想要試探彼此的命運——第二次削減戰略武器條約會存續到二〇二六年。儘管如此，即使在二〇〇九年，俄羅斯人再次強調：最後可能會擁有較少、但是質精的核子武器。

鐵路、公路，以及管線

地面導彈通常體積龐大，但是與深潛潛艇，或是高空轟炸機攜帶相較就很脆弱。因此，俄羅斯擁有多種發射平臺，將導彈置於地下碉堡的裝甲中，或是以重型運輸車進行公路移動。俄羅斯甚至曾經將洲際彈道導彈安裝在特殊鐵路車廂中，直到一九九三年和美國簽訂第二次削減戰略武器條約，再根據條款退役。雖然替代的軌道機動洲際彈道導彈，目前正在設計中，這些都是戰略火箭軍的職責。這是一種獨立的軍種，約有六萬人，直接隸屬於總參謀部。戰略火箭軍司令部位於莫斯科西北部封閉的弗拉西哈鎮地下深處的地下碉堡指揮中心，控制著三二〇枚導彈，最多可發射一一八一枚彈頭。

戰略火箭軍

戰略火箭軍中央指揮司令部—九五五〇一部隊（弗拉西哈）

第二十七近衛火箭軍（弗拉基米爾）

第七近衛火箭師（奧澤爾尼）

第十四火箭師（約什卡爾奧拉）

- 第二十八近衛火箭師（科澤爾斯克）
- 第五十四近衛火箭師（克拉斯尼．索森基）
- 第六〇火箭師（斯維特利）

第三十一火箭軍（奧倫堡）

- 第八火箭師（佩沃邁斯基）
- 第十三火箭師（亞斯尼）
- 第四十二火箭師（斯沃博德尼）

第三十三近衛火箭軍（鄂木斯克）

- 第二十九近衛火箭師（伊爾庫茨克）
- 第三十五火箭師（西伯利亞）
- 第三十九近衛火箭師（格瓦爾代斯基）
- 第六十二火箭師（索爾內奇）

導彈靶場和航天發射場

- 卡普斯廷亞爾
- 沙甘（哈薩克）
- 亞斯尼航天中心

大部分是重型RS-24洲際彈道導彈，最多可以攜帶四枚獨立的彈頭，以多種目標重返大氣層載具，或又稱分導式多彈頭，攻擊不同的目標。其中包括一四九枚：十四枚在俄羅斯中西部科澤利斯克的地下飛彈發射室中；一三五枚設置於移動公路的裝甲卡車中。然後白楊-M洲際彈道飛彈，六十枚設置在地下飛彈發射室，十八枚設置於移動公路的裝甲卡車。白楊-M洲際彈道飛彈相對較爲準確，攜帶一枚八百公斤彈頭。儘管將要取代爲RS-28洲際彈道飛彈，俄羅斯依舊擁有四十五枚老式RT-2PM白楊路基導彈，以及四十六枚剩餘的R-36洲際彈道飛彈，可以分到十枚分導式多彈頭。軍事報告說明了戰略火箭軍仍有兩枚RS-18A洲際彈道導彈掛在第十三火箭師中，儘管這些導彈，可能只搭載於先鋒高超音速滑翔飛行器進行測試。

俄羅斯不再擁有任何地面中程彈道導彈，這一種導彈射程爲三千公里到五千五百公里遠的導彈。中程導彈的射程爲一千公里到三千公里遠的導彈。依據一九八七年《美利堅合眾國與蘇維埃社會主義共和國聯盟關於銷毀中程和中短程飛彈之條約》，簡稱《中程飛彈條約》或《中導條約》。中程導彈的條約（INF）條約。二〇一八年至二〇一九年條約失效，美國退出。美國指控俄羅斯「長期不遵守條約」，但是莫斯科否認了這一點——同時反控說，華盛頓決定在歐洲部署導彈防禦系統，本身就是違約。目前俄羅斯都沒有部署任何這種地面導彈，但是正如下面所討論的——可能在未來進行部署，著重的不是老對手北大西洋公約組織，而是在地平線上出現潛在對手：中國。

這些都受到總參謀部情報局第十二特勤局的保護。這是一支菁英祕密組織，不僅控制戰略火箭軍的核子基地，負責在全國轄區內移動彈頭、保護地面導彈。第十二特勤部隊士兵沒有自己的特殊徽章（通常佩戴火砲臂章），並且被指示不要告訴家人他們在做什麼工作。第十二特勤局確實有過與眾不同的車輛。不過，爲了支援他們的角色，例如颱風-M反裝甲破壞戰車、配備光電傳感器套裝軟體，以遙控聽力裝置，讓訓練有素的隊員可以區分人類與動物的腳步，甚至裝載了小型電子三號無人機。

海底下

俄羅斯的潛艇核子武裝力量屬於海軍，擁有特殊的指揮和通信結構系統，以及嚴格的招聘標準。除了傳統之外，最主要的理由是導彈艇需要獵殺潛艦，以及船艦的保護，以防止啓動之後遭到追捕擊沉，因此，需要納入艦隊的結構。畢竟潛艇艦隊的戰略關鍵優勢爲一種報復性的威懾武裝力量：敵人可能對擊落地面來襲的導彈充滿信心，甚至擊落轟炸機艦隊，但是不太可能摧毀所有隱藏在海洋深處，或是北極浮冰下的潛艇，展開毀滅性的反擊行動。

目前，俄羅斯人擁有十艘核子動力潛艇，攜帶導彈；七艘在北方艦隊，三艘在太平洋，能夠攜帶一四四枚導彈，最多可以攜帶六五六枚核子彈頭。理論上，在眞正部署的飛彈數量較少，也要遵守第二次削減戰略武器條約的限制。北方艦隊部署於冰冷的科拉半島上加吉耶沃，以加固的潛艇掩體部署了六艘德拉芬級（三角洲級第四代）潛艇——儘管葉卡捷琳堡號將於二〇二二年退役——還有兩艘新的北風之神級潛艇。德拉芬「海豚級」是搭載R-29俄羅斯液體燃料潛射彈道導彈，是R-29導彈家族的最新成員（屬於SS-N-23A的現代化版本）。最多每枚導彈潛艇，可以攜帶四枚五百公斤大型彈頭，或是十二枚的一百公斤小型彈頭。新式九五五型博雷級核子動力潛艦，是一艘更大、更快、更隱蔽的潛艦。可以搭載十六枚RSM-56「狼牙棒」（SS-N-32）導彈，每枚可以發射六枚至十枚，一百公噸到一五〇公噸的多彈頭飛彈。誠然，其發展經歷了漫長的研發過程，有時甚至造成多次尷尬的失敗次數，包括失敗的發射測試。導致二〇〇九年的「挪威天空漩渦奇光異象」。那是一道淡藍色的漩渦光束，逐漸變細成爲灰色的漩渦光束，整個挪威北部和瑞典都能看到。太平洋艦隊第二十五潛艇師，駐紮在克拉舍寧尼科夫灣，擁有一艘舊的卡爾瑪級（三角洲級第三代），可以追溯到一九八〇年的潛艇，配備十六枚R-29R（SS-N-18）導彈，以及三艘博雷級核子動力潛艇。

戰略航空

遠程航空司令部是隸屬於航天太空軍的武裝力量，部署了大約六十六架戰略轟炸機，儘管舊型的圖波列夫-95戰略轟炸機已經設法延役，莫斯科近來頻傳唆使戰略轟炸機接近北大西洋公約組織的歐陸領空，迫使北大西洋公約組織戰鬥機護送離開（這是一種毫無意義的昂貴起舞，因爲轟炸機不會臨時起意迫近他國領土，如果沒有被攔截，就逕行宣戰）。

俄羅斯遠程航空戰略轟炸機，擁有兩種作戰部門，以及各種支援單位，包括加油機中隊和混合航空團，提供基地之間穿梭機組人員和備料。據說擁有十六架圖波列夫-160「白天鵝」（黑傑克型）超音速重型戰略轟炸機（七架在較新的圖波列夫-160M戰略轟炸機），以及四十八架圖波列夫-95MS渦輪螺旋槳發動機。此外，還擁有五十二架圖波列夫-22M3（逆火C型）轟炸機，這些都是攻擊型轟炸機，能夠攜帶戰術核子武器，但是裝備中載有正規炸彈或是導彈，因此不被視爲戰略型武裝力量。

遠程航空

遠程航空司令部（四四四〇二部隊）（莫斯科）

第六十三米塔夫斯基獨立通訊中心（斯摩棱斯克）

第二十二近衛重型轟炸機航空師（恩格斯）

第一二一近衛重型轟炸機航空團（恩格斯）：七架圖波列夫-160M、九架圖波列夫-160轟炸機

第一八四重型轟炸機航空團（恩格斯）：十八架圖波列夫-95MS轟炸機

第五十二近衛重型轟炸機航空團（謝科夫卡）：二十三架圖波列夫-22M轟炸機

第二〇三獨立近衛航空油輪機團（梁贊）：十二架伊留申-78M空中加油機、六架伊留申-78空中加油機

第四〇混合航空團（維索基）：二架安托諾夫An-12軍用渦槳運輸機、三架米爾米-26、八架米爾米-8MT、第三二六重型轟炸機航空師（烏克蘭卡）

第七十九重型轟炸機航空團（烏克蘭卡）：十四架圖波列夫-95轟炸機

第一八二近衛重型轟炸機航空團（烏克蘭卡）：十六架圖波列夫-95MS轟炸機

第二〇〇近衛重型轟炸機航空團（斯雷德尼）：十五架圖波列夫-22M3轟炸機

第四四四重型轟炸機航空團（斯雷德尼）：十四架圖波列夫-22M3轟炸機

第一八一獨立混合航空團（斯雷德尼）：二架軍用渦槳運輸機、三架安托諾夫An-30、二架安托諾夫An-26轟炸機

第四十三近衛遠程航空作戰飛行人員應用和訓練中心（梁贊）

第四十九教練重型轟炸機航空團（梁贊）：六架圖波列夫-96MS、六架圖波列夫-22M3、一架伊留申-78、一架圖波列夫-134AK、二架米爾米-8MT轟炸機

第二十七混合航空團（坦波夫）：二架伊留申-12軍用渦槳運輸機、八架安托諾夫An-26、十架圖波列夫波列夫Tu-134轟炸機

巨無霸型圖波列夫-95MS轟炸機，是一種展翼幾乎可以容納四輛倫敦巴士，僅次於強大的美國B-52同溫層堡壘轟炸機。直到一九九一年才開始服役。原設計可以追溯到一九五〇年代初期，大型四渦輪螺旋槳發動機，以四個獨特對轉雙螺旋槳渦輪，產生出巨大震耳欲聾低的頻噪音。在某些方面，服役年齡不是太重要，因爲本質上95MS轟炸機只是一座遠程巡弋飛彈的平臺。彈艙可以攜掛六枚Kh-55次音速長程巡弋飛彈、Kh-101、Kh-102巡弋飛彈（有些可以在翅膀下攜帶多達數十枚，儘管在範圍和性能方面會付出巨大的沉重代價）。Kh-101和kh-102遠程巡弋飛彈，爲Kh-55的隱形式現代化新式版本。前者帶有正規彈頭，後者帶有射程四五〇〇公里的核子彈頭。有鑑於圖波列夫-95MS具有七五〇〇公里作戰半徑，如果不受到阻礙，駐紮在俄羅斯南部恩格斯的轟炸機航空團第一八四重型中隊的轟炸機，就可以輕易襲擊華盛頓特區。

圖波列夫-160型轟炸機爲一種優雅、但是體型龐大的超音速後掠翼噴氣式轟炸機，可以和美

國B-1B轟炸機媲美，但是體型更爲龐大。兩個彈艙可以攜帶十二枚Kh-55、Kh-101，或是Kh-102巡弋飛彈。儘管在一九八七年服役，經歷了敘利亞採取軍事戰鬥任務，發射正規武裝Kh-555巡弋飛彈；並針對伊斯蘭國發射Kh-101巡弋飛彈。目前正在建造現代化新款。

太空部隊

俄羅斯擁有全球核子攻擊能力，不僅需要武器和發射平臺，而是以指揮、控制，以及通信網路進行領導。在偵測並且迅捷擊潰敵人的攻擊目標，需要廣泛的基礎設施，主要都是太空軍的責任。自二〇一五年起，成爲航天太空軍轄下單位。太空軍負責俄羅斯軍隊軍事性的外太空發射，經管軍事衛星，並解監控來自太空的威脅，以避免來襲的彈道導彈碎片可能會擊中軍事衛星。

其主要運作單位是第十五航天太空軍特別指定處，總部設在莫斯科西南部內陸偏僻的城市克拉斯諾茲納緬斯克。這是一處封閉城——實質上是俄羅斯封閉隸屬行政區——這是蘇聯時代的遺留物，例如特別敏感的軍事基地、國防工業、研究場所中心之類地區。曾經，官方地圖不會出現地名和門牌，僅設置專業中心的名稱；其餘三十八處地名爲公開命名，例如奧焦爾斯克，這是瑪雅克化工廠生產鈽元素的地方。例如曾經只命名爲車里雅賓斯克—四〇。全俄技術物理科學研究所位於涅任斯克，開發核子武器設計的理論物理研製機構，代號車里雅賓斯克—七〇；或是戰略火箭軍在弗拉西哈，舊稱奧金佐沃—一〇。此外，許多部門的軍事基地都屬於封閉隸屬行政區。例如克拉斯諾茲納緬斯克，有圍牆和守衛，進出城市需要特殊通行證。在更開放的地區，警察可以查驗並且拒絕阻止任何可疑人士進入，並且要求查看證件。

蒂托夫航天中心，是俄羅斯主要的軍事和商業衛星控制中心，由俄羅斯陸軍第十五集團軍指揮，掌控著無人機。第八二一主要監控中心是雷達網路的控制中心，接收來自十處地面預警雷達訊號，以軌道衛星進行追擀和監督訊號。此外，太空軍還保持自己的太空發射站，位於阿爾漢格爾斯克北部的普列謝茨克航天發射場。在太空軌道中，俄羅斯擁有大量衛星，包括預先警告、通訊、光學和電子間諜平臺，以及支援俄羅斯的全球定位導航系統。因此，太空軍不僅對於俄羅斯的攻擊性核子武力非常重要，也設置了攔截彈道飛彈的導彈系統。

現代化的魔法

正如普丁在二〇一八年的演講指稱，熱衷定位俄羅斯爲軍事強國的先鋒，即使有些計畫的實用性值得懷疑。例如普雷斯特的雷射系統備受吹捧——根據報導，甚至已經在敘利亞進行了現場測試——大家可能針對錄影片段嚴重懷疑其眞實性。國防專家伊戈爾・科羅琴科相當尖銳地指出，雷射系統可能對無人機有效，但是只有在「沒有霧的時候，沒有沙塵暴、沒有下雨。也就是說，在天氣相當理想的條件下。」「普雷斯特」這個名稱相當合適。普雷斯特是一名俄羅斯東正教僧侶，曾在庫利科沃戰役開始和欽察汗國的古韃靼人鐵木爾扎一陣衝殺之後，結果普雷斯特獲勝——也許這些歷史神話可能永遠不會眞正存在。

現代神話也有很多版本。然而，重大的現代化改造，很多不可預測，卻正在進行中。奧斯陸和平研究所的帕維爾・巴耶夫認爲，這是一種「由軍事戰略中的官僚主義和軍備遊戲」展現的文化特徵。換句話說，這是由軍事部門利益，以及克里姆林宮對於磅礡大戲所展現的一種渴望，兩者相互驅動的產物。這也影響了真正的戰略思考。說穿了，將領們如果意識到，龐大的國防軍事預算，多數要花在核子武裝力量上，更不應該浪費。所以肆意想像使用這些新式武器的方法（儘管普丁提出的六件「法寶」，確實嚴重扭曲了原來規劃的二〇二七國防軍備計畫）。

因此，北風之神級潛艇計畫繼續進行，其目標是生產十四艘潛艇，以卡爾馬級取代海豚級潛艇。希望藉由薩爾馬特導彈防禦力量，防禦基本上不存在的美國反導彈系統，可能是爲了贏得廉價的政治評價，以滿足需要。至於波塞冬核子無人潛艇，這是一種戲劇化核子武器，基本上就是另一種世界末日武器。

核武爲啥重要？

核武的戰略武裝力量可能是普丁關注的焦點。核武具備實質戰力，最終成爲國家安全的保障——同時也是對被保護者的一種防禦力量，結果，各國遭到核子威脅的勒索。我曾經和俄羅斯國防學者進行長談，進行民族主義觀點的辯論，他隨口提出了理論情境。沒有足夠核子武力的國家，可能遭到迫在眉睫、城市淪爲砲火炸毀的威脅，甚至領土淪陷，正規部隊遭到消滅。在我看來，這是一種可笑而且不太可能發生的狀況。因爲侵略者以自以爲是的方式進行攻擊，會發現自己已經淪爲國際賤民。當我挑戰他的觀點，他非常驚訝。談到在他的學術圈子中保持的擁武想法。值得注意的是，他曾經擔任總統的顧問。烏克蘭和西方國家擔心普丁是否會訴諸核子武器，以打破戰爭僵局的討論不斷，這也明顯反映了莫斯科當局這一種辯論。

畢竟在某一種程度上，俄羅斯的核子武器是一種政治工具。這可以繼續解釋莫斯科在擔任聯合國安理會常任理事國的立場——強迫俄羅斯和現在超級大國美國繼續接觸；安理會授予俄羅斯全球參與的重要地位。這不僅如此需要——俄羅斯爲什麼要花這麼多的錢，強化核子武裝力量？其他軍事武力花錢較少，不是也有類似的效果嗎？莫斯科仍然致力於將此類武器視爲防禦性武器資源——儘管核武不僅可以用於報復性核子反擊；相反的，俄羅斯學界還設想了在對祖國造成「生存威脅」情況下使用核武的傳統思惟。這種威脅可能來自北大西洋公約組織，還有諸如「劍指西方國家」之類的定期兵棋推演，以針對西方國家「藍色」勢力進攻的場景進行武力部署。雖然我們永遠不能低估普丁及其核心圈子人士的偏執狂，以及怨念。許多退伍軍人來自蘇聯前安全組織，所有人都深受帝國喪失的痛苦。至少對於軍人來說，這可以理解，雖然北大西洋公約組織可能不是純粹的一種防禦武裝力量。俄羅斯聲稱——看看科索沃、利比亞、伊拉克，以及阿富汗——在可以看到的未來，世界將處於一種入侵俄羅斯的情境。其實俄羅斯的推論未來嚴重的潛在威脅來自於中國。正如第二十七章所討論的，今天備受吹捧的盟友將是不斷增長實力的敵人，這是俄羅斯戰略規劃者最大的擔憂。

第五部

未來

第二十五章 政治作戰

二〇一三年，格拉西莫夫將軍在一次軍事會議上發表演講，然後揭露政治作戰，刊登在小眾的《軍工信使報》。當心政戰措辭的快速轉變，因為可能會再度引起困擾。

這沒什麼大不了的，總參謀長每年都會發表談話，大都是幕僚草擬的。但是《軍工信使報》提出了一些有趣的觀點，所以我依據自由電臺羅伯特・庫爾森歐洲自由電臺通訊社的譯文，發表在我的部落格上，署名《在莫斯科的陰影中》，加上了我自己的想法和註釋。為了讓版面更熱鬧，我刻意將這篇文章取了一個半開玩笑的標題「格拉西莫夫主義」，並且加註了「俄羅斯非線性戰爭」。

我犯了大錯，我釋出了一個怪物名詞。雖然在文中，明確表示這種標題不是屬於一種教條，甚至不一定隸屬於格拉西莫夫的想法。但是從百視達販售的錄影帶，到厚重的機場平裝書，這個「格拉西莫夫主義」的「俄羅斯非線性戰爭」，擁有了自己的生命，受到大量引用，甚至進入西方國家政客的演說稿，以及軍事手冊中。問題是，這是在俄羅斯吞併克里米亞和頓巴斯衝突時所發生的事，民眾開始相信俄羅斯擁有某種高明的「新型戰爭模式」。諷刺的是，格拉西莫夫一直認為他自己談論的是西方國家的「新型戰爭模式」，其中「無須宣戰，戰爭依據特殊模式，業已開始」。這一種模式以「軍事手段」隱喻，包括資訊攻擊，並且遂行特殊部隊軍事任務。「這樣襲擊造成原本繁榮富足的國家，可以一夕之間化爲激烈武裝衝突，成爲外國干涉的受害者，陷入一片混亂、人道主義災難，以及內戰的網路中」。西方國家認爲，這是俄羅斯入侵頓巴斯的藍圖，但是格拉西莫夫談論阿拉伯之春、敘利亞內戰，以及其他後蘇聯國家的「顏色革命」，他描述這是受到西方國家的煽動。

幽靈的崛起

戰爭一直在變化，新型技術創造了更爲強大的資訊操弄機會。各國之間經濟相互依存，讓經濟制裁變得更加重要。國家之間衝突的代價，讓資金和政治風險都在飆升。儘管克里姆林宮認爲，這是美國中央情報局的陰謀（持平來說，克里姆林宮也認爲英國發揮了險惡而微妙的角色作用），企圖聯合盟國推翻俄羅斯政府的假設，很大程度上和「格拉西莫夫主義」在背景上息息相關。此外，俄羅斯實力比美國還弱，更不用說西方國家集體採用「地緣政治游擊戰」，運用非常規手段，試圖將衝突轉移至相對優勢的領域。

俄羅斯對於採用顛覆等非軍事手段的興趣越來越強。運用假訊息，和實際戰場相輔相成，反映了俄羅斯情報和安全部門日益壯大的力量。弗拉基米爾．普丁曾經是蘇聯國家安全委員會官員，短暫在一九九八年到一九九九年指揮過聯邦安全局。許多他最親密的盟友和顧問，也都有安全組織的背景。俄羅斯最接近權力核心的國家安全顧問系統，是俄羅斯聯邦安全會議祕書。尼古拉．帕特魯舍夫是原俄羅斯聯邦安全局局長，自二〇〇八年以來，擔任俄羅斯聯邦安全會議祕書。帕特魯舍夫公開表示，相信美國「非常希望俄羅斯是個不存在的國家」，不僅推動了與西方國家合作的對抗路線，也確保普丁得到來自外部世界情報組織的資訊。

畢竟，在普丁每天工作開始，首先收到三份情報：一個來自外事情報局，攸關於國外事件；一個是國內情報，來自聯邦安全局；一是由俄羅斯聯邦保護局簡報，讓他了解俄羅斯菁英階層的最新情況。我不只一次聽到俄羅斯外交官的抱怨，普丁重視來自祕密組織的評估，更勝於外交部長的評估。國安組織幾乎可以無縫接觸到眾所周知的普丁「本尊」。外事情報局和聯邦安全局的局長，每週舉行一對一會議（總參謀部軍事情報局局長的調查結果是透過蕭依古傳達）。眾所周知的國家安全會議祕書處——善於進行管理與安全相關的報告和文件，呈遞普丁辦公桌——都會優先處理來自祕密組織的文件。事實證明，這些祕密單位的預算比國防部更有

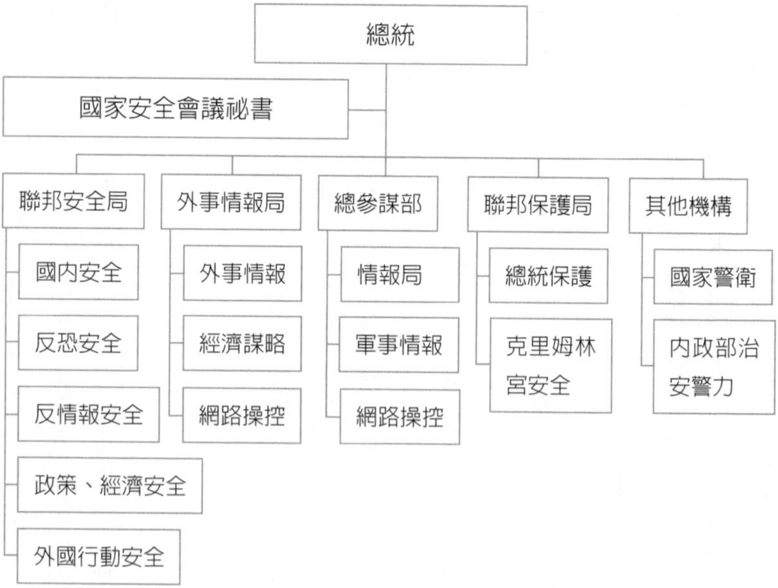

圖2　情報和安全系統

保障。隨著與西方國家的對抗加深，祕密組織的想法逐漸成為克里姆林宮思想的政策核心。與西方國家情報組織不同的是，祕密組織的角色，基本上不僅是為了蒐集可以操弄的資訊；相反的，他們是戰爭時候的組織，不僅是為了蒐集情報，也為了蒐集內部的情報形成政策，藉以遊說政府直接開展行動。為了強化情報蒐集，以應付不斷增強的網路間諜能力。例如外事情報局通常和美國中央情報局，以及英國祕密情報局（軍情六處）相提並論。這些和俄羅斯祕密組織，更相似的地方，反而像是第二次世界大戰的戰爭組織，例如美國戰略服務辦公室，以及英國特別行動執行處。英國特別行動執行處成立於一九四〇年，曾經運作「點燃歐洲」的具體任務。

總參謀部情報局的二九一五五部隊，展現出俄羅斯情報組織的好戰心態。總參謀部情報局在一九一八年成立以來，已經下達暗殺和破壞的任務，包括許多「血淋淋的工作」（因為進行血腥暗殺行動）。二九一五五部隊是在二〇〇九年至二〇一〇年左右成立的，一直進行系列軍事相關行動。部隊成員在二〇一四年捷克共和國出售給烏克蘭的武器中，在沃迪替沙軍火庫放置炸藥，二〇一五年試圖毒死保加利亞軍火商。根據報導，二〇一六年部隊成員參與了黑山政變和暗殺未遂。總參謀部情報局官員謝爾蓋．斯克里帕爾，原為英國軍情六處的間諜，他入獄獲釋之後，二〇一八年在英國索爾茲伯里遭到神經毒劑攻擊。俄羅斯涉及境外情報業務的部隊，由總參謀部情報局管轄，大約散落於全球二十處，主要支援兵種來自於特種部隊，大約兩百位支援軍事人員。該部隊駐紮在莫斯科東部第一六一特殊用途專家培訓中心，提供訓練。外界報導，二九一五五部隊隊員的訓練，傾向於以俄羅斯超級間諜，或是以極端攻擊的方式殘殺無辜，許多軍事任務都導致無辜受害者死亡。事實上以上兩者都不是，俄羅斯高調反映了積極的使命，也呈現了總參謀部情報局的文化。在這些文化中，不良的宣傳和披露，不如朝著目標前進。部分制裁事件成功，總比一件制裁事件都沒有成功還要來得更好。

混合、模棱兩可、非線性，以及政治考量

對於政戰任務好勇鬥狠，並且針對隱晦和有制度性的偏見，型塑了俄羅斯情報組織現代戰爭的概念。然而，各種標籤都貼過了企圖隱藏，但是都達不到要求。政治作戰是一種「混合戰爭」。因爲混雜了軍事和非軍事手段。實際上，什麼戰爭才不是眞正的戰爭？這些隱蔽的戰術和習慣，導致「曖昧戰爭」，試圖繞過戰爭與非戰爭之間的模糊界限（網路攻擊的最終來源是否百分之百，證明是戰爭行爲？），以往俄羅斯人一點也不模棱兩可。「非線性戰爭」傾向於運用不對稱的手段和目標，但是通常也明顯爲線性的。

這個問題的部分原因，是眞的有兩所莫斯科學校教授的想法。對於士兵來說，新型態的「非動力」戰爭——是指顚覆敵人的士氣、指揮鏈、凝聚力，以及精實性——只是武裝力量倍增，尤其適用於在戰爭開打之前的狀態。這就是西方國家通常說的「塑造軍事任務」，爲成功的軍事任務創造有利的條件。另一方面，現代國家的國安組織是從帕特魯舍夫奠基開始，看到這樣的軍事任務，不僅是一種戰爭的前奏，儼然也成爲了替代方案。如果最接近於所謂的「政戰」概念，則不用強迫俄羅斯置於危險和昂貴的戰鬥風險中。一九四八年，美國資深學者兼外交官喬治・凱南說：

「克勞塞維茲學說在承平時期的邏輯應用。依據最廣泛的定義，政治作戰是針對在國家的指揮下，沒有戰爭，以實現其國家目標。這種操作既公開又隱蔽，其範疇包括政治聯盟、經濟措施等公開軍事任務……以及針對祕密軍事任務的『漂白』宣傳，以『友善』外交元素的支援，採用『闇黑』心理戰，甚至鼓勵敵對國家的地下抵抗。」

正如下一章所說的，當幽靈在戰爭中進行政戰活動，俄羅斯士兵仍然需要訓練、裝備、演習，以及計畫，對於戰爭本質上是正規的軍事衝突，透過當地的介入，一路到全面性點對點的開戰。情報部門，以及其他政治作戰工具，特別是來自國家派出以隱藏在外語媒體下偷偷摸摸的政治特務，將繼續展開顛覆運動，但是這眞的是另一本書的故事了。無論如何，這確實表露出特務有特別強烈的意識，在衝突中可採用這一種「非動能」手段的機會。這不涉及運動，但是在正規戰爭中，動能是那些透過戰爭暴力摧毀敵軍的能力。有鑑於西方國家在大多數領域，繼續享有技術領先地位，因此俄羅斯繼續尋找針對戰力突破，展露解決對策的價値中人。

外包戰士

情報組織使用各種派遣資源。這些傭兵，包括脅迫或僱用，以籌募資金，或是執行暗殺任務（例如車臣喬治亞反俄軍官澤利姆汗・漢戈什維利，二〇一九年在柏林市中心遭人開槍打死，他原本是俄羅斯聯邦安全局僱用的殺手），到買通並且鼓勵商人在國外支持親克里姆林宮的政客。

顛覆活動可以做到軍事武裝力量做不到的事情。透過這種商業、戰爭，以及地緣政治融合的具體實例很多，都是克里姆林宮大量採用傭兵——或者更確切地說，採用怪異的、非常俄羅斯型態的一種模式，那是東窗事發之後，可以否認的特務的混合兵種。

最惡名昭彰的例子是瓦格納軍團，一種召募兵力始於頓巴斯在敘利亞戰役，然後大量出現於其他非洲國家的衝突中。瓦格納軍團，最大的特色是克里姆林宮否認出兵——儘管西方國家已經猜測俄羅斯的出兵規模，或是即使口頭承諾不介入任何衝突。這和西方國家在不在意關係不大，但是和俄羅斯人民自己有關。儘管俄羅斯呑併了克里米亞，對外戰爭遭受非議。例如敘利亞政府帶給了人民遠傳電子科技和轟炸戰爭，俄羅斯參與其中。嚴格來說，是以高空巡弋的飛機，或是透過後方的砲兵陣地進行前線砲擊。至少在二〇一五年到二〇一六年，強力派出地面部隊率先進攻，並加強敘利亞人攻擊力道。俄羅斯如果派遣正規部隊，俄羅斯社會絕對不接受。一旦大量士兵屍體以「貨物二百」（俄語：Груз 200）的軍事代號，裝在鍍鋅棺材中空運回國，如果戰事逆轉，死亡無可避免，那麼一般大眾的情緒可能會迅速轉變。

最後的答案是瓦格納軍團。早在二〇一三年，莫斯科就進行在敘利亞採用傭兵的試驗，建立了一支斯拉夫軍團。這支兵團以香港註冊爲幌子的公司召募退伍軍人，以保衛敘利亞的能源設施。依據俄羅斯的標準，每月薪餉五千美元。到了當年十月，抵達敘利亞有二六七位傭兵，分爲兩家公司簽約，進行敘利亞的部署，最後變成了一場鬧劇。承諾中的T-72主力戰車等先進設備沒來，攻擊性的巴士只裝有簡易金屬防護鍍層。在傭兵前往代爾祖爾煉油廠途中，甚至差一點遭到敘利亞戰鬥直升機撞擊，後來直升機在車隊上空低空飛行後墜毀。瓦格納軍團抵達時，不是到駐地守衛，而是奉命加強敘利亞軍隊的駐軍規模，但是遭到大規模的伊斯蘭叛亂份子襲擊。他們撤退之後，遭到突然的風暴所遮掩。他們很幸運沒有戰死——只有六名受傷——，在返回俄羅斯時，則恥辱性地遭到逮捕了。因爲根據俄羅斯法律，這是非法僱傭的兵力戰鬥。儘管政府一直在背後鼓動斯拉夫軍團成立，但是不想與這些失敗傢伙爲伍。

瓦格納軍團卻截然不同，它出現於頓巴斯戰爭中，一支由相對稱職的職業士兵所組成的戰鬥部隊。由前特種部隊德米特里・烏特金中校指揮，以其他自己的部隊番號「瓦格納」來命名。烏特金曾在斯拉夫兵團，但是逃脫了任何懲處，還出現在二〇一四年的盧甘斯克。在二〇一五年，他轉赴敘利亞作戰。俄羅斯武裝力量，清楚地展現了一種商業實體，顯然繞過俄羅斯的法律。根據美國、英國，以及歐洲聯盟規定，這是一家在阿根廷註冊的公司。

這是康科德集團擁有和經營的企業，負責人是葉夫根尼・普里戈任，號稱「普丁的廚師」。並不是因爲他經營美食而聞名，而是因爲普里戈任的公司擁有一系列包辦政府餐飲的合約。普里戈任的財富取決於克里姆林宮臉色，但是其作爲，已經成爲政府可以否認的代理人。所以普里戈任想要做任何他想要的任何事，從建立社交媒體「巨魔」到經營農場、到管理傭兵。

瓦格納在第十特種部隊旅莫爾基諾基地，搭建了一座訓練場，以雄厚資金召募最優秀現役的特種部隊、傘兵，以及海軍陸戰隊隊員。二〇一五年十月，瓦格納軍團由海軍艦艇運往敘利亞。莫斯科默許，瓦格納無需同意的情況下引進精銳士兵，開始正式承認其作用。當其中一名傭兵在戰鬥中倒下時，不會有官方聲明，也不會辦理軍人葬禮。當然，這只是爲大馬士革戰場上工作的「私人承包商」。二〇一六年十二月，烏特金中校親自獲得普丁接見，獲得英勇勳章。

第十七章中描述的代爾祖爾戰敗，基本上結束了。瓦格納在敘利亞位居首要地位，但是從那之後，成員在許多其他戰役的部署減少了許多。二〇一七年，開始訓練蘇丹政府軍守衛金礦。二〇一八年，部署到中非共和國，填補了法國自二〇一六年撤軍之後留下的空缺。瓦格納捲入中非共和國、馬達加斯加，以及利比亞殘酷的內戰。在二〇一九年，短暫部署到委內瑞拉，以保護俄羅斯企業設施。在二〇一九年到二〇二〇年，他們在莫三比克的德爾加杜角進行作戰。在經歷了和莫三比克軍隊齟齬之後，二〇二一年轉向馬利，再次轉戰。馬利在法國軍隊撤軍之後支援政府，協助打擊伊斯蘭主義者。

這是俄羅斯國家冒險主義，在蒙上薄薄的面紗下，欲語還羞的例子嗎？還是試圖推給私營企業，例如普里戈任推諉說是軍事武力的貨幣化象徵？或是兩者皆是？或者都不是？俄羅斯是一個混合型國家，公共和私人之間的邊界關係模糊，具有其滲透性；而瓦格納軍團，似乎介於這兩種領域的操弄中。在敘利亞，開始為軍隊的分支，一旦斷絕關係，就變成了「準」傭兵，受到利益驅使。雖然在後來的軍事冒險中，永遠不會違逆克里姆林宮的意旨，只是在利比亞和委內瑞拉，似乎一直在兩國政府的委託下，進行特別操作。在其他國家，其成員是僱用兵——通常是為了黃金，或是其他行業的股份而分一杯羹——但是前提是：如果克里姆林宮一召喚，可以在任何時候指派或接管。隨著新型私營軍事公司的出現，其名稱如「後盾軍」或是「愛國軍」通常和國防部關係密切。這種混合型傭兵組織，未來很可能是一種特徵。

資訊戰

二〇一七年，蕭依古宣布成立專業的資訊戰力部隊。許多人將此解釋爲網路攻擊戰爭，事實上是以宣傳和心理進行政戰。在敘利亞，他們有時會使用傳統方法，例如散發傳單，或是透過擴音器進行廣播資訊；他們也有能力使用電子攔截來截取傳遞資訊，例如上述透過手機發送令人不安資訊的烏克蘭士兵案例（見第十五章）。

這種融入了廣泛俄羅斯目前特別感興趣領域：以干擾或欺騙西方國家通訊，針對瞄準導航訊號（並且定位砲兵射擊的來源）。有鑑於西方國家士兵仰賴地理資訊系統進行導航、以先進的通訊來協助瞄準火力，以及用於偵察和攻擊的無人機，這當然都不足爲奇。正如俄羅斯電戰部隊的指揮官所說，這些能力是「不對稱的措施，抵消了對手採用高度複雜的系統，以及遂行武裝作戰手段」。在實踐中，俄羅斯的戰力既可以以正規戰法對抗敵人，也可以運用非正規戰法對抗敵人。隨著敘利亞叛軍採買商用攻擊性無人機攻擊赫梅米姆空軍基地，俄羅斯不僅部署了防空系統，還部署了電子戰資源。二〇一八年一月，十三名叛亂份子運用無人機攻擊防禦工事：透過電子戰系統，六架遭到擊落。在技術範疇的彼端，巡弋飛彈採用的地理資訊系統，顯然也相當脆弱。二〇一七年，美國針對敘利亞，以數量不詳的戰斧飛彈朝向敘利亞發射，以懲罰敘利亞軍方濫用化學武器——俄羅斯人說攔截了三十六枚戰斧飛彈，但是這個數字是有爭議的，很難採信——被俄羅斯攔截了。俄羅斯在一百多公里以外的赫梅米姆空軍基地，運用機動地面電戰系統，透過機載無線電電子設備和雷達製導的機載系統進行攔截。現今每個派遣旅都有電戰連，陸軍、海軍，以及空軍的主要編隊，都有電戰設備，軍區也有自己的專用電戰旅（西部軍區有兩處）。

有鑑於任何人在接近克里姆林宮時可查閱智慧型手機的地圖。全球定位系統的地圖，會誤導在伏努科沃西南約離克里姆林宮二十五公里以外的機場，這當然不足爲奇。俄羅斯軍方，同樣強化了對於地理資訊系統的欺瞞伎倆；這和其他導航訊號都成爲一種欺敵藝術。有時這是一種欺騙無人機或是導彈的誘餌，同時也用於宣傳的目的。例如當英國捍衛者號驅逐艦和荷蘭皇家海軍護衛艦，二〇二一年六月在黑海航行，俄羅斯電戰系統欺瞞其海上自動識別系統訊號，顯示他們可直奔塞瓦斯托波爾海軍基地。這是明顯的侵略行爲，即使當時網路錄像機顯示了他們都停靠在敖德薩港。在許多方面，這是對傳統武裝力量的簡易擴張，當然意爲欺騙、僞裝，或有時只是隱瞞。俄羅斯軍隊像是其他國家軍隊一樣，在制服、車輛，以及安裝相似，並且也在努力追趕隱瞞領域的技術。這種概念的範圍要廣泛得多，而且涉及使用欺騙、誤導，以及詭計的欺敵之術。最近最誇張的案例顯然是以「小綠人」占領了克里米亞，而莫斯科卻否認有任何牽連，並在適當的情況下徵召頓巴斯民兵，卻否認這是一場代理傭兵的戰爭。這些伎倆，通常在戰場上不太成功，但是提供相當程度的政治掩護，而且難以讓外人猜到俄羅斯眞正扮演的角色和目的。欺敵之術，融入了俄羅斯軍事藝術的眉眉角角，從戰場欺敵，到國家戰略的謊話連篇，包括二〇二二年入侵烏克蘭的部隊，都是如此。畢竟這些部隊已經在邊境組織了一年多，儘管西方國家情報組織對普丁眞正意圖的報導不明，仍然廣爲流傳。不確定克里姆林宮是否正在發起大規模的戰爭，或是刻意虛張聲勢，這就是戰略欺騙的本質。

第二十六章　新一代戰爭

我在三十年中，和蘇聯、俄羅斯，以及北大西洋公約組織的士兵，不管是和誰互動——最讓我印象深刻的是，他們往往很務實。如果遭到徵召去打仗，他們會不惜一切代價遠赴戰場，但是他們很少對征戰表現出狂熱的詼諧，或是一股好戰的熱情。有時，我會遇到文職軍官、政客，或是從未服役或從未打過戰爭的人們。幾年前，我正在和幾位俄羅斯軍官上尉，一位是直升機飛行員，另一位是步兵連長談話。對於一位陌生的西方國家人來說，一旦我們克服了彼此之間談話中溫良恭儉讓就可以開始談話。很明顯的，他們既假裝恭敬，又對普丁相當不屑一顧。

他們絕對認為普丁是一位強大能幹的國家領導人，將俄羅斯從泥沼遺忘和猥瑣中拯救出來的人。但是他們對於普丁作為領導型實踐者的形象，實在不甚滿意。是的，普丁在大學時當過預備役軍官，接受了義務砲兵軍事訓練，但是他很敷衍，像是抹醬油一樣。當他一加入國家安全委員會，毋需進行後備軍官的進修培訓。他們厭惡普丁坐在駕駛艙裡所有擺拍，或駕駛戰車擺拍的假模假樣。他們不相信普丁真的了解世界的真實層面。他們不確定他任命的總司令真正了解一場戰爭，甚至真的了解俄羅斯所屬的軍事學說。

我用一種桃色的比喻來形容好了。有人說：「我不想讓處女告訴我，我在新婚之夜該做什麼。」

正如本書倒數第二章所討論的那樣，普丁下達軍事命令，正受到普丁自己的直覺所挾持。如果考慮到普丁入侵烏克蘭的方式，這無疑證明我是有先見之明的。畢竟，俄羅斯採取了一套非常理智和深思熟慮的軍事藝術，用今天的術語來說，軍事絕對是一種「組織學習」。因此，軍事思想複雜且不斷地發展。事實上，俄羅斯的軍事學說設想了六種不同類型的戰爭或軍事衝突，每一種都有其特點。「軍事危險」然後「軍事威脅」，本質上仍處於潛在形式的挑戰，依舊可以透過外交和軍事手段，避免戰爭或壓制戰事發生。如果無法斡旋，就會發生「武裝衝突」。雙方之間的有限衝突，包括內戰中的雙方，或是國家和國家之間。此外，一場「局部戰爭」是爲特定的戰爭而戰，軍事政治目標僅限於交戰國；一旦涉及兩個以上的國家，就會變成了一場「地區戰爭」。而大規模戰爭，是國家聯盟或是全球聯盟之間的戰爭，具有「激進的軍事政治目標」，因此要求「動員所有可用的物資，以進行參與國家的道德訴求力量」。

小型戰爭

俄羅斯對小型規模戰爭的概念，不僅是用術語來衡量涉及的部隊人數或國家大小；相反的，這是攸關可能處理較低級別的軍事危險和威脅。軍方透過威懾、脅迫，或是以外科手術切除，或是使用代理人戰爭採取攻擊。即使這是採取沒有一定型態的「武裝衝突」，局部戰爭仍然代表規模較小型的戰爭操弄。敘利亞戰爭，首次眞正檢驗了俄羅斯人所謂「有限行動策略」，避免戰事升級，並抹除莫斯科介入的足跡，盡可能將影響降到最低。格拉西莫夫曾說：「實施該戰略的要件，在於確保資訊優勢，以預期指揮和控制系統的準備，進行綜合性支援，以及祕密部署必要的部隊分組。」理想情況下，威脅將透過外交軍事任務來處理，即使是較具脅迫性的那一種，動員了武裝力量，並且潛在進攻，在快速演習的背景下，以公開排練的情境展開威脅。如果必須部署部隊，那麼所謂的戰鬥管理組會在新的國防管理中心展開任務。國防管理中心於二〇一四年成立時，譽為俄羅斯朝向指管通勤面向邁出重要一步。管理中心位於伏龍芝堤岸旁國防部大樓地下室，僱用了超過一千名軍職和文職人員，使用全世界最強大的軍用超級電腦，支援全年無休的控管。指揮官在管理中心可以看到網路攻擊畫面，或戰場上士兵的媒體直播。國防管理中心不僅是一處指揮中心，同時擁有一座主要的戰情室，以解決處理潛在的常態戰事發展；同時也是一處資訊匯聚中心，彙總了數據資料。戰情分析不僅來自軍事和情報來源、彙整俄羅斯政府資訊，還可以與警方協調軍事任務，包括國家警衛隊和其他組織，以因應不拘一格的多面向「新一代戰爭」的挑戰。

中心內部成立的戰鬥管理組，是針對特定危機任務的單位，無論危機發生了幾天，還是更久——就像在敘利亞——已經歷經了七年，都在戰鬥管理組處理。這是由總參謀部主要作戰處進行領導，運用國防管理中心職員，以及來自其他軍事部門，甚至外調單位職員進行支援。戰鬥管理組協調了二〇二二年在哈薩克的部署，由於空降兵部隊提供了部隊，傘兵軍官的負擔很重，也包括來自外事情報局和外交部的聯絡官。至少，戰鬥管理組在主要內部組織獲得信賴，對於不同規模的任務指派具有優先處理的空間。國防管理中心的七座大廳，以著名的俄羅斯指揮官命名，但是還有許多其他功能未完善，例如是不那麼令人印象深刻的會議空間。如果戰鬥管理組指派分配參謀權限，進入了更為寬敞、更受重視的戰情室。那麼，相較於其他背負常態性煎熬的任務中心，總參謀部希望戰鬥管理組，可以多承擔一點嚴肅的任務型交辦業務。

無論哪種方式，可以說，戰鬥管理組都不是作戰指揮中樞；相反的，其主要戰力，是為任何任務建立必要的幕僚工作，制定策略、監控進度，並且確保指揮官在當地擁有完成工作所需要的幕僚作業。例如「蒐集和評估情況數據，分析指揮部做出的決定的分組作業，以利作戰計畫進一步遂行的軍事任務」。如果是處理國界內或是國界附近危機，實際作戰指揮權都授予給軍區的聯合作戰司令部；如果是境外部署，則交由集團軍指揮所處理。例如俄羅斯以官方否認，在頓巴斯部署兵力，直到烏克蘭入侵才承認的出兵，是由南方軍區進行管理，由其第八集團軍處理軍事任務的監督；而敘利亞特遣隊，則是由集團軍指揮所處理。

有限部署

有時，軍事部署純粹是為了政治任務。在二〇二二年一月，例如中亞國家哈薩克爆發了暴力動亂，因為燃料價格不斷上漲引發了長期醞釀的抗爭。民眾針對腐敗的國家，以及對「國父」努爾蘇丹・納扎爾巴耶夫長達三十三年的國家統治不滿。這似乎是納扎爾巴耶夫親手挑選的代理總統，卡西姆若馬爾特・託卡耶夫發動宮廷政變的機會。哈薩克是俄羅斯領導的集體安全條約組織成員，呼籲請求協助。有鑑於集體安全條約的組織章程，只設想支援集體成員在外部遭到侵略之際，託卡耶夫聲稱，國家處於最危急的情況下。因為有證據顯示：抗議活動遭到境外伊斯蘭主義者煽動。好像真的不需要額外的支援：哈薩克擁有超過十萬名士兵，以及將近五萬名安全人員。他需要莫斯科批准他罷免這位八十一歲老人「國父」的欽命。納扎爾巴耶夫需要軍援，改變菁英階層對他的忠誠度——包括警察和陸軍將領都支持他。

莫斯科同意了，並且迅速部署部隊。在二十四小時內，部署來自第九十八師和第四十五特種部隊旅，近二萬名傘兵空運至哈薩克。在哈薩克和小型的特遣隊會合，包括來自集體安全條約組織的其他成員國，例如亞美尼亞、白俄羅斯、吉爾吉斯，以及塔吉克，也是由俄羅斯軍事運輸航空局空運過來（大多數軍人是以安托諾夫An-124進行托運，占據了這一種「獅子」型遠程戰略運輸機許多空間）。特遣隊沒有展開戰鬥任務，一週之後撤回，但是完成了更大型的政治任務，納扎爾巴耶夫「自願讓出」原本穩固的國家安全會議主席的位置，託卡耶夫鞏固了統治地位，莫斯科證明，對於盟友，仍然願意在適當時機提供奧援。

在其他時候，「有限軍事任務」的概念將涉及採用的代理人，負責繁重的任務。俄羅斯軍隊提供戰略、指揮，以及控制。俄羅斯軍方以特定的軍事能力，補充代理戰爭的不足。頓巴斯和敘利亞衝突即是如此，俄羅斯軍方以自己的方式進行處理。在以上兩種情況下，莫斯科當局試圖限制軍方直接參與涉入，而是全面發揮戰略層面的指揮權。代理人——包括頓巴斯的民兵；敘利亞的傭兵、民兵，以及政府軍——通常不管軍隊素質，但是從莫斯科的角度來看，僱用代理人眞的很便宜，這也是政治上的權宜之計。在頓巴斯，俄國人提供了支援限制基輔運用軍事優勢的能力，以粉碎叛軍，以及阻撓基輔採用重型武器和情報支援。在敘利亞，主要是運用空中武裝力量，也派遣少數憲兵，以更中立的角度運用俄羅斯武裝力量，以確保停火，以及防止雙方超過衝突線。

大戰

當涉及到地區性或是大規模的戰爭，甚至更嚴重的局部戰爭時，我們實際上非常了解俄羅斯人如何操弄戰鬥模式。畢竟俄羅斯人已經盈篇累牘地以技術文章討論過了，在大規模演習中，如何進行兵棋推演，並且在部隊部署的決定中，納入他們的培訓和採購方案；在防禦方面，卻總是被束之高閣。即使如此，俄羅斯軍事思想家，仍盡力完成進攻型的理論基礎。從俄羅斯人的戰鬥撤退來看，拿破崙於一八一二年抵達莫斯科，德國人在一九四一年的巴巴羅薩入侵任務中，他們經常依靠防禦縱深，但是這不是他們原有的意圖或是期望。當今世界擁有遠程火力和快速部署的力量。如果需要，目標是「要先發制人，而非制於人」，因爲敵人正在動員中。用格拉西莫夫的話來說：「我們的基礎是一種主動防禦策略，依據俄羅斯軍事學說，我們考慮到防禦性質，並且規範了一系列措施，以主動弭平對於國家安全的威脅。」

這些並不一定暗指全面的軍事任務，也可能是外交舉措、恐嚇演習，或是採取軍事外科切除手術，其旨在表露決心，或是降低敵軍打擊戰力。這都是衝突的前期，使用非軍事手段，試圖削弱敵人。例如以顛覆戰和心理戰先行。假設斡旋失敗了，進入戰鬥模式，正如之前提到的，俄羅斯人將面臨西方國家組成的北大西洋公約組織，將以大規模導彈和空襲，嚴重進行破壞和擾亂，這也將是決定性的生死攸關時刻。因此，俄羅斯的目標，就是企圖希望先發制人、強力壓制，並且堅忍戰鬥，以便美國速戰速決的希望破滅，可以力取勝利成果，並且維持優勢。

這意指戰略軍事任務；反之，會造成戰略層面，對敵人展開撲滅的結果，以徹底降低戰鬥能力和意志。其目的是以管理升級，將帶來一場戰爭的結束；訴諸軍事手段，始終是一種本質上的政治進程。因此，俄羅斯總參謀部將舊蘇聯的「深度戰鬥」概念，應用到現代世界，以及特定的海上戰區、近地球軌道，或是電磁頻譜。其目的是透過協同作戰，粉碎敵人整體軍事戰力，而不僅僅是占領特定的領土或領域。

這些意味著什麼？在地面上，俄羅斯人相信許多戰爭將是「非接觸式」的戰爭，部隊通常幾乎看不到他們的敵人；相反的，火砲將證明是決定性的關鍵（特別是對俄羅斯人來說，的確如此）。「偵察攻擊」和綜合情報、監視、來源偵搜，以及自動化指揮和控制系統，將主宰戰場。應用各種傳輸器，例如無人機以快速準確地將毀滅型精確制導武器，對準目標投擲；航天瞄準器，是強化大砲或火箭彈的精準度。畢竟俄羅斯人有很多重砲和多管火箭砲發射器。在此，引用萊斯．格勞，以及查爾斯．巴特爾斯的話：「俄羅斯軍隊是一支擁有眾多戰車的砲兵部隊。」

此外，火砲機動性較強，也是擊敗敵人的主要武器，可以立即阻絕敵人的自由行動——因爲可以創造禁閉空間，在其中移動是危險的——並且在過程中，讓俄羅斯人能夠進行發揮。

這不會是一場大規模的第二次世界大戰、大量徵召編隊型的戰爭，也不會有明確的前線，但是一種流動型和快速移動型的戰場（無論是在地面、空中、海洋，或是太空上）；瓦解和消滅敵人，都和占領領土無關，同時保留自己的實力。俄羅斯的規劃者，並不認爲自身會擁有壓倒性的武裝力量，無論如何，西方國家擁有精確制導彈藥的質量和數量可能更多，也更準確，這會對俄羅斯人構成了嚴重威脅。「沙漠風暴」可能是三十年前的戰事了，但是仍然是一次痛苦的案例。如果不了解現代戰爭的本質，可以研究看看狀似強悍的機械化部隊，如何被技術更先進的敵人吞併。因此，「進攻」型軍事任務，不一定要求反攻敵軍的領地，甚至應該使用攻擊來降低敵軍的戰鬥能力。與此同時，電磁頻譜的無形戰場，以及網路空間，將會主導物質世界。

升級、降級，以及小型戰爭的啓示錄

俄羅斯可能懷疑，比北大西洋公約組織有更強烈繼續戰鬥的意願，但是不能指望贏得戰爭。因此，還假設將與更多國家結盟，以更多的兵力和經濟奧援贏得消耗戰。如果事先破壞西方國家的意志和團結力量，如果證明不能以空中轟炸，或是以導彈等閃電戰術進行快速打擊，並且迅捷主導防禦守勢，如何迅速結束重大戰爭？然後呢？無可避免地，核子武力問題癥結點已經切入了舞臺中心。

有一個廣爲流傳的神話，認爲莫斯科具有侵略性的「從升級到降級」的策略。率先發動攻擊，進行斬獲；然後發起或威脅進行有限度的核子攻擊，以威懾任何反擊力量，有效凍結衝突的優勢。這一種信念沒有眞正的基礎；俄羅斯人也意識到，發動核子武器報復的危險。也非常清楚，認爲核子武器基本上是一種防禦工具。事實證明，如果俄羅斯的正規部隊無法勝任結束衝突，或是阻止敵人前進，確實將戰術核子武器視爲應用在區域戰爭，或是大規模戰爭中的升級管理工具。隨著更多遠程攻擊武器發明之後，例如口徑巡弋飛彈、空拋彈道導彈，以及伊斯坎德爾導彈，能夠搭載強大的正規有效載荷。例如無需逆轉投擲核彈。當然也有人相信，這些導彈透過網路攻擊，以及和電子戰相結合時，足以擾亂敵人國家基礎設施的指揮和控制。

至於戰略核彈武裝力量，其作用是用來威懾敵人。如果採取核彈攻擊，失敗之後，再進行第二次核彈攻擊報復，或者只有對祖國構成生存威脅的情況下才會使用。人們想要知道，如果俄羅斯發現自己處於一場全面戰爭中，而不只和北大西洋公約組織——只和這些民主富裕型國家發生齟齬——未來和崛起的專制中國發生戰事，那麼會如何呢？這是想起來就令人沮喪的事情。我從來沒有得到任何俄羅斯士兵的想法，他們有可能知道什麼？我都可以和他們聊。如果有一種和中國發生戰爭的緊急應變計畫——這也是意料中的事，因爲這是軍事規劃者，可能因應任何情況所應扮演的角色；在合理範圍內，準備好選擇決策。

至少在西方國家的說法中，可能有一種戰略計畫，有可能是外星人入侵地球，或是西伯利亞分裂國土的戰略概念計畫。烏拉爾以東的俄羅斯，是否可以進行正規防禦？有鑑於駐紮的部隊相對較少，依賴兩條鐵道線路——橫跨西伯利亞和貝加爾—阿穆爾河——這也可以快速輕鬆地關閉？我會懷疑這將是一場迅速升級的衝突，終究朝向選擇戰術和戰略核子武器，以速戰速決。

第二十七章 未來的挑戰

有鑑於目前弗拉基米爾・普丁和習近平兩國友誼融洽，未來俄羅斯與中國發生戰爭是否合理？俄羅斯和中國共同聲援，抵禦美國維持其所謂的「單極」世界霸權的企圖，目前看來還沒有這一種可能。但是俄羅斯國防規劃者，不能不考慮明天甚至後天，以及數十年之後的戰略；尤其是考慮到新式武器系統，可能從概念到部署，都需要時間，以及需要考慮人口趨勢，以及領導階層的繼任人選。

早在一九九一年，我在莫斯科進行博士論文最後研究，整個城市都流傳著政變的謠言，我在強硬反對派發動政變之前的星期五就飛回了倫敦。這是一場「八月政變」。我仍然不願錯過那場政變，而且認為起因完全不合理，深覺俄羅斯「欠」了我一場親身經歷的政變。就在星期一，我和英國政府部門的某要人，進行了長時間預先安排的國防會談，至少我覺得我需要深入了解發生了什麼事。當我問起政變時，他看起來很慚愧：「卓特咸還沒有截到通訊。」卓特咸是英國電子情報組織的所在地。「所以我們正在看CNN。」

當我發現這一點，既興奮又沮喪。即使是政府，也比其他人知道得來得少（當然，很快政府就知道更多了）。俄羅斯的國防規劃者，長期需要忍受地緣政治趨勢的影響，在奧林匹亞諸王神祇，以及每日承受暴政統治，長期受到決策空間的擠壓。人們常說，普丁將一手爛牌打得很好，俄羅斯在世界揚眉吐氣。在很多方面這都是事實。但是克里姆林宮面臨了長期社會、政治、經濟，甚至人口挑戰，需要面對。在國境邊界的潛在風險地區也相當嚴重，其嚴重性正在滋長。更重要的是，就像一九九一年，他們經常以誤打誤撞的方向推動政務。在這種情況下，俄羅斯國防規劃者的工作當然不是一件容易的事。

西翼戰事

夾在俄羅斯和西方國家之間，目前絕對不是烏克蘭、白俄羅斯，以及摩爾多瓦最幸福的時光。這三個國家，都以自己的方式感受到莫斯科對於建立偉大強權地位的渴求——因此，三國都相信，需要以緩衝狀態應該劃設勢力範圍——但是這會對俄羅斯構成了不同的挑戰。

白俄羅斯在長期統治者亞歷山大·盧卡申科領導下，長期透過與俄羅斯來往，以保有其獨立性來對抗西方國家。自一九九七年以來，俄羅斯和白俄羅斯，正式成爲俄羅斯聯邦的一部分。但是除了貿易和簽證協定之外，幾乎沒有任何意義。目前俄羅斯在白俄羅斯甘採維奇設置防空站，維列卡海軍通信中心的雷達站，以及巴拉諾夫奇聯合空軍和防空訓練中心。在二〇二〇年八月，白俄羅斯公然在總統大選中造假，結果全國爆發了大規模和平抗議浪潮。安全部隊以暴力反擊，在西方國家抗議的情況下，盧卡申科被迫轉向普丁政治、經濟，以及軍事援助。儘管他是一個狡猾的傢伙，並且維持了一定程度的自治，盧卡申科現在基本上是一個俄羅斯客戶。結果俄羅斯軍隊在白俄羅斯的人數增加，包括在二〇二二年對付鄰國烏克蘭，用於開闢前線作戰的部隊。

此次行動也帶來了俄羅斯自身的挑戰。雖然抗議活動目前基本上已經遭到遏制，該政權已失去其合法性，甚至某些警備人員對這種情況不甚滿意；其他人還是盧卡申科的忠誠者。如果莫斯科有一天覺得需要找一位更無害、更具可塑性的領導人接替他的位置，他們可能會想要抵抗；相反的，如果抗議再次爆發（可能是暴力抗議），莫斯科大概會覺得別無選擇，只能提供任何政權延續所需要的援助，包括軍隊，以免新的親西方國家反對派上臺，就像是在烏克蘭一樣。

至於烏克蘭，很難不看到普丁個人式的十字軍東征。在俄羅斯的既定軌道上已經迷失了。頓巴斯冒險進軍，是一次代價高昂的錯誤。自二〇一四年以來，俄羅斯的威脅，讓基輔加速進步並且改革軍隊，同時團結了曾經截然不同的烏克蘭社會，帶來了更多西方國家援助。到了二〇二二年，已經建立了一支將近十五萬人的軍隊，其中許多都是退役軍人，擁有面對前線俄羅斯軍隊的經驗，這是北大西洋公約組織夥伴無法比擬的；即使烏克蘭大部分的軍需設備都已經過時了。烏克蘭擁有四萬五千名全國內政部警衛隊，也有龐大的預備役部隊，可以動員起來組成一五〇座國土防衛營。無怪乎，基輔的鷹派政黨，在頓巴斯失去之後，一直夢想有一天能夠解決。在克羅埃西亞成立之前，一九九二年到一九九五年，曾經短暫成立了塞爾維亞克拉伊納共和國，所以思考對於頓巴斯應有自己的「克羅埃西亞」解決方案。普丁在二〇二二年二月決定嘗試以軍事解決、強硬對付僵局。顯然普丁是假設烏克蘭政府和二〇一四年一樣軟弱，而且很容易坍塌。正如下一章將要討論的那樣，這是他所下最痛苦，也是最危險和錯誤的決定。

最後，想一想經常被忽略的摩爾多瓦，位於烏克蘭和羅馬尼亞之間。它是歐洲最窮的國家。摩爾多瓦不僅要忍受不被國際承認，但是得到莫斯科豐厚支援的「僞國家」繼續存在。這是位於摩爾多瓦東部邊界德涅斯特河左岸的「僞國家」，也定期面臨來自莫斯科的壓力，特別是因爲仰賴俄羅斯的瓦斯供應。二〇二〇年瑪雅・桑杜當選總統之後，她是前世界銀行經濟學家，贊成改革，並希望和歐洲聯盟更緊密結合，俄羅斯則轉向採用「能源武器」削減三分之一的瓦斯供應，並且拒絕延長現有契約來回應。達成新協議之後，莫斯科決心挫敗該地區國家向歐洲聯盟靠攏的任何企圖，這仍然是非常明顯的衝突性驅動因素——在這一種情況下，繼續維持在德涅斯特河沿岸的軍事設施的存在，成為未來的籌碼。

動盪的北高加索……

並非所有挑戰都在俄羅斯境外。車臣戰爭正式平息——但是在國情不穩的情況下，接受其虛擬自治。車臣殘暴的領袖拉姆贊・卡德羅夫，不僅對於鄰國北高加索共和國有領土糾紛，也希望莫斯科為他的私人軍隊、宏偉的計畫，以及親信奢侈的生活方式提供金援（卡德羅夫本人擁有一座比古老的俄羅斯沙皇冬宮宮殿還要大的宮殿。他擁有車隊，包括二十輛限量版藍寶堅尼跑車）。他在莫斯科有許多敵人，經常督促普丁一定要採取措施翦除其朋黨羽翼，甚至將其拿下。卡德羅夫在最近鬧出糗事，他效忠普丁總統——卡德羅夫經常向普丁保證他個人相當忠誠——要嘛，他不想鬧；要嘛，他覺得自己不能鬧。

眞正讓人擔心的是，如果沒有卡德羅夫，車臣可能再次爆發政治暴力。誰都不想有第三次車臣戰爭。即使在他的鐵腕統治下，還是偶爾發生車臣的恐怖事件。更嚴重的威脅，是車臣菁英可能會有樣學樣，就像各種強人和軍閥統治一樣，試圖叛變、爭奪卡德羅夫的位置，並企圖控制來自莫斯科的巨額金流收入。

車臣的種種勝利也無法平息該地區橫跨北高加索，零星存在著恐怖主義和叛亂持續的問題。當地人口的極度貧困，以及對於腐敗的憤怒，甚至對於反應遲鈍地方政府的憤恨。地方暴力是一種常態，因爲更有組織的叛亂份子，或是以伊斯蘭激進組織的恐怖主義方式捲土重來。這一切都可以解釋，爲什麼莫斯科必須繼續維持大量的軍事和安全部隊，駐紮該地區。南部軍區第五十八集團軍，駐紮在北奧塞梯的弗拉季高加索，其下眾多派遣部隊，例如第十九摩托化步兵師（弗拉季高加索）、第四十二近衛摩托化步兵師（車臣漢卡拉）、第一三六獨立摩托化步兵旅（達吉斯坦布納克斯克），以及第一〇〇特種部隊旅（北奧塞梯莫茲多克）。除此之外，北高加索國民警衛隊區，包括第二克拉斯諾達爾的獨立內務部隊特別指定師，連同另外七個內政部隊旅、五個團、八個營、八個派遣警察營，以及四個特種部隊單位。直到最近，在烏克蘭邊境附近調防，這意味著位於北高加索地區擁有該國最多的部隊密度。

……還有動盪的南高加索

從莫斯科的角度來看，二〇〇八年喬治亞戰爭之後，南高加索出現了很長一段時間相對的平靜。喬治亞顯然對於戰後的現狀相當不滿意；因爲害怕俄羅斯公開或祕密報復，而無能爲力。例如在二〇一九年俄羅斯政治家訪問喬治亞，遭到抗議之後，莫斯科以安全爲由，暫停了兩國之間的直航班機，並針對喬治亞的兩大貿易產品葡萄酒和礦泉水，進行進口措施，強加了新的監管稅額負擔。

亞美尼亞和亞塞拜然之間緊繃的敵對關係，從莫斯科的角度來看，當然也不是壞事，可以給兩國形成一定的影響力。一場和平抗議，推翻了長期執政的亞美尼亞領導人謝爾日・薩爾基政府，並且為中間派新總理尼科爾・帕希尼揚開闢了道路。俄羅斯保持中立。雖然普丁和薩爾基交情不錯；但是帕希尼揚也明確表示，他計畫在國內推動政策改革，但是他不會改變亞美尼亞和俄羅斯親善的方向。

二〇二〇年九月，亞塞拜然和亞美尼亞之間，因為長期而激烈的領土爭執爆發衝突，兩國長期陷入爭議的納戈爾諾—卡拉巴赫領土上，再次陷入戰火。亞塞拜然是一個強大的國家，也更富裕，並且自二〇一六年第一次亞塞拜然和亞美尼亞戰爭以來，其軍事開支穩定成長。亞塞拜然得到了土耳其的軍援，土耳其不僅出售拜拉克塔爾TB2攻擊無人機、提供軍事顧問，甚至也召募敘利亞傭兵。雖然戰爭只持續到十一月九日，後來停火，亞美尼亞軍隊遭到火砲（用無人機瞄準）、彈藥（基本上是以神風敢死隊無人機瞄準），以及無人機發射的導彈攻擊。無人機號稱是戰場之王，其實言之過早，因為亞美尼亞未能做好充分準備，尤其是還沒有發展一套完整的綜合防空系統，讓亞塞拜然的無人機，幾乎如入無人之境，可以自由掃射。

這代表了土耳其以前所未有的方式入侵莫斯科勢力範圍的地盤，但是克里姆林宮不願意站在亞美尼亞一方進行干涉。這需要大量軍事援助承諾，還要疏遠亞塞拜然的領導人伊爾汗・阿利耶夫，以及冒著與土耳其直接對抗的風險；相反的，俄羅斯促成了停火，以亞塞拜然鞏固了其領土收益議和。俄羅斯派遣了二千名維和部隊，最初來自第三十一獨立近衛空中突擊旅，以及在俄羅斯的邊境部署部隊。這是為了在納戈爾諾—卡拉巴赫商議的邊境走廊沿線，試圖將交戰國雙方切開。

克里姆林宮長期以來，一直將南高加索地區視爲其原有領土「近海」勢力範圍的一部分。這不是一個帝國的概念，而是以地區霸權自稱。俄羅斯無力，也不願意處理這一場爲期六週的戰爭，也無力迫使土耳其退場。現在土耳其成爲活躍本地、可以改變遊戲規則的玩家。亞塞拜然總統阿利耶夫致辭中，表示歡迎停火協議；普丁也提到，滿懷感激地感謝「我親愛的兄弟，雷傑普・塔伊普・埃爾多安」。更重要的是，在二〇二二年，土耳其拜拉克塔爾公司宣布，打算向亞塞拜然提供TB-2無人機，在烏克蘭開設工廠，烏克蘭也已經宣布購買。充其量，透過維和者的角色出現，莫斯科已經在南高加索回復了過去喪失的連繫性和權威感，但是也付出代價。

莫斯科加碼升級，用盡承諾以保持其立場，宣示了俄羅斯在其國境之南的參與程度。在管理衰退的影響力方面，比維持控制程度更重要。上述模式讓人想起中亞不斷產生變化的方向——莫斯科試圖維持明顯的霸權外衣，而在北京的經濟實力日益占據主導地位之後——中國在南高加索地區影響力與日俱增，俄羅斯不得不接受新來參與者的挑戰。毫無疑問的，中國曾經是俄羅斯的後院。

中亞：地區不穩定和聖戰組織

沿著俄羅斯邊界繼續前行，後蘇聯時代的中亞，仍然更穩固地納入俄羅斯的有效勢力範圍內。即使在中亞擁有地區不穩定的風險，同時也有競爭加劇的危險。在帝國時期——沙皇和蘇聯——的經驗，仍然存在。所有五個國家，或多或少都是拼湊而成的。五個國家中，任意劃設的邊界內，擁有複雜的種族和語言。儘管這些地區大約擁有七千五百萬人口，大多數人民，名義上是信仰穆斯林教，統治政府基本上都是世俗政府。莫斯科擔心伊斯蘭教民會遭到鼓譟，反對莫斯科。再加上貧困、腐敗帶來的緊張局勢，往往導致由下而上的暴亂崛起——而且從上層統治是以鎮壓手段告終。

除了吉爾吉斯之外，其他四個國家儘管有週期性的暴亂，以及抗議浪潮，但是這個地區的特點，是以腐敗、個人主義、威權主義聞名。如前所述，在哈薩克，總統託卡耶夫最近篡奪了長期統治者努爾蘇丹・納扎爾巴耶夫，即前任哈薩克總統的權力（納扎爾巴耶夫曾將哈薩克首都重新命名爲自己的名字），而他是否能夠鞏固政權，還得看是否坐得住這個位置。在土庫曼，前任總統薩帕爾穆拉特・尼亞佐夫，以極權主義思想進行統治（他重新命名「四月」，以紀念他的母親，並且建造豎立了一座巨大的金像，以君臨姿態面向太陽）。直到他在二〇〇六年去世，由他的副手古爾班古力・別迪穆罕默多夫繼任。別迪穆罕默多夫展現了一位強勢繼任者的形象，因爲他禁止首都出現阿什哈巴德的黑頭轎車，因爲顏色看起來「不吉利」；取而代之的是樹立一座自己騎馬的金像。烏茲別克像是哈薩克，由前蘇聯時代的軍頭伊斯蘭・卡里莫夫統治，直到二〇一六年去世。他的繼任者沙夫卡特・米爾濟約耶夫採取了一些改革措施，但是國家仍然腐敗，依然不自由。最後，在塔吉克總統埃莫馬里・拉赫蒙的領導下，仍然是這個地區最不穩定的國家；受到鄰國阿富汗的影響，塔吉克貧窮，而且容易受到販毒和聖戰份子所帶來的影響。

這些都給莫斯科帶來了特殊問題。從歷史上來看，俄羅斯的安全組織的精力，都花在來自北高加索地區的伊斯蘭激進份子身上。這裡曾經是恐怖攻擊的主要溫床，包括二〇〇二年在莫斯科劇院發生的大規模劫持人質事件、二〇一〇年莫斯科地鐵的自殺式爆炸事件，以及，二〇一一年多莫傑多沃機場的爆炸事件。其中，許多可能和伊斯蘭國或基地組織有關連，這些國家也面臨著嚴峻的安全部隊鎮壓。克里姆林宮開始擔心中部地區的聖戰主義影響亞洲，以及在俄羅斯估計四十多萬來自中亞難民移工和臨時工（至少一半都沒有戶籍）。例如二〇一七年，一名來自吉爾吉斯的烏茲別克人，在聖彼得堡地鐵引爆炸彈自殺，造成了十四人死亡。

莫斯科宣稱，對於中亞地區擁有一定程度的權威，並不完全是基於歷史考量，或是顯示自命不凡。中亞地區仍然是重要的經濟夥伴——塔吉克，仰賴赴俄羅斯打工，以為塔吉克的家人寄回匯款——但是繳交給安全保證人的傭金遠高於廉價的打工收入。在西部邊界上，俄羅斯通常被看成惡霸和闖入者；雖然民意調查顯示，俄羅斯人比美國人或是中國人更受到歡迎。在中亞，雖然對於蠻橫的俄羅斯人難免也常會抱怨，莫斯科在該地還是受歡迎的保護者。當阿富汗落入塔利班之手時，塔吉克呼籲俄羅斯給予更多支持，俄羅斯即加派兵力赴第二〇一軍事基地，派遣更現代化的**T-72B3M**戰車，以及**S-300**地對空導彈，然後與當地軍方舉行聯合軍事演習，以達成對於維護塔吉克安全的承諾。同時，國會針對吉爾吉斯正在批准一項允許俄羅斯部署康德基地無人機的協議，該基地開始接收海鷹-10無人機，以及採用新式的直升機和防空系統進行全面性升級。

莫斯科在哈薩克權充了造王者的角色。二〇二一年八月，美國從阿富汗倉皇撤軍，有失尊嚴，並且破壞了地區穩定。這似乎只支持一種廣泛的觀念：也就是俄羅斯人是該地區唯一可靠的安全保證人。這對莫斯科來說有明顯的好處，同時賦予俄羅斯自我感覺良好的權威感，這也是大國應該在其戰略衛星國家都可以發揮戰力。這同時也帶來了明顯的潛在挑戰。首先，這些地區的不穩定不容小覷；由於種族、歷史、氏族，以及派系競爭，會造成當地分裂。

更諷刺的悲劇是，殘酷的威權主義往往帶來地區的安全和穩定。如果像託卡耶夫和米爾濟約耶夫這樣的人物，確實尋求有意義的改革，很有可能會產生更大的不穩定，至少在短期內是這樣。再加上聖戰份子從阿富汗蔓延的風險，是否像過去以實際入侵形式，或是僅僅以激進思想進行傳播，那麼莫斯科可能會發現，他開出的空白安全支票，要被兌現的頻率，比莫斯科期望得要來得更高（而要讓莫斯科去入侵阿富汗，也是一種特殊的威脅）。

此外，還有強大的中國方面。迄今爲止，中國一直願意讓俄羅斯扮演戰略霸主和安全擔保的主角，堅持其經濟既定發展議程，擴充自己的投資，最重要的是要發展「一帶一路」。其宗旨爲建設連接「新絲綢之路」的基礎設施計畫，以連繫歐洲、非洲、中東的經濟體。這也意指中國也將期許莫斯科履行承諾，如果地區不穩定，確實形成問題，北京可能將迫使俄羅斯採取軍事介入；爲了地區穩定——甚至更加危險——中國將決定自己出兵。

畢竟中國在各層面都變得越來越有自信。中國可能覺得必須保護自身利益，甚至選擇以中亞國家爲發展契機，大展身手。中國已經在塔吉克設置小型軍事基地，靠近阿富汗邊境。在二〇二〇年同意成爲塔吉克的快速反應小組，隸屬於內政部特種部隊。中國在偏遠的戈爾諾—巴達赫尚自治省，資助塔吉克興建軍事基地。雖然最初據說，沒有中國軍人願意駐紮在那裡，但是國際觀察家紛紛質疑。畢竟杜尚別不得不謹愼地對待北京。二〇一一年，批准了一九九九年的協議，割讓中國在帕米爾高原的領土給塔吉克，結束長達一三〇年的爭端。中國正式放棄聲稱對其領土的要求，但是在二〇二〇年，中國媒體撻伐，主張重啓這個議題。莫斯科和杜尚別抗議，北京聲稱這只是非官方和未經授權的媒體臆測。有鑑於媒體受到國家思想控制的程度，人們擔心中國可能再次強調帕米爾高原領域重歸故土；如果中國想要以槓桿原理擴增在塔吉克的影響力的話。

中國，偉大「亦敵亦友」之邦國

當中國最新公告的反恐怖主義法，包括一項允許將部隊部署到境外：「經與有關國家達成協議，並報國務院批准，國務院公安部門、國家安全部門，可以派員出境執行反恐怖主義任務。」這一條受到廣泛解讀爲，北京可能希望在境外強化其軍事影響的一種信號。有鑑於最近在臺灣和南中國海，中國採取了更爲強硬的軍事措施；中亞地區也有可能這樣執行，中亞地區可能是開始測試其戰略實踐優勢的嶄新區域。西方國家領導人顯然對他們眼中的新興市場感到擔憂。中國和俄國形成了「龍熊」軍事同盟。二〇二一年十月，北大西洋公約組織祕書長延斯·斯托爾滕貝格警告說：「中國離我們越來越近。」並且批評：「我們的整個想法，要嘛看看俄羅斯；要嘛看看中國……因爲雙方是相輔相成的。」

這一種概念，不僅僅是北大西洋公約組織必須在單一化全球範圍內，進行安全環境的軍事部署，更具體地說，中國和俄羅斯正在合作和協調其軍事部署。普丁和習近平確實如此。他們都樂於談論前述的團結合作，因爲他們對西方國家有彼此共同的不信任感，也因爲他們知道這種語言會引起西方國家的注意。

中俄軸心存在某種鎖定步驟，雙方觀點形成鮮明對比。我記得二〇一三年和一次退休的俄羅斯軍官談話；他曾是總參謀部副參謀總長室的計畫官員。他的觀點很明確：「二十年之後，到時候，俄羅斯要嘛，成爲西方國家的盟友；要嘛，就是成爲中國的附庸。」當時保持這種觀點的人不只他一人。儘管俄羅斯可以和西方國家結成什麼樣的盟友，在當前的環境下很難梳理，現在也無法推測。

在彼此之間推波助瀾下，顯然俄羅斯和中國正在加強和解。要解決和西方國家之間，彼此的猜忌、懷疑和怨恨，以及討論共同的經濟利益。這種關係也明顯是不對等的：莫斯科比北京需要莫斯科，莫斯科更需要北京。就目前情勢而言，對於中國人來說，無論是石油、天然氣、武器，還是其他需要來自俄羅斯的產品來說，他們都可以直接購買。即使如此，他們還是冷酷務實：二〇一四年，當他們達成四千億美元的天然氣交易時，中國人知道俄羅斯出於政治和經濟原因，需要達成協議，並且無情地運用這一點。普丁當時也遺憾地承認：「我們的中國朋友非常難談判。」

二〇一八年，俄羅斯和中國在東部軍區舉行東方演習，整個西伯利亞和俄羅斯遠東地區舉行軍演。演習規模龐大，徵召三十萬名士兵、三萬六千輛戰車和車輛錙重、八十艘軍艦，以及一千架飛機，橫跨俄羅斯的東半部。以上兵力相當於整個俄羅斯軍隊大約三分之一的兵力（儘管三十萬名士兵這個數字可能太誇大了），這也是英國軍隊的兩倍。二〇一八年東方演習，是二〇一四年東方演習軍力的兩倍。大多數外國媒體的注意力都集中在中國軍人在演習中的隊陣，媒體炒作聲稱，這代表了一種新型軍事同盟的開始。

中國軍隊雖然只有三千二百人，而且只派出三十架飛機。中國軍隊基本上排除在演習中，更高級別戰略指揮中心決策要素之外；或是中國沒有參與海軍演習——所以他們派出了一艘不請自來的電子偵察船尾隨觀看。刻意表演編隊，普丁和習近平在符拉迪沃斯托克舉行高峰會，並承諾加強彼此商業和政治合作，這種軍事合作遠不如頭條報導。

這是一場蓄意的地緣政治博弈，依據資訊化運作模式，兩國努力發揮彼此的戰力，其關係皆以憂心西方國家，並且雙方抬高自己的籌碼。我有充分的理由相信，從長遠來看，事情發展可能會更好。首先，悠久歷史的中國聲稱，對俄羅斯遠東地區的大片領土將提出返回要求。這是俄羅斯帝國在擴張時期吞併中國的土地，雖然上次邊界爭端在二〇〇八年正式解決，關於一八五八年簽訂的《瑷琿條約》，以及一八六〇年簽訂的《北京條約》，將大片土地割讓給俄羅斯，隨時可以重新重啓談判。俄羅斯遠東地區的武裝力量雖然強悍，但是談不上精銳，而且相對靜默。中俄邊境沿途超過四千公里，莫斯科基本部署了防禦單位，其目的是成爲探測和威懾的絆腳線，以防止任何入侵，並且拖延敵人，以爲幫增援爭取趕赴戰場的時間。

例如第十八機槍砲兵師，是分配給千島群島防禦的主要單位，是從俄羅斯的堪察加半島延伸到日本北部。第二次世界大戰結束時遭到俄羅斯吞併。日本仍然聲稱擁有最南端的四個島嶼，其中包括擇捉島（伊圖魯普島）、國後島（庫納希爾島）、色丹島（希科坦島）、齒舞群島（哈伯邁群島）。伊圖魯普島和國後島，是其中三個最大島中的兩個島。這是一種政治爭端，其中暗指千島群島的安全具有不相稱的優先級別，即使挑戰重重，基地設置反映在軍事部門組成，指揮總部設在伊圖魯普島，但是在庫納希爾島也有一座基地。基地中擁有兩座砲兵營、反戰車營、防空導彈和火砲營、防空導彈營、火箭發射多砲連，以及摩托化步兵營，用以機動防禦。部隊安裝在高度機動的MT-LB多用途裝甲車，以及T-72B主力戰車連隊。

即使納入稜堡岸基反艦系統的地對海導彈，期望該師能夠鎮守島嶼。但是如果日本全面發動攻擊，不太可能撐過四天的防禦。我們的想法是，這已經夠久了。如果防禦得到強化，或是俄羅斯透過外交手段解除壓力，依然對日本構成另外一種威脅。

同樣的，第六十九獨立掩護旅（俄語單字「普里克里蒂亞」，翻譯為「覆蓋」或是「防禦工事」，在此翻譯為「掩護」），隸屬於東部軍區第三十五軍。總部設在位於猶太自治區巴布斯托沃，最初僅為一處村莊。後來在中國邊境建造了一座堅固的哥薩克鎮，包括三個機槍營，每座營房擁有一五二公釐2S19 MSTA-S自走砲，可發射高射砲防空導彈、營級配備T-80主力戰車。如果發生嚴重的中國入侵，幾乎無能為力打贏這一場戰爭。

無論如何，中國的崛起，不可避免地扭曲了兩國之間的關係。俄羅斯自由民主黨的極端民族主義者認為，俄羅斯在俄羅斯遠東地區無往不利的自我感覺良好，是因為中國的投資也開始帶有政治色彩，以為附帶的經濟條件。俄羅斯內部也有越來越多攸關國家安全的擔憂。俄羅斯聯邦安全局在和中國合作的同時，針對北京進行的間諜活動越來越直言不諱，包括傳遞網路假訊息。過去俄羅斯悄悄壓下去的案件，目前也採取了公開審理。北京是否決定依賴莫斯科，出售其不願出售的技術；或者莫斯科願意購買原本分配給其他國家的合約配額？這些恐懼是不是來自於某些突然和災難性的關係破裂，或是越來越自信的北京，累積了俄羅斯的小怨成為大怨。因為北京開始對待俄羅斯不像對待大哥，而像對待小弟——然後呢？

最急迫的問題是：如果任何一個國家發現自己與西方國家交戰。北京表示，雖然支持莫斯科對抗北大西洋公約組織擴張的問題，以及同情俄羅斯在克羅埃西亞問題上的立場，但是也不打算捲入任何關於烏克蘭的衝突（尤其是，俄羅斯懷疑中國私通烏克蘭，因為中國大量投資於烏克蘭，因爲烏克蘭是中國玉米的主要供應商）。事實上，中國從未承認二〇一四年俄羅斯吞併克里米亞。這毫不奇怪。莫斯科私下顯然對於北京對其烏克蘭戰爭的反應相當不以爲然；另一方面，如果中國和美國在臺灣問題上發生了衝突，那麼北京可能希望莫斯科，或多或少能夠提供可靠的政治和情報支援。這將使克里姆林宮陷入了困境，除了向中國提供他們想要的東西之外，什麼都做不了——這將不可避免地只會惡化與西方國家之間的關係——此外，沿著四千公里邊界，出現了新型迅捷的強鄰國家，很容易出現新的嚴重裂痕。這些都是俄羅斯戰略規劃者想到，令人感到不安全的想法。

第二十八章

二〇二二年在烏克蘭：普丁的最後一場戰爭？

二〇一八年我在基輔，在一次國防工業的活動中發言。這是以軍事和安全事務爲宗旨的外部會議，我被一名穿著烏克蘭特種部隊軍官制服裝飾獎章的軍官詢問。他比我高約十五公分，比我壯碩十五公分。毫無疑問，我知道他可以採用十五種不同的方式徒手幹掉我，所以我哪兒也去不了。因爲他繼續對我嘮叨，最近的西方國家爲什麼如此消極？爲何像是失敗主義者？我們難道沒有意識到烏克蘭會在適當的時候採取行動，奪回被偷走的領土，將俄國人趕回去？當我們回顧一九九五年在克里米亞所發生的事情。還不到四天，克羅埃西亞人經過四年的準備，就從塞爾維亞人手中奪回了五分之一土地。土地被占領了嗎？那也沒什麼，烏克蘭很快就會光復失土。

老實說，我覺得這太瘋狂了！這是一場危險的戰役，像這位突擊隊員，這樣甘冒著和俄羅斯幹架的危險。俄羅斯是明顯比塞爾維亞更強大的國家，其領導者永遠不會忘記蔑視，並且以復仇爲樂。我完全接受基輔想要收回失土的訴求，但是在當時，我只是看不出基輔如何認眞地盼望，透過單方面的軍事任務可以達成訴求。

在某種程度上，我是對的。烏克蘭無法獨自完成收回故土的工作，需要來自西方國家的協助，也來自他人的協助。二〇二二年，基輔的祕密武器是什麼變得很清楚：弗拉基米爾・普丁，夢想著「特殊軍事任務」。二〇二一年春季，俄羅斯開始在烏克蘭邊界集結軍隊。起初，西方國家的反應相對遲鈍，這些集結被稱爲「重裝備外交」。

試圖恐嚇，不是入侵的前奏。到了冬天，情況開始逆轉，也讓人憂心。俄羅斯已經集結了大約十四萬名士兵。更多的「尾巴」型後勤支援單位來補充「牙齒」型的攻擊部隊，任何嚴重的軍事干預，從燃料船到浮橋，都需要事前部署。根據情報報導，倫敦和華盛頓開始警告說，戰爭即將一觸即發，這將是一場眞正的戰爭；即使大多數歐洲政府仍然懷疑莫斯科會如此魯莽。

一般人的常識會決定不要入侵；普丁是希望贏得當時一場不流血的戰爭。俄羅斯若隱若現的軍隊正在嚇跑投資者撤離烏克蘭。烏克蘭已經失去進入國際金融市場的准入權。克里米亞之間的刻赤海峽和俄羅斯大陸接壤，聯邦安全局邊防部隊的船隻在那裡攔截。二〇一八年十一月，扣押了三艘烏克蘭海軍船艦，也可能是「不宣而戰」的經濟戰焦點。二〇二一年四月，俄國人開始對亞速海港口，包括馬里烏波爾和別爾江斯克實施「軟封鎖」，以延遲和扣押商業船隻通過海峽，進一步擰緊螺絲，掐住烏克蘭的經濟。

同時，外國政要團正前往莫斯科會見普丁，試圖緩和緊張局勢。所有這一切都讓普丁處於設想成爲地緣政治世界的中心。在現場，歐洲國家的政府甚至敦促烏克蘭總統澤倫斯基，以和平之名向普丁讓步。十二月，他提出「安全保障」要求，這不僅會給烏克蘭帶來中立性和脆弱性，也會迫使北大西洋公約組織進行實質性讓步，幾乎恢復到一九九七年，東擴之前的狀態。這些雄心勃勃的想法，很可能是爲了要討價還價過程的開始：粗略地說，莫斯科無情地討價還價的策略，通常是要盡對方所有的蛋糕，而且滿足的只吃一半。儘管西方國家拒絕其原則上的要求，也已經有人在悄悄討論，如何切一大塊蛋糕滿足普丁的饑餓感。

普丁贏了！如果普丁眞的是許多人曾經聲稱，他是魔獸世界中玩弄三度空間地緣政治棋子，最精明、最狡猾的玩家；他吃乾抹盡，榨乾了所有資源。儘管如此——雖然總是稍微會對著幹，但是普丁似乎沒有理由要和英美決裂——有時候，他會接到來自於美國和英國的警告——不要玩得太過火。他向來以謹小愼微的態度藉以打破連勝的紀錄。我必須承認，直到二〇二二年二月初，我也一直在預測普丁會打烏克蘭戰爭的可能性，不超過百分之三十到百分之四十。

問題是，在外人看來是常識，但是這些常識顯然不適用於普丁。多年來，他一直禁閉在一處越來越無知的資訊泡沫中。我在第二十五章中討論過，他越來越依賴國家安全委員會祕書尼古拉．帕特魯舍夫，以及他的情報主管；反之，他們了解到，要獲得總統的青睞，需要告訴普丁他想要聽什麼，而不是他需要聽什麼。我們只能推測，普丁在新冠肺炎大流行期間，禁閉的心態處於一座非凡的生物安全體系中——可能是因爲他有潛在的健康問題。有一種不同的說法，傳說他得到帕金森氏症到罹患癌症，不一而足。以至於大多數人想要見到他，不得不進入戒備森嚴的政府設施中，待上兩個星期，然後穿越一座走廊進行霧化消毒，並且沐浴在殺菌的紫外線中。在他奢華的獨處中，他沉思於烏克蘭和俄羅斯的未來，甚至寫一些奇怪且曲解歷史的文章，試圖證明烏克蘭確實是俄羅斯不可分割的一部分。

他大發雷霆，因爲烏克蘭將成爲敵對的北大西洋公約組織中軍事前哨。而所有親信和馴服的安全官員向他保證，烏克蘭人在美國政府主導下變得焦躁不安，歡迎俄羅斯前來解放。他甚至可能覺得，他的個人生命時鐘比他原先設想的還要來得快，那是因爲他的健康，使他能夠實現最終目標的時間越來越少。所以普丁將自己置於俄羅斯偉大的國家建設，以及英雄羅列的萬神殿中。無論是什麼原因：他決定採取行動了。

非將領之戰

諷刺的是，西方觀察家確信俄羅斯的確會入侵，也確定俄羅斯會贏，而且速戰速決。這一種共識似乎是兩週之後，烏克蘭的游擊隊很可能會繼續抵抗，但是烏克蘭軍方將被摧毀，這個國家基本上將會掌握在莫斯科之手。但是事實並非如此。部分原因在於，烏克蘭人本身的技能和意志。八年來，他們一直在等待排出優先順序，一直在思考、計畫，以及培訓如何可以與俄羅斯人一較高下。透過積極主動的縱深防禦，烏克蘭的國土防禦部隊，雖然規模較小，但是由正規部隊所組成的派遣部隊，將以侵略者延沓的補給線爲目標，以截斷侵略者戰鬥所需要的糧餉、燃料，以及彈藥。因此，從水管工人到教授們，烏克蘭人拿起武器，而澤倫斯基總統，許多民族主義者一直認爲他是「小丑」和「微不足道的小人物」，以幽默和沈著的態度迎接挑戰，成爲人民和西方國家支持的力挽狂瀾中流砥柱。這絲毫沒有削弱烏克蘭人的努力。我注意到，俄羅斯人的戰略，從一剛開始就顯得很奇怪。第一，正如第二十六章所討論的，俄國軍方會採用獨特的流程，清楚明瞭將如何進行慘烈的地面戰爭，例如如何入侵超過人口四四〇〇萬人，以及超過二十萬士兵的國家（在全國動員之前），戰鬥管理組，將提前進行協調和準備工作。在最理想的情況下，能夠集中三比一的地方武裝力量，針對防禦者的軍事優勢，統一在單一作戰指揮官裁量下。這一場戰爭，從大型空中導彈全面襲擊開始，炸毀每一座烏克蘭的機場跑道，癱瘓防空系統、破壞其防線、阻絕通訊、擾亂其部隊士氣，並且結合毀滅性的網路攻擊方式。然後，精心協調聯合武器軍事任務，透過跨越邊界的整合行動。

二月二十四日，發生了什麼事？在俄羅斯總統弗拉基米爾·普丁宣布在烏克蘭開始特別軍事行動幾小時後，俄羅斯空降部隊對安東諾夫機場進行了空襲，距離烏克蘭首都基輔不遠。歷經小型規模戰鬥，大約有數百位俄羅斯傘兵遭到烏克蘭強烈抵抗。儘管俄軍得到了增援，重新奪回機場，但是很快就被包圍，並且被迫撤退。同時，特別軍事行動似乎基於一種奇怪的假設：假設烏克蘭人幾乎不會抵抗，幾個傘兵連降落就可以開進基輔，並且逮捕政府要員。

還有跡象顯示，這絕對不是一場戰爭，因爲總參謀部會進行衡量。根據各種估計，在戰爭前六週，可能有三位，甚至是五位作戰指揮官，各自負責不同的前線部隊。在沒有任何軍方的動員情況下，俄羅斯人在承平時期部署的軍隊，缺乏足夠數量的步兵，所以沒有步兵保護，視線不明的戰車遭到烏克蘭伏擊擊潰，幾乎成了殭屍活靶。此外，俄羅斯沒有準備足夠的補給，進行一場曠日廢時的持久戰爭；戰鬥管理組的工作，是要確保這些問題得以解決。這應該是在正常的總參謀部慣常決策下，顯然需要提前幾個月規劃完成，而不是就在入侵前一刻隨傳隨到。當增援或補給運到戰區時，戰地指揮官爭相搶奪，也沒有明確的總體營運優先權的概念。

警察任務，而不是戰爭

很明顯的，最初的戰略是由普丁和其核心圈子搞定的。這些人沒有眞正的軍事經驗，所有人都相信——或是不敢反駁——普丁基本上的認定：烏克蘭人缺乏戰鬥精神。這一種假設，存在著致命的缺陷。普丁稱呼這次侵略是一次「特別軍事行動」，而不是展開一場戰爭。這只是爲了迴避眞正的原因，也因爲這就是他個人的想法。這場行動更像是警察任務：逮捕澤倫斯基和其「新納粹份子」政府，擁立傀儡政權，花一兩週時間進行鎭壓任何小型規模的騷亂，並且驅散抗議活動。也許橫跨第聶伯河的烏克蘭西部，不會願意接受新秩序，但是在他看來，烏克蘭的大部分地區會很快恢復秩序。

白俄羅斯基本上已經依賴俄羅斯的支援。自從獨裁領導人亞歷山大·盧卡申科，進行殘酷鎭壓反抗政權的異議份子之後，普丁認爲，「俄羅斯世界」三大國已經重新凝聚在一起。無可否認的，烏克蘭人和白俄羅斯人都認爲自己完全不同於俄羅斯人，但是對於像普丁這樣的俄羅斯民族主義者來說，一切看起來完美，像是完成了職業生涯的最高峰。

儘管幾個月以來，一直在玩弄侵略伎倆，但是普丁很晚才做出最後入侵的決定。許多指揮官們在普丁宣布前幾天才知道侵略命令。特別是車臣領導人拉姆贊·卡德羅夫和他的親信，指揮車臣國民警衛隊的丹尼爾·馬丁諾夫，截獲俄羅斯的語音消息。馬丁諾夫顯然知道這個祕密，他告訴指揮官戰友們都感到驚愕和沮喪。因爲當他們在入侵前一週聚集時，才被告知即將發生的事情——「驚訝得瞪大了眼睛」。

他們的擔心是對的。當車臣國民警衛隊奉派部署、對付烏克蘭前線部隊，而不是烏克蘭抗議者，將遭受嚴重損失。正如後來服役前國民警衛隊的警衛，在社交媒體頻道上憤怒地寫道：「我們剛剛被扔進了絞肉機當砲灰。」他的部隊主要受訓用於人群控管，以及進行小型規模的城市軍事任務，部署在附近哈爾科夫，以輕型卡車運裝。當這名警衛遭到烏克蘭一二二公釐火砲瞄準，然後在極遠距離與烏克蘭戰車交戰。當烏克蘭使用RPG-29吸血鬼反戰車火箭推進榴彈發射器對準他們，其射程達到八百公尺，他根本搆不到他的敵人。難怪他生氣了；而且安全部隊的士兵們，有很多也同樣地憤怒。

從基輔到頓巴斯

起初，俄羅斯人顯然希望所有戰線一起出發。從俄羅斯和白俄羅斯的土地上，聯合所有北方的部隊向基輔出發。來自頓巴斯「人民共和國」和俄羅斯的軍隊，魚貫駛向烏克蘭第二大城市，東北部的哈爾科夫，以及朝向東南部的亞速海沿岸行進。軍隊沿著頓巴斯前線前進，他們的目標似乎要包圍烏克蘭反恐行動區，並且和克里米亞湧入的駐軍會合。往東朝向馬里烏波爾；往西朝向占領敖德薩的主要港口。同時，海軍封鎖了黑海沿岸，並防守敖德薩，避免受到潛在的攻擊。

在參戰士兵沒有充分準備以及執行的步驟下，他們沒有集中火力，而且戰線太過分散薄弱。在基輔的策動下，一支約一萬五千名士兵的隊伍，以六十五公里長的車隊，距基輔市區約二十公里的地方停滯不前、陷入泥沼。烏克蘭採用拜拉克塔爾TB2無人機，發起了打帶跑的襲擊；使用美軍和英軍提供的標槍導彈，以及NLAW反戰車導彈進行攻擊。很快的，戰車故障和燃料短缺。到了三月中旬，侵略戰車隊伍已經鳥獸散，莫斯科很清楚放棄了希望奪取防禦日益嚴密的基輔首都。到了月底，俄軍全部撤離基輔地區。撤退了之後，留下平民所經歷過真正可怕的暴行的證據，最惡名昭彰的是布查鎮，聽說當地有四百多人遭到處決，其中包括兒童。

隨著基輔放棄主權，俄羅斯軍隊在東部鞏固了勢力，顯然希望至少確保頓巴斯地區和通往克里米亞的「陸橋」。雖然戰爭讓哈爾科夫一去不復返，到了五月下旬，這座城市似乎已經穩穩地掌握在政府手中。儘管俄羅斯人統治頓涅茨克和盧甘斯克地區，烏克蘭頑強的抵抗，意味俄羅斯侵略進展的相當緩慢。充其量，俄羅斯人正在每前進兩步就會後退一步。到了五月中旬，攻勢變得緩慢，即使每天只有前進一兩公里，這看起來不太可能持續到夏天。到了那個時候，彈藥的供應似乎已經源絕——俄國人甚至需要策畫反艦導彈，攻擊陸地上的目標——儘管拼命招募新的簽約型合同兵，為了徵召入伍者提供優渥的獎金，在他們的契約任期結束時成為志願役軍人。但是在徵召階段遇到了麻煩，很難補充在戰鬥中受傷的部隊。

唯一真正的進展是在烏克蘭南方。雖然先前的軍事任務推向敖德薩的方向遭到挫敗，來自克里米亞的部隊，確實迅速奪取了赫爾松，以及北克里米亞運河，重新開啓半島供水系統——自從二〇一四年以來遭到封鎖——克里米亞的部隊與來自港口城市馬里烏波爾的頓巴斯軍隊，向烏克蘭東部行動。馬里烏波爾成為世界末日下遭到圍城的遺址，城市成為廢墟。還有一座少數防守者留在巨大的亞速鋼鐵廠，也遭到相同的命運。這是工業綜合體，建造成為核子彈庇護堡壘。他們設法堅持了幾個星期，終於不得不在五月投降。這確實表明俄羅斯終於做到了沿著亞速海北部海岸，建立了「克里米亞走廊」，將半島與俄羅斯大陸連接在一起。到了四月八日，宣布亞歷山大・德沃爾尼科夫上將成為南部軍區的指揮官，同時是負責入侵烏克蘭的俄軍總指揮官，他是俄羅斯武裝部隊在敘利亞的第一任指揮官（依據俄羅斯的標準做法，這應該在入侵之前完成規劃）。證據顯示，將領們賦予了更多的空間為戰爭準備。然而，到了那時，俄羅斯的部隊已經嚴重耗盡、筋疲力盡，武器從西方國家源源不斷流入烏克蘭，西方國家還針對俄羅斯發動了史無前例的經濟戰。侵略者仍在試圖沿著五百公里的戰線通過動員；屆時，烏克蘭的武裝力量，在數量上等於或是甚至遠大於自己。即使從相當基層的地方談起，還是有一種明顯強烈的感覺在地的現實主義以及專業精神。戰爭演變，越來越成形成火砲之間的戰爭。在某些地區，俄羅斯人繼續擁有優勢——至少慢慢累積、部署，可以應付西方國家的船堅砲利。此外，透過反電池雷達系統，可以檢測火箭發射器所發射的砲彈，並根據軌跡定位發射武器落在地面上的位置；慢條斯理的推展兵力，而不是太過於展現雄心勃勃的大開大闔。更關鍵的是，其目標似乎確保可以運用縱深防禦，以達到「一鼓作氣」攻占前線，這需要用軍事術語來說——但是有可能「再而衰，三而竭」。白話文是說：搞到沒力氣了。然後，俄羅斯指揮官德沃爾尼科夫的策略，希望是「軟土深掘」，擠壓烏克蘭軍隊的空間，讓俄羅斯軍隊好整以暇擁有後衛的優勢。即使不能保證成功，但是似乎這是一種合理的策略。然而世事難料，即使普丁最初希望設想在兩週內奪取烏克蘭的全部或大部分領土，結果這也是一場沒有結局的戰爭。其祕訣在於：確實可以拖延漫長的時間。

狂妄自大如何摧毀軍隊

顯然，俄羅斯戰爭機器內部存在著深層的缺陷。從漫無紀律到腐敗無能，忽視最基本的武裝維護。武裝力量不足的單位，無法提供適當的步兵支援工具，容易遭到烏克蘭導彈攻擊戰車。士兵們顯然沒有接受過足夠的城市戰訓練，一次又一次成爲伏擊戰術的犧牲品。在錙重上，購買安裝便宜的中國製造輪胎，而非重型軍用輪胎，顯然是一場採購貪瀆的騙局，經常爆胎。劣質或老化的炸彈，根本無法在撞擊時瞬間爆炸。野戰口糧背包早已過時，士兵們開始掠奪房屋和商店的糧食。相反的，俄羅斯軍隊鼓勵了影響更爲深遠的土匪文化。部隊中維持紀律的憲兵，無法監督軍隊紀律，並且缺乏監督——幾乎沒有看到燒殺劫掠；無論是防止布查鎮的大屠殺，還是禁止俄羅斯軍隊層出不窮的搶劫事件。憲兵部隊都無計可施。

將領們並非不明瞭其中發生的許多基本問題，並且企圖以原有軍事結構和戰略設計消弭問題。但是只有當他們好整以暇，擁有足夠的權力能進行改變。這一場戰爭，迫使將領們在非常不恰當的情況下毫無準備、缺乏後勤支援，與強大的敵人作戰。由於囿於政治偏見，而非當地戰情，普丁遭到蒙蔽，眞相無法上達天聽。此外，總參謀部假設，類似像這一種重大的地面會戰，至少都會動員部隊，而不是像剛開始，依據平時戰力所需，那樣的有氣無力、零零落落。

我們無法不誇大說明其破壞性的影響。可以說，二十年之間「十年生聚、十年教訓」，耗資巨大的軍事改革，在二十天內都浪費了。截至二〇二二年六月初，雖然具體數字尚不清楚，但是無可否認的是，俄羅斯運離戰場的死者屍體，以俗稱「貨物二百」，放在鍍鋅棺材中空運回國的屍體數量，超過一萬五千人到二萬名。換句話說，比蘇聯人在阿富汗戰爭十年內喪生的人數還更多。如果以一般的戰爭比率換算，至少有四萬五千名軍人受傷。其中許多也是他們最好的軍種：入侵部隊主要是由簽約型的合同兵執行，當然也包括空中突擊部隊和特種部隊。軍隊損失慘重，最現代化（也是最昂貴）的錙重，包括八百多輛戰車，在兩個半月的戰鬥中損失，尤其是最新T-90M「突破」型主力戰車損毀。値得注意的是，傳說中的T-14阿瑪塔型主力戰車尚未出現——不僅是因爲目前服役中的T-14阿瑪塔型主力戰車很稀少，也有可能是莫斯科想要避免任何一輛

T-14阿瑪塔型主力戰車被幹掉的尷尬場面。戰車頻頻損毀，幾乎一半的戰車遭到遺棄，或是遭到擒獲。烏克蘭農民用拖拉機拖走俄羅斯戰車，蔚爲奇景，甚至成爲戰爭的一種模式。這一種車輛棄逃現象，反映了士氣低落、部隊紀律直線下滑的現象。根據報導，開小差、公開拒絕前往烏克蘭前線，以及密謀抵抗的案例層出不窮。士兵們故意清空車輛的油箱，找藉口不願意赴往前線戰爭。在空中進行攻擊時，戰機無法精準轟炸烏克蘭的防空系統，說明俄羅斯人即使以壓倒性空優，還是需要謹慎，小心遭受防空系統的攻擊。在前三個月中，估計俄羅斯損失了兩百架飛機。在海上，黑海艦隊旗艦莫斯科號，遭到反艦導彈羞辱性的攻擊，而導致擊沉。俄羅斯人也以牙還牙，也採用遠程導彈。例如伊斯坎德爾飛彈，以及口徑巡弋飛彈來懲罰和攻擊烏克蘭，特別是該國西部——但是似乎也不願意派遣飛機，接壤北大西洋公約組織的邊界——這些北大西洋公約組織國家似乎已經低調備戰。由於西方國家制裁影響了俄羅斯先進電子產品技術的應用，俄羅斯將比過去任何時刻都更難以更新精確制導式飛彈系統。這本來將是「非接觸式戰爭」的未來。

誠然，俄羅斯擁有「前線將領領導統御」的傳統，即使如此，將領被迫離開後方司令部的指揮崗位，赴前線了解實地情況，親自解決問題，這也使他們容易遭到砲火的傷害。感謝電子攔截技術——這些新時代的安全通訊系統，似乎在缺乏3G和4G訊號的情況下無法工作，迫使他們使用非加密手機時暴露行蹤，處於極度不安全的狀態——烏克蘭人以手機訊號追蹤將領們的行蹤，進而殺害了俄羅斯將領。三個月內，可能有十幾位將領被定位遭到砲擊殺害。甚至有傳言聲稱，總參謀長格拉西莫夫，在二〇二二年四月，於烏克蘭哈爾科夫州視察伊久姆時受傷。

僵局

截至撰寫本書竣稿前的二〇二二年六月初，即使普丁承認這次「特殊軍事行動」是一場眞正的戰爭，下令俄羅斯採取後備軍人部分或是全部動員，似乎很難看到他能夠採取積極作爲，控制頓巴斯地區，更不用說是其他地區了。進一步來說，他在政治上會有危險，在國內將引起不可避免的強烈反對聲浪。因爲俄羅斯民眾仍然被告知這是一場有限度的衝突，數以千計的俄羅斯人因爲抗議戰爭而遭到逮捕。地方徵兵辦公室發生了一連串燃燒彈襲擊。儘管理論上俄羅斯預備役名單人數超過一百萬人，但是軍方很難召集，因爲訓練、武裝，以及部署，要動員超過十萬到十五萬人。從下令徵兵開始，需要大約三個月的時間籌備。儘管阿兵哥在很大程度上心懷不滿，身體不適、訓練欠佳，而且裝備簡陋——軍方在二〇二二年五月，從倉庫中抽調一九六〇年代老牌的T-62戰車，並且送往戰場——毫無疑問，許多新兵將在戰場上有所作爲，也會蒙受重大損失。因此，普丁繼續硬撐，躊躇滿志，直到我二〇二二年六月截稿在即。

甚至有可能，烏克蘭特種部隊軍官夢想著，烏克蘭將能夠在軍事上獲得最後勝利，奪回失去的領土。俄軍目前的兵員問題很大，俄羅斯在二〇二二年六月，仍是以部署一支承平時期的軍隊，來對抗一支完全動員的烏克蘭軍隊。雖然基輔基本上處於全面發展狀態，但是莫斯科仍有選擇。

因爲俄羅斯的人口係爲烏克蘭的三倍之多，資源尚待開發。雖然從一開始，烏克蘭就很難恢復過去的榮光，過早將俄羅斯人拒於門外，這是一場錯誤。但是更有可能的結局是，將是一場漫長而醜陋的僵局：俄烏雙方都不是強到可以「贏者全拿」，也不是弱到雙方都「輸到脫褲子」。最後局面的預測總是非常危險，甚至有一點莽撞。假設如果烏克蘭人戰鬥意志堅強，一定繼續和西方國家的意志爲伍，西方國家也會繼續支持基輔（這還不太清楚，但是很有可能出現），那麼，眞正的問題是出在莫斯科將會曠日廢時，將持續多長時間？以及付出多少代價？願意付出這一場徒勞無功，而且自我毀滅的行動。

普丁可能永遠無法承認自己失敗，以免落人口實，成爲他領導最後決定性的行動。他試圖扭轉失敗。最初計畫，是推諉都是北大西洋公約組織的錯，並在五月九日勝利日演講中聲明是「針對侵略者先發制人的攻擊」。這是對於西方國家試圖利用烏克蘭作爲代理人武裝力量，反制俄羅斯的回擊。他正在利用這次戰爭作爲鎮壓反對派激進主義，以及獨立媒體的最後機會——甚至呼籲這反對「特殊軍事行動」，甚至「反戰」，可能讓人鋃鐺入獄，刑期長達十五年——普丁正在尋找任何可以宣示勝利的跡象。頓涅茨克人民共和國和盧甘斯克人民共和國，可能會併入俄羅斯，甚至南奧塞梯，或是喬治亞的阿布哈茲都會併入俄羅斯。征服烏克蘭南部之後，想像建立嶄新的「赫爾松人民共和國」。所有這一切，都被宣布證明莫斯科的卓越成功，以及上述這些地區渴望加入祖國的懷抱。

除了在國際上宣告非法之外，即使是這些「勝利」，都夾帶著巨大的代價。俄羅斯人的領土越廣袤，爲了維持統治——在某些情況下，需要面對日益增長的反抗游擊隊——對於已經捉襟見肘的部隊，將是沉重的負擔要求。而且，這些地區併入俄羅斯行政系統之後，戰火紛飛的城市，必須由捉襟見肘的國庫出錢進行重建。俄羅斯已經遭受戰爭下經濟制裁的代價。雖然沒有學者可以準確預測這一點，但是俄羅斯經濟規模，可能在二〇二二年就縮減了四分之一。因此，無論耗費在馬里烏波爾或是赫爾松，甚至不能投資於莫斯科、加里寧格勒，或是彌補現在面臨失業、食品價格上漲，以及國際隔離的經濟衝擊。

普丁將自己與彼得大帝等歷史人物相提並論。普丁甘冒天下之大不韙的風險，更像是末代沙皇尼古拉二世，認爲掀起第一次世界大戰，是讓自己重新合法化政權的良機。普丁將發現，自己領導的國家，正進行一場可以贏卻慘敗的結局。在這一場過程中，他注定了自己和他的王朝的命運——也許是由繼任者結束這一場戰爭。最後艱難的決定，無論何時何地，不得不由他的繼任者繼續執行。

第二十九章 結論：歐亞大陸的斯巴達？

二〇一六年，在莫斯科西部的庫賓卡，宣布「愛國者公園」揭幕，接下來成為該國的主要戰車試驗場（本書〈作者序〉，討論的軍事運動會舉行決賽場地）。技術上，愛國者公園設計為俄羅斯聯邦愛國軍人的文化休憩園區，十九平方公里的方圓土地稱為「軍事迪斯尼樂園」。這是謝爾蓋．蕭依古為了要將武裝部隊納入社會，讓軍民關係更為緊密的傑作。各種戰車、飛機，以及軍車，鱗次櫛比；其中展示六百多種新式武器，包括洲際彈道導彈，以及一艘潛艇。內部建造有紅軍過去的「黨村」，重現偉大衛國戰爭時英勇抵抗的情境。也有軍事戰術遊戲中心，可讓全家人都在這裡遊玩；也可以戴上護目鏡去玩雷射槍，進行城市戰爭——甚至很快的，就可以模擬奪回國會大廈的仿真戰役。同時，也可以親臨彷彿歷經一九四五年的柏林轟炸。那裡有射擊場、戰車，以及船舶模擬機、餐廳提供軍用口糧。甚至以巨型的展示說明敘利亞的干預行動。自二〇二〇年以來，甚至規劃了高聳入雲的軍事大教堂。金色圓頂頂部是卡其色塔樓，內部裝飾彩色玻璃馬賽克，重現了紅軍的裝飾，展示了俯視的天使，正在遙望俄羅斯士兵的功績，包括二〇〇八年「給喬治亞帶來和平」，以及在敘利亞「打擊國際恐怖主義」。地板本身是金屬的，由熔化的德國武器和戰車所製成，這是偉大衛國戰爭時代下的戰利品。一談起來，我可以滔滔不絕。

在烏克蘭戰爭之前，民眾很容易從表面上輕易相信普丁統治的俄羅斯，因為軍事化的社會，會支持一位面對全球自信滿滿，且說話強硬的民族戰士。毫無疑問的，這是例行勝利日的流行儀式，汽車上貼滿著「去他媽的柏林！」貼紙，在莫斯科旅遊勝地阿爾巴特街的一半，展現一幅巨大的壁畫，覆蓋了建築物的整個壁面，那是偉大的衛國戰爭英雄朱可夫元帥。「青年軍」成員認眞的嘻笑聲。那是穿著棕褐色制服以及鮮紅色貝雷帽的青少年，是一種固定的愛國成年禮活動。陸海空軍志願者後援會，這是從蘇聯時代復興遺留下來的組織，提供適合青少年兵役前軍訓課程，從射擊到定向越野賽、跳傘，以及到無線電電子學。數以萬計的俄羅斯青年接受了基本訓練就進入軍隊。即使你不想觀賞國防部紅星電視臺節目，其中豐富的戰爭電影，以現代軍事或間諜英勇故事爲主題，頌揚最新武器，或是闡述最新演習的新聞題材；甚至你也可以收看到獨特的俄羅斯晚間地緣政治談話性節目，權威人士以誇張、偏執、譁眾取寵的角度，競相撻伐、編造西方國家精心設計的陰謀。這要比眾聲諠譁的角力鬥士場面，更加充滿了娛樂畫面。

有時候，聲量是一種內心充滿不安全感的產物，而不是一種信心。甚至在烏克蘭戰場上的表現平平之前，民眾已經嚴重質疑俄羅斯是否眞的成爲二十一世紀新的斯巴達國家；有多大程度，已經可以確立俄羅斯所宣稱軍事大國的強盛地位；以及在軍武中，運用自如。如果眞的有，克里姆林宮自導自演還有自嗨，不僅高估了在烏克蘭問題上的解決能力，也沒有意識到納入現有的舊式武裝力量——例如人員、戰車，以及飛機在紅場遊行的數量，其衡量標準和戰場表現相去甚遠。一個武力至上的國家，怎麼可能在新世紀缺乏精確彈藥、太空部隊、「馬賽克戰爭」[1]、量子電腦，以及人工智慧，以不同類型的武器和平臺進行作戰，產生壓倒性的勝利？

武裝國家？

對烏克蘭發動的戰爭，無疑表明了存在於克里姆林宮的軍事野心，以及處於承平時期之間的不平衡，無法輕易召喚武裝力量。以以上的論點闡釋，事情只會變得更糟。俄羅斯龐大的軍隊，受到嚴重人口老化的挑戰，很快就會遭受打擊。簡而言之，年輕男人不夠多。甚至在一九九〇年代蘇聯解體之前，俄羅斯就已經經歷了一場人口危機，死亡率很高（特別是由於貧窮、醫療保健，以及嚴重的酗酒問題）。儘管此後情況有所改善，但是影響長遠。例如聯合國報告中發現，預計俄羅斯在二〇二〇年，介於二十歲到三十四歲之間的男性，共計爲一千四百二十五萬人，到了二〇二五年，會下降到一千一百五十五萬人，而且會繼續降低到二〇三〇年，然後再次回升。

---

[1] 譯註：美軍提出的「馬賽克戰爭」（Mosaic Warfare）概念，是以不對稱的軍種大小、不同類型組合的武器，以及網路平臺進行戰鬥，每一次戰鬥，都像是馬賽克中的瓷磚一樣截然不同的拼貼方式，進行壓倒性的優勢交鋒。其主要構想，是讓各軍種依據戰場環境，或是戰術方法的不同，採取高效、靈活，以及分離合聚的戰鬥構想，輔以過去德國軍隊「戰鬥群」編組，加上指、管、通、勤的多效指揮下，進行戰術靈活運用的戰法理念。例如轟炸隊形中，以無人機穿插其中，以多點轟炸，並且護衛主力部隊，以極小成本強化集體之作戰火力。

這種人口現象表示，符合條件的應召入伍年齡人數，相較於二〇二〇年，整個世代的年輕人將減少百分之二十。這一種現象，在新冠疫情爆發之前就已經存在。彷彿這些夢魇還不令人頭疼，俄羅斯人中的兒童相對較少，這些服役的年輕人越來越多來自於南部的穆斯林文化區，以及北高加索區。這些兵員來源，也是嚴重的潛在性內部問題。

有鑑於克里姆林宮仍進行保持目前規模的武裝部隊——需要加快徵兵——同時也為了吸引和留住簽約型的合同兵源，這也引發了各類型的政策困境。是否需要更進一步提高薪資，以讓軍旅生涯更具有吸引力？這也許可能，但是代價高昂。是否需要延長國民服役時間長達兩年？這也具有一定軍事上的意義；但是在政策宣示上窒礙難行。當然還有其他的倡議，例如招募更多的女性（目前大約有四萬五千名女志願役隊員）；或是重新派任軍需部兵役處，洗刷其貪污腐敗的惡名，因為原有地方兵役處收賄，藉由各種方式開脫逃兵。但是這些只是治標不治本。

這當然是言過其實了。逃避徵兵現象一直在下降（儘管在烏克蘭戰爭的前線，很可能逃避兵役的現象會增加），軍方仍在努力增加簽約型的合同兵人數，在各方面都做得非常好（如果俄羅斯眞的吞併了頓巴斯，那將是另一種推動逃兵的力量）。此外，徵召後備軍人系統，以進行後備軍人志願役和義務役官兵召回受訓，保持其戰力——這都是受到關注的焦點。到了二〇二二年，估計至少可以召集十萬名預備役兵力。透過新成立的國家陸軍戰鬥預備隊培訓系統，在前一年的二〇二一年才建立，提供小額津貼、回饋參與。即使沒有正式的全國總動員令，國家陸軍戰鬥預備隊系統已經啓動。在二〇二二年春季，嘗試補充在烏克蘭戰爭中消耗殆盡的營戰術群。這將是有效的實例，儘管很快就出現了直接拒絕徵召的情況。

軍事神話？

俄羅斯青年男性（和女性）服役的意願，取決於當局是否起訴逃避兵役者的意願。簽約型的志願役合同兵，可以獲得薪水和福利，還是要取決於他們在多大程度上認爲在軍中服役是一種榮譽的召喚。在蘇聯時代後期，這是一種不斷滋長的挑戰。因爲逃避兵役，可以透過行賄通過不用當兵。這一種恐怖和艱辛的故事，從阿富汗戰役之後，只會加劇現有俄羅斯軍隊中的厭惡情緒，包括軍隊中的違紀、老兵欺負新兵的虐待，還有霸凌行爲。

普丁領導下的兵役政策，殘留了部隊中陰暗角落和不必要的痛苦。這一種獨特的俄羅斯形式的暴力和辱罵、老兵欺負新兵的現象，仍然廣泛流行。根據俄羅斯傳媒《新報》的報導，二〇一六年到二〇二〇年，有將近四千名士兵受到軍事法庭起訴。這些無法亂紀的案件，周而復始。例如酗酒違紀案件。曾經有一位喝醉酒的士兵，駕駛一輛BMP-2步兵戰車去買一包香菸。阿兵哥喝醉了，結果戰車輪軸卡進了壕溝中，然後他又返回訓練場，開了另外一輛BMP-2步兵戰車，將這輛戰車從壕溝中拖出。但是，他忘記正確關閉第一輛戰車的電源，所以在拖拉戰車的時候，引擎著火了，造成了超過一百八十萬盧布的損失。

在蕭依古的領導下，軍隊已經展開一場運動，以美化並且提高軍人聲譽，強化軍人生活的吸引力。在全國青年軍運動中，正式招募二十五萬軍人。從偉大衛國戰爭紀念館的憲兵儀隊到體育賽事，每年超過十萬人參加活動。更引人注目的是，國防部和俄羅斯東正教會進行聯盟；偉大的衛國戰爭逐漸成爲近乎宗教的事件。爲了建立新俄羅斯國家身分的主體性，以國家、教會，以及軍隊，水乳交融。某些宗教人士也許感到不舒服，但是基里爾牧首和其他宗教領袖，還是要擁護這個聯盟，並且了解在政治上這是不可避免的事。儘管教會牧師穿著迷彩長袍；「部隊牧師」在二〇〇九年重新出現（並非只有東正教的牧師，還有猶太教的精神領袖拉比，以及伊斯蘭教什葉派的阿訇）。「部隊牧師」以福音祝福戰車和導彈。在二〇二〇年，基里爾指示他們不要聖化北風之神級彈道導彈核子潛艇，因爲核子潛艇中確實有一座小禮拜堂（和一個小型的桑拿三溫暖設施，但是那是另一回事）。

這一切都產生了影響。軍隊整體形象獲得了改善。民意調查顯示，謝爾蓋・蕭依古的聲望一直僅次於總統，甚至高於教會牧首。社會大眾對於普丁高度認可和信任。蕭依古在他成爲國防部長之前，就受到眾人的歡迎和尊敬，因此民眾對於軍隊的態度可能有所改善，坦白地說，比率還是相當低。二〇二〇年斯科學生接受問卷調查，只有百分之十八・四的學生，相信兵役是「具有前途」的領域，這個數字遠低於新技術（百分之四十九・七），以及法律（百分之二十九），但是仍然處於中間範圍；高於醫療保健（百分之十二・八），以及藝術（百分之八・九）。

無論如何，這都是在入侵烏克蘭之前進行的問卷調查。儘管民眾的直接反應，可以預期將會立即反彈。在震耳欲聾的國家宣傳機器的鼓勵下，圍繞著國旗揮舞。因爲現實戰爭的敗戰消息傳回，以及俄羅斯士兵遭到虐待的消息廣爲人知，軍隊的聲譽很可能受損。此外，俄羅斯即將面臨蘇聯時代阿富汗戰爭結束之後，經歷過的同樣經濟衰退。「貨物二百」（俄語：Груз 200）載運屍體歸國的傷亡人數越來越多，往往很快逆轉了社會大眾的情緒。

安全狀態？

對軍隊的尊重並不一定轉化爲對政權的支持，更不用說其軍事化的外交政策了。自普丁執政以來，逐漸滋長的失望情緒，甚至抗議其二〇一二年重返總統職位，層出不窮。呑併克里米亞之後，他的總統聲望暫時提升，導致了武力鎮壓和安全組織勢力的抬頭。俄羅斯政府依賴聯邦安全局，以及獨立調查委員會監督俄羅斯人的所作所爲，包括其談話和想法，這也導致更加強調了準軍事化的國內安全部隊，也可以在俄羅斯境外發揮戰力。

俄羅斯聯邦國民警衛隊籌建。這一種警衛隊，不是像敵對的美國那一種預備役軍事武力，而是一支軍事化的國內安全和公共秩序維護部隊。雖然在一九九〇和二〇〇〇年代，曾提出建立這樣一支部隊，直到二〇一六年，才正式成立。這是官僚主義的政治花招。直到那時，現有武裝力量曾經隸屬於內政部，後來轉移到全新的組織，由維克托·佐洛托夫將軍領導的俄羅斯聯邦國家近衛軍總司令。他是普丁私人保鑣，保護普丁，並且以殘酷熱情性格著稱的忠誠侍衛。俄羅斯聯邦國家近衛軍是內務部隊、防暴警察、特別快速打擊分遣隊，以及國營企業聯邦國家統一衛隊公司組成，這是俄羅斯最大的私人保全供應商。俄羅斯聯邦國家近衛軍，重新隸屬於新組織的原因出現了。因爲內政部的正規警察，越來越厭惡扮演國家衝鋒隊的角色。普丁想確定的是，如果他需要仰賴大型規模鎮壓，其鎮壓所需的武警，應該掌握在服從命令的人手中（無須太過關注法律的細節和憲法規定）。

內政部部隊數量爲十七萬人，其中可能有一半屬於固定的警察治安人員，需要管理從監獄守衛到城市戒嚴；另一半所謂的戰鬥指定單位是移動的，屬於輕型機械化的安全部隊。大多數組織成旅級單位，或是更小的戰鬥單位，其武裝力量為總部位於莫斯科的獨立作戰任務師，隸屬於俄羅斯聯邦國家近衛軍的菁英部隊，仍被稱為蘇聯時代的「捷爾任斯基師」。擁有一萬五千名的武裝力量、三個配備戰車和大砲的機械化團，以及第六〇四特殊目的中心。這是一支成立於二〇〇八年，合併現有兩支突擊隊的隊伍。除了大約三萬二千名特別任命派遣部隊的鎮暴警察之外，還有大約六千名特別快速打擊分遣隊隊員。

在車臣，內務部隊在安全和前線角色中都發揮了重要作用，而在敘利亞，似乎有許多「軍警」實際上是屬於內政部隊，不成比例地從車臣和其他北高加索民族調來。他們沒有受過類似全面機械化戰爭裝備的訓練。不過，他們自己投入了烏克蘭戰爭，飽受可怕的痛苦和生命損失，還在社交媒體論壇喋喋不休表示被當作「砲灰」，感到憤怒。誠如他們所說的，其中一個引人注目的案例中，來自克拉斯諾達爾的十二名國民警衛隊成員，斷然拒絕赴任烏克蘭前線，然後遭到解聘——帶走了他們的指揮官上法庭審判。誰知道有多少案子待審？有多少官員只是憤而辭職，而不是被送進絞肉機？這只是克里姆林宮才犯的政治錯誤嗎？讓首都禁衛軍和克里姆林宮如此疏遠。

一手爛牌，打得會好嗎？

普丁對於安全設施的嚴密控制只是其中的一環。普丁繼續毫無爭議的控制俄羅斯的原因，只是因為權力，這是很重要的權力。長期以來，傳統的說法是他將「一手爛牌，打得一手好牌」。

俄羅斯想都不敢想，可以和美國重新在全球地位的舊式遊戲中與之匹敵。面對美國海軍武力、空中武力、軟實力，以及經濟實力，俄羅斯都可能失去其超級統治地位，尤其是面對崛起的中國。中國仍然遠遠超出俄羅斯可以匹敵的能力——連老牌蘇聯國家都宣告破產了。不過俄羅斯喜歡「地緣政治游擊隊」，反而試圖推動其進入新領域，並且開發新工具的競賽活動。這種採取「政治作戰」的風格，可能不容許普丁定義新的全球秩序，但是確實賦予了他針對國際社會產生不成比例的影響，並且迫使西方國家企圖思考解決他想討論的議題。普丁可能誤解了，這不是因爲俄羅斯的實力超強，這不過是特定時期的產物。在二〇一〇年代末期，到了二〇二〇年代初，橫跨大西洋和歐洲內部形成了緊張局勢，新冠肺炎的危機造成了新型經濟模式，以及產生了社會壓力。美國仍在尋求將重心轉向亞洲國家。俄羅斯侵略烏克蘭，一舉成功統合了西方國家（至少在一段時間內），激勵了北大西洋公約組織（並且爲其贏得新成員瑞典和芬蘭等國加入）。同時提醒華盛頓，歐洲國家爲何相當重要。並且破壞普丁採用「政治作戰」遊戲所仰賴的機動演習的自由度。

儘管俄羅斯設法獲得在超音速戰機武器等技術面的優勢局面，隨著競爭對手的追趕或新型技術的出現，技術優勢往往會縮短差距，也會遭到取代。人工智慧，可以大幅縮短從發現目標到摧毀目標的「殺傷鏈」。人工智慧可管理更複雜的無人機群。此外，量子計算可以勝過任何正規類型的計算模式。加密模式可能遭到破解；任何通信，都可能遭到攔截。3D列印製作的彈藥，以及在現場隨時隨地更新的設備層出不窮。各種科幻小說的突破等待開發，甚至在俄羅斯遭到制裁之前，就很難看到俄羅斯能夠迎頭趕上，更不用說亦步亦趨了。儘管俄羅斯開始重視無人機，並正在研究各種新型的發展計畫：從單獨的外骨骼機器人，到發展攜帶重物，高速裝載到前線的地面機器人，進行補給、警衛，以及戰鬥任務。這些也不表示可能再次重塑戰爭型態的根本性突破。

此外，俄羅斯的戰力，是否具有靈活性、冗餘性，或是無縫性，以應對潛在未來威脅的需要，透過指揮和控制，型塑所謂的「馬賽克戰爭」？這是一種協同式作戰。也是美國軍方討論試圖壓倒和瓦解敵軍，以大範疇、不對稱，以及多變性的領域，對抗敵人的威脅。作戰方式皆以自身獨特的方式進行運作，就像在馬賽克中獨立的拼貼瓷磚。這可能不是最精巧的系統，而是將重新關注小型的、敏捷的、流動的，以及可以擴展的自身優勢。例如在許多創新平臺中都會有獨特的優勢。例如對於每架貴得離譜的F-35噴氣式戰鬥機，也許美國還將部署六架具有不同特性的無人機，進行聯合作戰，創造一種令人困惑的複雜戰鬥環境。以上這是未來俄羅斯總參謀部，在進行作戰謀略中，樂於見到俄軍陳舊型的陣式，成爲遭到美軍新創戰法中痛毆的挨打工具嗎？

俄羅斯的武裝部隊，也無法保持看似在烏克蘭戰後居於歐洲之上的優勢。他們受益於普丁承諾在重整軍備上投入了巨資。總參謀部拒絕忽視對於「大型戰役」的關注。烏克蘭戰爭之後，隨之而來的經濟停滯，也不會同時以同樣的方式進行消費，西方國家也重新定義了「大型戰役」。西方國家領導人不願放棄，冷戰結束之後所帶來的「和平紅利」——截至二〇二一年，北大西洋公約組織二十九個成員國中，有十九個國家，未達到國防開銷的最低水準的共同標準，占了國內生產毛額百分之二；對於軍事投資，已經轉移到「小型規模戰役」。如果說，干涉中東或非洲軍事任務，應該以流動性、靈活性，和思想改造的軍事任務爲主，這將比軍備競賽更爲重要。在中東或非洲，敵人應該都沒有優渥的空中武力、裝甲運兵，或其他對等對手的設施裝備。

這種情況，甚至在烏克蘭戰爭出現之前，就開始悄悄的發生變化。在二〇一一年，荷蘭為了削減軍需成本，將所有戰車除役。之後，荷蘭意識到觀念的錯誤，並且與德國達成協議，至少允諾組成由十八輛現代豹2A7戰車所組成混編荷蘭和德國機組人員的中隊。至於英國，經過一番辯論之後，看起來也可能會放棄戰車——因為太笨重了，而且在「小型戰役」中動輒得咎，但是在大型戰爭中卻是無價的。二〇二一年，英國決定將一四八輛老化的挑戰者二號戰車，升級為挑戰者三號戰車。儘管如此，北大西洋公約組織面臨的各種威脅，重新思考重型裝備，這是一種改變態度的流行標記。

普丁之後？

在許多層面來說，率先採用不對稱戰爭，以及可否認的戰爭型態，以補充傳統戰爭型態認知的不足。俄羅斯正面臨一項真正的問題，是否自身在多大程度上可以處理更多的非正規威脅。烏克蘭在資訊戰中勝過俄羅斯，甚至俄羅斯在處理內政安全的問題上，也無法阻止國內的反戰顛覆活動。這一場戰爭顯示，越來越多的傷員返回家中。雖然克里姆林宮現在已經關閉了最後一位獨立新聞工作者的報導通路，但是不能永遠隱瞞這些資訊，尤其是在社交媒體的時代。這也顯示通貨膨脹、失業，以及資源短缺；這要歸功於西方國家的制裁。這兩種控訴來源，可以同時結合起來，以面對不可預測和危險的未來。

到這本書問世的時候，普丁已經超過七十歲了。雖然根據憲法，他可以統治到二〇三六年，屆時他將活到八十三歲。我有理由相信，他將對這個職位及各種要求感到厭倦。而且，普丁確實可能病得很嚴重。他的整個安全體系的菁英，開始嶄露耄耋之齡。國家安全會議祕書尼古拉・帕特魯舍夫和聯邦安全局局長亞歷山大・波特尼科夫都將屆滿七十一歲；外事情報局局長謝爾蓋・納雷甚金將滿六十八歲。雖然蕭依古、格拉西莫夫都只有六十七歲，看起來在烏克蘭戰事發生逆轉之後，都不是表現特別出色。

不管怎樣，最終會出現政治過渡期，新一代的政治和軍事領導人將會崛起。儘管他們不一定會像他們的前輩一樣追尋民族主義。他們沒有經歷蘇聯政權崩潰創傷的影響，也沒有經歷國家命運戲劇性的逆轉。他們似乎對西方國家的態度更爲務實，也更少情緒化，更意識到中國崛起的潛在挑戰。他們還討論，如果克里姆林宮越俎代庖，將會在對抗中看到更稀少的優勢。此外，即使俄羅斯不是一個眞正的民主國家，他們也將考慮社會大眾的意見。

自二〇一四年以來，普丁一直在推動一種合法的敘事，無論付出多少鮮血和軍費，也要迫使世界其他國家接受俄羅斯擁有強大的武裝力量的事實。由最受尊敬的獨立組織列瓦達民意調查中心進行民調，在二〇二一年，俄羅斯應該是一個什麼樣的國家？百分之六十六的民眾說：俄羅斯雖然不是世界上最強的國家之一，但是俄羅斯是「高水準的國家」。只有百分之三十二的人回答，俄羅斯「是其他國家尊重和畏懼的大國」。此外，自二〇一五年以來，民眾對於「生活品質」回答的比重，相較於「國家地位」的比重，還要更重要。

烏克蘭戰爭的直接影響背景，已經攪亂一池清水。某些人覺得他們必須保衛自己的國家，畏懼說出任何可能會給他們帶來麻煩的話。即使截至二〇二二年年中，在撰寫本書時，幾乎沒有眞正的公民意識願意犧牲一切，以建立血腥的刺刀帝國。普丁可能認爲他正在建立一個橫跨歐亞的斯巴達大國。毫無疑問的，他建造了一臺軍事機器，在俄羅斯戰略鄰國和其他地區進行武裝投擲，擴大了影響力。就像那臺機器已經在二〇二二年折戟沉沙。在烏克蘭誓死抵抗之後，他可能會發現，驕傲自大的俄羅斯夢想同樣在現實中幻滅。俄羅斯能不能保留其在敘利亞的遠征軍？這會維持國家安全嗎？可以擔任中亞國家的安全保證人嗎？是否也有能力更換所有在烏克蘭投入武器的浪費？將官和校官，甚至是間諜和祕密警察，他們會回頭轉而反對普丁，不會因爲他想打破基輔對於部隊和組織的控制，而是因爲他眞的做得很糟糕？

普丁總統任期的故事分爲兩半。他的第一個二〇〇〇年代的兩屆總統任期，都取得了驚人的成功；但是許多既有的成果，在二〇一〇年代之後，都被過度浪費或是挪用了。他的軍事和安全紀錄也是如此。俄羅斯人努力免於軍隊崩潰企圖安撫車臣，無論採用多麼醜陋的方法。莫斯科再次成爲全球事務中的一股武裝力量。如果滿足於在本國境內建立強大的國家，並且採取追逐帝國的幻想，普丁很可能建立成功的國家，形成建設典範，而永遠爲世人記住；相反的，也許數十年之後，即使在他最終的繼任者領導下，俄羅斯仍將無法從他的過度擴張所造成的損害進行復甦。普丁的軍隊是如此；俄羅斯的經濟和社會，也將長期承受深刻而痛苦的傷疤。

附錄一 縮寫

原文縮寫	原文	中文譯名
APC	Armored Personnel Carrier	裝甲運兵車
AV-MF	*Aviatsiya Voyenno-Morskovo Flota*, Naval Aviation	海軍航空兵
FB	*Baltiisky Flot,* Baltic Fleet	波羅的海艦隊
BMP	*Boyevaya Mashina Pyekhoty*, Infantry Combat Vehicle	步兵戰車
BTG	Battalion Tactical Group, self-contained and modular maneuver force of 700-900 soldiers generated by a brigade	營戰術群，由旅產生的七百至九百名士兵組成的獨立模組化派遣部隊。
CFE	Conventional Forces in Europe Treaty (1990)	歐洲正規部隊條約（一九九〇年）
ChF	*Chyornomorsky Flot*, Black Sea Fleet	黑海艦隊
CIS	Commonwealth of Independent States	獨立國家國協
DA	*Dalnaya Aviatsiya,* Long-Range Aviation	遠程航空司令部
FA	*Frontovaya Aviatsiya,* Frontal Aviation	戰略航空司令部

原文縮寫	原文	中文譯名
FSB	*Federalnaya Sluzhba Bezopasnosti,* Federal Security Service, main domestic security and counterintelligence agency	聯邦安全局，主要國內安全和反情報組織。
FSK	*Federalnaya Sluzhba Kontrrazvedki,* Federal CounterIntelligence Service, predecessor to theFSB which it became in 1995	聯邦反情報局，聯邦安全局的前身，一九九五年成立。
GBU	*Gruppa Boyevovo Upravleniya,* Combat Management Group, within the National Defense Management Centre	戰鬥管理組，位於國防管理中心。
GOU	*Glavnoye Operativnoye Upravleniye,* Main Operational Directorate (of the General Staff)	俄羅斯總參謀部第一副參謀長
GOZ	*Gosudarstvenny Oboronny Zakaz,* State Defense Order	國防令
GPV	*Gosudarstvennaya Programma Vooruzheniya,* State Armament Plan	國家軍備計畫
GRU	*Glavnoye Razvedyvatelnyoe Upravlenie,* Main Intelligence Directorate (of the General Staff), military intelligence (later officially known as GU)	總參謀部情報局，又稱軍事情報局（後來正式稱為GU），簡稱為「格魯烏」。

原文縮寫	原文	中文譯名
GVS	*Gruppirovka Voisk v Sirii,* Group of Forces in Syria	敘利亞部隊
ICBM	Inter-Continental Ballistic Missile	洲際彈道導彈
IFV	Infantry Fighting Vehicle	步兵戰車
INF	Intermediate-Range Nuclear Forces Treaty（1987)	中程核飛彈條約
KF	*Kaspiiskaya Flotilya,* Caspian Flotilla	裏海艦隊
KGB	*Komitet Go Sudarstvennoi Bezopasnosti,* Committee for State Security, Soviet intelligence and security service	國家安全委員會、蘇聯情報和安全局
KSSO	*Komandovaniye Sil Spetsialnalnykh Operatsii,* Special Operations Forces Command	特別作戰部隊司令部
KV	*Kosmicheskiye Voiska,* Space Forces	太空軍
MChS	*Ministerstvo po Chrezvychainym Situatsiyam,* Ministry for Emergency Situations	緊急情況部
MLRS	Multiple-Launch Rocket System	多管火箭系統
MP	*Morskaya Pyekhota,* Naval Infantry	海軍陸戰隊
MMAS	*Massirovanny Raketno-Aviatsionny Udar,* Massed Missile-Aviation Strike	大型空中導彈全面襲擊

原文縮寫	原文	中文譯名
MRL	Multiple Rocket Launch system	多火箭發射系統
MVD	*Ministerstvo Vnutrennykh Del,* Ministry of Internal Affairs	內政部
NTSUO	*Natsionalny Tsentr UpravleniyaOboronoi,* National Defense Management Centre	國防管理中心
OGFV	*Obedinennaya Gruppa Federalnykh Voisk,* Joint Group of Federal Forces (in Chechnya)	聯邦軍隊聯合編隊（車臣）
OMON	*Otryad Militsii Osobennovo Naznacheniya, Special Designation Police Unit, later renamed Otryad Mobilny Osobennovo Naznacheniya,* Special Designation Mobile Unit, riot police	特別任命警察部隊，後來更名為特別任命派遣部隊、鎮暴警察。
OMRPSN	*Otdelny Morskoy Razvedyvatelny Punkt Spetsialnovo Naznacheniya,* Independent Special Designation Naval Reconnaissance Point	獨立特別任命海軍偵察點
OOSN	*Otdelny Otryad SpetsialnovoNaznacheniya,* Independent Special Designation Detachment (OOSN)	獨立特別任命支隊（特種部隊）
OSCE	Organization for Security Cooperation in Europe	歐洲安全合作組織

原文縮寫	原文	中文譯名
OSK	*Operativnoye Strategicheskoye Komandavaniye,* Operational-Strategic Command	作戰戰略司令部
OSKVKO	*Obedinyonnoye Strategicheskoye Komandovaniye Vozdushno-Kosmicheskoi Oborony,* Operational-Strategic Aerospace Defense Command	作戰戰略航空航天防禦司令部
OSpNPDSS	*Otryad Spetsialnovo Naznacheniya Borby s Podvodnymi Diversionnymi Silami i Sredstvami,* Independent Special Designation Detachments to Combat Submarine Subversive Forces and Means	獨立潛艇顛覆戰鬥特別分遣隊
PVO-PRO	*Voiska Protivovozdushnoy i Protivoraketnoy Oborony,* Air and Missile Defense Forces	空軍導彈防禦部隊
RPG	Rocket-Propelled Grenade	火箭榴彈
RVSN	*Raketniye Voiska Strategicheskovo Naznacheniya,* Strategic Rocket Forces	戰略火箭軍
SAM	Surface-to-Air Missile	地對空導彈
SF	*Severny Flot,* Northern Fleet	北方艦隊

原文縮寫	原文	中文譯名
SKVO	*Severo-Kavkazsky Voyenny Okrug*, North Caucasus Military District	北高加索軍區
SPG	Self-Propelled Guns	自走火砲
SV	*Sukhoputnye Voiska*, Ground Forces	地面部隊
SVR	*Sluzhba Vneshnei Razvedky*, Foreign Intelligence Service	外事情報局
TF	*Tikhoökeansky Flot*, Pacific Fleet	太平洋艦隊
TsVO	*Tsentralny Voyenny Okrug*, Central Military District	中央軍區
VDV	*Vozdushno-Desantniye Voiska*, Air Assault Troops	空中突擊部隊
VKS	*Vozdushno-Kosmicheskiye Sily*, Aerospace Forces	航天太空軍
VO	*Voyenny Okrug*, Military District	軍區
VP	*Voyennaya Politsiya*, Military Police	憲兵
VTA	*Voyenno-Transportnaya Aviatsiya*, Military Transport Aviation	軍事運輸航空
VV	*Vnutrenniye Voiska*, Interior Troops	內務部隊、預備役部隊，類似於憲兵的準軍事部隊。

原文縮寫	原文	中文譯名
VVKO	*Voiska Vozdushno-Kosmicheskoye Oborony,* Military Aerospace Forces	軍事航空航天部隊
VVO	*Vostochny Voyenny Okrug,* Eastern Military District	東部軍區
YuVO	*Yuzhny Voyenny Okrug,* Southern Military District	南部軍區
ZATO	*Zakrytoye Administrativno-Territorialnoye Obrazovaniye,* Closed Administrative-Territorial Entity	隨著蘇聯核計畫下的城市建造嚴格保密，刪除地圖地名。統稱封閉隸屬行政區。
ZVO	*Zapadny Voyenny Okrug*-Western Military District	西部軍區

軍銜[1]：中尉（Lt.）、少校（Maj.）、中校（Lt.Col.）、上校（Col.）、少將（Maj. Gen.）、中將（Lt. Gen.）、上將（Col. Gen.）、元帥（Gen.）、海軍少將（R.Adm.）、海軍上將（Adm.）。

[1] 譯註：蘇聯解體之後，俄羅斯除了取消大元帥、軍兵種主帥，以及軍兵種元帥之外，基本上沿用了前蘇聯軍階。陸軍軍銜為少尉、中尉、上尉、大尉、少校、中校、上校、少將、中將、上將、大將、俄羅斯聯邦元帥。在海軍軍銜包括少尉、中尉、上尉、大尉、少校、中校、上校、少將、中將、上將、俄羅斯聯邦元帥。

附錄二　時間軸

年代	月份	重大事件
一九九一年	十二月	蘇聯解體：鮑里斯・葉爾欽統治下，正式成立俄羅斯獨立國協。
一九九二年	三月	成立俄羅斯國防部。
	三月至七月	聶斯特河沿岸摩爾多瓦共和國獨立戰爭。
一九九三年	一月	美國和俄羅斯簽署《削減戰略武器條約》（START II）。
	十月	「十月政變」，葉爾欽強行解散俄羅斯人民代表大會。
	十一月	通過《教戰總則》。
一九九四年	十月	俄羅斯對格羅茲尼的攻擊挫敗。
	十一月	第一次車臣戰爭開始。
	十二月	布達佩斯簽訂備忘錄，白俄羅斯、烏克蘭，以及哈薩克，同意移轉核子武器給俄羅斯。
一九九五年	一月	格羅茲尼落入聯邦軍隊手中。
	六月	車臣叛軍占領布瓊諾夫斯克醫院。

年代	月份	重大事件
一九九六年	四月	擊斃車臣領導人杜達耶夫。
	七月	格拉喬夫下臺，羅季奧諾夫接任國防部長。
	八月	葉爾欽連任選舉遭到懷疑違法。
		叛軍奪回格羅茲尼。
		簽訂《哈薩武特協議》，結束第一次車臣戰爭。
一九九七年	五月	羅季奧諾夫下臺，謝爾蓋耶夫接任國防部長。
		黑海艦隊劃分協定。
一九九八年	七月	普丁任命為聯邦安全局局長。
一九九九年	六月	科索沃「普里什蒂納衝突」。
	八月	車臣激進份子侵略達吉斯坦。
		普丁任命為總理。
	九月	俄羅斯各地發生公寓爆炸案。
	十月	第二次車臣戰爭開始。
	十二月	葉爾欽辭職，支持普丁。

年代	月份	重大事件
二〇〇〇年	二月	格羅茲尼落入聯邦軍隊。
	八月	普丁贏得總統大選。
		庫爾斯克核子潛艇沉沒，挽救無效；普丁因反應遲鈍，而遭到批評。
二〇〇一年	三月	謝爾蓋耶夫下臺，伊凡諾夫接任國防部長。
二〇〇二年	七月	美國退出一九七二年簽訂的《反彈道導彈條約》。
	十月	車臣恐怖份子占領莫斯科杜布羅夫卡劇院。
二〇〇三年	六月	美俄簽署《削減戰略武器條約》（SORT）。
二〇〇四年	三月	普丁以壓倒性優勢，贏得第二任總統任期。
	九月	車臣恐怖份子在別斯蘭占領學校。
二〇〇五年	三月	車臣叛軍領導人阿斯蘭・馬斯哈多夫遭到襲擊遇害。
二〇〇六年	七月	車臣軍閥沙米爾・巴薩耶夫誤踩地雷，遭到炸死。
	十一月	前聯邦安全局官員亞歷山大・利特維年科，在倫敦，因放射性釙中毒死亡，警方歸咎於莫斯科當局下的毒手。
二〇〇七年	二月	普丁在慕尼黑安全會議發表「戰爭論」的演講。
		伊凡諾夫下臺，謝爾久科夫接任國防部長。
		拉姆贊・卡德羅夫成為車臣領導人。

年代	月份	重大事件
	六月	巴盧耶夫斯基下臺，馬卡羅夫接任總參謀長。
	十一月	俄羅斯暫停參加一九九〇年《歐洲正規武裝力量條約》（CFE）。
二〇〇八年	三月	德米特里梅德韋傑夫贏得總統選舉，成為普丁的代理人；普丁成為總理。
	八月	俄國與喬治亞的戰爭。
	十月	謝爾久科夫宣布「軍隊新貌」改革。
二〇〇九年	四月	莫斯科正式宣布結束車臣戰爭。
二〇一〇年	四月	美國和俄羅斯簽署新的第二次《削減戰略武器條約》（New START / CHB-III）。
	五月	莫斯科大學號郵輪，在索馬利亞附近遭到劫持。
二〇一二年	三月	普丁贏得總統選舉，引起群眾抗議。
	十一月	謝爾久科夫下臺，蕭依古接任國防部長。
		馬卡羅夫下臺，格拉西莫夫接任總參謀長。
二〇一四年	二月	「烏克蘭親歐盟示威運動」：亞努科維奇總統逃離烏克蘭。
		俄羅斯軍隊占領克里米亞。
	四月	斯特列爾科夫領導侵略頓巴斯。
	七月	頓巴斯叛軍擊落馬來西亞航空MH17客機。

年代	月份	重大事件
	八月	俄羅斯軍隊部署到頓巴斯，伊洛瓦斯克之戰首次出現實質性進展。
	九月	簽署《明斯克協議》停火。
	十月	捷克共和國沃迪替沙軍火庫，遭人放置炸藥爆炸。
二〇一五年	二月	簽署《明斯克協議措施》。
	八月	創建聯合航天太空軍。
	九月	俄羅斯向敘利亞部署軍隊。
	十一月	土耳其擊落俄羅斯自敘利亞起飛的轟炸機。
二〇一六年	三月	巴爾米拉之戰。
	四月	國民警衛隊的組建。
	七月至十二月	阿勒坡之戰。
二〇一七年	一月	阿夫迪夫卡之戰。
	四月	聖彼得堡地鐵系統，恐怖份子自殺式攻擊。
二〇一八年	二月	瓦格納軍團在代爾祖爾戰役慘敗。
	三月	前間諜謝爾蓋·克里帕爾，於英國索爾茲伯里斯遭人下毒殺害未遂，英國歸咎於俄羅斯政府。
		普丁贏得第四次總統選舉。

年代	月份	重大事件
		普丁在「國情咨文」演講，宣布六種新的戰略武器系統。
二〇二〇年	九月	亞美尼亞—亞塞拜然戰爭。
二〇二一年	三月	俄羅斯軍隊占領烏克蘭邊界，在烏克蘭增兵。
	四月	刻赤海峽事件。
	十二月	莫斯科提出「安全保證」烏克蘭安保要求。
二〇二二年	一月	集體安全條約組織，部署軍隊到哈薩克。
	二月	俄羅斯開始全面侵略烏克蘭。

譯後跋

二〇二三年三月底，國科會國合處處長問我《俄羅斯簡史》，我送給他一本。他還問我要不要派駐俄羅斯駐外單位擔任科技組組長，因爲科技組組長從俄羅斯回國述職之後，就沒有人想要過去了。

我從小就學習馬克思思想，還有六韜中《孫子兵法》等內容。國中的時候就跟著蔣緯國將軍學習柔性攻勢中的「大戰略、國家戰略、軍事戰略、野戰戰略」。

我曾經夢想擔任普丁的「軍事顧問」，推動人類幸福與和平。二〇二一年，俄羅斯辦理亞太經合會議，普丁親臨海參崴會場。普丁總統辦公室總統顧問三度發邀請函給我，透過國立臺灣師範大學國際處的邀請，想要邀請我去俄羅斯參加亞太經合會議，談論聯合國二〇二一年到二〇三〇年海洋科學促進永續發展十年議題，因爲新冠肺炎疫情，我只能錄製演講影帶，沒有辦法親自去俄羅斯擔任大會主題演講。當然，俄羅斯也不准「臺灣」的名稱出現；國立臺灣師範大學也只能在亞太經合會議會場出現誰也看不懂的英文簡稱NTNU。

在翻譯《普丁戰爭》這本書時，我常思念我慈愛的父親——前三軍大學研究編譯室主任方薰之將軍給我的教導。他從來沒有打過我，甚至沒有罵過我，相當疼愛我。我和父親都是和平的水瓶座，他的生日和林肯總統同一天。父親的個性忠厚善良，我們父子之間無話不談。我們談話的祕密內容都是他教書的課程。談論中共十大元帥、國共內戰共軍戰法，以及全球戰略。當年他負責主編國防部史政編譯處《國防譯粹》的翻譯，我在中學時還擔任《國防譯粹》校對，除了學習最新的戰機、戰車，以及火砲武器，還可以幫忙校對出好多錯字。

父親，謝謝您最好的教導。

清晨天光未明，鴻濛昏昧，我開始翻譯《普丁戰爭》。想起母親黃素梅女士，在四十年前待在中華戰略學會幫蔣緯國將軍打字，曾經和我說：《蘇俄在中國》雖然說是蔣中正總統寫的，但是應該是中華戰略學會的陶希聖等文膽寫的。蔣中正當初看了，給了許多意見修改。當然，我們對於俄羅斯了解太少，而且大多是政治語言，我們也很少細心了解這個龐大的國家，究竟發生什麼事。

俄羅斯普丁總統在二〇二二年十月，發出三十萬人徵兵令之後，我還是用心沉浸在《俄羅斯簡史》、《普丁戰爭》所處的世界情境中。甚至觀賞了作者馬克・加萊奧蒂在YouTube和Podcast發表英國節目中的評論。例如二〇二三年五月二十七日，他評論了俄羅斯邊界的俄羅斯軍隊內部的叛亂，如巴赫穆特、別爾哥羅德等地的戰役，激起了人民內部的「矛盾」。

俄烏戰爭，一夕數變。但是我都不知道，《普丁戰爭》厚厚的這一本書的定稿如此的困難。作者之前很關心《俄羅斯簡史》中文版的進度，加萊奧蒂又多發給了五南出版社一篇俄烏戰爭的稿件，這是爲了中文版的讀者而添加的章節。我翻譯出了《俄羅斯簡史》英文版沒有的內容，放在《俄羅斯簡史》的「尾聲」中。

但是《普丁戰爭》是加萊奧蒂二〇二三年六月完成的書稿。以上兩本書，都是很沉痛的歷史。我思考的是，歷史會重演，人類的文明不會重演。

我的看法還是沒有改變。

我想到我在二〇一八年爲《人文社科研究方法》寫的序，寫了「近有恐怖份子挾帶核子武器威脅地球和平。全球安危，繫之於一、二人之手。人之性命，賤如螻蟻。」國際上的疫情、戰爭，波羅的海的天然氣管道被炸，大量的甲烷溢散，對溫室氣體濃度還有影響了整個歐洲、俄羅斯成百上千萬家庭和企業，產生的後果，有待於未來世界的人類社會、經濟復甦，以及投資環境復甦。

但是根據普丁總統在二〇二三年四月時的談話，俄羅斯奉行「平衡多元的外交政策，無意自我孤立」；二〇二三年五月二十四日莫斯科中國新華社訊，普丁總統發表對於第二屆歐亞經濟論壇的談話：「世界正在發生根本性變化，今年論壇主題是多極世界中的歐亞一體化。」他強調世界經濟體在國際結算中使用「本國貨幣」。然而，因爲國際經濟衰退，石油和天然氣國際價格下跌，二〇二三年五月，俄羅斯盧布和中國人民幣交易量增長十倍，俄羅斯財政部「國家財富基金」只保留「黃金、盧布、人民幣」。「富了中國，窮了東斯拉夫」，盧布幣值疲軟走貶，俄國貿易對中國依賴程度加深。此外，俄國能源價格低廉，讓中國和俄羅斯在購賣天然氣中的貿易獲利。自俄烏戰爭爆發，二〇二二年六月，一美元兌換五十四元盧布，到了二〇二三年六月，一美元可以兌換八十四盧布，盧布兌換美金跌幅達到百分之三十四；盧布兌換人民幣跌幅達到百分之二十九。此外，二〇一三年六月，一美元兌換三十二元盧布，到了二〇二三年六月，一美元可以兌換八十四盧布，自二〇一三年六月以來，十年之間，盧布兌換美金跌幅達到百分之六〇；盧布兌換人民幣跌幅達到百分之五十四。然而，俄烏之間的民族戰爭，除了財政困窘外，已經造成了「東斯拉夫民族的悲劇」。根據美國國防情報局的《頓巴斯之戰可能在二〇二三年陷入僵局》的評估報告，俄羅斯至二〇二三年二月傷亡人數爲二十二萬人，其中四萬人死亡，十八萬人受傷。烏克蘭傷亡人數爲十三萬，其中約兩萬人死亡，十一萬人受傷。此外，在二〇一九年迄今，全世界因爲新冠疫情染疫者有六億七千萬人，全世界有六百九十萬人因爲新冠疫情死亡。從聖經《啓示錄》第六章「天啓四騎士」所說的瘟疫、戰爭、饑荒，以及死亡來看，在烏克蘭境內俄羅斯控制區內卡科夫卡水壩遭到炸毀，生態問題、霍亂問題，甚至饑荒，以及因爲普丁將戰術核子武器部署到白俄羅斯，無人機空襲基輔，各種不同的死亡陰影，不斷籠罩在歐亞大陸。美國總統拜登在二〇二三年六月十九日警告，俄羅斯總統普丁恐嚇動用戰術核子武器，是「眞實的」威脅。

因此，奉行和平主義的國家，推展永續發展，不是奠基在未來，而是奠基於現代人的智慧。人類是否可以存續，端看人類的智慧；並且有賴於和平建構，而非階級鬥爭，或是民族相互摧毀。如今，「全球安危，繫之於一、二人之手」。

願，人類，永續。

二〇二三年六月

誌於興安華城

博雅文庫 278

普丁戰爭：從車臣到烏克蘭

Putin's Wars: From Chechnya to Ukraine

作　　者　馬克・加萊奧蒂（Mark Galeotti）
譯　　者　方偉達
發 行 人　楊榮川
總 經 理　楊士清
總 編 輯　楊秀麗
副總編輯　黃惠娟
責任編輯　陳巧慈
封面設計　韓衣非
出　　版　五南圖書出版股份有限公司
地　　址　106台北市大安區和平東路二段339號4樓
電　　話　（02）2705-5066
傳　　真　（02）2706-6100
劃撥帳號　01068953
戶　　名　五南圖書出版股份有限公司
網　　址　https://www.wunan.com.tw/
電子郵件　wunan@wunan.com.tw
法律顧問　林勝安律師
出版日期　2023年 7 月初版一刷
定　　價　新臺幣550元

國家圖書館出版品預行編目資料

普丁戰爭：從車臣到烏克蘭／馬克・加萊奧蒂(Mark Galeotti)著；方偉達譯. -- 初版. -- 臺北市：五南圖書出版股份有限公司, 2023.07
面；　公分
譯自：Putin's wars: from Chechnya to Ukraine.
ISBN 978-626-366-161-5（平裝）

1.普丁(Putin, Vladimir Vladimirovich, 1952-)　2.政治　3.傳記　4.俄國

784.88　　112008472